Die Kopplung von Wissenschaft und Wirtschaft

Campus Forschung
Band 900

Thomas Heinze, Dipl.-Soz., Dr. rer. publ., ist Wissenschaftlicher Projektleiter am Fraunhofer-Institut für System- und Innovationsforschung in Karlsruhe.

Thomas Heinze

Die Kopplung von Wissenschaft und Wirtschaft

Das Beispiel der Nanotechnologie

Campus Verlag
Frankfurt/New York

Bibliografische Information der Deutschen Bibliothek
Die Deutsche Bibliothek verzeichnet diese Publikation in der Deutschen Nationalbibliografie.
Detaillierte bibliografische Daten sind im Internet über http://dnb.ddb.de abrufbar.
ISBN-13: 978-3-593-38173-2
ISBN-10: 3-593-38173-7

Gedruckt auf säurefreiem und chlorfrei gebleichtem Papier.
Printed in Germany

Besuchen Sie uns im Internet: www.campus.de

Inhalt

Vorwort

Die vorliegende Arbeit ist im Rahmen meiner Doktorandenzeit in der Abteilung »Innovationssysteme und Politik« am Fraunhofer-Institut für System- und Innovationsforschung in Karlsruhe entstanden. Meine Abteilung hat das Dissertationsprojekt in vielfältiger Weise unterstützt. Besonderer Dank geht an Prof. Dr. Stefan Kuhlmann und PD Dr. Ulrich Schmoch, die mir mit ihrem Sachverstand und ihrer langjährigen Erfahrung in der Innovationsforschung bei der Konkretisierung der Fragestellung und dem Forschungsdesign der Arbeit geholfen haben.

Herzlich danken möchte ich meiner Betreuerin, Frau Prof. Dr. Dorothea Jansen, die mich mit informativen und konstruktiven Ratschlägen in vielen Diskussionen unterstützt hat. Auch von den Teilnehmern des gemeinsam von Frau Jansen und Frau Färber an der Hochschule für Verwaltungswissenschaften betreuten Doktorandenkolloquiums habe ich hilfreiche Vorschläge und weiterführende Kritik erhalten. Auch meinem Zweitkorrektor, Prof. Dr. Uwe Schimank, möchte ich für seine Diskussionsbereitschaft und die zahlreichen Verbesserungsvorschläge danken, die in die vorliegende Buchfassung eingeflossen sind.

Die Arbeit hat in der Schlussphase wesentlich von einem halbjährigen Forschungsaufenthalt am SCANCOR (Universität Stanford) profitiert. Dieses Forschungssemester haben in der einen oder anderen Weise unterstützt: Prof. Dr. Alfred Kieser, Prof. Dr. Frieder Meyer-Krahmer, Prof. Dr. Dorothea Jansen, Prof. Dr. Stefan Kuhlmann und der DAAD. Am SCANCOR habe ich Prof. Dr. Walter Powell, Prof. Dr. Richard Scott, Prof. Dr. James March und Stine Grodal als offene und interessierte Diskussionspartner schätzen gelernt. Auch Prof. Dr. Lynne Zucker und Prof. Dr. Michael Darby (UCLA) haben mir wichtige Hinweise zur Auswertung meiner Daten gegeben.

Die Arbeit hat entscheidende Impulse durch die Interviews mit Nanotechnologie-Experten erhalten. Allen Gesprächspartnern, sowohl in den

USA als auch in Deutschland, sei an dieser Stelle herzlich gedankt. Ganz besonders möchte ich meine Kollegin Rebecca Rangnow erwähnen, die mir in stets hilfsbereiter Weise bei der Datenaufbereitung und dem Datenmanagement geholfen hat. Arlette Jappe danke ich für die ausführliche Diskussion und Korrektur des Manuskripts. Besonderer Dank geht auch an Sabine Wurst, die mit großer Detailgenauigkeit und Sorgfalt die Arbeit redigiert hat. Alle Fehler verbleiben beim Autor.

Die vorliegende Arbeit ist meinen Eltern gewidmet, besonders meiner viel zu früh verstorbenen Mutter, Cäcilia Heinze.

1. Einführung

Die vorliegende Arbeit ist ein Beitrag zur Innovationsforschung und zur systemtheoretischen Soziologie. Aus theoretischer Perspektive geht die Arbeit der Frage nach, wie die Entstehung wissensbasierter Technologien im Rahmen der soziologischen Systemtheorie Luhmanns konzipiert werden kann. Als empirischer Beitrag analysiert die Arbeit Organisationen und deren Interaktionen in einem wissensbasierten Technologiefeld. Zentraler Gegenstand der Untersuchung ist die Kopplung der beiden Funktionssysteme Wissenschaft und Wirtschaft.

Prozesse technologischer Innovation haben bislang nur wenig Aufmerksamkeit in der systemtheoretischen Soziologie erfahren.[1] Erstens spielt die Beschäftigung mit Technik und Technologie in diesem Theorieparadigma nur eine untergeordnete Rolle. Sowohl bei Parsons als auch bei Luhmann werden Technologien außerhalb der Gesellschaft verortet. Parsons rechnet Technologien zum *nonsocial environment* (Parsons 1977: 193) und Luhmann konzipiert sie als kommunikationsstützende *Außenhalte der Gesellschaft* (Luhmann 1997: 532). Zweitens ist die Debatte zu strukturellen Kopplungen zwischen funktional differenzierten Sozialsystemen bislang recht abstrakt und überblickshaft geblieben, weil Kopplungsbeziehungen ausschließlich auf der Funktionssystemebene diskutiert werden. Organisationen als Trägereinrichtungen funktionssystemischer Leistungen sowie organisationsübergreifende Interaktionen sind nicht systematisch behandelt worden. Damit wurde das empirische Potenzial, das hinter dem theoretischen Konzept der Kopplung steht, bisher nicht ausgeschöpft. Es verwundert daher auch nicht, dass Luhmanns Werk nur wenige Hinweise, aber keine systematischen Ausarbeitungen zum vorliegenden Thema enthält. An einer Stelle argumentiert Luhmann, dass Wissenschaft und Wirtschaft »durch die technische und ökonomische Umsetzbarkeit neuen

1 Ausnahmen sind Schimank (1988b), Stichweh (1999) und Kaufmann/Tödtling (2001).

Wissens gekoppelt« sind, wobei sich »eine Vielzahl von Formen, teils auf Interaktions- teils auf Organisationsebene, entwickelt hat« (Luhmann 2000: 397f.). Und an einer anderen Stelle heißt es: »So kann es die Wirtschaft von ihrer Eigenlogik her kaum vermeiden, Forschungsleistungen in Produktion umzusetzen, wenn sich dies wirtschaftlich machen lässt, die Konkurrenz zwingt dazu« (Luhmann 1990a: 356).

Der Innovationsprozess gehört zu den etablierten Themen der Innovationsforschung, die seit vielen Jahren die funktionalen Zusammenhänge zwischen Forschung, Innovation und wirtschaftlicher Entwicklung untersucht. Was in der Systemtheorie Kopplung von Wissenschaft und Wirtschaft heißt, firmiert in der Innovationsforschung unter den Begriffen Wissens- und Technologietransfer, Wissenschaftsbindung der Technik, wissensbasierte Industrien und Netzwerke. Das Erkenntnisinteresse der Innovationsforschung besteht darin, Faktoren und Wirkungsmechanismen zu identifizieren, welche die Wettbewerbsfähigkeit von Unternehmen auf nationalen und internationalen Technologiemärkten beeinflussen. Weil die Fähigkeit von Unternehmen, technische Innovationen hervorzubringen, das Rückgrat leistungsfähiger Volkswirtschaften darstellt, und die technologische Leistungsfähigkeit der Wirtschaft gleichzeitig von funktionierenden Prozessen des Wissens- und Technologietransfers zwischen Wissenschaft und Wirtschaft abhängt, wird diesen Themen erhebliche Aufmerksamkeit gewidmet. Die Technologie- und Innovationsforschung hat eine mittlerweile kaum noch zu überblickende Fülle von Befunden zusammengetragen, die das Verhältnis von wissenschaftlicher Forschung, Erfindungstätigkeit, Technologieentwicklung und Produktionsprozessen von Gütern und Dienstleistungen konzeptuell und empirisch behandeln. Hierzu zählen Indikatoren, die sich auf die spezifischen In- und Outputs im Innovationsprozess beziehen, beispielsweise wissenschaftliche Publikationen, Patentanmeldungen, Produkt- und Prozessinnovationen sowie monetäre Wertschöpfung. Dazu gehören auch Modelle zur Charakterisierung typischer Phasen in der Technologieentwicklung und Analysen zu Interaktionsbeziehungen und Netzwerken zwischen Universitäten, außeruniversitären Forschungseinrichtungen und Unternehmen.

Die Innovationsforschung hat bisher keine Theorie hervorgebracht, mit der sich die empirischen Befunde zufrieden stellend systematisieren lassen. Zwar hat in den vergangenen Jahren der *National Systems of Innovation*-Ansatz (NIS-Ansatz) Verbreitung gefunden, und es wurde unter den Stichworten »triple helix«, »academic capitalism«, »entrepreneurial science«,

»post-academic science« und »mode 2 of knowledge production« eine Diskussion zum institutionellen Wandel des Wissenschaftssystems und seinem Verhältnis zur Gesellschaft angestoßen. Beide Diskussionsstränge haben interessante Forschungsfragen erschlossen, aber für die zum Verständnis der Kopplung zentralen Theoriekomplexe keine überzeugenden Antworten geben können. Dies sind erstens das Verhältnis von Organisationen zu Funktionssystemen; und zweitens die Beziehungen zwischen Organisationen, also organisationsübergreifende Interaktionen und Netzwerke.

Zu den Prämissen der vorliegenden Arbeit zählt, dass funktionale und organisationale Differenzierung grundlegende Strukturprinzipen der modernen Gesellschaft sind; dass Funktionssysteme in komplexen Leistungsverhältnissen zueinander stehen, die historisch variieren und empirisch beschrieben werden können; dass es eine Vielzahl unterschiedlicher Organisationen gibt, die sich in ihren Entscheidungsprozeduren und Routinen an diesen Funktionssystemen orientieren und funktionssystemspezifische Leistungen erbringen; dass diese Organisationen im Prozess der Entwicklung neuer Technologien interagieren, materielle und immaterielle Leistungen austauschen; und dass mit der Analyse dieses interorganisationalen Wissens- und Technologietransfers empirische Aussagen zur Kopplung der Funktionssysteme Wissenschaft und Wirtschaft gemacht werden können.

Die Arbeit fragt zunächst, wie man die Kopplung von Wissenschaft und Wirtschaft konzipieren kann. Die Antwort lautet: Das Wissenschaftssystem bringt neues Wissen hervor, welches in die Lösung technischer Probleme der wirtschaftlichen Güterproduktion einfließt. Die Entwicklung neuer, vor allem wissensbasierter Technologien steht im Zentrum der Leistungsbeziehung von Wissenschaft und Wirtschaft. Wissensbasierte Technologien sind im Gegensatz zu traditioneller Technik in besonderer Weise auf Vorleistungen der Wissenschaft angewiesen. Die Analyse von Patentzitaten kann in diesem Zusammenhang exemplarisch aufzeigen, wie sich Technologien auf Publikationen (Elemente des Wissenschaftssystems) beziehen und wie ihre kommerzielle Verwertung Zahlungen (als Elemente des Wirtschaftssystems) erzeugt. Die Kopplung wird auf dieser Stufe der Analyse allerdings nur schematisch abgebildet. Die Funktionssystemebene ist nur ein erster Schritt, um das Zusammenwirken von Wissenschaft und Wirtschaft bei der Herstellung neuer Technologien zu erfassen. Eine wichtige Frage ist, welche Rolle die Binnenstrukturen Grundlagenforschung und angewandte Forschung in diesem Zusammenhang spielen.

Diese Fragestellung kann allerdings nur unter Einbezug konkreter Organisationen beantwortet werden.

In einem zweiten Schritt wird daher die Frage aufgeworfen, welche Rolle Organisationen in dieser funktionssystemischen Leistungsbeziehung spielen. Die erste Antwort lautet: Organisationen können nicht nur Träger einer funktionssystemischen Leistung sein (Organisationstyp 1), sondern auch sekundäre (Organisationstyp 2) oder zwei gleichrangige Funktionssystemorientierungen ausbilden (Organisationstyp 3). Die beiden letztgenannten Organisationstypen entwickeln sich koevolutiv zu den funktionssystemischen Binnenstrukturen der Anwendungsforschung und der Hochtechnologiemärkte. Vor dem Hintergrund des historischen Wandels, im Zuge dessen die wirtschaftliche Produktion von Gütern und Dienstleistungen zunehmend auf die Wissensproduktion der Wissenschaft angewiesen ist, ermöglichen diese Binnenstrukturen Leistungstransfers zwischen beiden Funktionssystemen über Organisationen.

Dies führt zu der Frage, wie und mit welchen Resultaten Organisationen interagieren. Die Antwort lautet: Funktionssystemübergreifende Interorganisationsbeziehungen kommen dann zustande, wenn in Organisationen Routinen und Programme institutionalisiert sind, die den Wissens- und Technologietransfer zwischen Wissenschaft und Wirtschaft ermöglichen und unterstützen. Interorganisationsnetzwerke entwickeln sich koevolutiv zu den funktionssystemischen Binnenstrukturen der Anwendungsforschung (Wissenschaft) und der Hochtechnologiemärkte (Wirtschaft). Die Netzwerkbildung durchläuft drei idealtypische Stadien, die in Anlehnung an die neo-darwinistische Evolutionstheorie als Variation, Selektion und Retention bezeichnet werden können. Dies heißt für Unternehmen, dass sie ihre Organisationsmitglieder dazu »benutzen«, relevante Informationen und Wissen aus ihrer wissenschaftlichen Organisationsumwelt, vor allem neues Forschungswissen, zu aktivieren. Diese organisationsexternen Informations- und Wissensbestände werden organisationsintern weiterverwendet (oder auch nicht), sie »informieren« und verändern vorhandene Arbeitsabläufe und Entscheidungsprozeduren, die wiederum darauf angelegt sind, der Organisation umweltangepasstes Operieren zu ermöglichen.

Interaktionen, Organisationen und Funktionssysteme werden somit als eigenständige Ebenen der Systembildung behandelt. In dieser Hinsicht folgt die Darstellung Luhmann. Dabei wird das bislang nur unzureichend beschriebene Verhältnis von Organisationen und ihren funktionssystemischen Leistungsbezügen in Form einer Organisationstypologie konzeptualisiert, die vor allem auf Prozesse technologischer Innovationen abstellt. Befunde der neueren Literatur werden so eingearbeitet, dass auch das Binnenverhältnis der drei Systemebenen besser sichtbar wird. In diesem Zusammenhang wird ein Netzwerkbegriff diskutiert, der bei Luhmann bislang fehlt, der aber für den hier diskutierten Sachverhalt als unverzichtbar erscheint. Routinen und Programme sind in diesem Zusammenhang Schlüsselkonzepte, die eine Brücke schlagen zwischen systemtheoretischen Erkenntnissen zur funktionssystemischen Integration moderner Gesellschaften und der Rolle von Organisationen und Interorganisationsnetzwerken in diesem Prozess.

Was unterscheidet die hier ausgearbeitete Perspektive vom Innovationssystem-Ansatz? Dem NIS-Ansatz liegt die Vorstellung eines Netzwerks unterschiedlicher, in wechselseitigen Beziehungen stehender Akteure in einem räumlich begrenzten Bereich zugrunde, innerhalb dessen Innovationsaktivitäten stattfinden. Die Entstehung und Vermarktung neuer Technologien wird als das Ergebnis komplexer Wechselwirkungs- und Interaktionsprozesse zwischen all jenen Akteuren konzipiert, die Wissen produzieren und vermitteln, Arbeitskräfte ausbilden, Technologien entwickeln, neue Produkte und Verfahren hervorbringen sowie verbreiten.[2] Dieses Verständnis wird beispielsweise in der Definition von Niosi u.a. (1993) auf den Punkt gebracht:

»A national system of innovation is the system of interacting private and public firms (either large or small), universities and government agencies aiming at the production of science and technology within national borders. Interaction among these units may be technical, commercial, legal, social and financial, in as much as the goal of the interaction is the development, protection, financing, or regulation of new science and technology« (Niosi u.a. 1993: 207f.).[3]

Mit der konzeptuellen Überkreuzung des System- mit dem Netzwerkbegriff entsteht für den NIS-Ansatz aber jenes typische Problem von

2 Die Analyseebene des NIS-Ansatzes ist nicht notwendigerweise nationalstaatlich begrenzt, allerdings wird in den Beiträgen von Dosi (1988), Lundvall (1992), Nelson (1993, 1995) und Edquist (1997b) wie auch in zahlreichen Einzelstudien argumentiert, dass die wirtschaftlichen, wissenschaftlichen und rechtlichen Institutionen nationalstaatliche Eigenheiten und Prägungen aufweisen, die den Gang der technologischen Entwicklung maßgeblich beeinflussen.

3 In ähnlicher Weise wurden Innovationssysteme als *Technologiesysteme* beschrieben (vergleiche Carlsson/Stankiewicz 1995: 49).

Systemansätzen, die nicht mit der Unterscheidung von System – Umwelt, sondern mit der Differenz von Element – Relation arbeiten: Die Systemdefinition ist so breit, dass sie keine instruktiven Kriterien dafür benennt, was zum System dazugehört und was nicht. Demgegenüber sind in der Systemtheorie Luhmann'scher Prägung die Elemente der Systeme eindeutig bestimmbar, zum Beispiel Transaktionen in der Wirtschaft, Publikationen und Forschungshandeln in der Wissenschaft, Entscheidungen in Organisationen.[4] Dieses konzeptuelle Problem wird sowohl von den Kritikern des NIS-Ansatzes, zu denen Miettinen zu rechnen ist, als auch von seinen Vertretern, beispielsweise Edquist, hervorgehoben:

»None of the major authors provide a sharp guide to what exactly should be included in a ›(national) system of innovation‹; they do not define the limits of the systems in an operational way. (...) There is simply no given demarcation between a system and its surroundings. (...) Combined with the fact that it is also conceptually diffuse, I would argue that, at the present state of the art, the systems of innovation approach is not an example of appreciative theorizing« (Edquist 1997a: 27–28).

»[N]o criteria have been agreed for defining the limits of a system or its essential subsystems or elements. The existing characterizations are mostly lists of different kind of ›factors‹ that cover not only institutions (firms, universities, education, banks) but also social qualities, cultural patterns, mechanisms and patterns of interactions« (Miettinen 2002: 50).[5]

In der vorliegenden Arbeit wird auch die im NIS-Ansatz verwendete Unterscheidung von Element – Relation verwendet, allerdings aus methodischer und nicht aus theoretischer Perspektive.[6] Die in den Abschnitten 2.1 bis 2.4 entwickelte Skizze unterscheidet theoretisch die Ebene der Systemdifferenzierung (Funktionssysteme, Organisation, Interaktion) und der Systemkopplung (wissensbasierte Technologien, Hybridorganisationen, Interorganisationsnetzwerke). Die netzwerkanalytische Perspektive ist da-

4 Originär systemtheoretische Bezüge sind im NIS-Ansatz nicht vorhanden. Archibugi u.a. (1999: 4) schreiben: »little reference is made to earlier work on systems theory, or to how this literature originally defined or perceived the system.«

5 Miettinen sieht den NIS-Ansatz als Teil einer »international fabrics of technology policy language«, dessen Entwicklung und Verbreitung insbesondere von der OECD und der Europäischen Kommission vorangetrieben wurde (Miettinen 2002). Ministerien, Forschungsförderorganisationen und Beratungsagenturen haben in ihm ein geeignetes Konzept gefunden, um neue Programme zur Förderung von Forschung und Technologie zu formulieren.

6 Entsprechend kehrt das Abgrenzungsproblem in der vorliegenden Arbeit als methodisches Problem wieder (vergleiche Abschnitt 4.1).

gegen eine geeignete Methode, um das Leistungsverhältnis von Wissenschaft und Wirtschaft empirisch untersuchen zu können. Interorganisationsbeziehungen konstituieren im Gegensatz zum NIS-Ansatz kein Innovationssystem, sondern sind mehr oder weniger dauerhafte Kopplungen zum Transfer von Wissen und Technologien, die sich koevolutiv zur Differenzierungsstruktur der modernen Gesellschaft entwickelt haben. Mithilfe der sozialwissenschaftlichen Netzwerkanalyse können Verbundenheits- und Positionsstrukturen in solchen Interorganisationsnetzwerken beschrieben und auf ihren Beitrag zur Leistungserstellung in den Funktionssystemen Wissenschaft und Wirtschaft hin untersucht werden.

Entsprechend wird der Vorstellung von Kaufmann/Tödtling (2001) gefolgt, die eine dezidiert soziologisch-systemtheoretische Konzeption von Prozessen technologischer Innovation gefordert haben:

»There is no one system aiming at innovation but, on the contrary, several social systems participating in the process of innovation. (...) There are important non-business and non-profit elements in an innovation system, in particular science and politics. (...) The business system is profit-oriented and communicates via the price mechanism. The science system aims at the production of knowledge and communicated via publications. In fact, the specific advantage of what is usually called »innovation system« is not being a system in the meaning of a separate and autonomous entity, but the process of collaboration between actors who often belong to different systems. (...) In the particular case of industry-science interaction this might, among other things, result in product innovation« (Kaufmann/Tödtling 2001: 795).

Auch von der Entdifferenzierungsthese akademischer, wirtschaftlicher und politischer Institutionen grenzt sich die hier entwickelte Perspektive ab. Besonders anschaulich ist diese Vorstellung im Konzept der »triple helix«, das die wechselseitige Übernahme von Funktionen zwischen Wissenschaft und Wirtschaft unter Mitwirkung des Staates und seiner Politik behauptet (Etzkowitz 1983; Leydesdorff/Etzkowitz 1997). In die gleiche Richtung geht die unter dem Stichwort »mode 2 of knowledge production« initiierte Debatte, der zufolge die Wissenschaft ihre herausgehobene Rolle als zentraler Wissenslieferant für die Gesellschaft verloren hat (Gibbons u.a. 1994; Nowotny u.a. 2001). Die etablierten Forschungseinrichtungen, insbesondere die Universitäten sehen sich Gibbons u.a. (ebd.) zufolge mit einer Vielzahl neuer, heterogener Wissensproduzenten konfrontiert, die Geltung für das von ihnen produzierte Wissen einfordern. Forschung ist anstelle von Erkenntnisinteresse durch Problemorientierung geprägt, wodurch die traditionellen Disziplinen ihre Funktion verlieren. In diesem

Zuge werden wissenschaftsinterne durch wissenschaftsexterne (politische, ökonomische) Qualitätskriterien ersetzt. Der fundamentale Wandel zeigt sich nach Gibbons u.a. (ebd.) vor allem daran, dass sich Universitäten zunehmend in der Verwertung und Vermarktung des von ihnen produzierten Wissens engagieren, während Unternehmen zunehmend Forschung betreiben, Wissen mit Konkurrenten austauschen und ihre Mitarbeiter fortbilden. Der Eindruck, dass die institutionellen Grenzen zwischen Wissenschaft und Wirtschaft in Auflösung begriffen sind, wird nach dieser Lesart besonders dann sinnfällig, wenn Industrieforscher Nobelpreise gewinnen.

Die Autoren von »triple helix« und »mode 2« haben eine wichtige konzeptuelle Debatte angestoßen, die auf die empirischen Befunde aus der Innovationsforschung Bezug nimmt, demzufolge Universitäten und außeruniversitäre Forschungseinrichtungen zunehmend in die Technologieentwicklung involviert sind. So hat sich die Anzahl der von US-amerikanischen Hochschulen angemeldeten Patentschriften bei steigenden Lizenzerlösen seit dem Ende der siebziger Jahre in etwa fünfjährigem Abstand jeweils verdoppelt und in Deutschland seit den siebziger Jahren mehr als vervierfacht. Im gleichen Zeitraum ist das Publikationsaufkommen von Unternehmen merklich gestiegen.[7]

Ein wichtiger erster Kritikpunkt besteht darin, dass Etzkowitz (1983) und Gibbons u.a. (1994) die vor allem für wissensbasierte Technologiefelder wie die Biotechnologie geltenden Befunde auf andere Forschungs- und Technologiefelder verallgemeinern. Dieser Aspekt der Kritik wird hier aber nicht weiterverfolgt, denn in der vorliegenden Arbeit wird mit der Nanotechnologie gerade ein wissensbasiertes Technologiefeld untersucht.[8] Wichtiger erscheint ein zweiter Kritikpunkt, der auf die Konfundierung von Funktionssystem- und Organisationsebene zielt und damit auf die problematische konzeptuelle Schlussfolgerung der Autoren, dass der institutionelle Wandel im Wissenschaftssystem aus der Verschmelzung mit Wirtschaft und Politik resultiert. Weingart schreibt: »My critique is that (...) their interpretation as fundamental changes of science is flawed because

7 Zu den Befunden sind zahlreiche Studien erschienen, vergleiche Colyvas u.a. (2002: 61ff.); Hicks u.a. (2001: 688ff.); Schmoch (2003a: Abb. 1; 2003b: Abb. 9.5 und Abb. 9.10); Gittelmann (2000: 107ff.); Owen-Smith/Powell (2003: 1697); Hicks u.a. (2001: 689); SCI (2003b: 239).

8 Für eine detaillierte Kritik an den Thesen von »triple helix« und »mode 2« vergleiche Weingart (1997; 2001); Whitley (2000a: xviii; 2000b); Daele/Krohn (1998) und Shinn (2002).

the various authors do not distinguish analytically between functional differentiation on the institutional level and changes of organizational boundaries and identities« (Weingart 1997: 609).

Die fehlende Ebenendifferenzierung ist problematisch, weil Etzkowitz (1983) und Gibbons u.a. (1994) organisationale für funktionssystemische Veränderungen halten.[9] Dass Universitäten und Max-Planck-Institute (MPI) in wissensbasierten Technologiefeldern zunehmend patentieren, ist somit kein Indikator für eine funktionssystemische Entdifferenzierung, sondern verweist zunächst nur auf Verschiebungen in den Funktionssystemorientierungen von Organisationen. Weingart argumentiert, dass die beobachtbaren Veränderungen in wissensbasierten Technologiegebieten Wissenschaft und Wirtschaft insgesamt *enger aneinander koppeln* (Weingart 2001: 175ff.). Die in Abschnitt 2.3 diskutierte Klassifikation von Forschungseinrichtungen nach ihrer Grundlagen- beziehungsweise Anwendungsorientierung und von Unternehmen nach Hoch- beziehungsweise Niedrigtechnologiemärkten präzisieren das Argument von Weingart. Je mehr anwendungsorientierte Forschungseinrichtungen, und je mehr Hochtechnologie-Unternehmen in ausgewählten Technologiefeldern aktiv sind, desto enger ist die Kopplung von Wissenschaft und Wirtschaft.

Das Argument einer Entdifferenzierung ist aber aus einem Grund wichtig, den Etzkowitz (ebd.) und Gibbons u.a. (ebd.) selbst nicht anführen und der in Abschnitt 2.4.5 diskutiert wird: Wenn funktionssystemübergreifende Interorganisationsbeziehungen im Zeitverlauf zunehmen, weil Forschungseinrichtungen und Firmen häufiger und intensiver interagieren, ist darauf zu achten, welche Auswirkungen solche Interorganisationsbeziehungen auf die Leistungserstellung im Wissenschaftssystem haben. Die empirischen Befunde von Evans (2004) deuten darauf hin, dass eine zu enge Kopplung die mit der Ausdifferenzierung von Sozialsystemen verbundenen Leistungssteigerungen für die gesamte Gesellschaft gefährden können. Strukturkopplungen fungieren als Einrichtungen für zwischensystemische Leistungstransfers nur solange, wie sie die operative Autonomie der systemischen Leistungserstellung nicht beeinträchtigen. Es erscheint daher wichtig, empirische Analyse von Organisationen und organisationsübergreifenden Netzwerken durchzuführen, um Aufschluss darüber zu erhalten, wie »eng« die zwischensystemischen Beziehungen tatsächlich strukturiert sind.

9 Die fehlende Ebenendifferenzierung von Organisationen und Funktionssystemen ist ein generelles Problem der institutionalistischen Theoriebildung (vergleiche Tacke 1999).

Die Nanotechnologie dient in der vorliegenden Arbeit als Beispiel, um Interorganisationsbeziehungen zwischen Forschungseinrichtungen und Unternehmen in einem wissensbasierten Technologiegebiet empirisch zu untersuchen. Die Nanotechnologie ist ein heterogenes, stark expandierendes Forschungsfeld, das sich in einer relativ frühen Phase des wissenschaftlichen Erkenntnisprozesses befindet. Gleichzeitig ist dieses Technologiefeld durch eine bemerkenswerte Dynamik bei technischen Erfindungen gekennzeichnet. Die Anzahl der jährlich angemeldeten Patente hat sich zwischen 1991 und 2001 nahezu verfünffacht. Für die Auswahl dieses wissensbasierten Technologiegebietes spricht die Feldgröße. Im Gegensatz zu kleineren wissenschaftsbasierten Feldern, wie beispielsweise Lasermedizin oder neuronale Netze, in denen nur eine begrenzte Anzahl von Akteuren aktiv ist, umfasst das Untersuchungssample der vorliegenden Arbeit etwa 350 Forschungseinrichtungen und Unternehmen aus Deutschland. Diese werden zum einen hinsichtlich der dreistufigen Organisationstypologie charakterisiert, um Aufschlüsse über die organisationale Kopplung von Wissenschaft und Wirtschaft zu erhalten. Zum anderen werden in dieser Arbeit drei Beziehungsarten zwischen diesen Organisationen für den Zehnjahreszeitraum 1991–2000 untersucht: (1) Forschungsprojekte; (2) Kopublikationen; und (3) Kopatente. Die empirischen Analysen behandeln Fragen zur Struktur der Netzwerke und deren Erklärungsbeitrag für die technologische Performanz von Unternehmen und die wissenschaftliche Performanz von Forschungseinrichtungen.

Zur Analyse der Interorganisationsbeziehungen wird auf die in der empirischen Soziologie etablierte Netzwerkanalyse zurückgegriffen. Die netzwerkanalytische Innovationsforschung hat in den vergangenen Jahren erhebliche Fortschritte gemacht, nicht zuletzt deshalb, weil mit der besseren Verfügbarkeit von Daten und gestiegenen Rechnerkapazitäten auch komplexe Algorithmen zur Analyse ganz unterschiedlicher Technologiegebiete und Akteurkonstellationen verwendet werden können. Die vorliegende Arbeit schließt an diese Forschungsbeiträge an und analysiert Interorganisationsbeziehungen sowohl aus der Perspektive von Konnektivität (Cliquen, Subgruppen) als auch Positionalität (Zentrum-Peripherie-Modelle).

Die leitenden netzwerkanalytischen Forschungsfragen sind dabei die folgenden: Erstens wird gefragt, welche Typen von Organisationen wie häufig und in welchen Dimensionen in der Technologieentwicklung zusammenarbeiten. Zur Beantwortung dieser Frage werden Hypothesen aufgestellt, bei welchen Organisationstypen in welcher Interaktionsdimension Prozesse des Technologie- und Wissenstransfers wahrscheinlich beziehungsweise unwahrscheinlich sind. Die empirische Analyse bezieht sich zum einen auf Zweier-Relationen (Dyaden), zum anderen auf höherstufige Formen der Verflechtung (Cliquen). Zweitens wird nach den Resultaten der Interaktion gefragt, bei Unternehmen nach der technologischen Performanz, bei Universitäten und Forschungsinstituten nach dem wissenschaftlichen Output. Mit der zweiten Fragestellung kann empirisch aufgezeigt werden, inwieweit wissensbasierte Technologien als strukturelle Kopplungen ermöglichende – also steigernde – Wirkungen im Verhältnis der beiden Funktionssysteme haben. Ebenso wird damit auch beantwortet, ob und in welchem Umfang strukturelle Kopplungen als die Funktionssysteme wechselseitig begrenzend fungieren.

Die empirischen Ergebnisse dieser Arbeit stützen sich neben der Analyse quantitativer Daten auch auf zahlreiche persönliche Interviews mit Experten aus dem Feld, mit deren Hilfe qualitative Informationen erhoben wurden. Diese Interviews wurden auf die Schlussphase der quantitativen Analysen gelegt, um mit Akteuren aus Unternehmen, Universitäten und außeruniversitären Forschungseinrichtungen Rückmeldungen zu den Ergebnissen der quantitativen Analysen einzuholen, aber auch offen gebliebene Fragen zu klären. Insgesamt lassen sich die Ergebnisse in vier Punkten zusammenfassen.

Zunächst wird gezeigt, dass Patente jenes Terrain gut erfassen, auf dem funktionssystemübergreifende Interorganisationsbeziehungen zu finden sind. Am Beispiel von Patenten in der deutschen Nanotechnologie wird gezeigt, dass etwa zwei Drittel aller Interorganisationsbeziehungen funktionssystemübergreifende Leistungsbeziehungen sind. Patente erfassen dabei nicht das gesamte Interaktionsgeschehen zwischen Unternehmen und Forschungseinrichtungen zum Zwecke der Technologieentwicklung. Sie dienen vielmehr als Indikator zur Abbildung eines relevanten Ausschnitts aller realen Interaktionsbeziehungen.

Zweitens wird belegt, dass die Interorganisationsbeziehungen eine spezifische Struktur haben. Die Mehrzahl der Dyaden und höherstufigen Verflechtungsformationen bestehen zwischen Hochtechnologie-Unternehmen und Forschungseinrichtungen der anwendungsorientierten Forschung. Eine herausgehobene Rolle spielen in dieser Struktur vor allem Institute der anwendungsorientierten Grundlagenforschung, die gleichzeitig bei höherstufigen Verflechtungsformen dominieren. Mithilfe einer Blockmodellanalyse lassen sich zudem zwei Typen von Kopplungsstrukturen identifizieren: exklusive und nicht-exklusive Beziehungen zwischen Unternehmen und Forschungseinrichtungen. Dieses Muster deutet auf Prozesse der sozialen Schließung, die Unternehmen benutzen, um möglichst viel des in ihrer Umwelt befindlichen Wissens zu verwerten.

In einem dritten Schritt wird die technologische Performanz von Unternehmen untersucht. Mehrere Regressionsmodelle zeigen, dass Unternehmen von Kooperationsbeziehungen mit Forschungseinrichtungen profitieren. Unternehmen melden umso mehr Patente an, je häufiger sie mit Forschungseinrichtungen kooperieren und je größer die Bandbreite der Beziehungen ist, über die sie verfügen. Zudem sind Unternehmen technologisch umso produktiver, je häufiger sie Beziehungen zu wissenschaftlichen Spitzeneinrichtungen aufweisen.

Viertens wird analysiert, ob und welchen Einfluss Industriekontakte auf die wissenschaftliche Leistung und die Forschungsorientierung von Forschungsorganisationen haben. Die Analysen der vorliegenden Arbeit können keinen Zusammenhang zwischen Industriekontakten und einer Minderung des wissenschaftlichen Outputs feststellen. Allerdings zeigt sich, dass Universitäten, die in der Erforschung nanoskaliger Phänomene bereits früh wissenschaftlich aktiv gewesen sind und Anwendungsbezüge berücksichtigen, zu den wissenschaftlich produktivsten Forschungseinrichtungen gehören. Industriekontakte beeinflussen nicht die wissenschaftliche Performanz, wohl aber die langfristige Forschungsorientierung: Forschungsinstitute mit Industriekontakten bleiben bei anwendungsorientierten Fragestellungen und kehren nicht zur reinen Grundlagenforschung »zurück«.

Die Arbeit ist wie folgt strukturiert: Im *zweiten Kapitel* werden die theoretischen Überlegungen dargestellt. Es wird erörtert, inwiefern wissensbasierte Technologien Wissenschaft und Wirtschaft strukturell koppeln; in welchem Verhältnis Organisationen und die Binnenstrukturen von Funktionssystemen zueinander stehen; und es wird ein systemtheoretischer Netzwerkbegriff vorgestellt. Am Ende des Kapitels werden die Forschungshypothesen der Arbeit zusammengetragen. Im *dritten Kapitel* wird die wissensbasierte Nanotechnologie eingeführt. Neben Erläuterungen bezüglich der konkreten Anwendungsfelder dieser Querschnittstechnologie stehen hier Fragen zu den funktionalen Binnenstrukturen des Wissenschafts- und Wirtschaftssystems im Vordergrund. Entsprechend werden Aspekte der Interdisziplinarität, der Grundlagen- und Anwendungsforschung der Nanowissenschaft und der Forschungsintensität von nanotechnologischen Märkten thematisiert. Im *vierten Kapitel* wird das Forschungsdesign der Arbeit skizziert. Hierzu zählen die Auswahl der zu untersuchenden Organisationen, der gewählte Zehnjahreszeitraum, die Erhebung der drei Arten von Interorganisationsbeziehungen (Kopatente, Kopublikationen, Koprojekte), die Operationalisierung der funktionssystemischen Binnenstrukturen auf organisationaler Ebene und die erste überblickshafte Darstellung des Untersuchungssamples. Im *fünften Kapitel* erfolgt die Hypothesenprüfung. Das *sechste und abschließende Kapitel* reflektiert die Ergebnisse der Arbeit und verweist auf Desiderata zukünftiger Forschung.

2. Begriffliche und konzeptuelle Überlegungen

Die begrifflichen und konzeptuellen Überlegungen beginnen mit einer Diskussion der funktionalen Differenzierung der modernen Gesellschaft, vor allem in Bezug auf Wissenschaft und Wirtschaft. Abschnitt 2.1 trägt die wichtigsten Aussagen zu dieser Analyseebene zusammen. Im Anschluss hieran wird die Rolle von Technologien als Strukturkopplung skizziert (Abschnitt 2.2). Beide Abschnitte dienen als Vorbereitung zur Beantwortung der Frage, wie die Kopplung und die Leistungsbeziehungen zwischen Wissenschaft und Wirtschaft zu konzipieren sind. Hierzu muss auch die Organisationsebene berücksichtigt werden. Abschnitt 2.3 erörtert daher das Verhältnis von Funktions- und Organisationsebene. Hieran schließen Überlegungen zu einem systemtheoretischen Begriff von Interorganisationsnetzwerken an. In Abschnitt 2.4 werden unter Bezugnahme auf die vorangegangene Diskussion auch einzelne Hypothesen herausgearbeitet. Abschnitt 2.5 verdichtet die theoretischen Überlegungen und diskutiert vor diesem Hintergrund konzeptuelle Alternativen. In Abschnitt 2.6 werden zur Vorbereitung auf die Kapitel 3 bis 5 die theoretischen Hypothesen überblickshaft zusammengefasst.

2.1 Funktionale Differenzierung

Soziale Systeme sind Sinnsysteme, sie operieren mit Sinn und ziehen auf diese Weise eine Grenze zur ihrer Systemumwelt:

»Sinngrenzen (...) ordnen (...) ein Gefälle in Komplexität. Sie trennen System und Umwelt als Möglichkeitsbereiche von verschiedener Komplexität. Die Umwelt hat immer höhere Komplexität als das System und letztlich die unbestimmte Komplexität von Welt überhaupt. Sinngrenzen markieren diesen Unterschied und machen ihn für die Orientierung des Erlebens verfügbar. Sie zeigen an, dass im System spezifizierte und bekannte (...) Bedingungen der Möglichkeit des Handelns gelten, außerhalb des Systems dagegen ›irgendwelche‹ andere. (...) Das ›Jenseits‹ bleibt vom System aus unspezifiziert« (Luhmann 1971a: 73).

In der Gesellschaftstheorie Luhmanns werden drei Ebenen der Systembildung unterschieden: Gesellschaftliche Funktionssysteme, Organisationssysteme und Interaktionssysteme (Luhmann 1975). Alle drei Systemtypen sind für die vorliegende Untersuchung relevant.

Das zentrale Merkmal der modernen Gesellschaft ist der Primat funktionaler Differenzierung, der die historisch früheren Differenzierungstypen Segmentation und Stratifikation zwar nicht aufhebt, aber ihre gesellschaftliche Bedeutung einschränkt. Funktionale Differenzierung bedeutet, dass gesellschaftliche Subsysteme auf der Basis von Bezugsproblemen gebildet werden, und zwar so, dass die primären Subsysteme auf jeweils ein Bezugsproblem ausgerichtet sind, für welches ihnen ein gewisser Primat zufällt (vergleiche Luhmann 1999: 87). Gesellschaftliche Subsysteme sind hierbei nicht logisch zergliederte oder arbeitsteilig organisierte Bereiche innerhalb eines gesellschaftlichen Ganzen. Sie betreffen vielmehr je ein Bezugsproblem, das für die Funktions- und Leistungsfähigkeit moderner Gesellschaften unverzichtbar ist. Wie viele Funktionssysteme es gibt, variiert in historischer Perspektive. Gegenwärtig gibt es etwa ein Dutzend, zu denen Wissenschaft, Wirtschaft, Recht, Politik, Kunst, Massenmedien, Sport, Gesundheit, Religion, Militär und Verwaltung zählen. Die Funktionssysteme stellen Leistungen zur Verfügung, die sich für die Reproduktion der Gesellschaft als unverzichtbar erwiesen haben: Wirtschaft Güter und Dienstleistungen, Wissenschaft wahrheitsfähiges Wissen, Recht Kontingenzminderung durch legitime Erwartungen, Politik kollektiv bindende Entscheidungen und Massenmedien aktuelle Informationen.

Die Leistungen der Funktionssysteme sind nicht-substitutiv, das heißt sie können nicht durch andere Teilsysteme ersetzt werden. Die Funktionssysteme sind somit ungleichartig, jedoch gleichrangig. Die Gesellschaft hat kein übergeordnetes Funktionssystem, das als Zentrum die moderne Gesellschaft integrieren könnte.

»Jedes Funktionssystem kann nur die eigene Funktion erfüllen. Keines kann im Notfalle oder auch nur kontinuierlich-ergänzend für ein anderes einspringen. Die Wissenschaft kann im Falle einer Regierungskrise nicht mit Wahrheiten aushelfen. Die Politik hat keine eigenen Möglichkeiten, den Erfolg der Wirtschaft zu bewerkstelligen, so sehr sie politisch davon abhängen mag und so sehr sie so tut, als ob sie es könnte. Die Wirtschaft (...) kann mit noch so viel Geld keine Wahrheiten produzieren« (Luhmann 1997: 762f.).

Der Funktionsprimat der gesellschaftlichen Teilsysteme ist eng verbunden mit der Selbstspezifikation und -reproduktion systemeigener Elemente (Autopoiesis) und dem selbstbezüglichen Verweisungszusammenhang, in den diese Elemente eingebettet sind (operationale Geschlossenheit): »Auf der Grundlage ihres Funktionsprimats erreichen die Funktionssysteme eine operative Schließung und bilden damit autopoietische Systeme im autopoietischen System der Gesellschaft« (Luhmann 1997: 748). Operationale Geschlossenheit von Funktionssystemen wird durch systemspezifische Kommunikationscodes ermöglicht. Charakteristisch für Funktionssysteme ist, dass die kommunikativen Anschlüsse binär schematisiert sind, was bedeutet, dass nur zwei Alternativen bereitstehen, mit denen sich aktuelle zu vorgängigen Kommunikationen ins Verhältnis setzen können. Im Fall der Wissenschaft ist dies wahr/unwahr, im Fall der Wirtschaft zahlen/nicht-zahlen und im Fall des Rechtssystems recht/unrecht. Der Rückbezug auf den Binärcode heißt nicht, dass er selbst in der Kommunikation aufscheint: Wissenschaftliche Publikationen müssen nicht permanent »wahr« oder »unwahr« benutzen, ebenso wenig wie in der politischen Kommunikation jede kollektiv bindende Entscheidung als »Macht« ausgewiesen wird. Gemeint ist vielmehr, dass in der Kommunikation mithilfe eines symbolisch generalisierten Mediums (zum Beispiel Wissenschaft: Wahrheit, Wirtschaft: Geld) ein Sinnkontext aktualisiert wird, der an sich unwahrscheinliche Rückbezüge eines aktuellen zu einem vorgängigen Kommunikationselement erheblich vereinfacht, weil diese nur auf zweierlei Weise erfolgen können. Symbolisch generalisierte Kommunikationsmedien übernehmen »die Funktion, die Annahme einer Kommunikation erwartbar zu machen in Fällen, in denen die Ablehnung wahrscheinlich ist« (Luhmann 1997: 316). Rekursive Bezüge werden somit systematisch erleichtert, und dies bedeutet, dass sich selektive Ketten wechselseitig aufeinander bezogener Kommunikationen entlang spezifischer gesellschaftlicher Funktionen ausbilden.[10]

Die Binärcodes allein liefern zu wenige Strukturvorgaben für die Kommunikation in den Funktionssystemen. Für Richter und Unternehmer geben beispielsweise die Binärcodes recht/unrecht und zahlen/nicht-zahlen keine

10 Nicht alle Funktionssysteme bilden ein symbolisch generalisiertes Kommunikationsmedium aus: »So gibt es kein Medium für Erziehung und auch kein Medium für Krankenbehandlung, denn das sind Fälle, in denen der Erfolg nicht allein im Gelingen von Kommunikation, sondern in der Veränderung der Umwelt besteht« (Luhmann 1988: 304).

Hinweise darauf, welche Erwartungen in einem Streitfall legitim sind oder was getan werden muss, um eine Investitions- oder Arbeitsplanung zu erstellen. In der gesellschaftlichen Praxis besteht somit ein Bedarf für Entscheidungsregeln, die festlegen, unter welchen Bedingungen an die eine oder andere Seite des Codes angeschlossen werden soll. Solche Regeln nennt Luhmann Programme (vergleiche Luhmann 1997: 750f.). Sie konkretisieren die Binärcodes so weit, dass eine hinreichende Orientierungssicherheit in der teilsystemischen Kommunikation gewährleistet ist. Gesetze und ihre einschlägigen Kommentare orientieren mithin die Entscheidungen von Richtern über legitime Erwartungen in Streitfällen; Kalkulationsmethoden und Projektplanungstools bieten Anhaltspunkte für Investitions- und Arbeitsablaufpläne, über die ein Manager oder ein Unternehmer zu entscheiden hat. Im Folgenden sollen zwei Funktionssysteme, die für die Entwicklung von wissensbasierten Technologien von zentraler Bedeutung sind, näher charakterisiert werden: Wissenschaft und Wirtschaft.

2.1.1 Funktionssystem Wissenschaft

Im 17. Jahrhundert nimmt der Prozess zur systematischen Produktion wissenschaftlichen Wissens institutionalisierte Formen an. Dies wird in der systemtheoretischen Literatur als Ausdifferenzierung eines Funktionssystems für Erkenntnisgewinn aufgefasst. Das Wissenschaftssystem konstituiert sich nach Luhmann vor allem durch das Element Kommunikation (vergleiche Luhmann 1997: 282ff.). Dieses Element wird von der Wissenschaft selbst spezifiziert, also innerhalb der Wissenschaft erzeugt und prozessiert. Stichweh argumentiert, dass diese Selbstspezifikation mit der Durchsetzung des naturwissenschaftlichen Experiments im Labor verbunden gewesen ist. Auf diese Weise können Erkenntnisquellen räumlich (Labor), sachlich (Instrumente) und handlungsbezogen (Experiment) in das System Wissenschaft internalisiert werden und zwar unter festgelegten Bedingungen und bei gleichzeitiger Diskreditierung externer Wissensbestände (vergleiche Stichweh 1994b: 94f.).

Kommunikation wird in Form von Publikationen prozessiert. »Der Sinn einer Publikation (...) ist, andere Publikationen anzuregen, die an sie anschließen und diese kognitive Relation ihrerseits durch Zitationen dokumentieren müssen« (ebd.: 64). Zitation hat dabei die Funktion, auf andere Publikationen einen »kognitiven Druck« auszuüben, um »sich selbst in die

Form eines zitierfähigen Elements zu bringen« (ebd.: 65). Die Tatsache, dass sich das Wissenschaftssystem über Kommunikationen reproduziert, die aufeinander bezogen sind, wird als operative Geschlossenheit bezeichnet, womit gesagt ist, »dass Operationen des Systems sich immer zunächst auf andere Operationen desselben Systems beziehen und nur über diese vermittelt auf Phänomene oder Ereignisse in der Umwelt des Systems« (ebd.: 53). Publikationen sind somit selbstspezifizierte Elemente des Wissenschaftssystems, die Beobachtungen über die Wirklichkeit enthalten, wobei diese Beobachtungen auf vorgängige Aussagen rekurrieren und nicht unmittelbar auf den Gegenstand der Beschreibung selbst. Luhmann schreibt zusammenfassend: »Erst in der Form von Publikationen erreicht die moderne Wissenschaft autopoietische Anschlussfähigkeit« (Luhmann 1990a: 432).

Wissenschaftliche Kommunikationen sind im Prinzip unwahrscheinlich. Eine wichtige Voraussetzung für die beständige Wissensproduktion ist ein »kognitiver Erwartungsstil«. Luhmann argumentiert, dass immer dann, wenn bekanntes Wissen mit einer neuen Beobachtung konfrontiert wird, Erfahrung möglich ist und zwar in dem Sinne, dass das aufgrund bisherigen Wissens Erwartete aktuell enttäuscht wird: »Erfahrung ist (...) die informative Modifikation des Erwarteten in einzelnen Hinsichten« (Luhmann 1971a: 42). Ein solcher Erfahrung konstituierender Prozess der Informationsverarbeitung lässt sich jedoch nur dann institutionalisieren, wenn ein »kognitiver Erwartungsstil« vorhanden ist, der auf die mit neuen Beobachtungen verbundene Enttäuschung des bisher Gewussten mit Lernen reagiert und alte Wissensbestände zugunsten neuer aufgibt (vergleiche Luhmann 1990a: 138ff.). Dieser Erwartungsstil ist im Prinzip viel unwahrscheinlicher als der »normative Erwartungsstil«, welcher an bekanntem Wissen trotz gegenteiliger Information festhält. Denn: »Gewusstes Wissen wird geschätzt. Wie sollte man dann motiviert sein, die darauf gestützten Erwartungen im Enttäuschungsfalle preiszugeben?« (Luhmann 1990a: 153). Dies gilt insbesondere für Alltagswissen, das eine ausgesprochen hohe Falsifikationsresistenz aufweist. An Alltagswissen wird festgehalten, auch wenn es Erkenntnisse gibt, die es widerlegen.[11] Die Produktion neuen Wissens ist somit an Akzeptanzbedingungen für neue Informationen gebunden, die nach Luhmann erst mit der Ausdifferenzierung eines eigenen Funktionssystems gewährleistet sind. Die ins immer Voraus-

11 Vergleiche hierzu beispielsweise die Untersuchung zu alltagsweltlichen Vorstellungen zu Aids (Jacob u.a. 1997).

setzungsvollere getriebene Vermehrung unwahrscheinlichen Wissens lässt sich nur ausbauen und systematisieren, wenn hierfür entsprechende Strukturen zur Verfügung gestellt werden: ein Funktionssystem zur Wissensproduktion (vergleiche Luhmann 1990a: 153f.).

Eine weitere Voraussetzung für die systematische Produktion neuen, unvertrauten, überraschenden Wissens sieht Luhmann in der Entwicklung des symbolisch generalisierten Mediums Wahrheit. Das Medium Wahrheit reduziert nach der im Anschluss an Fritz Heider und Talcott Parsons entwickelten Medientheorie Luhmanns (vergleiche Luhmann 1990a: 182ff.) die Unwahrscheinlichkeit dafür, dass wissenschaftlich kommuniziert wird, indem es nur einen Sinnbezug (Wahrheit) mit zwei Ausprägungen bereithält (wahr/unwahr). Eine solche binäre Codierung bedeutet, dass alle Kommunikationen darauf festgelegt werden, mit welcher der beiden Optionen sie an das vorgängige Kommunikationselement anschließen, positiv oder negativ. Das heißt nicht, dass in jedem Satz das Wort »wahr« oder das Wort »unwahr« vorkommen muss. »Aber es muss ›statt dessen‹ der Kontext klar sein, in dem eine Kommunikation einem bestimmten symbolisch generalisierten Medium zugeordnet wird« (ebd.: 190). Zu einem solchen Kontext zählt etwa, dass von Hypothesen, Experimenten oder Forschungsergebnissen die Rede ist, oder die Kommunikation in Fachzeitschriften stattfindet. »Wahrheit ist somit eine in der Kommunikation für Zwecke der Kommunikation entwickelte Bezeichnung, ein ›institutionalized label‹« (ebd.: 175). Damit ist gemeint, dass der an sich unwahrscheinliche Rückbezug zum vorherigen Kommunikationselement erheblich vereinfacht wird, weil es sich zu ihm nur in zweifacher Weise ins Verhältnis setzen kann. Durch diese Vereinfachung entsteht eine Kette sich wechselseitig thematisierender Aussagen, die letztlich in Wissensgewinnen und damit Erkenntnisfortschritt münden: »Man sieht: es geht um eine Präferenz für Vergleichbarkeit, für Systematik und für das Erhalten oder Wiedergewinnen dieser Vorteile bei steigender Komplexität« (ebd.: 201).

Der binäre Code im Medium Wahrheit ist allerdings selbst kein instruktives Wahrheitskriterium, er liefert keine Kriterien für die Zuordnung von behaupteten Sachverhalten zu den Alternativen wahr oder unwahr. Schimank fragt: »Was weiß ein Wissenschaftler schon, wenn er weiß, dass er nach wahren Erkenntnissen streben soll?« (Schimank 2000: 162). Das Wissenschaftssystem braucht zusätzlich Strukturen, die erwartbar machen, welche Erkenntnisse welchem der beiden Wahrheitswerte zugeordnet werden. Solche Erwartungsstrukturen legen fest, sie programmieren über

Theorien, welche Themen viel versprechend sind und sie programmieren über Methoden, welche Vorgehensweise notwendig ist, um zu wahrheitsfähigen Forschungsergebnissen zu gelangen (vergleiche Luhmann 1990a: 401–446).

Mithilfe von Theorien und Methoden wird neues Wissen produziert. Wenn Luhmann von Wissen spricht, dann meint er wahrheitsfähiges Wissen, welches der Leitorientierung wahr/unwahr unterworfen wird. Auf diese Verwendung des Wissensbegriffes könnte man erwidern, dass Wissen in nahezu allen gesellschaftlichen Zusammenhängen verwendet wird. Spinner (1994) argumentiert beispielsweise, dass die »Wissensordnung des Informationszeitalters« acht Bereiche umfasst, in denen Wissen eine zentrale Stellung einnimmt: die akademische, die archivarisch-bibliothekarische, die verfassungsrechtliche, die ökonomische, die technologische, die bürokratische, die militärisch-polizeiliche und die nationale/internationale Bereichsordnung. Jeder dieser Bereiche, so der Autor, weist eine ihm eigene Wissensart, einen spezifischen Umgang mit diesem Wissen in eigenen Institutionen auf. Luhmann sieht durchaus, dass Wissen nicht nur im Wissenschaftssystem eine zentrale Rolle spielt:

»Wissen ist immer schon in Gebrauch, und zwar in allen Bereichen gesellschaftlicher Kommunikation, bei der Abschätzung von Situationen im Straßenverkehr und bei der Krankenbehandlung, beim Umgang mit Uhren und Kalendern und bei Weihnachtseinkäufen, bei der Benutzung von Werkzeugen und Maschinen und bei der geselligen Unterhaltung, beim Lesen der Zeitung und beim Erkennen der Absichten anderer« (Luhmann 1990a: 147f.).

Und Wissenschaft ist, so könnte man anfügen, auch nicht in der Lage, alles Wissen zu überblicken oder zu systematisieren, geschweige denn aufzuklären, was in der gesellschaftlichen Umwelt des Wissenschaftssystems anfällt. Luhmann+s Argument ist somit nicht, dass Wissen keine Rolle in den anderen sozialen Systemen spielt, sondern dass seine systematische Gewinnung »aus allen anderen Bereichen gesellschaftlicher Kommunikation, aus dem Alltag ebenso wie aus anderen Funktionssystemen abgezogen [wird]« (ebd.: 342).

Wissenschaftliches Wissen wird aus bestimmten Gründen als Sonderwissen bezeichnet. Hierzu zählen formal-logische Mindestanforderungen, seine prinzipielle Wandelbarkeit, Unabhängigkeit von Merkmalen des erkennenden und wissenden Subjekts und seine Ausformulierung in Form von Theorien und Methoden. In systematisierter Form findet sich diese Überlegung bei Spinner (2002: 18–27), der Wissen entlang von vier Dimensionen mit jeweils binärer Ausprägung charakterisiert: (1) Form; (2) Inhalt; (3) Ausdruck; und (4) Geltung.[12] Ziel dieser dimensionalen Verortung des Wissens ist eine Kombination der vier binären Ausprägungspaare, aus welcher sich eine Menge distinkter Wissenstypen ergibt, denen konkrete Erscheinungsformen zugeordnet werden können. Wissenschaftliches Wissen hat in dieser Systematik die Ausprägungen allgemein, informativ, explizit und hypothetisch.

Das System Wissenschaft hat neben Kommunikation noch ein zweites Element, das bei Luhmann eine untergeordnete Rolle spielt, von Stichweh aber ausführlich diskutiert wird: Handlung. Dieses Element des Wissenschaftssystems bezieht sich auf Forschungshandeln als eigenständigen Handlungstypus, der »als operative Grundlage neben die Publikation als den kommunikativen Basisakt tritt und für den Wissenschaftler eine alltägliche Handlungswirklichkeit definiert« (Stichweh 1994b: 73). Gemeint ist hier konkretes Forschungshandeln im Arbeitszimmer, im Labor oder im Feld (zum Beispiel Expeditionen in der Archäologie, Interviews in den Sozialwissenschaften), ebenso wie Gespräche mit Kollegen (zum Beispiel bei Konferenzen oder Workshops). Forschungshandeln ist in diesem Sinne zwar unverzichtbar für die Konstitution des Wissenschaftssystems, das sieht auch Luhmann so: »Unleugbar ist bei der Arbeit am Finden, Beweisen, Ändern von Wahrheiten Handeln involviert; anders wäre ein System wissenschaftlicher Forschung gar nicht zu konstituieren; anders bliebe nur die Möglichkeit, auf Offenbarung zu warten« (Luhmann 1971b: 390), allerdings ist es nicht das Forschungshandeln selbst, welches die Systemreproduktion der Wissenschaft ausmacht. Anschlüsse erzeugen nur Publikationen an Publikationen, während das zu ihrer Herstellung notwendige Forschungshandeln Hintergrundbedingung bleibt.

---

12 Die Formdimension bezeichnet die Anwendungsbreite und Generalisierungsfähigkeit des Wissens: Entweder bezieht es sich auf konkrete Einzelfälle mit raumzeitlich beschränktem Anwendungsbezug (singulär) oder gilt generell mit raumzeitlich unbeschränktem Anwendungsbezug (allgemein). Die Inhaltsdimension bezeichnet den Informationsgehalt des Wissens, der entsprechend der wissenschaftstheoretischen Nomenklatur zwei Ausprägungen aufweist: logisch-analytisch oder inhaltsleer sowie synthetisch-empirisch oder informativ. Die Ausdrucksdimension bezeichnet den Grad der Artikulation des Wissens und die Weise seiner Repräsentation, wobei praktisches Können oder unerklärtes Wissen (implizit) ausgesprochenem und verschriftlichtem Wissen (explizit) gegenübergestellt wird. Schließlich bezeichnet die Geltungsdimension epistemische Attribute des Wissens mit evaluativer Funktion wie wahr, sicher oder wahrscheinlich, die entweder als unbedingt (apodiktisch) oder bedingt (hypothetisch) geltend verwendet werden (vergleiche Spinner 2002).

Der Umgang mit dem Handlungsbegriff in der Systemtheorie wurde von verschiedener Seite kritisiert (vergleiche Mayntz 1988). Luhmann begründet die Ersetzung des Handlungs- mit dem Systembegriff damit, dass soziale Systeme mit Selbst- und Fremdreferenzen operieren. Im Modus der Selbstreferenz wird ein soziales Geschehen dem System selbst zugerechnet und ist dann Handlung, während im Modus der Fremdreferenz der gleiche Geschehensablauf der Systemumwelt zugerechnet und als Erleben verbucht wird. In einer älteren Textstelle wird dieses Argument besonders deutlich formuliert:

»Sinnhafte Reduktion von Komplexität kann nämlich in zweifacher Weise zugerechnet werden: auf die Welt selbst oder auf bestimmte Systeme in der Welt. (...) Im ersten Falle wollen wir von Erleben sprechen, im anderen von Handeln. (...) Der Differenzpunkt ist auf der Ebene des organischen Substrates, an dem, was vom Menschen sichtbar ist, nicht zu fassen, sondern liegt in der Sinnbildung selbst, nämlich in der Frage, wie die Reduktion von Komplexität zugerechnet wird, wo der Sinn gleichsam ›lokalisiert‹ wird. Erlebter Sinn wird als fremdreduziert erfasst und verarbeitet, Handlungssinn dagegen als systemeigene Leistung« (Luhmann 1971a: 77).

In jedem Fall ist die Zuschreibung des Geschehensablaufes eine Konstruktion des fokalen Systems und nicht eine intrinsische Qualität des Geschehensablaufes selbst. Handlung »verwischt« nach Luhmann denn auch die Tatsache, dass Geschehensabläufe unterschiedlich beobachtet werden können, eine theoretische Schwachstelle in handlungstheoretischen Ansätzen der Soziologie, die mit dem zweiseitigen Kommunikationsbegriff gerade vermieden wird (vergleiche Luhmann 1984: 191–241; 1997: 86f.). Bei Luhmann heißt es zum Wissenschaftssystem:

»Das Handeln ist auch im Bereich von Wahrheit und Wissenschaft zwar kausal relevant; es wird aber nicht als Rechtfertigung von Selektion in den Code aufgenommen, der den Übertragungsprozess regelt. Nach dem in der Gesellschaft und auch im Wissenschaftssystem institutionalisierten Code-Verständnis ist Handeln zwar zur Freilegung von Erlebnissphären, zum Zugänglichmachen von Erlebnissen, ja selbst, qua Ausbildung, zum Aufbau komplizierterer Erlebnisbereitschaften erforderlich. Die Selektivität des Erlebens wird aber gleichwohl nicht dem Handlungssystem zugerechnet, sondern der Welt. Ich fühle mich nicht durch Herrn Röntgen manipuliert, wenn ich den von ihm entdeckten Strahlen ausgesetzt werde, obwohl Kausalität besteht und bekannt ist. (...) Wahrheit wird mithin, auch wenn durch Handlung mitbedingt, dem Handeln nicht zugerechnet« (Luhmann 1971b: 390f.).

Funktionssysteme sind auf handelnde Akteure angewiesen, insoweit ist Forschungshandeln eine wesentliche Hintergrundbedingung für die Existenz des Wissenschaftssystems.[13] Das Verhältnis von Funktionssystemen zu Organisations- und Interaktionssystemen wird in den Abschnitten 2.3 und 2.4 behandelt.

2.1.1.1 Segmentäre Binnendifferenzierung des Wissenschaftssystems

Die interne Struktur des Wissenschaftssystems hat die Form von Disziplinen (vergleiche Luhmann 1990a: 446ff.).[14] So bilden sich am Anfang des 19. Jahrhunderts im Bereich der Naturwissenschaften Chemie und Physik heraus, im Bereich der Geisteswissenschaften klassische Philologie und Geschichte. Der Fächerkanon ist heute wesentlich umfangreicher, und die Differenzierung nach Disziplinen und Subdisziplinen setzt sich auch in der Gegenwart fort. Nach Stichweh (1994b: 16–27) bilden sich immer dann Disziplinen heraus, wenn folgende Randbedingungen erfüllt sind: (1) ein hinreichend homogener Kommunikationszusammenhang von Forschern; (2) ein Korpus von in Lehrbüchern kodifiziertem, konsentiertem und prinzipiell lehrfähigem wissenschaftlichen Wissen; (3) eine Mehrzahl je gegenwärtiger Problemstellungen; (4) ein Ensemble von Forschungsmethoden und paradigmatischen Problemlösungen; (5) disziplinenartige Karrierestrukturen sowie institutionalisierte Sozialisationsprozesse zur Selektion des wissenschaftlichen Nachwuchses.

Disziplinen bilden sich um Gegenstandsbereiche und Problemstellungen, insbesondere um Ausschnitte der natürlichen und sozialen Umwelt der Wissenschaft: »Die Differenzierung der Umwelten des Wissenschaftssystems wird nach innen genommen und dort zur Basis der primären internen Differenzierung der Wissenschaft« (ebd.: 22). Jene Probleme und Positionen, die zwischen den Disziplinen situiert sind, werden entweder an eine der Disziplinen assimiliert, wie etwa bei den Subdisziplinen Physikalische Chemie oder Biophysik, oder aber dethematisiert beziehungsweise einfach vergessen. Die Disziplinenbildung wirkt nach Stichweh als »kognitive Schematisierung« und mithin als Filter für die wissenschaftlich thematisierbaren Fragestellungen, weil diese nur noch disziplinär oder gar nicht behandelt werden können. Die Selektivität des Disziplinenfilters wird

13 Für eine akteurtheoretische Rekonstruktion des Verhältnisses von Handlungs- und Systemtheorien vergleiche die Arbeiten von Schimank (1988a; 2000: 135ff., 241ff.; 2001).

14 Zu den anfänglichen Tendenzen einer »Nationalisierung wissenschaftlicher Kommunikationszusammenhänge« vergleiche Stichweh (2000: 131ff.).

darüber hinaus noch verstärkt, weil die Produktion wissenschaftlicher Aussagen von den Disziplinen nicht in einem arbeitsteiligen Zusammenwirken erfolgt, sondern vielmehr Bereiche disziplinärer Einzelwahrheiten aufgebaut werden (deshalb segmentäre Differenzierung), zwischen denen die Kontakte über lange Zeiträume nahezu abreißen können: Die »Produktion von Wahrheiten als Primärfunktion von Wissenschaft wird von den Disziplinen nicht in einem arbeitsteiligen Zusammenwirken erbracht, vielmehr nimmt jede Disziplin die ›Wahrheiten‹ über ihren Gegenstandsbereich in eigene Regie« (ebd.: 22).

Es gibt eine lange Tradition in der Wissenschaftsforschung was unterschiedliche Typisierungen von wissenschaftlichen Disziplinen angeht (vergleiche Stichweh 1994b; Whitley 2000b). Stichweh (ebd.: 23) unterscheidet Disziplinen nach dem Grad ihrer kognitiven Konsolidierung in *harte* und *weiche* Wissenschaften. Zu den »hard sciences« sind vor allem die natur- und ingenieurwissenschaftlichen Disziplinen zu rechnen (zum Beispiel Physik, Chemie, Biologie, Verfahrenstechnik, Elektrotechnik), während zu den »soft sciences« die Rechts-, Wirtschafts-, Sozial- und Geisteswissenschaften zählen. Stichweh (ebd.) führt hierzu aus:

»So unterscheiden sich Disziplinen, deren Grad an begrifflicher Präzision und Mathematisierung es erlaubt, bei ihnen von ›hard sciences‹ zu sprechen, von ›soft sciences‹ durch Charakteristika wie ein höheres Konsensniveau, eine Konzentration auf wenige Kern-Journale und ein relativ geringes Ausmaß der Berücksichtigung der Literatur anderer Disziplinen, niedrigere Ablehnungsquoten für Zeitschriftenartikel, ein größeres Interesse an und eine größere Häufigkeit von Koautorschaft, höhere Unpersönlichkeit in der wissenschaftlichen Kommunikation, das Verschwinden des Buches als Veröffentlichungstyp, eine schnellere Integration der Literatur in den Korpus verfügbaren Wissens und eine höhere Obsoleszenz, die Nichtexistenz von konkurrierenden Schulen.«

Whitley (2006) hat die binäre Unterscheidung von harten und weichen Disziplinen wegen ihrer Grobkörnigkeit kritisiert und ein alternatives Konzept entwickelt. Der Autor analysiert, inwieweit Disziplinen als Segmente der Wissensproduktion auf konsistente Erwartungsstrukturen zurückgreifen können. Hierzu kreuztabelliert er vier Dimensionen und gelangt so zu insgesamt sieben Disziplinentypen, die er an empirischen Beispielen diskutiert (zum Beispiel ›fragmented adhocracy‹, ›conceptually integrated bureaucracy‹). Die vier Dimensionen sind im Einzelnen: (1) »functional dependence«, das heißt der Umfang, in dem wissenschaftliche Arbeitsbeiträge aufeinander bezogen sind; (2) »strategic dependence«, die anzeigt, wie sehr die Weiterverwendbarkeit des von einzelnen Wissenschaftlern produzierten Wissens vom Fachurteil ihrer Kollegen abhängt; (3) »technical task uncertainty«, die das Ausmaß angibt, zu dem Arbeitstechniken als einschlägig und zu zuverlässigen Ergebnissen führend definiert werden; sowie (4) »strategic task uncertainty«, die den Grad der einvernehmlichen Wahrnehmung von relevanten Problemstellungen und Problemprioritäten bezeichnet. Whitley's Heuristik eignet sich insbesondere zur Analyse wissenschaftlicher Disziplinen in historischer und vergleichender Perspektive. Auch wenn seinen Analysen keine systemtheoretische Perspektive zugrunde liegt, erläutert Whitley die Struktur der theoretischen und methodischen Kommunikation in Disziplinen und damit Programmstrukturen einzelner Segmente des Wissenschaftssystems.

2.1.1.2 Funktionale Binnendifferenzierung des Wissenschaftssystems

Neben der disziplinären Differenzierung ist das Wissenschaftssystem intern noch funktional gegliedert. Stichweh (1994b: 25ff.) argumentiert hierzu, dass die Wissenschaft als Gesamtheit aller Disziplinen in grundlagen- und anwendungsorientierte Forschung unterteilt wird. *Grundlagenforschung* ist Wissensproduktion mit dem Ziel der Vervollkommnung der Erkenntnisgrundlagen und der Erweiterung der vorhandenen Wissensbestände unabhängig von wissenschaftsexternen Anwendungsbezügen. Bei diesem Forschungstyp bleibt die auf Wirklichkeitserkenntnis gerichtete Wissensproduktion im Sinne der Wissenschaftslehre Max Webers hinsichtlich Entstehung, Begründung und Verwendung in der Regie der Forschung durchführenden Akteure. Die Entscheidung über die Maßgeblichkeit der gewählten Themen (Entstehungszusammenhang) obliegt dem einzelnen Forscher oder Forschergruppen. Die Forschung ist in eine Gemeinschaft rückgebunden, an die das produzierte Forschungswissen kommuniziert wird (Publikationen in Fachzeitschriften, Präsentation auf Konferenzen) und die über seine Eignung zur Lösung der Forschungsfragen urteilt (Peer-Review, Zitation). Der Verwendungszusammenhang wissenschaftlichen Wissens ist die Wissenschaft selbst.

Im Gegensatz dazu stellt *Anwendungsforschung* die systematische Suche nach Antworten auf außerwissenschaftlich *mit*definierte Fragestellungen unter Zuhilfenahme wissenschaftlicher Methoden dar. Dieser Forschungstyp umfasst all jene Forschungsbemühungen, die über ihren Problemzugriff (Entstehungszusammenhang) nicht autonom disponieren und/oder die

Forschungsergebnisse für die Umwelt des Wissenschaftssystems aufbereiten (Verwendungszusammenhang). Angewandte Forschung hält – mit anderen Worten – den außerwissenschaftlich mitdefinierten Problembegriff invariant, um die »Rückkommunizierbarkeit der angebotenen Problemlösung an die gesellschaftliche Umwelt zu sichern«, während es für Grundlagenforschung »charakteristisch [ist], dass sie die Probleme, mit denen sie anfängt, im Verlauf von Forschungsprozessen nicht garantieren kann« (ebd.: 38f.). Aus diesem Grund ist die angewandte Forschung, wie Luhmann herausstellt, auch häufig interdisziplinär, weil die Problembegriffe der außerwissenschaftlichen Umwelt und der innerwissenschaftlichen Disziplinenstruktur auseinander fallen können (Luhmann 1990a: 642).

Entscheidend ist, dass beide Forschungstypen unterschiedliche gesellschaftliche Funktionen erfüllen. Die Funktion der grundlagenorientierten, disziplinären Forschung liegt in der theoriegeleiteten Wissensproduktion, also jenen selektiven Ketten wechselseitig aufeinander bezogener Kommunikationen, die in Wissensgewinn und damit wissenschaftlichen Erkenntnisfortschritt münden. Dagegen liegt die Funktion angewandter und interdisziplinärer Forschung im »Kontext der sozialen Integration der Wissenschaft in die Gesellschaft« (Stichweh 1994b: 38). Angewandte Forschung ist eine Binnendifferenzierung des Wissenschaftssystems in Reaktion auf Leistungserwartungen seiner gesellschaftlichen Umwelt. Angewandte Forschung ist eine Forschungsstruktur, die den Wissensbedarf anderer sozialer Systeme an neuem Wissen deckt, indem sie den Problembegriff dieser Umwelt konstant hält, um die dazu erarbeiteten Antworten rückkommunizierbar zu machen. Auf diese Weise wird die Systemumwelt der Wissenschaft mit Wissen versorgt und die Wissenschaft in die Gesellschaft integriert. Für den Fall der Wirtschaft schreibt Schimank:

> »Wenn beispielsweise ein Teil der an Hochschulen stattfindenden Forschung als Auftragsforschung für die Industrie, also auch von dieser finanziert, stattfindet, trägt jeder der vielen Forschungsaufträge, die zwischen einem einzelnen Hochschulinstitut und einem einzelnen Unternehmen ausgehandelt werden, zur gesellschaftlichen Systemintegration in dem Sinne bei, dass das Wissenschaftssystem so Leistungen im Sinne anwendungsrelevanter Forschungen für das Wirtschaftssystem erbringt« (Schimank 2001: 34).

Die systemtheoretische Diskussion vereinfacht mit der binären Unterscheidung von Grundlagen- und Anwendungsforschung die Diskussion, welche Forschungstypen gegenwärtig existieren. Stokes (1997) hat in einer einflussreichen Studie argumentiert, dass noch ein dritter Forschungstyp existiert, der als Kreuzungspunkt von Grundlagenforschung und angewandter Forschung zu sehen ist: anwendungsorientierte Grundlagenforschung (aGF). Hierunter versteht Stokes Forschung, die sowohl fundamentale Verständnisfragen behandelt als auch Anwendungsbezüge aufweist. *Use-inspired basic research* verbindet somit Verstehenswissen mit Kontrollwissen (vergleiche Abb. 1). Als historisches Beispiel dient dem Autor die mikrobiologische Forschung von Louis Pasteur, die sich weder einfach der grundlegenden noch der angewandten Forschung zuordnen lässt. In Erweiterung dieses Arguments kann die Forschung in der modernen Biotechnologie auch als Beispiel für den Pasteur'schen Quadranten gelten. Denn hier ist grundlegendes Wissen in vielen Fällen für konkrete Anwendungen relevant, was sich darin äußert, dass Genomsequenzen, lebende Organismen und wissenschaftliche Instrumente patentiert werden können, sofern sie mithilfe eines technischen Verfahrens veränder- oder reproduzierbar sind (Heller/Eisenberg 1998; Eisenberg 1987; Schatz 1997; Straus 2003). Evans (2004) argumentiert, dass in der biotechnologischen Arabidopsis-Forschung alle drei Quadranten des Stokes'schen Modells aufzufinden sind:

»As the first plant with a sequenced genome, *Arabidopsis* is a cornerstone of basic plant science. With a genetic make-up similar to economically important crop plants, however, *Arabidopsis* research also has practical and commercial value. To illustrate, consider that research on flower development in *Arabidopsis* has been considered only basic science. The study of plant signaling involved in fungal resistance is viewed as both fundamental and applied. Attempts to transfer oil-production enhancements from *Arabidopsis* to economically important crop species like canola, however, are regarded as simply applied« (ebd.: 7f.).

Stokes verweist mit seinem Modell darauf, dass sich beide Forschungstypen empirisch nicht immer säuberlich trennen lassen. Hiermit ist einerseits gemeint, dass in bestimmten Forschungsfeldern – wie beispielsweise der biotechnologischen Forschung – grundlegendes Verständniswissen nur noch schwer von angewandtem Kontrollwissen zu trennen ist. Andererseits ist damit gemeint, dass sich konkrete Forschungsorganisationen nicht durchgängig einem der beiden Forschungstypen zuordnen lassen. Das Dreifelderschema von Stokes wird bei der Diskussion zum Verhältnis von Funktions- und Organisationssystemen noch einmal aufgegriffen (Abschnitt 2.3). Darüber hinaus wird es auch zur Operationalisierung von Forschungsorientierungen konkreter Universitäten und außeruniversitärer Institute im empirischen Teil der Arbeit (Kapitel 3) herangezogen.

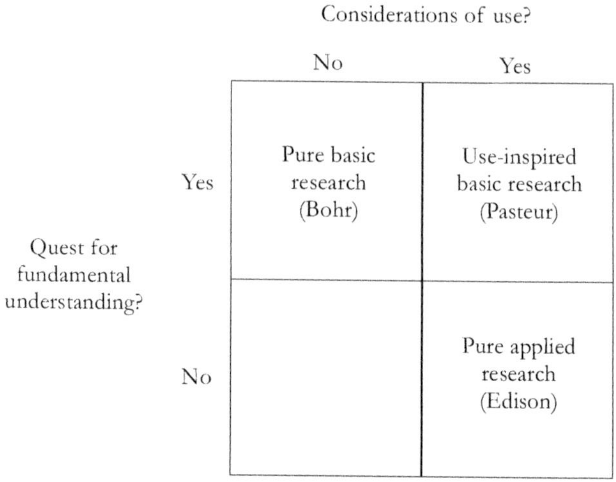

Abb. 1: Quadrantenmodell der Forschung nach Stokes

(Quelle: Stokes 1997: 73)

2.1.2 Funktionssystem Wirtschaft

Das Wirtschaftssystem entsteht, wie jedes andere Funktionssystem, auch auf ein gesellschaftliches Bezugsproblem hin: »Auf Wirtschaft bezogene Kommunikation ist in allen Gesellschaftsformationen nötig, weil man sich über Zugriff auf knappe Güter verständigen muss« (Luhmann 1988: 14). Es bedarf nach Luhmann eines sozialen Mechanismus, »der eine zukunftsstabile Vorsorge mit je gegenwärtigen Verteilungen verknüpft. Das ist die Funktion der Wirtschaft.« Knappheit ist hierbei doppelt konzipiert: als Knappheit der Güter und als Knappheit des Geldes: »Die Funktion der Wirtschaft muss deshalb durch die Konditionierung der Beziehungen zwischen diesen beiden Knappheiten (...) erfüllt werden« (ebd.: 64). Konditionierung heißt, dass es eine Gewährleistung für das Ausgebenkönnen von Geld für Güter nicht nur je gegenwärtig, sondern auch in der Zukunft gibt, dass – mit anderen Worten – eine Zukunftssicherheit dafür besteht, dass derjenige, der zahlen kann, damit auch seine produktions- und konsumptionsbezogenen Bedürfnisse befriedigen kann und umgekehrt: dass jene Bedürfnisse in den Erreichbarkeitszonen für Geld Zahlungen voraussetzen. Dies verweist bereits auf das basale Element wirtschaftlicher Kommunikation: Transaktionen.

Die Basiskommunikationen der Wirtschaft sind Transaktionen.[15] Sie werden innerhalb der Wirtschaft erzeugt und prozessiert. Im Modus der Selbstreferenz werden diese Transaktionen als Geldzahlungen behandelt, mithin orientiert sich der operative Vollzug der Wirtschaft am binären Code zahlen/nicht-zahlen. Im Modus der Fremdreferenz beziehen sich Transaktionen auf den Transfer von materiellen oder immateriellen Gütern und Leistungen. Mit jeder Transaktion werden sowohl Bedürfnisse befriedigt (Leistung der Wirtschaft) als auch Zahlungsfähigkeit übertragen (Autopoiesis der Wirtschaft), jede Transaktion ist somit Güter- und Geldtransfer (ebd.: 15f.). Die bereits in Abschnitt 2.1.1 eingeführten Begriffe »operative Schließung« und »Autopoiesis« bedeuten für das Wirtschaftssystem, dass im Modus der Selbstreferenz Zahlungen an Zahlungen beziehungsweise Nicht-Zahlungen anschließen. Die Elemente wirtschaftlicher Kommunikation produzieren sich selbst, insofern Zahlungen für Güter neue Zahlungen für andere Güter ermöglichen. Zahlungsfähigkeit überträgt sich somit von Zahlung zu Zahlung. Die basalen Ereignisse der Wirtschaft stehen, wie Luhmann schreibt, »unter dem kontinuierlichen Zwang der Selbsterneuerung, und genau dies ist der Grund für die rekursive Geschlossenheit. (...) In diesem Sinne ›zirkuliert‹ das Geld« (ebd.: 53). Baecker argumentiert, dass sich die Übertragung von Zahlungsfähigkeiten an der Unterscheidung von Produktion und Konsumption festmachen lässt. Wer konsumiert, gibt Zahlungsfähigkeit ab, wer produziert erhält sie. »Die Orientierung der Beobachtung wirtschaftlicher Operationen an der Differenz von Produktion und Konsum hat sich in der monetären Ausdifferenzierung der Wirtschaft bewährt« (Baecker 1988: 147ff.).

Transaktionen finden unter Rückgriff auf Preise statt. »Denn sobald Zahlungen erbracht werden müssen, sind Preise möglich, die es ermöglichen, Erwartungen in Bezug auf die zu zahlende Summe zu bilden und darüber zu kommunizieren« (Luhmann 1988: 55). Preise sind Informationen über Zahlungserwartungen: »Der Begriff bezeichnet demnach (...) Informationen über zu erwartende Geldzahlungen, und zwar über Geldzahlungen, die als Gegenleistung für Zugriff auf knappe Güter zu erwarten

15 Transaktionen werden als Basiskommunikation der Wirtschaft aufgefasst. In einer früheren Fassung stellt Luhmann auf Zahlungen ab (vergleiche Luhmann 1988: 52f.), später jedoch auch auf Transaktion (vergleiche Luhmann 1997: 755f.). Der spätere Begriff ist präziser, weil Transaktion sowohl Selbst- als auch Fremdreferenz umfasst (Zahlung, Güter). Für eine ähnliche Verwendung vergleiche Baecker (1988: 147ff.) und Lieckweg (2003: 42ff.).

sind« (ebd.: 18). Indem Preise über Zahlungserwartungen informieren, regulieren sie nicht nur tatsächliche Zahlungen, sondern auch Zahlungen, die nicht erfolgen. Preise laden entweder zum Kaufen ein oder halten vom Kaufen ab: »Man muss einen Preis identifizieren, dann kann man daran ablesen, ob man selbst diesen Preis bezahlen will oder nicht; ob man selbst zu diesem Preis produzieren kann oder nicht; ob andere zu diesem Preis zahlen werden oder nicht; ob andere zu diesem Preis produzieren oder nicht« (ebd.: 111).[16]

Luhmann sieht vor allem in der Entwicklung des symbolisch generalisierten Mediums Geld eine wesentliche Voraussetzung für die zukunftssichere Produktion und Verteilung knapper Güter. Das Medium Geld erhöht die Wahrscheinlichkeit dafür, dass wirtschaftlich kommuniziert wird, indem es nur einen Sinnbezug (Geld) mit nur zwei Ausprägungen bereithält (zahlen/nicht-zahlen). Eine solche binäre Codierung bedeutet, dass alle Kommunikationen darauf festgelegt werden, mit welcher der beiden Optionen sie an das vorgängige Kommunikationselement anschließen: positiv oder negativ.[17] Medien halten diese beiden Alternativen dauerhaft bereit und institutionalisieren damit jene Kette wechselseitig aufeinander bezogener Zahlungen, die Voraussetzung der Ausdifferenzierung des Wirtschaftssystems ist (ebd.: 68). An dieser Überlegung sieht man, dass Wirtschaft als Funktionssystem nicht einfach schon dadurch entsteht, dass man Geld ausmünzt oder druckt oder auf Konten bucht, sondern dass Geld als Medium Entscheidungen für oder gegen Zahlungen (und damit: für oder gegen Güter und Leistungen) situationsübergreifend vorspurt. Symbolisch ist Geld, weil es den positiven und negativen Wert zusammenhält;[18] generalisiert ist Geld, weil es für Güter aller Arten, aller Qualitäten und Mengen verwendbar ist.

16 Luhmann weist aber darauf hin, dass es keine direkte Entsprechung zwischen Preisen und realer Knappheit gibt: »Was knapper wird, wird zuweilen billiger, was im Überfluss vorhanden ist, wird teurer. Wie im Umkehrspiegel kann der Preismechanismus von wirklichen Knappheiten ablenken und Knappheiten vortäuschen, wo keine sind« (ebd.: 42).

17 Nur die positive Seite des Codes zahlen/nicht-zahlen kann Anschlüsse erzeugen. »Der negative Wert ist also ohne Anschlussfähigkeit. Er dient lediglich als Reflexionswert, nämlich zur Überprüfung der Frage, ob gezahlt werden soll oder nicht; und gegebenenfalls der Reflexion auf die Gründe für das Ausbleiben von Zahlungen« (ebd.: 244).

18 Luhmann schreibt hierzu ausführlich: »Symbole fügen Getrenntes zur Einheit zusammen, und zwar so, dass auf beiden Seiten die Zusammengehörigkeit erkennbar wird, ohne dass eine Verschmelzung, eine Aufhebung der Differenz stattfindet. Symbole sind also nicht etwa Zeichen. Auch Geld ist kein Zeichen für etwas anderes, etwa für einen

Nach Luhmann gibt es zwei weitere Voraussetzungen, die erfüllt sein müssen, damit sich Transaktionen verstetigen und das Wirtschaftssystem seine Funktion erfüllen kann: Ungleichheit hinsichtlich der selbstreferenziellen (Zahlung) und fremdreferenziellen Verwendung von Geld (Güter):

»Einerseits müssen Bedürfnisse ungleich verteilt sein, also dass Güter bei gleichem Preise als mehr oder weniger attraktiv erscheinen können. (...) Andererseits muss Geld im System ungleich verteilt sein, so dass Preise für den einen zu hoch, für den anderen dagegen erschwinglich oder sogar ohne spürbaren Aufwand erschwinglich sind. In beiden Hinsichten ist Ungleichheit Ausgangsbedingung und Produkt der Wirtschaft« (ebd.: 112).

Der binäre Code des Mediums Geld ist selbst kein instruktives Zahlungskriterium, er liefert keine Kriterien für die Zuordnung zu den beiden Alternativen zahlen beziehungsweise nicht-zahlen. Das Wirtschaftssystem benötigt zusätzlich Strukturen, die anzeigen und erwartbar machen, ob und wann es angebracht ist, Transaktionen zu tätigen oder nicht. Wie bereits im Fall der Wissenschaft, so existieren hierfür auch für die Wirtschaft Programme. Luhmann unterscheidet zwei Programmtypen: erstens Investitions-, Produktions- oder Konsumptionsprogramme, zweitens Budgets. Im ersten Fall wird konkretisiert, was produziert beziehungsweise konsumiert werden soll und in welcher Reihenfolge; im zweiten Fall wird die Zahlungsfähigkeit normiert, indem Grenzen und Ausgabevorschriften für die Geldverwendung aufgestellt werden (ebd.: 250f.). Unternehmen legen ihre Produktionsprogramme fest, indem sie die Nachfrage der Konsumenten kalkulieren, die Absatzchancen der Konkurrenz errechnen oder die Preise für die zur Produktion notwendigen Faktoren, vor allem Kapital, Güter und Arbeit, beobachten. Investitionen können hierzu nur im Rahmen vorgängig erhaltener Zahlungsfähigkeit aus veräußerten Produkten (Profit) oder durch die zeitlich befristet erkaufte Zahlungsfähigkeit durch Dritte (Banken) getätigt werden. Haushalte müssen Entscheidungen darüber fällen, welche Güter und Leistungen sie nachfragen wollen, in welchem Umfang, zu welcher Zeit und in welcher Reihenfolge. Gleichzeitig sind Entscheidungen darüber erforderlich, wie viel der im Haushalt verfügbaren Arbeitszeit an Dritte gegen Geldzahlungen zur Verfügung gestellt werden soll: Verlust und Erlangen von Zahlungsfähigkeit sind in aller Regel gekoppelt. Beide, sowohl Unternehmen wie auch Haushalte

intrinsischen Wert. Symbole sind Sinnformen, die die Einheit des Verschiedenen ermöglichen; sie *sind* diese Einheit, ihre äußere Form ist Darstellung dieser Einheit, aber nicht Zeichen für etwas anderes« (ebd.: 257, Hervorhebung im Original).

machen hierzu Budgetpläne, um sowohl Zahlungseingänge (Haben) als auch -ausgänge (Soll) zu überblicken.

Unternehmen und Haushalte, Angebot und Nachfrage, sowie die Produktionsfaktoren Kapital, Arbeit und Vorleistungen verweisen auf Märkte, beispielsweise Kapitalmärkte, Arbeitsmärkte, Rohstoffmärkte oder Märkte für Vorleistungen. Was aber sind Märkte? Märkte werden in der Systemtheorie als interne Umwelt des Wirtschaftssystems konzipiert (vergleiche Luhmann 1988: 91ff.; Baecker 1988: 198ff.). Sie entstehen, wenn sich Marktteilnehmer wechselseitig beobachten. Produzenten und Konsumenten beobachten sich wechselseitig, wobei Unternehmen und Haushalte als Anbieter und Nachfrager auftreten: Unternehmen als Produzenten und Anbieter von Gütern und Dienstleistungen und als Nachfrager von Produktionsfaktoren; Haushalte als Anbieter von Arbeit und Nachfrager von Gütern und Dienstleistungen. In aller Regel beobachten sich beide Marktteilnehmer über Preise und können dann entscheiden, ob sie kaufen beziehungsweise verkaufen wollen. Eine weitere Form der wechselseitigen Beobachtung betrifft Unternehmen, die andere Unternehmen beobachten. Auf diese Weise erhalten sie Aufschluss über die Konsumwünsche der Konsumenten, die sich in den Produkten der Konkurrenten spiegeln. Luhmann schließt hier an Harrison White's Überlegung zum Ursprung von Märkten an: »Markets are tangible cliques of producers observing each other. Pressure from the buyer side creates a mirror in which producers see themselves« (White 1981: 543).

2.1.2.1 Segmentäre Binnendifferenzierung des Wirtschaftssystems

Märkte sind die primäre Differenzierungsform der Wirtschaft. Ein besonderer Markt ist der Geldmarkt »als Eigenmarkt des Wirtschaftssystems. Hier geht es um Finanzierungen, um Kauf und Verkauf des Mediums Geld, um Beschaffung von Geld für Geld« (Luhmann 1988: 116).

Märkte sind insofern Segmente der Wirtschaft, als durch sie die an sich zwischen allen wirtschaftlichen Kommunikationen bestehende Interdependenz unterbrochen wird. Es gibt somit Bereiche von wirtschaftlichen Kommunikationen, in denen nur bestimmte Transaktionstypen auftreten, andere dagegen nicht. Arbeitsmärkte im Sinne wechselseitig aufeinander bezogener Beobachtungen von Anbietern und Nachfragern bilden sich um die Aspekte der Qualifikation, des Alters und des zu zahlenden Lohns für Arbeit. Als Arbeitsanbieter beobachtet man nicht nur Stellenanzeigen, sondern auch das, was andere Anbieter für ihre Arbeit als Einkommen erzielen oder welche Qualifikationen notwendig sind, um Einkommenserhöhungen zu erreichen. Arbeitsnachfrager beobachten nicht nur das gegenwärtige (Annoncen, Bewerbungen), sondern auch das zukünftige Arbeitsangebot (zum Beispiel Studierende im Hauptstudium). Sie beobachten darüber hinaus, was es andere Arbeitsnachfrager kostet, bestimmte Qualifikationen zu beschäftigen. Eine solche Beschreibung kann man für andere Märkte fortsetzen. Letztlich erscheint wichtig, dass das Wirtschaftssystem sich in einzelne Teilprobleme dekomponieren lässt, die dem generellen Bezugsproblem – Produktion und Verteilung knapper Güter – zuzurechnen sind. Märkte als interne Umwelt des Wirtschaftssystems reduzieren durch die Problemkomposition die Gesamtkomplexität der Wirtschaft und ermöglichen zugleich den Aufbau von Komplexität in Einzelmärkten (vergleiche ebd.: 127).

Die Vorstellung einer internen Differenzierung des Wirtschaftssystems in Waren- beziehungsweise Marktsegmente findet sich auch in Klassifikationen zu Sektoren der Wirtschaft. Beispiele hierfür sind die europäische Wirtschaftsklassifikation NACE, die seit 1993 die verbindliche Klassifikation der Wirtschaftszweige in der Europäischen Union darstellt, oder das internationale Warenverzeichnis SITC.[19] Die Vielzahl von Klassifikationsschemata ist als Hinweis dafür zu werten, dass die eindeutige Abgrenzung von Teilmärkten nur schwer möglich und immer als Konvention zu verstehen ist. Auch die Tiefengliederung solcher Klassifikationen verweist darauf, dass bestimmte Teilmärkte unter andere Teilmärkte subsumiert werden können. Luhmann argumentiert folglich, dass Teilmärkte keine festen Grenzen aufweisen: »Sie haben im Verhältnis zueinander keine intern abgesicherte Stabilität, sondern existieren nur als eine Integration (im Sinne von: wechselseitiger Limitierung) der Umweltperspektiven einer Vielzahl von Teilnehmern« (ebd.: 115).

2.1.2.2 Funktionale Binnendifferenzierung des Wirtschaftssystems

Zur Frage der funktionalen Binnendifferenzierung des Wirtschaftssystems gibt es in der systemtheoretischen Literatur keine Aussagen. Das Konzept kann jedoch aus der Innovationsforschung übernommen werden. In der Innovationsforschung werden, neben sektoralen Klassifikationen, Märkte

19 NACE steht für Nomenclature Général des Activités Economiques dans les Communautés Européens, SITC für Standard International Trade Classification.

danach gruppiert, wie hoch der Anteil von Forschung und Entwicklung (kurz: FuE) am Produktionswert einer Gütergruppe ist (FuE-Intensität). Die Unterscheidung von Märkten nach dem Kriterium der Forschungsintensität zeigt an, dass Konkurrenzverhältnisse zwischen Güterproduzenten von der Verfügbarkeit und der kontinuierlichen Weiterentwicklung bestimmter Technologien mitbestimmt sind, deren Entwicklung wiederum auf die kontinuierliche Wissensproduktion der Wissenschaft zurückgreift. Die technologische Entwicklung ist eine Leistungsanforderung, der Unternehmen genügen müssen, sofern sie auch zukünftig wettbewerbsfähige Güter produzieren wollen. Auf forschungsintensiven Märkten bedarf es geeigneter Strukturen, mit denen auf diese Leistungsanforderungen erfolgreich reagiert werden kann. Dazu zählen Forschungs- und Entwicklungsaktivitäten, insbesondere in eigens eingerichteten Forschungsabteilungen von Unternehmen, mit denen die wissenschaftliche Wissensproduktion beobachtet wird. Cohen/Levinthal (1990) haben hierfür den Begriff der »absorptive capacity« geprägt.

Anhand der empirischen Verteilung der FuE-Intensität lassen sich Märkte nach Grupp u.a. (2000) in zwei Obergruppen unterteilen, die jeweils über beziehungsweise unter dem Industriedurchschnitt liegen, einerseits *Hochtechnologie-Märkte* und andererseits *Niedrigtechnologie-Märkte.* Innerhalb der ersten Gruppe, für die auch das Synonym »Schumpeter-Märkte« verwendet wird, lassen sich zwei Untergruppen unterscheiden: erstens *Spitzentechnologie-Märkte*, bei denen die FuE-Ausgaben über 8,5 Prozent am Produktionswert einer Gütergruppe liegen, und zweitens *Märkte mit hochwertiger Technologie*, bei denen die FuE-Ausgaben 3,5 bis 8,5 Prozent des Produktionswerts einer Gütergruppe ausmachen. 3,5 Prozent ist somit der Durchschnittswert für alle industriellen Sektoren. Eine vergleichbare Einteilung wird auch für wissensintensive Dienstleistungen vorgenommen. Die OECD verwendet ein vergleichbares Schema, allerdings mit einer Technologieklasse mehr: *high-tech industries* (FuE > 5 Umsatzprozent), *medium high-tech industries* (3 Prozent > FuE > 5 Prozent), *medium low-tech industries* (0,9 Prozent > FuE > 3 Prozent), *low-tech industries* (FuE > 0,9 Prozent) (vergleiche OECD 2001).

Hochtechnologiemärkte als Binnenstruktur des Wirtschaftssystems erfüllen eine spezifische Funktion. Die Institutionalisierung von Forschungsstrukturen in Unternehmen ist die Voraussetzung dafür, dass neue technologische Möglichkeiten erkannt und umgesetzt werden. Hochtechnologiemärkte gehören zu jener Binnenstruktur der Wirtschaft, mit welcher Leistungen des Wissenschaftssystems für die wirtschaftliche Produktion von Gütern und Dienstleistungen nutzbar gemacht werden.

Technologien, dies deutet sich bereits an dieser Stelle an, spielen eine wichtige Rolle, wenn es um Forschungsaktivitäten geht und mithin um die Frage, in welchem Verhältnis Wissenschaft und Wirtschaft zueinander stehen. Angedeutet wurde in der bisherigen Diskussion, dass in der Wissenschaft neues Wissen produziert wird, welches auf Hochtechnologiemärkten der Wirtschaft Verwendung findet. Beim Transfer neuen Wissens spielen die Binnenstrukturen der Anwendungsforschung eine wichtige Rolle, wobei darauf hingewiesen wurde, dass sich grundlegende und angewandte Forschung überlappen können. Im folgenden Kapitel soll deutlicher herausgearbeitet werden, wie die Kopplung von Wissenschaft und Wirtschaft über Technologien vorzustellen ist. Die Diskussion bleibt auf der Ebene von Funktionssystemen. In Abschnitt 2.3 werden Organisationen in die Betrachtung einbezogen, und in Abschnitt 2.4 schließlich Interorganisationsbeziehungen. Alle drei Ebenen sind zentral zum Verständnis der Leistungsbeziehungen zwischen Wissenschaft und Wirtschaft.

2.2 Wissensbasierte Technologien als Kopplung von Wissenschaft und Wirtschaft

Wissenschaft und Wirtschaft sind in der Systemtheorie als autonome Sozialsysteme konzipiert. Die Ausdifferenzierung sozialer Systeme ist theoretisch wie empirisch jedoch immer in Verbindung zu Prozessen der Herausbildung struktureller Kopplungen zwischen diesen Sozialsystemen zu denken. Denn:

»Würde man die moderne Gesellschaft lediglich als eine Menge von autonomen Funktionssystemen beschreiben, die einander keine Rücksicht schulden, sondern den Reproduktionszwängen ihrer eigenen Autopoiesis folgen, ergäbe das ein höchst einseitiges Bild. Es wäre dann schwer zu verstehen, wieso diese Gesellschaft nicht binnen kurzem explodiert oder in sich zerfällt. (...) Faktisch sind alle Funktionssysteme durch strukturelle Kopplung miteinander verbunden und in der Gesellschaft gehalten« (Luhmann 1997: 776ff.).

Das Konzept der Strukturkopplung ist von Luhmann jedoch recht abstrakt beschrieben und auch nur an wenigen Beispielen erläutert worden. Für die Kopplungs- und Leistungsbeziehung Wissenschaft – Wirtschaft liegen keine systematischen Analysen vor. Bei Luhmann findet sich nur der Hinweis, dass Wissenschaft und Wirtschaft »durch die technische und ökonomische Umsetzbarkeit neuen Wissens gekoppelt« sind, wobei sich »eine Vielzahl von Formen, teils auf Interaktions-, teils auf Organisationsebene, entwickelt hat« (Luhmann 2000: 397f.). An anderer Stelle heißt es: »So kann es die Wirtschaft von ihrer Eigenlogik her kaum vermeiden, Forschungsleistungen in Produktion umzusetzen, wenn sich dies wirtschaftlich machen lässt; die Konkurrenz zwingt dazu« (Luhmann 1990a: 356). Schimank argumentiert, dass Wissenschaft und Wirtschaft in Gestalt der wissenschaftsbasierten Entwicklung wirtschaftlich profitabler Technologien integriert seien (vergleiche Schimank 2000: 192).

Im Folgenden wird die Kopplung Wissenschaft – Wirtschaft näher beleuchtet. Es wird die These vertreten, dass wissensbasierte Technologien Leistungsbeziehungen zwischen Wissenschaft und Wirtschaft ermöglichen. Aus der Perspektive funktionaler Differenzierung erbringt das Wissenschaftssystem neues Wissen und neue Ideen, die sich zur Lösung technischer Probleme in Wirtschaftsprozessen verwenden lassen. Dieser Aspekt der Leistungsbeziehung bildet den Kern der Kopplung von Wissenschaft und Wirtschaft und steht daher im Mittelpunkt der Betrachtung.

2.2.1 Strukturelle Kopplungen

Strukturelle Kopplungen sind in der Systemtheorie als selektive Einwirkungsmöglichkeiten (»Irritationen«) konzipiert, mit denen Sozialsysteme einander beeinflussen können.[20] Beeinflussung bedeutet einerseits, dass sich Systeme in ihren Operationen wechselseitig beschränken, ohne jedoch operativ in das jeweils andere System eingreifen zu können; andererseits die Ermöglichung von wechselseitigen Leistungstransfers. Selektiv sind diese Beeinflussungsmöglichkeiten, weil die wechselseitigen Irritationen auf eng begrenzte Einflusswege konzentriert sind und die Funktion und operative Autonomie der Systeme nicht außer Kraft setzen. Ihr Charakter als historische Errungenschaften liegt darin, zwischensystemisch sowohl

20 »Irritation ist [...] ein Systemzustand, der zur Fortsetzung der autopoietischen Operationen des Systems anregt, dabei aber, als bloße Irritation, zunächst noch offen lässt, ob dazu Strukturen geändert werden müssen oder nicht; ob also über weitere Irritationen Lernprozesse eingeleitet werden oder ob das System sich darauf verlässt, dass die Irritation mit der Zeit von selbst verschwinden werde« (Luhmann 1997: 790).

begrenzend als auch ermöglichend zu wirken und auf diese Weise einen Beitrag zur Integration der Gesellschaft zu leisten (vergleiche Luhmann 1997: 783f.). Luhmann hat diesen Gedanken am Beispiel der staatlichen Verfassung als Kopplung zwischen Politik und Recht erläutert (vergleiche Luhmann 1990b) und Teubner am Beispiel von ökonomischen Produktionsregimes die Kopplung von Recht und Wirtschaft (vergleiche Teubner 1999).[21] Ein instruktives Beispiel für Recht und Wirtschaft bieten auch Verträge, deren Charakter als selektive Einwirkungseinrichtung kurz erläutert werden soll.

Verträge ermöglichen zweierlei: sowohl Transaktionen als basale Elemente des Wirtschaftssystems als auch den rechtmäßigen Transfer von Eigentumstiteln an materiellen oder immateriellen Gütern und Leistungen. Jede Transaktion dient zur Befriedigung von Bedürfnissen (Funktion von Wirtschaft) und zur Übertragung von Zahlungsfähigkeit (Autopoiesis der Wirtschaft). Gleichzeitig gelingt der Geldtransfer gegen Leistungstransfer nur, wenn geklärt ist, erstens wer Eigentümer und wer Nicht-Eigentümer ist, und zweitens zu welchen Bedingungen der Transfer von Leistungen gegen Geld erfolgen soll. Beide Voraussetzungen werden durch Verträge gewährleistet. In Verträgen sind Eigentumsrechte sowie die Bedingungen von Leistungs- gegen Geldtransfers geregelt. Verträge *begrenzen* die Ausführbarkeit von wirtschaftlichen Transaktionen, denn nicht alle Zahlungen sind rechtmäßig. Verträge *ermöglichen* gleichzeitig wirtschaftliche Transaktionen, die ohne einen Rechtsrahmen gar nicht erst zustande kämen. Verträge sind hierbei Leistungen des Rechtssystems an das Wirtschaftssystem, die zu schließen selbst Geld kosten kann. Ebenso beinhalten sie Zumutungen des Rechts- an das Wirtschaftssystem, jedoch in einem engen Rahmen, nämlich den im Vertrag spezifizierten Einflusswegen (vergleiche Lieckweg 2003).

2.2.2 Technik und Technologien

Bevor Technologien als Kopplung beschrieben werden können, muss herausgearbeitet werden, worin der Unterschied zwischen Technik und Technologie besteht. Der Begriff der Technik umfasst in der technik-

21 Auch in Weltsystemperspektive existieren hierzu bereits Überlegungen, beispielsweise zu globalen Zivilverfassungen (vergleiche Teubner 2003) und der *lex mercatoria* (vergleiche Lieckweg 2003).

soziologischen Definition drei Aspekte (vergleiche Rammert 1998; 2000). Zu Technik zählen erstens alle Verfahren und Einrichtungen, die als Mittler fungieren, »um Tätigkeiten in ihrer Wirksamkeit zu steigern, um Wahrnehmungen in ihrem Spektrum zu erweitern und um Abläufe in ihrer Verlässlichkeit zu sichern« (Rammert 2000: 42). Der zweite Aspekt betrifft die Gestalt von Technik: physische Dinge und Prozesse, menschliche Fähigkeiten und Praktiken sowie die Verwendung symbolischer Zeichen. Insbesondere sachliche Artefakte werden traditionell mit dem Begriff der Technik assoziiert: »Diese materiellen Techniken reichen vom einfachen Werkzeug über zusammengesetzte Maschinen und über geschlossene technische Systeme bis hin zu offenen technischen Netzwerken« (Rammert 1998: 315f.). Der dritte Aspekt bezeichnet das Repertoire an Wissen, Kenntnissen und Fertigkeiten, die notwendig sind, um im Umgang mit der Umwelt beabsichtigte Zustände zu erzielen und unerwünschte zu vermeiden.

Neben dem Technikbegriff findet sich in der Literatur auch der Begriff der Technologie. In seinem ursprünglichen Wortsinn wird mit diesem Begriff das systematisierte Wissen über Technik oder auch die Wissenschaft von der Technik bezeichnet. Ropohl bringt dieses Begriffsverständnis auf den Punkt: »So definiere ich Technologie als die Wissenschaft von der Technik. Während Technik den (...) Bereich der konkreten Erfahrungswirklichkeit bezeichnet, meint Technologie die Menge wissenschaftlich systematisierter Aussagen über jenen Wirklichkeitsbereich« (Ropohl 1999: 31f.). Nun umfasst die Definition von Technik aber bereits Wissen und Kenntnisse zur ihrer Herstellung und Verwendung. Auch der Begriff der Technik ist also an den Begriff des Wissens geknüpft. Entsprechend ist zu vermuten, dass der Unterschied zwischen Technik und Technologie anders hergeleitet werden muss.

Freeman konzipiert den Technologiebegriff als Gegenüberstellung von moderner und traditioneller Technik. Zum einen sei moderne Technik gekennzeichnet von höherer sachlicher Komplexität: »The expression technology, with its connotation of a more formal and systematic body of learning, only came into general use when the techniques of production reached a stage of complexity where these traditional methods no longer sufficed« (Freeman/Soete 1997: 14). Die Technologien des 20. Jahrhunderts, etwa chemische Verfahrenstechnik oder Computertechnologie, sind dieser Vorstellung gemäß in sachlich-apparativer Hinsicht wesentlich komplexer als die des 18. und 19. Jahrhunderts. Zum anderen ist nach Freeman moderne im Gegensatz zu traditioneller Technik durch eine stärkere Bindung an die Wissenschaft gekennzeichnet:

»There has been an extremely important change in the way in which we order our knowledge of the techniques used in producing, distributing and transporting goods. Some people call this change simply ›technology‹; others prefer to talk about ›advanced technology‹, or ›high technology‹, to distinguish those branches of industry which depend on more formal scientific techniques than the older crafts« (ebd.: 15).

Technologische Entwicklungen sind im Gegensatz zu traditioneller Technik somit nicht nur sachlich komplexer, sondern auch in stärkerem Maße auf Vorleistungen der Wissenschaft angewiesen. Nelson schreibt hierzu:

»Indeed most modern fields of technology today have associated with them formal scientific or engineering disciplines like metallurgy, computer science, and chemical engineering. These kinds of disciplines are basically about technological understanding, and reflect attempts to make that understanding more scientific. An important consequence has been that, nowadays, formal academic training in the various applied sciences and engineering disciplines has become virtually a prerequisite for understanding a technology« (Nelson 1992: 350).

Der Begriff der Technologie weist auf einen historischen Prozess hin, der im 19. Jahrhundert beginnt, und in dessen Verlauf der Einfluss wissenschaftlicher Erkenntnisproduktion auf die Entstehung neuer Technik zunimmt:

»Es sind die synthetischen Verfahren und Geräte, die im 19. Jahrhundert zu Angeboten der Wissenschaft an die Produktion werden. Die Entwicklung des Telegraphen ist ein Beispiel für diese Form des Technikbezuges von Wissenschaft. Die Entwicklung der Wissenschaften an immanenten disziplinären und theoretischen Orientierungen erschließt neue Elemente, neue Kräfte, neue Prinzipien der Organisation der Natur, die in nützliche Techniken übersetzt werden können. Die autonome Dynamik der Wissenschaft führt auf Technologien, für die es keine Vorbilder in der handwerklichen Technik gibt, beziehungsweise sie ermöglicht Lösungen, auf die man unmöglich nach technisch-praktischen Strategien hätte stoßen können. (...) Der elektrische Telegraph war die erste in einer langen Reihe von neuen Technologien, die aus der direkten Verwertung wissenschaftlicher Entdeckungen und Prinzipien der Elektrizitätslehre folgten. Als weitere Beispiele kann man Marconis drahtlose Telegraphie nennen, die aus Ergebnissen der Arbeit von Maxwell und Hertz abgeleitet war, ferner Bell's Telefon, das auf Ergebnissen von Helmholtz aufbaute« (Böhme u.a. 1978: 359f.).

Die Herstellung von Gütern und Dienstleistungen ist auf die Wissensproduktion der Wissenschaft angewiesen, weil dieses Wissen systematische

Anhaltspunkte für die Lösung technischer Probleme in der Güterproduktion liefert. Die Leistungen des Wissenschaftssystems werden zahlungswirksam, wenn mit ihm Produkte kostengünstiger hergestellt werden (Prozessinnovation), verbesserte Produkteigenschaften oder gänzlich neue Produkte realisiert werden (inkrementelle und radikale Produktinnovation), es also in seiner Verwendung für Geld- und Leistungstransfers fungiert.

Luhmann verbindet den Begriff der Technologie vor allem mit der Unterscheidung funktionstüchtig/nicht-funktionstüchtig (vergleiche Luhmann 1997: 524; 1990a: 262–264).[22] Neues Wissen lässt sich demnach dazu einsetzen, bestimmte Prozesse beherrschbar zu machen. Deshalb scheint es so, dass die Operation wahr/nicht-wahr die Unterscheidung funktionstüchtig/nicht-funktionstüchtig irritiert. Dies ist sicher eine zutreffende Beschreibung. Allerdings stellen Technologien nicht nur die Menge der beherrschbar gemachten und in Artefakten vergegenständlichten Abläufe und Tätigkeiten dar. Sie dienen vor allem zur Güterproduktion und zum Güterabsatz in der Wirtschaft. Wenn Problemlösungswissen und die Herstellung von Problemlösungsartefakten aber zunehmend auf die Erkenntnisproduktion der Wissenschaft angewiesen sind, dann beziehen sich Zahlungsoperationen *mittelbar* auf wissenschaftliches Wissen. Technologieentwicklung ist dann ein eng begrenzter Einflussweg, über den Leistungen des Wissenschaftssystems für wirtschaftliche Transaktionen relevant werden. In den folgenden beiden Abschnitten geht um die Präzisierung dieser Überlegung.

2.2.3 Wissenschaftsbindung von Technologien

»Technologien«, schreibt Luhmann, sind »diejenige Auswahl aus praktisch unendlichen kombinatorischen Möglichkeiten, die man durch Steigerung des Auflösevermögens der Wissenschaft gewonnen hat und von denen man dann Vermutungen über die Welt, wie sie ist, konstruiert« (Luhmann 1990a: 267). Was heißt es aber konkret, dass die Entwicklung neuer und die Verbesserung bestehender Technologien auf das Wissenschaftssystem angewiesen sind?

In der Innovationsforschung werden die funktionalen Zusammenhänge zwischen der Entstehung neuen Wissens, neuer Technologien und Zah-

22 Halfmann (1996: 109–131) hat hiervon das Begriffspaar Medium/Installation abgeleitet, welches wiederum auf die Vorstellung Luhmanns abstellt, dass funktionierende Technologien »Außenhalte« der Kommunikation sind.

lungsströmen auf Märkten mithilfe von Indikatoren beschrieben (vergleiche Grupp 1997; FhG-ISI u.a. 2003). Zu den wichtigsten Innovationsindikatoren gehören Publikations- und Patentdaten. Die *Produktion neuen wissenschaftlichen Wissens* wird über Publikationen in wissenschaftlichen Fachzeitschriften gemessen. Aufsätze sind, zumindest für die natur- und ingenieurwissenschaftlichen Disziplinen, der wichtigste Output wissenschaftlicher Forschung, mit dem sich Umfang und Dynamik ausgewählter Wissenschaftsfelder darstellen lässt. Die *Entwicklung neuer Technologien* wird über Anmeldungen von Erfindungen bei Patentämtern gemessen. Patentanmeldungen sind in vielen Technologiefeldern, wenngleich nicht in allen, ein typischer Output, der sich zur Darstellung der Produktivität und Dynamik von technischen Erfindungen gut eignet.

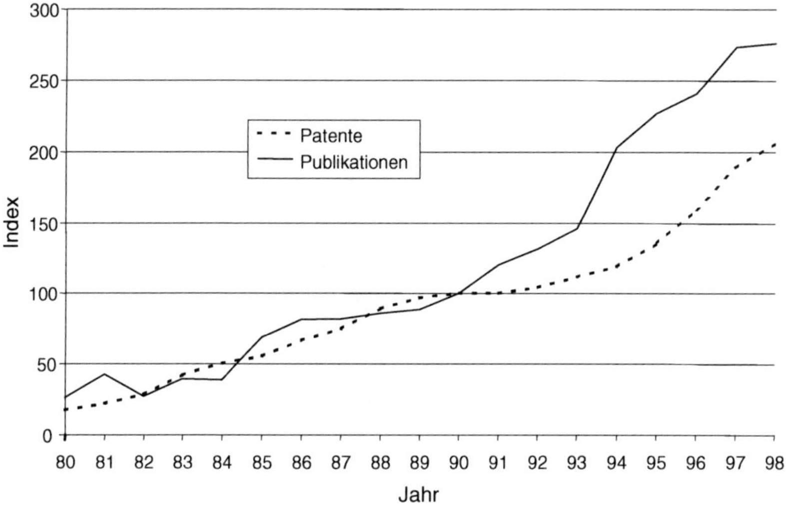

Anmerkung: Index 1990 = 100. Patentdaten nach Jahr der Erstanmeldung (Priorität), Publikationsdaten nach Jahr der Einreichung. WPI = World Patent Index. SCI = Science Citation Index

Abb. 2: Weltweite Patentanmeldungen und Publikationen in der Biotechnologie 1980–1998

(Quelle: Schmoch 2003b: 319)

Ein Beispiel für die Verwendung dieser Innovationsindikatoren ist in Abb. 2 dargestellt. Am Beispiel der Entwicklung der Biotechnologie im Zeitraum 1980–1998 zeigt die Graphik einen für wissensbasierte Technologien typischen Befund, nämlich dass das starke Wachstum wissenschaftlicher Publikationen mit einem ebenfalls starken Wachstum bei den Patentanmeldungen einhergeht. Die Parallelität des Anstiegs in der Produktion sowohl wissenschaftlichen Wissens als auch kommerziell verwertbarer Erfindungen ist als Indiz für einen beträchtlichen Wissenstransfer zwischen Wissenschaft und Wirtschaft zu interpretieren. Auch die hohe Anzahl von Patentanmeldungen pro Publikation kann als Hinweis für die mehr oder weniger unmittelbare Umsetzung von wissenschaftlichen Forschungsergebnissen in wirtschaftlich profitable Technologie interpretiert werden: Im Jahr 1998 wurden am Europäischen Patentamt in München etwa 6.000 biotechnologische Erfindungen eingereicht, während im gleichen Jahr in Zeitschriften des Science Citation Index (SCI) knapp 15.000 Fachaufsätze publiziert wurden (Schmoch 2003b: 318ff.). Neben der Biotechnologie existieren noch zahlreiche andere wissensbasierte und kommerziell profitable Technologiefelder, für die sich ähnliche Strukturmuster nachweisen lassen, beispielsweise Chemie, Telekommunikation, Halbleiter, Laser oder Nanotechnologie.

Der zunehmende Einfluss der Wissenschaft auf die Entwicklung neuer Technologien lässt sich mit der Analyse von Patentzitaten erheblich präzisieren. Hierzu ist vor einigen Jahren ein Verfahren entwickelt worden, mit dem anhand von Zitaten wissenschaftlicher Publikationen in Patentschriften der Grad der Wissenschaftsbindung technologischer Felder bestimmt werden kann. Hinter diesem Ansatz steht folgende Überlegung: Bei Patentprüfungsverfahren werden Recherchen zum Stand der Technik (*state of the art*) durchgeführt, um die Neuheit und die Erfindungshöhe der angemeldeten Erfindung bewerten zu können. Hierbei wird überprüft, ob die zur Patentierung notwendigen Kriterien der weltweiten Neuheit, des erheblichen Fortschritts gegenüber dem Stand der Technik sowie der gewerblichen Anwendbarkeit erfüllt sind.[23] In aller Regel werden für die Prüfung bereits erteilte Patente herangezogen, weil in diesen die für einen Vergleich zentralen technischen Merkmale in systematischer Form dokumentiert sind. Lassen sich keine geeigneten Patentschriften als Referenzdokumente auffinden, wird auf Publikationen in wissenschaftlichen Fachzeitschriften zurückgegriffen (so genannte Nicht-Patentliteratur, kurz: NPL). Solche Rückbezüge auf wissenschaftliches Wissen werden also dann vorgenommen, wenn ohne den Stand der wissenschaftlichen Forschung nicht beurteilt werden kann, ob eine zum Patent angemeldete Erfindung vor dem Hintergrund des bestehenden Wissensvorrates die Prüfkriterien erfüllt. Wissenschaftszitate in

23 Für eine übersichtliche Darstellung der deutschen Patentgesetzgebung vergleiche die Website http://www.patentgesetz.de (letzter Zugriff: 17. Februar 2004).

Patentschriften werden mithin als Indikator dafür interpretiert, dass sich technische Entwicklungen ohne Rückbezug auf wissenschaftliche Wissensbestände nicht patentieren lassen. Der Stand der Technik bezieht sich in diesem Fall direkt auf den Stand der Forschung.

Dieser Untersuchungsansatz wurde in den USA von Narin und Kollegen eingeführt (vergleiche Carpenter u.a. 1980; 1983; Narin/Noma 1985) und in Europa von Grupp und Schmoch weiterentwickelt (Grupp/Schmoch 1992; Grupp 1997: 311ff.). Die letztgenannten Autoren führten auch den Begriff der »Wissenschaftsbindung der Technik« (beziehungsweise »wissensbasiert«) ein, der sich in der Literatur durchgesetzt hat. In ihrer Analyse kommen Grupp/Schmoch (ebd.) zu zwei wesentlichen Ergebnissen. Erstens zeigen sie, dass die Wissenschaftsbindung ein den Technologiefeldern inhärentes Merkmal ist, unabhängig von der nationalen Herkunft der Patente und dem betrachteten Zeitraum. Zweitens weisen sie nach, dass zwischen einzelnen Technologiebereichen die Wissenschaftsbindung stark variiert. Hierfür entwickelten sie ein ordinales Schema, dass einzelne Gebiete in *stark*, *überdurchschnittlich*, *unterdurchschnittlich wissensbasiert* sowie *wissenschaftsunabhängig* klassifiziert. Zur Gruppe der Technologien mit starker Wissenschaftsbindung gehören beispielsweise Laser- und Gentechnik, zu den überdurchschnittlich wissensbasierten Technologiefeldern zählen Organische/Anorganische Chemie, Oberflächen, Informationsspeicherung, Telekommunikation und Elektronik, während Elektrotechnik, Verfahrenstechnik und Werkzeugmaschinen nur unterdurchschnittlich wissensbasiert und beispielsweise Textil, Bau, Maschinenbau oder Verkehr wissenschaftsunabhängig sind. Eine kartographische Darstellung dieser Systematik findet sich in Abb. 3.[24] Den höchsten Anteil von NPL-Zitaten unter allen Technologiefeldern hat die Biotechnologie. Europäische Patente beziehen sich in diesem Technologiefeld durchschnittlich auf 2,65 NPL (vergleiche Schmoch 2003b: 152), US-amerikanische Patente auf durchschnittlich 9,90 NPL (vergleiche McMillan u.a. 2000: 5). McMillan u.a. (ebd.) können darüber hinaus zeigen, dass sich über 70 Prozent der biotechnologischen NPL-Patentzitate auf Publikationen von öffentlichen Forschungseinrichtungen beziehen.

---

24 Ein weiteres Ergebnis besteht darin, mithilfe eines Indizes die Technologie-Spezialisierung einzelner Länder zu bestimmen. Diese Analysen sind Teil eines regelmäßigen Berichtssystems an das BMBF (vergleiche FhG-ISI u.a. 2003) und werden zur vergleichenden Charakterisierung kapitalistischer Produktionsregimes herangezogen (vergleiche Hall/Soskice 2001).

Die Beschreibung der Innovationstätigkeit durch Publikationen und Patente als Indikatoren ist ein wichtiger Schritt zur Untersuchung der Kopplung von Wissenschaft und Wirtschaft durch Technologien. Mit der Quantifizierung der Wissenschaftsbindung der Technik über Patentzitate lässt sich relativ eindeutig bestimmen, in welchen Bereichen die Technologieentwicklung auf Vorleistungen des Wissenschaftssystems angewiesen ist. Damit ist aber noch nicht geklärt, wie sich Zahlungen auf Technologien beziehen. Wie wird die Wissensproduktion des Wissenschaftssystems für Transaktionen des Wirtschaftssystems relevant?

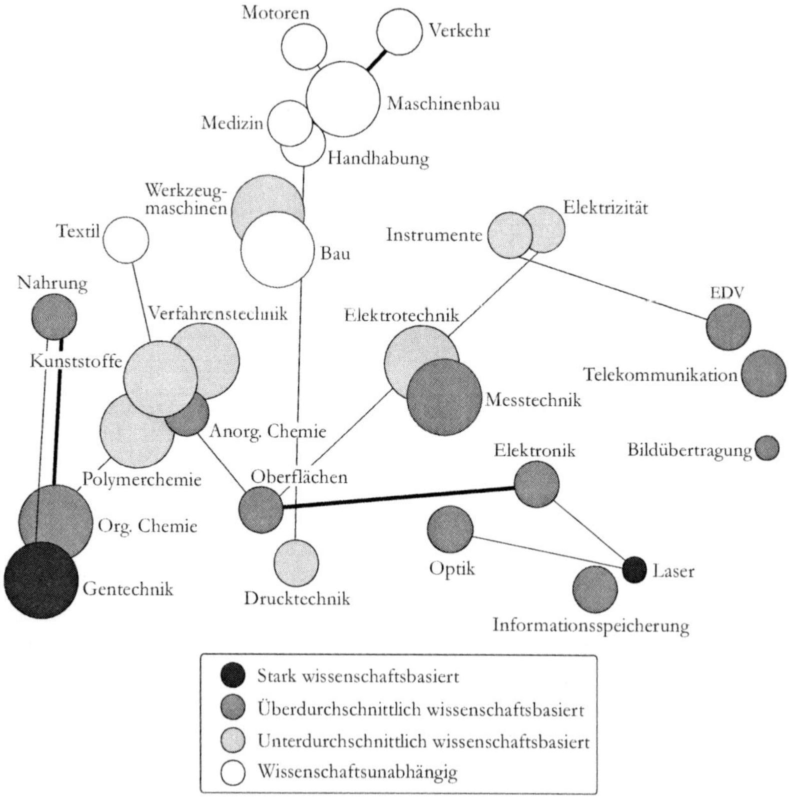

Abb. 3: Kartographie von 28 Technologiefeldern, geordnet nach thematischer Nähe und Wissenschaftsbindung

(Quelle: Grupp/Schmoch 1992: 67)[25]

25 Zum Messkonzept vergleiche Grupp/Schmoch (ebd.: 11–21).

2.2.4 Technologien und Zahlungsströme

Die Innovationsindikatorik erfasst *Zahlungsströme auf Märkten* in aller Regel durch Wertschöpfungsstatistiken einzelner Wirtschaftsbereiche und durch die Auszählung von Unternehmensgründungen. Umsätze von Unternehmen werden nach Produktgruppen innerhalb des Verarbeitenden Gewerbes und des Dienstleistungssektors aggregiert. Um einen engeren Bezug zu Technologien herzustellen, kann die Wertschöpfung auch auf einzelne Technologiefelder aggregiert werden. In Abb. 4 sind die Anzahl und die Umsätze von Startup-Unternehmen in der deutschen Biotechnologie dokumentiert. Mit den enormen Patentierungs- und Publikationsaktivitäten korrespondiert seit Mitte der neunziger Jahre in Deutschland eine bemerkenswerte Zunahme der Unternehmensgründungen und der realisierten Umsätze auf dem Biotechnologie-Markt, die sich erst 2002 abschwächt. Die

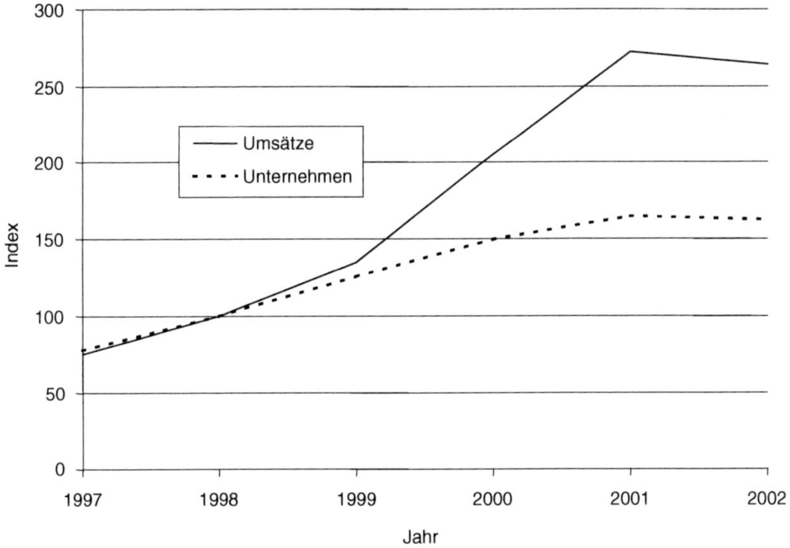

Anmerkung: Index 1998 = 100. Dargestellt sind die Anzahl und die Umsatzvolumina deutscher Biotechnologie-Startup-Unternehmen (ohne Großunternehmen), deren Hauptgeschäftszweck die Kommerzialisierung von Produkten und Dienstleistungen der modernen Biotechnologie ist. Es wurden zwei Indizes gebildet, um die unterschiedlichen Skalen beider Variablen gemeinsam darstellen zu können. Bei den Umsätzen bedeutet der Indexwert 100 im Jahr 1998 384 Millionen Euro. Bei der Anzahl der Unternehmen ist der Indexwert 100 im Jahr 1998 gleichbedeutend mit 222 Unternehmen.

Abb. 4: Anzahl und Umsätze deutscher Biotechnologie-Unternehmen 1997–2002

(Quelle: Ernst & Young 2000; 2003)

enge Verschränkung von Wissensproduktion, Technologieentwicklung und Zahlungsströmen auf Märkten lässt sich am Beispiel der Biotechnologie eindrucksvoll dokumentieren.[26]

Die aggregierte indikatorische Betrachtung von Leistungsbeziehungen zwischen Wissenschaft, Technologie und Wirtschaft stößt jedoch an praktische Grenzen, weil Wissenschaftsdisziplinen, Technologiefelder und Wirtschaftssektoren sich wechselseitig nicht eindeutig aufeinander beziehen lassen. Es bestehen in vielen Fällen Brüche und Probleme der wechselseitigen Zurechenbarkeit, beispielsweise weil einzelne Wirtschaftssektoren eine Vielzahl von Technologiefeldern umfassen beziehungsweise einzelne Technologien in unterschiedlichen Industriesektoren zur Anwendung kommen (vergleiche Grupp 1997: 178ff.). Trotz der erheblichen Tiefendifferenzierung der Klassifikationen für Wissenschaft (zum Beispiel die Disziplinensystematik des Science Citation Index, SCI), der Technologie (zum Beispiel die Internationale Patentklassifikation, IPC) und der Wirtschaft (zum Beispiel die Nomenclature Générale des Activités Economiques dans les Communautés Européennes, NACE) existieren oftmals unklare und unübersichtliche Grenzverläufe, die sich jeweils nur annähernd in Konkordanz bringen lassen.

Wenn die Herstellung neuer Technologien, wie im Fall der Biotechnologie, in erheblichem Umfang auf wissenschaftliches Wissen Bezug nimmt, dann liegt es nahe, in diesem Fall von einer Kopplung von Wissenschaft und Technologie sprechen. Eine solche Perspektive sieht sich jedoch mit dem Problem konfrontiert, dass Technologien kein eigenes soziales System konstituieren. Sie sind nach Japp (1998) mit Beschreibungsansprüchen mehrerer Sozialsysteme kompatibel.[27] Nicht nur ihre Herstellung, sondern

26 Im Prozess der Verwertung von technologischem Wissen spielt – gerade in der deutschen Biotechnologie – die Technologie- und Innovationspolitik eine wichtige Rolle, die in den neunziger Jahren zahlreiche Förderprogramme zur Unternehmensgründung aufgelegt hat (zum Beispiel das BioRegio-Programm). Für eine konzeptuelle Diskussion zur moderierenden Rolle von staatlicher Politik in solchen Prozessen vergleiche Kuhlmann (1998).

27 Stichweh (1994a) hat wissenschaftliche Instrumente und Apparaturen als operative und struturelle Kopplung von Wissenschaft und Technik bezeichnet, wobei seine Argumentation große Ähnlichkeit mit dem Konzept der *boundary objects* hat, welches von Star/Griesemer (1989) entwickelt worden ist. Kommunikationen zwischen verschiedenen »sozialen Welten«, so Star/Griesemer, werden über die Herstellung und Verwendung von Objekten erreicht, die mit unterschiedlichen Sinnzuschreibungen kompatibel sind. Boundary objects können in unterschiedlichen Sinnkontexten unterschiedliche Bedeutungen annehmen und dennoch so stabil bleiben, so dass die differierenden An-

auch ihre Verwendung ist eingebettet in das Wirtschaftssystem, was bereits erläutert wurde. Um die Kopplungsfunktion von Technologien zu erläutern, sollen daher noch einmal Patente zum Gegenstand der Analyse gemacht werden. Patente sind in diesem Zusammenhang besonders interessant, weil sie eine Strukturkopplung des Rechts- mit dem Wirtschaftssystem darstellen. Im Falle wissensbasierter Technologien fungieren Patente darüber hinaus als Strukturkopplung von Wissenschaft und Wirtschaft. Sie sind als Kopplung für mindestens drei Funktionssysteme relevant.

Patente sind Schutzrechte, die dem Inhaber eine zeitlich begrenzte, monopolisierte gewerbliche Nutzung seiner technischen Erfindung als Kompensation für die Veröffentlichung einer detaillierten Beschreibung derselben verbriefen.[28] Ihre Funktion liegt darin, ökonomische Anreize für unternehmerisches Engagement in Forschungs- und Entwicklungstätigkeiten (FuE) zu setzen (Patentmonopol) und gleichzeitig Anschlusserfindungen Dritter zu ermöglichen (Veröffentlichung), so dass die volkswirtschaftliche Wohlfahrt gesteigert wird. Patente verschränken auf spezifische Weise das staatliche Bestreben, über technologischen Fortschritt Wirtschaftswachstum zu fördern, mit dem unternehmerischen Interesse, einen betriebswirtschaftlichen Profit zu erzielen.[29] Patente werden daher in der Literatur als *Vertrag* zwischen der Gesellschaft und dem Erfinder aufgefasst, wobei die Gesellschaft ihren Treuhänder im Staat findet, der die Eigentumsrechte für den Erfinder garantiert. Patente sind mithin eine Strukturkopplung zwischen Recht und Wirtschaft, und zwar einerseits als Leistung des Rechts- an das Wirtschaftssystem (Erwartungssicherheit für die rechtliche Durchsetzbarkeit eines ökonomischen Monopols für die Verwertung einer technischen Erfindung), andererseits als eng begrenzter

---

schlüsse wiederholt werden können. Auf diese Weise werden sie gleichsam zu Kreuzungspunkten zwischen verschiedenen Sinnsystemen (ebd.: 393). Stichweh bezeichnet Technik dagegen als »System«, ohne dies jedoch im Einzelnen zu erläutern. Auch Schmoch (2003b: 82ff.) argumentiert im Anschluss an Stichweh (1994a) und Stankiewicz (1992), dass Technologie ein soziales System sei. Schmoch grenzt sich jedoch deutlich von der Systemtheorie ab und konzipiert den Systembegriff in Anlehnung an Rappa/Debackere (1992) beziehungsweise Debackere/Rappa (1994) im Sinne von Handlungszusammenhängen in technology developer communities.

28 Für einen historischen Überblick zum Patentrecht vergleiche Mosoff (2000) und Grupp (1997: 158ff.).

29 Geheimhaltung ist eine alternative Strategie, um Erfindungen gewinnbringend zu vermarkten. Für einen empirischen Vergleich von Geheimhaltung gegenüber Patentierung vergleiche Arundel (2001).

Einflussweg des Rechts- auf das Wirtschaftssystem (Stimulation von unternehmerischem Engagement in FuE).

Gerade weil Patente Recht und Wirtschaft strukturell koppeln, beschäftigen sich Innovationsökonomen seit langem mit der Frage, welchen ökonomischen Wert Patente haben; also ob und in welchem Umfang neue Technologien Zahlungsströme induzieren (vergleiche Griliches 1990; Guellec/Pottelsberghe 2000; Harhoff u.a. 2003; Narin/Noma 1987; Scherer 1965). Ausgehend von der empirischen Beobachtung, dass die Wertverteilung bei Patentanmeldungen ausgesprochen schief ist (Minderheit mit hohem, Mehrheit mit mittlerem bis keinem ökonomischen Wert), haben unterschiedliche Studien versucht, Methoden zur Schätzung und Messung des ökonomischen Wertes von Patenten zu entwickeln. In der Literatur wird zunächst argumentiert, dass die erheblichen Kosten, die für ein Patentprüfungs- und -zulassungsverfahren aufgewendet werden müssen, ebenso wie die Mittel, die mit der fristgemäßen Aufrechterhaltung von Patentansprüchen verbunden sind, auf antizipierte beziehungsweise faktische Zahlungsströme aus den Schutzrechten verweisen. Die Kosten für Patentverfahren liegen in den USA derzeit bei bis zu 15.000 US-Dollar, in Europa bei bis zu 40.000 Euro.[30] Griliches berichtet, dass in Europa etwa bei 50 Prozent aller Patente die Rechte regelmäßig erneuert werden und 10 Prozent aller Patente den gesamten Schutzzeitraum von zwei Dekaden ausschöpfen (Griliches 1990: 1679ff.). Weiterhin zeigen empirische Studien, dass Patente, die viele Patentzitate auf sich ziehen und Gegenstand von Anfechtungsklagen sind, in der Regel einen höheren Wert aufweisen (vergleiche Narin/Noma 1987; Harhoff u.a. 2003). Besonders interessant ist in diesem Zusammenhang der Befund von Harhoff u.a. (ebd.), dass der ökonomische Wert von Patenten aus wissensintensiven Technologiegebieten mit der Zahl der NPL-Zitate steigt. Je stärker neue Erfindungen auf wissenschaftliches Wissen bezogen sind, umso höher sind die durch sie induzierten Zahlungsströme in der

30 Die Kanzlei Armstrong & Associates schätzt für die USA die Kosten für das Verfahren nach Patent Cooperation Treaty (PCT) auf zwischen 7.600 US-Dollar bis 11.450 US-Dollar. Für komplexere Fälle können zwischen 11.450 US-Dollar bis 15.300 US-Dollar anfallen (vergleiche http://www.canpat.com, letzter Zugriff: 17. Februar 2004). In Europa liegen die durchschnittlichen Kosten mit über 40.000 Euro pro Patent deutlich höher, was die Europäische Kommission im Jahr 2000 veranlasst hat, eine Initiative zur Kostenreduktion des europäischen Patentwesens zu starten (vergleiche IP/00/714, MEMO/00/41). Die Kommunikationen und Memoranden der EU sind auf folgender Website recherchierbar: http://europa.eu.int/rapid/start-/cgi/guesten.ksh?reslist (letzter Zugriff: 17. Februar 2004).

Wirtschaft. Der entscheidende Punkt für die vorliegende Überlegung besteht somit darin, dass Patente Zahlungsströme in der Wirtschaft in Gang setzen und durch ihren Rückbezug zur Wissensproduktion der Wissenschaft als Kopplungseinrichtung fungieren. Patente verkörpern als kodifiziertes technologisches Wissen eine empirische Grenzstruktur, über die Wissenschaft und Wirtschaft unter Beteiligung des Rechtssystems gekoppelt werden.[31]

Wissensbasierte Technologien – so lässt sich zusammenfassen – fungieren als Kopplung, weil durch sie Leistungen des Wissenschaftssystems für Zahlungen des Wirtschaftssystems verfügbar gemacht werden. Die Analyse von Patentzitaten zeigt auf exemplarische Weise, wie sich Technologien auf Publikationen (Elemente des Wissenschaftssystems) beziehen und wie ihre kommerzielle Verwertung Zahlungen (als Elemente des Wirtschaftssystems) erzeugt. Die Kopplung wird auf dieser Stufe der Analyse allerdings nur schematisch abgebildet. Die Funktionssystemebene ist nur ein erster Schritt, um das Zusammenwirken von Wissenschaft und Wirtschaft bei der Herstellung neuer Technologien zu erfassen. Eine wichtige Frage ist, welche Rolle die Binnenstrukturen Grundlagenforschung und angewandte Forschung in diesem Zusammenhang spielen. Diese Frage kann allerdings nicht ohne die Ebene von konkreten Organisationen beantwortet werden. In den folgenden Abschnitten wird das Verhältnis der Funktionssysteme Wissenschaft und Wirtschaft zu Organisationssystemen beschrieben, insbesondere hinsichtlich der funktionalen Binnenstrukturen beider Systeme.

2.3 Organisationen im Kopplungsprozess

Organisationen sind als zweite Ebene im Differenzierungsschema Gesellschaft – Organisation – Interaktion konzipiert (vergleiche Luhmann 1975). Wie bei allen sozialen Systemen handelt es sich bei ihnen um Sinnsysteme. Die Sinngrenze wird über Mitgliedschaft gezogen, welche formale Verhaltenserwartungen, also die generalisierte Bereitschaft der Übernahme fremder Prämissen aktualisiert: »Jeder kann immer auch anders handeln und

31 Gegenwärtig werden die »klassischen« Patenttheorien des Rechtssystems kritisch diskutiert, insbesondere im Bereich der Patentierung von Software (vergleiche Blind u.a. 2003b; Cohen 1998).

mag den Wünschen und Erwartungen entsprechen oder auch nicht – aber nicht als Mitglied einer Organisation. Hier hat er sich durch Eintritt gebunden und läuft Gefahr, die Mitgliedschaft zu verlieren, wenn er sich hartnäckig querlegt« (Luhmann 1997: 829). Organisationen reduzieren somit auf spezifische Weise doppelte Kontingenz, das klassische Problem sozialer Ordnung. Damit sie über das Verhalten ihrer Mitglieder bis zu einem gewissen Grad disponieren kann, muss die Mitgliedschaft hinreichend attraktiv sein, was in aller Regel durch geldförmige Entlohnung erreicht wird.

Organisationen operieren mit der Kommunikation von Entscheidungen: »Sie produzieren Entscheidungen aus Entscheidungen und sind in diesem Sinne operativ geschlossene Systeme« (ebd.: 830). Entscheiden heißt hierbei, Auswahl aus Alternativen angesichts von Entscheidungsproblemen zu treffen. Begrenzt verfügbare Informationsverarbeitungskapazitäten und eingeschränkte Rationalität der Mitglieder führen immer wieder zu der systeminternen Frage, wie es weitergehen soll, was als nächstes zu machen und was zu unterlassen ist. Entscheidungen, so die Antwort von Luhmann, sind Interpunktionen, mit denen die Organisation operativ die Unsicherheit, zukünftiges Geschehen trotz Nichtwissen zu strukturieren, bewältigt. Nichtwissen ist dabei kein dysfunktionaler Zustand, der durch Entscheidungen aufgehoben würde. Die Differenz von Nichtwissen/Wissen kehrt vielmehr immer wieder und ist geradezu Voraussetzung der operativen Existenz von Organisationen. In diesem Sinne ist in gegenwärtigen Entscheidungen bereits einprogrammiert, dass sie Ansatzpunkte für zukünftige Entscheidungen sind:

> »Der Begriff der Unsicherheitsabsorption beschreibt, anders gesagt, die Sukzession von Entscheidungen, den Entscheidungsprozess. Die Unsicherheitsabsorption ist also in den Entscheidungsprozess selbst eingebaut, sie ist nichts anderes als ein Erfordernis seiner Sequenzialität. Die Entscheidung selbst ist eine Kompaktkommunikation, (...) eine Entscheidung für dies und gegen das« (Luhmann 2000: 185).

Der Spielraum von organisationalen Entscheidungen ist durch das Schema Problem/Problemlösung abgegrenzt, wobei die Probleme zur Definition von Lösungsmöglichkeiten dienen, aber auch umgekehrt die bereits vorhandenen Lösungsmöglichkeiten dazu dienen können, Probleme zu suchen, die die vorhandenen Arbeitsroutinen und Entscheidungsprogramme als Problemlösung erscheinen lassen (vergleiche Luhmann 1997: 833). Entscheidungen werden über Entscheidungsprogramme orientiert, insoweit ist die Programmierung der basalen Systemoperation in Organisationen jener der Funktionssysteme vergleichbar. Solche Programme bieten Anhaltspunkte und Kriterien für die Beurteilung komplexer Projekte und dienen der Absorption von Unsicherheit. Luhmann unterscheidet hierbei im Anschluss an die einschlägige organisationstheoretische Literatur Konditionalprogramme von Zweckprogrammen, wobei Möglichkeiten der Verknüpfungen dieser beiden Programmtypen möglich sind (vergleiche Luhmann 2000: 256–278).

Die Konzeption von Organisationen als Entscheidungen prozessierenden Einheiten beinhaltet die Beantwortung der Frage, wie Organisationen funktionieren, und nicht, was Organisationen eigentlich sind. Die Aussage, dass Organisationen im Kern aufeinander bezogene Sequenzen von Entscheidungen prozessieren, bleibt inhaltlich leer, wenn nicht geklärt wird, welche konkreten Probleme Organisationen in ihren Entscheidungen bewältigen müssen. In Abschnitt 2.3.1 soll daher zunächst das Verhältnis zu den Funktionssystemen Wissenschaft und Wirtschaft geklärt werden. Hierzu werden drei Organisationstypen diskutiert und in den Abschnitten 2.3.2 bis 2.3.4 für Deutschland näher erläutert. Die Überlegungen haben das Ziel, darzustellen welche Organisationstypen welchen Beitrag in der Technologieentwicklung und damit für die Kopplung beider Systeme leisten.

2.3.1 Zum Verhältnis von Funktions- und Organisationssystemen

In der gegenwärtigen systemtheoretischen Diskussion hat sich die Auffassung durchgesetzt, dass Funktions- und Organisationssysteme »lose gekoppelt« sind (Kneer 2001; Lieckweg/Wehrsig 2001; Simsa 2001). Damit wird vor allem der Tatsache Rechnung getragen, dass sich Organisationen operativ auf mehrere Funktionssysteme beziehen können. Unternehmen agieren beispielsweise nicht nur auf Märkten, sondern schließen Arbeitsverträge mit Beschäftigten oder Verträge mit Zulieferern (Rechtssystem), bilden Lehrlinge aus und führen Fortbildungen durch (Erziehungssystem), und engagieren sich in Forschung und Entwicklung (Wissenschaftssystem). Die *multiplen operativen Bezüge* geben gleichzeitig Anlass, nach dem *maßgeblichen Funktionssystembezug von Organisationen* zu fragen.

Tacke argumentiert diesbezüglich, dass die funktionssystemische Vielfalt der organisationalen Umwelt Organisationen zu Entscheidungen über ihre Stellung zu den Funktionssystemen drängt. Organisationen entwickeln in aller Regel eine »distinkte Identität«, aufgrund derer sie Leistungen und

Beiträge zur Reproduktion der Funktionssysteme erbringen (Tacke 1999: 75). Hiermit ist zweierlei gesagt. Einerseits sind Organisationen Trägereinrichtungen funktionssystemischer Leistungen. Funktionssysteme können ihre Leistungen gegenüber anderen Funktionssystemen nicht selbst erbringen, sie benötigen hierzu Organisationen (Luhmann 1997: 843). Andererseits ist das Verhältnis von Organisationen und Funktionssystemen nicht statisch. Organisationen beziehen sich über – prinzipiell änderbare – Entscheidungen auf funktionssystemische Kontexte. Sie setzen sich zu ihrer gesellschaftlichen Umwelt *selbstselektiv* ins Verhältnis (Lieckweg/Wehrsig 2001: 42).

In ähnlicher Weise hat Schimank argumentiert, dass sich Organisationen an den Programmstrukturen von Funktionssystemen orientieren, sie operationalisieren und konkretisieren: »Formale Organisationen setzen für ihr jeweiliges Aufgabenfeld die kognitiven, normativen und evaluativen Orientierungen des betreffenden Teilsystems in routineförmige Kommunikationsvorgaben um« (Schimank 2000: 169f.). Wichtig erscheint in diesem Zusammenhang, dass die Mitgliedschaftsentscheidung dazu führt, dass die Organisation (innerhalb gewisser Grenzen) bei ihren Mitgliedern generalisierte Konformitätsbereitschaften erzeugt, die Voraussetzung für die Erstellung der an sich unwahrscheinlichen Leistungen der Wirtschaft, der Massenmedien, der Wissenschaft oder des Sport sind: »Formale Organisationen können ihre Mitglieder mit Verhaltenszumutungen konfrontieren, deren inhaltliche Gewagtheit sogleich ins Auge springt, isoliert man sie in einem Gedankenexperiment von ihrem organisatorischen Kontext« (Schimank 2001: 24). Funktionale und organisationale Differenzierung verlaufen folglich koevolutiv, die Entstehung von Funktionssystemen ist eng an die Entstehung formaler Organisationen gebunden.

Die Vorstellung, dass sich Organisationen vorrangig und ausschließlich an den Programmen eines Funktionssystems orientieren, bezeichnet *ein* mögliches Verhältnis der Koevolution beider Systemebenen. Schulen, Parlamente, Gerichte und Krankenhäuser sind typische Beispiele dafür, dass innerhalb einer Organisation jeweils nur ein teilsystemischer Binärcode operationalisiert, konkretisiert und damit eine spezifische funktionssystemische Leistung verfügbar gemacht wird. Dieser Fall wird nachfolgend als *Organisationstyp 1* bezeichnet.

Für die vorliegende Untersuchung sind jedoch auch solche Organisationen von Interesse, die neben einer primären auch eine weitere, sekundäre Funktionssystemorientierung ausbilden. Solche Organisationen bringen somit zwei unterschiedliche Rationalitäten beziehungsweise Logiken in ein hierarchisches Verhältnis. Dies bezeichnen wir als *Organisationstyp 2.* Organisationen des zweiten Typs erbringen zwar ebenfalls eine funktionssystemische Leistung, produzieren also vorrangig Wissen nach wissenschaftlichen Methoden (Wissenschaft) oder Güter und Dienstleistungen für Märkte (Wirtschaft). Die sekundäre Orientierung richtet diese Leistungserstellung aber noch auf einen weiteren Funktionskomplex aus. In Anlehnung an die Überlegungen zu funktionalen Binnenstrukturen, entwickelt sich der zweite Organisationstyp parallel mit der Ausdifferenzierung von Binnenstrukturen in Funktionssystemen. Im Fall der Wissenschaft handelt es sich vorrangig um Anwendungsforschung und Strukturen des Wissenstransfers, im Fall der Wirtschaft um forschungsintensive Technologiemärkte. Organisationen können dies zum einen durch interne Ausdifferenzierung neuer Einheiten, beispielsweise FuE-Abteilungen in Unternehmen oder technische Fakultäten in Universitäten, bewerkstelligen. Zum anderen kann auch ein Teil der sachlichen und zeitlichen Ressourcen »freigestellt« werden ohne dass hierfür organisationale Untereinheiten gebildet werden, beispielsweise wenn Universitätsforscher industriefinanzierte Projekte durchführen oder als Berater für Industrieunternehmen tätig werden. Die Institutionalisierung der funktionssystemischen Binnenstrukturen in Organisationen variiert erheblich, gerade weil Funktionssystem- und Organisationsebene »lose gekoppelt« sind.

Simsa beschreibt die ersten beiden Organisationstypen, also Organisationen mit »priorisierten Funktionssystembezügen« in ähnlicher Weise. Da aber die Autorin die Binnenstrukturen von Funktionssystemen nicht explizit thematisiert, ist ihre Typologie gröber als die hier verwendete. Sie schreibt:

»Priorisierte Funktionsorientierung bedeutet (...), dass (...) unterschiedliche Codes in der Organisation relevant sein können, dass diese Relevanz aber vor dem Hintergrund der Codierung und Logik jenes Funktionssystems bestimmt wird, dem sich die Organisation zurechnet. (...) Die Leitdifferenz des Funktionssystems bestimmt somit die den Operationen zugrunde liegenden Beobachtungen, das heißt die Relevanz von Ereignissen. Andere Kriterien spielen zwar eine Rolle, sind aber klar nachgeordnet« (Simsa 2001: 213–214).

Für eine sachgerechte Analyse von Prozessen technologischer Innovation erscheint es wichtig, auch jene Organisationen zu berücksichtigen, die multiple Bezüge zu unterschiedlichen Funktionssystemen aufweisen ohne dass eine als primär definiert werden kann. Dies bezeichnen wir als

Organisationstyp 3. Simsa (ebd.) definiert in Übereinstimmung mit der hier verwendeten Kategorisierung Organisationen ohne priorisierte Funktionssystemorientierung folgendermaßen:

»Es gibt (...) sowohl Organisationen, die ihre Operationen klar an einer dominanten Funktion orientieren, als auch Organisationen, die sich auf die gleichwertige Orientierung an zwei oder mehreren Funktionslogiken festlegen, das heißt nichtpriorisierbare Orientierungen aufweisen. (...) Organisationen mit nichtpriorisierter Funktionsorientierung können (...) nicht stabil auf eine Logik zurückgreifen. Sie müssen mehrere Logiken ausbalancieren und können ihren Entscheidungen keine konsistente und durchgängige Hierarchisierung zugrunde legen« (ebd.: 212, 215).

Logisch sind mehr als die drei vorgestellten Relationen von Organisationen und Funktionssystemen möglich. In den folgenden drei Abschnitten sollen überblickshaft Beispiele insbesondere für die drei Organisationstypen unter Rückgriff auf Literatur der Innovationsforschung vorgestellt werden.

2.3.2 Lose Kopplung von Unternehmen, Wirtschaft und Wissenschaft

Das gesellschaftliche Bezugsproblem der Wirtschaft – Produktion und Verteilung knapper Güter – lässt sich in eine Vielzahl von Teilproblemen aufgliedern, deren Behandlung in verschiedenen Organisationen institutionalisiert ist. Die Teilproblemdekomposition selbst hat die Form von Märkten, auf denen Unternehmen als Produzenten (Anbieter) und Konsumenten (Nachfrager) agieren. Je nachdem, ob es sich um Rohstoffmärkte, Märkte für weiterzuverarbeitende Produkte, für Investitionsgüter, für Produktionsmittel, Konsumwaren oder Arbeitsmärkte handelt, hat man es mit großen oder kleinen, regional oder international agierenden Unternehmen zu tun. Weiterhin sind Banken als besondere Organisationen des Wirtschaftssystems auf Kapitalmärkten mit der Beschaffung und Verteilung des symbolisch generalisierten Mediums Geld betraut.[32] Daneben gibt es vielfältige Finanzintermediäre, beispielsweise Versicherungen, Pensionsfonds, Immobilienfonds, Leasing-Gesellschaften, Finanzmakler oder Investmentfonds.

Welche Anhaltspunkte existieren für das Wirtschaftssystem, um das Verhältnis von Organisations- zu Funktionssystem, insbesondere hinsichtlich der Technologieproduktion und den drei erwähnten Organisations-

32 Unterscheiden kann man zwischen Zentralbanken, Großbanken, Regionalbanken, halböffentlichen Banken (in Deutschland: Landesbanken, Sparkassen) und genossenschaftlichen Banken (in Deutschland: Raiffeisenbanken, Volksbanken).

typen näher zu bestimmen? Industrieunternehmen führen in erheblichem Umfang Forschung und Entwicklung durch. In Deutschland beträgt der Anteil der Wirtschaft am gesamten Aufkommen für Forschung und Entwicklung etwa zwei Drittel (BMBF 2002a: 227). Dies deutet darauf hin, dass zahlreiche Unternehmen nicht nur Programmstrukturen des Wirtschafts- sondern auch des Wissenschaftssystems inkorporiert haben. Unternehmen operieren in bestimmten Wirtschaftssektoren auf Hochtechnologiemärkten, zu deren Strukturmerkmal es gehört, in systematischer Weise die Wissensproduktion der Wissenschaft für die Realisierung neuer Technologien und damit neuer Güter und Zahlungsströme heranzuziehen.

Welche Unternehmen operieren auf forschungsintensiven Märkten? Pavitt (1984) hat in einer sektoralen Analyse britischer Unternehmen drei Unternehmenstypen identifiziert, die sich hinsichtlich ihrer Forschungs- und Entwicklungstätigkeiten erheblich unterscheiden: (1) »supplier dominated firms«; (2) »scale-intensive firms«; und (3) »science-based firms«. Während in den beiden erstgenannten Unternehmenstypen FuE-Aktivitäten eher begrenzt sind, nehmen sie bei den *science-based firms* eine zentrale Rolle ein, hier hängt der technische Fortschritt mehr oder weniger direkt vom Erkenntnisfortschritt in der Wissenschaft ab. In Übereinstimmung mit den Aussagen in Abschnitt 2.2.3 zählen hierzu vor allem Unternehmen des Chemiesektors und der Elektronikindustrie. Pavitt schreibt:

»Science-based firms are to be found in the chemical and the electronic/electrical sectors. In both of them, the main sources of technology are the R&D activities of firms in the sectors, based on the rapid development of the underlying sciences in the universities and elsewhere. [... The] development of successive ways of products has depended on *prior* development of the relevant basic science: in particular, of synthetic chemistry and biochemistry for the chemical industry; and of electromagnetism, radio waves and solid state physics for the electrical/electronical industry« (ebd.: 362, Hervorhebung im Original).

Cohen/Levinthal (1990) haben die Wissenschaftsorientierung von Unternehmen mit ihrem Konzept der *absorptive capacity* weiter spezifiziert. Unter absorptiver Kapazität verstehen die Autoren die Fähigkeit von Unternehmen, organisationsexternes, insbesondere wissenschaftliches Wissen für den Produktionsprozess nutzbar zu machen. Eng mit dieser organisationalen Fähigkeit sind interne FuE-Aktivitäten verbunden, zumeist in speziellen Unternehmensabteilungen: »[T]he firm's absorptive capacity determines the extent to which (...) extramural knowledge is utilized, and this absorptive capacity itself depends on the firm's own R&D« (ebd. 1990: 141). Unternehmen sind daher nicht nur in der konkreten Produktentwicklung tätig, sondern auch in der strategischen Vorlaufforschung mit mittelfristigem Verwertungshorizont. Unternehmensforschung dient der Verbreiterung der unternehmensinternen Wissensbasis, die eine Voraussetzung dafür darstellt, potenzielle technologische Möglichkeiten zu erkennen und umzusetzen:

»[F]irms may conduct basic research less for particular results than to be able to provide themselves with the general background knowledge that would permit them to exploit rapidly useful scientific and technological knowledge through their own innovations or to be able to respond quickly. [... We] may think of basic research as broadening the firm's knowledge base to create critical overlap with new knowledge and providing it with the deeper understanding that is useful for exploiting new technical developments that build on rapidly advancing science and technology« (ebd.: 141, 148).

Stock u.a. (2001) haben in diesem Zusammenhang argumentiert, dass der Umfang der FuE-Aktivitäten und die Umsetzung solcher Aktivitäten in neue, profitable Technologien nicht linear, sondern u-förmig ausgeprägt ist. Für Unternehmen der Modemindustrie finden sie für zunehmende FuE-Aktivitäten einen abnehmenden Effekt bei den Produktinnovationen:

»[We] found an inverted-U relationship between absorptive capacity and new product development output. The implication here is that simply devoting a larger proportion of a firm's resources to R&D does not necessarily mean that the products a firm develops will be more advanced. One way to characterize the implication of these results is that there are diminishing returns to investments in learning« (ebd.: 88).

Absorptive Kapazitäten hängen in aller Regel mit der Unternehmensgröße zusammen, weil vor allem große Unternehmen Forschungsabteilungen ausdifferenzieren. In den Analysen von Pavitt (1984: 361–363) sind die Unternehmen der Chemie- und Elektrotechnik/Elektronikindustrie (science-based firms) deutlich größer als im Maschinen- und Instrumentenbau (supplier-dominated firms). In der erstgenannten Gruppe befinden sich zwischen 60–80 Prozent Großunternehmen, in der zweiten Gruppe lediglich 25 Prozent. Diese Befunde sind in anderen Studien weitgehend bestätigt worden (vergleiche Reinhard 2000: 245), auch wenn beide Variablen sicher nicht in einem deterministischen Zusammenhang stehen. In der erwähnten Analyse Modem produzierender Unternehmen von Stock u.a. (2001: 86) sind Forschungsintensität und Firmengröße negativ korreliert.

Der Umfang durchgeführter FuE sowie die Unternehmensgröße sind zwei wichtige Variablen, mit denen die Forschungsorientierung von Unternehmen erfasst werden kann. Es existiert darüber hinaus aber die Möglichkeit, Unternehmen nach ihrem Output, nach dem Typ der verfügbar gemachten Leistungen zu gruppieren. Hierzu bietet sich die in Abschnitt 2.1.2.2 vorgestellte Systematik an, der zufolge Märkte danach unterteilt werden, ob auf ihnen forschungsintensive Produkte hergestellt und gehandelt werden. Unternehmen lassen sich somit entsprechend ihrer Produktionsschwerpunkte in zwei Gruppen aufteilen: (1) Niedrigtechnologie-Unternehmen (auch: »low-tech companies«) und (2) Hochtechnologie-Unternehmen (auch: »high-tech companies«).

Niedrigtechnologie-Unternehmen sind Organisationen mit priorisierter Orientierung am Wirtschaftssystem ohne eine nachgeordnete Orientierung am Wissenschaftssystem. Sie können dem ersten Organisationstyp zugerechnet werden. Hochtechnologie-Unternehmen weisen dagegen neben der primären wirtschaftssystemischen auch noch eine sekundäre wissenschaftssystemische Orientierung auf. Solche Unternehmen sind dem zweiten Organisationstyp zuzuordnen. Hochtechnologie-Unternehmen sind identisch mit jenen *science-based firms*, die über *absorptive Kapazitäten* verfügen, mit denen organisationsexternes, vor allem wissenschaftliches Wissen, aktiviert und für den wirtschaftlichen Produktionsprozess verfügbar gemacht wird.

2.3.3 Lose Kopplung von Forschungseinrichtungen, Wissenschaft und Wirtschaft

Auch die Binnendifferenzierung der Wissenschaft in Grundlagen- und Anwendungsforschung lässt sich auf organisationaler Ebene empirisch beschreiben. Neben den Universitäten existieren in Deutschland zahlreiche außeruniversitäre Einrichtungen, zu denen die Max-Planck-Gesellschaft (MPG), die Fraunhofer-Gesellschaft (FhG), die Helmholtz-Gemeinschaft deutscher Forschungszentren (HGF), die Wissenschaftsgemeinschaft Wilhelm Leibniz (WGL), die Ressortforschungseinrichtungen von Bund und Ländern sowie eine Vielzahl unabhängiger Forschungsinstitute zählen (vergleiche Meyer-Krahmer 2001). Die Profile dieser Forschungseinrichtungen hinsichtlich Grundlagen- und Anwendungsorientierung sind zum Teil markant, zum Teil jedoch auch heterogen. Abb. 5 dokumentiert, in welchem Umfang beide Forschungstypen in deutschen Universitäten und außeruniversitären Forschungsinstituten durchgeführt werden: Die mit Abstand stärkste Grundlagenorientierung weisen die Institute der MPG auf. Gemäß der weiter oben eingeführten Organisationstypologie scheint die MPG dem ersten Organisationstyp am nächsten zu kommen. Alle anderen Forschungsorganisationen, einschließlich der Universitäten, führen in nennenswertem Umfang angewandte Forschung durch. Die konkreten Anteile beider Forschungstypen können zwischen einzelnen Universitäten und Instituten variieren, so dass sie fallbezogen entweder dem ersten oder dem zweiten Organisationstyp zuordenbar sind. Auffällig ist, dass Fraunhofer-Institute nahezu ausschließlich angewandte Forschung und Technologieentwicklung durchführen. Sie unterscheiden sich deutlich von allen anderen Forschungseinrichtungen, insbesondere von den Max-Planck-Instituten und den Universitäten. Im nächsten Abschnitt wird argumentiert, dass sie zum dritten Organisationstyp gezählt werden können, der zwei nicht-priorisierbare Funktionssystemorientierungen aufweist.

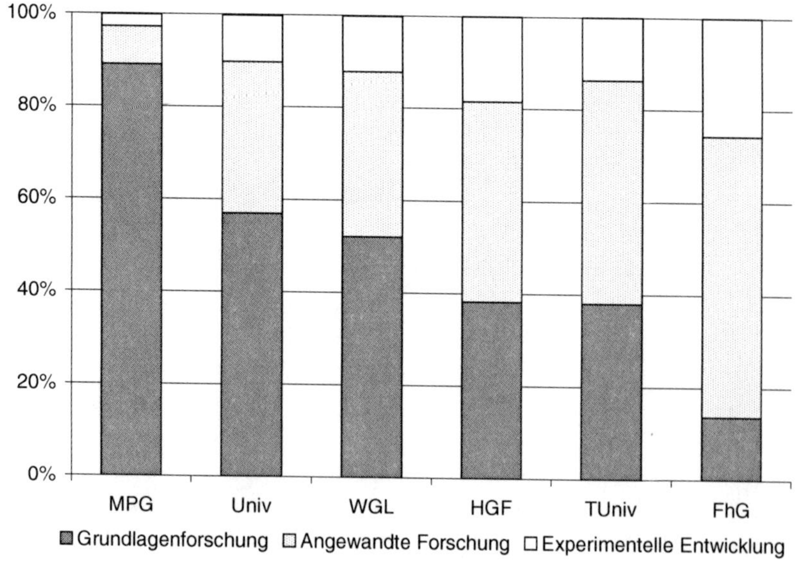

Anmerkung: MPG = Max-Planck-Gesellschaft, Univ = Universitäten, WGL = Wissenschaftsgemeinschaft Leibniz, TUniv = Technische Universitäten, HGF = Helmholtz-Gemeinschaft deutscher Forschungszentren, FhG = Fraunhofer-Gesellschaft

Abb. 5: Durchgeführter Anteil von Grundlagen- und Anwendungsforschung sowie experimenteller Entwicklung von Forschungseinrichtungen in Deutschland

(Quelle: Czarnitzki u.a. 2000: Abb. 1)

In der Wissenschaftssoziologie sind in den letzten Jahren mehrere Studien veröffentlicht wurden, die recht feinkörnige, empirisch abgeleitete Klassifikationen von Forschungsorganisationen entwickelt haben. Crow/Bozemann (1990; 1998) analysieren US-amerikanische Forschungseinrichtungen danach, in welchem Umfang die Politik und die Wirtschaft Einfluss auf die Durchführung von Forschung nehmen können. Die dreistufige Skalierung (gering, mittel, hoch) und Kreuztabellierung beider Einflussdimensionen führt sie zu neun Typen von Forschungseinrichtungen (zum Beispiel *public science*, *public technology*, *private technology*). Die Autoren untersuchen auch die bundesstaatlich finanzierten Forschungseinrichtungen, welche sie in folgende sechs Subkategorien unterteilen: (1) *pure basic research laboratories*; (2) *directed basic research laboratories*; (3) *intermediate-range applied research laboratories*; (4) *technology development laboratories*; (5) *infratechnoloy laboratories*; und (6) *industrial service laboratories* (Crow/Bozeman 1998: 160ff.).

Larédo/Mustar (1993; 2000) haben in ähnlicher Weise die Aktivitätsprofile französischer Forschungslaboratorien beschrieben. Die Autoren beziehen noch zwei weitere Funktionssysteme in die Betrachtung ein: die Massenmedien und das Bildungssystem. Mithilfe einer indikatorischen Vermessung der Aktivitäten der Forschungseinrichtungen in den fünf Funktionssystemen (einschließlich Wissenschaft) gelangen Larédo/Mustar zu sieben Labortypen, die ein jeweils spezifisches Aktivitätsprofil aufwiesen: (1) *academic labs*; (2) *academic labs with a public service focus*; (3) *academic and economic geared labs*; (4) *research training only labs*; (5) *intermediate labs*; (6) *service geared labs*; und (7) *isolated labs* (Larédo/Mustar 2000). Die Autoren ziehen aus ihren empirischen Analysen die Schlussfolgerung, dass dieses Tableau unterschiedlicher Einrichtungen die herkömmliche Unterscheidung von Grundlagen- und Anwendungsforschung erweitert und präzisiert. Die Analysen von Larédo/Mustar (1993; 2000) sind aber auch deshalb interessant, weil sie zeigen, dass fünf der sieben Typen von Forschungseinrichtungen in einer, maximal zwei Aktivitätszonen aktiv sind. Mit ihrem Konzept des *research compass card method* können die Autoren zeigen, dass Organisationen nur sehr selten in mehr als zwei funktionssystemische Richtungen »marschieren« können.

Den Studien von Crow/Bozeman sowie Larédo/Mustar liegt kein systemtheoretisches Forschungsdesign zugrunde, so dass sie auch nicht die Frage der losen *versus* strukturellen Kopplung diskutieren. Allerdings finden sich in den Studien zahlreiche Belege, dass das Verhältnis von Organisationen zu den Funktionskomplexen, insbesondere mit Blick auf Wissenschaft und Wirtschaft nicht statisch, sondern innerhalb bestimmter Grenzen variabel ist. Es spricht daher vieles dafür, diese Beschreibungen im Sinne einer losen Kopplung zu interpretieren und nicht als Strukturkopplung. Die Studien sind auch unter der Perspektive des bereits diskutierten Stokes'schen Quadrantenschema der Forschung interessant, weil sie auf Mischtypen zwischen grundlegender und anwendungsorientierter Forschung verweisen: Die Kategorien der *hybrid science and technology*, *directed basic research* (Crow/Bozeman 1998) beziehungsweise *academic and economic geared labs* und *intermediate labs* (Larédo/Mustar 2000) sind als empirische Belege für die Existenz von Forschungsorganisationen zu interpretieren, die man mit Stokes als Forschungsinstitute der anwendungsorientierten Grundlagenforschung bezeichnen kann.

2.3.4 Hybrid- beziehungsweise Grenzorganisationen

Im vorangegangenen Abschnitt wurde auf die Sonderstellung der FhG hingewiesen. Sie ist vor allem auf die spezifische Finanzierungsstruktur dieser Forschungsorganisation zurückzuführen. Während alle anderen Forschungseinrichtungen »institutionell« finanziert sind, also Personal-, Forschungs- und sonstige Sachkosten über einen festen Mittelzuweisungsschlüssel von Bund und Ländern finanziert werden, muss die FhG einen wesentlichen Teil ihrer Personal-, Forschungs- und sonstigen Sachkosten in der Wirtschaft einwerben und erhält für jede eingeworbene Währungseinheit einen festgelegten »institutionellen« Zuschlag. Fraunhofer-Institute führen daher in erheblichem Umfang technologiebezogene Auftragsforschung für die Industrie durch, wobei der durch die Wirtschaft finanzierte Anteil der FhG-Forschung gegenwärtig bei ungefähr 40 Prozent liegt. Insgesamt liegt der nicht-institutionelle Anteil der Forschungsfinanzierung der FhG bei zwei Dritteln.[33]

Die FhG ist aus zwei Gründen für die vorliegende Argumentation von besonderem Interesse. *Erstens* verkörpert sie den dritten Organisationstyp, der sich an zwei Funktionssystemen gleichrangig orientiert. Ihre Funktion in der deutschen Forschungslandschaft ist es, von der Wirtschaft nachgefragtes Problemlösungswissen zu erarbeiten sowie eigenständig Technolo-

33 Neben Vertragsforschung für die Wirtschaft werben FhG-Institute auch öffentlich ausgeschriebene Projektmittel, beispielsweise des BMBF, des BMWi, des BMVg oder der Europäischen Kommission ein.

gien zu entwickeln und hierfür industrielle Nachfrage zu schaffen. Sie meldet relativ zu allen anderen Forschungseinrichtungen deutlich mehr Patente an (vergleiche Abb. 6). Ihr Charakter als dritter Organisationstyp lässt sich auch daran ersehen, dass sie sich explizit an beiden Funktionssystemen, Wirtschaft und Wissenschaft, orientiert. Sie ist nicht nur von ihrer Finanzierungsstruktur her, sondern gerade auch in ihrem Selbstverständnis eine funktionssystemische Hybridorganisation. In Selbstbeschreibungen wird einerseits der Vergleich mit Industrieunternehmen gesucht,[34] andererseits hervorgehoben, dass wissenschaftliche Reputation und Verankerung in der Wissenschaftsgemeinschaft Orientierungsparameter für die Organisation darstellen.[35]

Zweitens ist die FhG als Forschungsorganisation verfasst und unterscheidet sich in dieser Eigenschaft klar von anderen Intermediären, die ebenfalls zum dritten Organisationstyp zu rechnen sind. In Anlehnung an Brodocz (1996) zählen zu den intermediären Organisationen die technisch-wissenschaftlichen Verbände, zu deren erklärten Zielen der Wissenstransfer zwischen Forschung und Industrie, die Verbindung von Wissenschaft und Technik, Hochschule und Industrie, und von Grundlagen- und Anwendungsforschung gehören. Beispiele sind der Deutsche Verband für Materialforschung und -prüfung e.V. (DVM), der Verein Deutscher Ingenieure (VDI), und die Arbeitsgemeinschaft industrieller Forschungsvereinigungen (AiF).[36] Zu nennen sind auch die vielfältigen Intermediäre und Technologietransferstellen (vergleiche Schmoch u.a. 2000: 317ff.). Gegenüber solchen Agenturen, die den Transfer fremdproduzierter Wissensbestände und Tech-

34 Hans-Jörg Bullinger, der derzeitige Präsident der FhG formuliert dies so: »Eine Forschungsinstitution, die sich zu zwei Dritteln selbst finanziert, muss anders agieren als eine Universität oder die Max-Planck-Gesellschaft. Wir können uns nicht einfach zurücklehnen und über interessante neue Forschungsideen nachdenken. Das tun wir zwar auch. Wir müssen uns aber nebenbei noch fragen, wo wir zwei Drittel unseres Geldes herkriegen sollen. Insofern haben wir mehr Ähnlichkeiten mit einem Industriebetrieb als mit einem Wissenschaftsinstitut« (Bullinger 2003: 49).

35 In Selbstbeschreibungen jüngeren Datums wird dies wie folgt formuliert: »Die Forschungsorientierung der Fraunhofer-Gesellschaft und ihre starke Position in der Scientific Community sind unerlässlich zur Zukunftssicherung ihrer Auftragsforschung« (Fraunhofer-Gesellschaft 1999: 16). Oder: »Dass die Fraunhofer-Gesellschaft konsequent Spitzenforschung verfolgt, zeigt sich auch an den Preisen, die ihren Mitarbeitern verliehen werden. Dazu gehören in jüngster Zeit der hoch dotierte Gottfried-Wilhelm-Leibniz-Preis oder der Philip-Morris-Forschungspreis für herausragende innovative und zukunftsweisende Forschungsleistungen« (Fraunhofer-Gesellschaft 2002: 19).

36 Zum DVM vergleiche http://www.dvm-berlin.de/, zum VDI vergleiche http://www.vdi.de/vdi/presse/-kontakt/05017/index.php, zur AiF vergleiche http://www.aif.de/ (jeweils letzter Zugriff: 6. November 2003).

nologien moderieren, fällt bei Fraunhofer-Instituten Wissens- und Technologieproduktion sowie deren Transfer in die Wirtschaft zusammen.[37] An der Entwicklung dieses Finanzierungsmodells und damit der nicht-priorisierten Ausrichtung an Wissenschaft und Wirtschaft hat die FhG, wie Hohn/Schimank (1990) zeigen, Anfang der siebziger Jahre wesentlich mitgewirkt.

Empirische Befunde deuten darauf hin, dass die Fraunhofer-Institute in Deutschland eine deutlich stärkere Rolle beim Wissens- und Technologietransfer spielen als die überwiegend nur wenig erfolgreichen Technologietransferstellen an Universitäten (vergleiche Schmoch u.a. 2000; Krücken 2003). Damit ist zwar nicht die große Bedeutung des von Universitäten und anderen Forschungsinstituten – gerade auch ohne Technologietransferstellen – bewerkstelligten Wissens- und Technologietransfer in die Wirtschaft in Frage gestellt. Das starke Wachstum der Fraunhofer-Gesellschaft in den letzten dreißig Jahren, in dessen Folge sich die Anzahl der Institute mehr als verfünffacht hat, unterstreicht aber, dass organisationales Wachstum dort wahrscheinlich ist, wo Kopplungsmöglichkeiten von Wissenschaft und Wirtschaft bestehen und umgesetzt werden. Demgegenüber sind in den USA Technologietransferstellen an Universitäten und außeruniversitären, halbstaatlichen Forschungseinrichtungen die zentralen Agenturen des Wissens- und Technologietransfers. Dieser Unterschied lässt sich einerseits damit erklären, dass in den USA ein organisationales Pendant zur Fraunhofer-Gesellschaft fehlt und den *Offices for Technology Transfer* damit *per se* eine herausgehobene Position zufällt. Andererseits hat es mit der Tatsache zu tun, dass der Wissens- und Technologietransfer dort zu den expliziten Zielen der Gesamtorganisation zählt und nicht den Forschung durchführenden Untereinheiten, beispielsweise Abteilungen, Lehrstühlen oder Instituten, überantwortet bleibt – so wie es in Deutschland lange Zeit praktiziert wurde.[38] Auf diese Weise werden Produktion und Transfer neuen

37 In der Literatur sind Organisationen als Kopplungen für andere Funktionssysteme diskutiert worden. Schimank/Braun (1992) analysieren Ressortforschungsinstitute als Kopplung von Wissenschaft und Politik, Brodocz (1996) zählt Arbeitgeberverbände und Gewerkschaften zur Kopplung von Wirtschaft und Politik. Lieckweg (2003) rechnet in ihrer Analyse der *lex mercatoria* multinationale Unternehmen, Schiedsgerichte und Kanzleien zur Kopplung von Wirtschaft und Recht.

38 Durch die Novellierung des Hochschullehrerprivilegs bei Erfindungen (§42 Arbeitnehmererfindungsgesetz) im Jahr 2002 wird die Zuständigkeit für den Wissens- und Technologietransfer (WTT) nunmehr den Universitäten als Gesamtorganisation zugewiesen. Es bleibt abzuwarten, ob sich in den kommenden Jahren die Praxis des WTT an den Universitäten neu formiert.

Wissens und neuer Technologien in amerikanischen Universitäten und außeruniversitären Forschungsinstituten engmaschig miteinander verknüpft (vergleiche Abramson u.a. 1997; Guston 1999).

Der dritte Organisationstyp kann – so lässt sich zusammenfassen – eine wichtige Rolle bei der Kopplung von Wissenschaft und Wirtschaft spielen. Die dargestellten Beispiele zeigen, dass die Funktion von funktionssystemischen Hybridorganisationen entweder im Transfer (zum Beispiel Technologietransferstellen) oder sowohl in der Produktion als auch im Transfer wirtschaftlich relevanten, technologisch umsetzbaren Wissens besteht (zum Beispiel Fraunhofer-Institute). Organisationen des dritten Typs können (zum Beispiel Deutschland), müssen aber nicht (zum Beispiel USA) Teil jener Organisationslandschaft sein, die als Ganzes betrachtet werden muss, um die Kopplung von Wissenschaft und Wirtschaft im Prozess der Technologieentwicklung angemessen zu beschreiben.

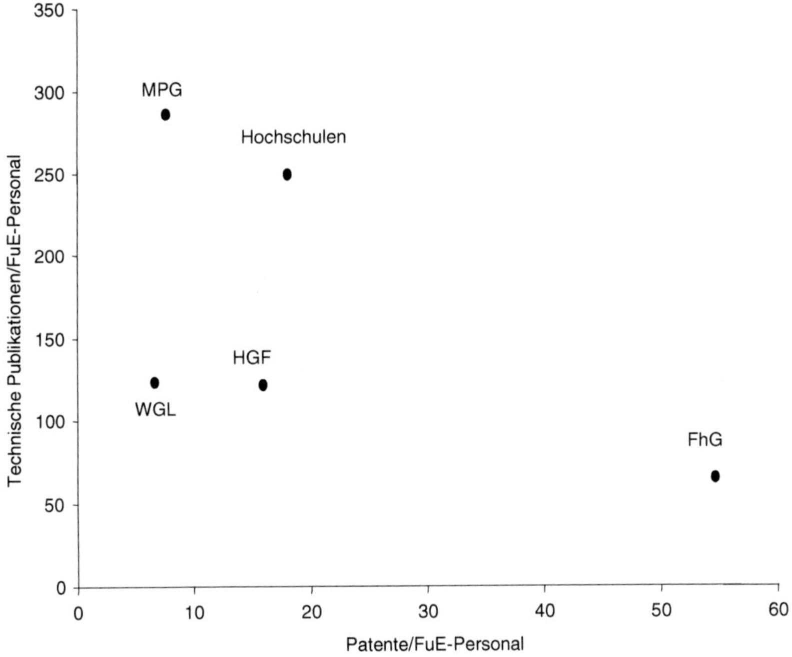

Anmerkung: MPG = Max-Planck-Gesellschaft, WGL = Wissenschaftsgemeinschaft Leibniz, HGF = Helmholtz-Gemeinschaft deutscher Forschungszentren, FhG = Fraunhofer-Gesellschaft

Abb. 6: Publikations- und Patentintensität bei deutschen Forschungseinrichtungen

(Quelle: Schmoch 2000b: 36)

2.4 Interorganisationsnetzwerke im Kopplungsprozess

Neben Organisationen spielen Interorganisationsnetzwerke in Prozessen der Technologieentwicklung eine wichtige Rolle. Rammert (1997) hat dies anschaulich als »Innovation im Netz« bezeichnet. Die Literatur beschäftigt sich unter anderem mit der Frage, wie organisationsübergreifende Interaktionen die Performanz von Unternehmen bei der Umsetzung und Vermarktung technologisch verwertbaren Wissens beeinflussen. Argumentiert wird nicht nur, dass insbesondere auf komplexen, wissensbasierten Technologiemärkten Unternehmen kooperieren (vergleiche Teece 1986; Dyer/Singh 1998; Powell 1998b), sondern auch, dass Kooperationsbeziehungen zu Forschungseinrichtungen Unternehmen Zugang zu und Lernmöglichkeiten im Umgang mit neuem Wissen verschaffen, das sich wirtschaftlich verwerten lässt. Unternehmen greifen auf Wissen zurück, das von Forschungseinrichtungen produziert wurde, implementieren und verwerten es, um damit Wettbewerbsvorteile auf Technologiemärkten zu erzielen (vergleiche Freeman 1991; Liebeskind u.a. 1996; Meyer-Krahmer/Schmoch 1998; Schmoch 1999c; Gittelmann 2000; Kaufmann/Tödtling 2001; Owen-Smith u.a. 2002; Valentín 2002).

Ebenso wie unterschiedliche Organisationstypen in der systemtheoretischen Diskussion bislang kaum thematisiert worden sind, so ist der Begriff des Netzwerkes in der systemtheoretischen Literatur bisher nicht etabliert. Mit Ausnahme von Kämper/Schmidt (2000) hat es keine systematischen Versuche gegeben, Interaktionssysteme als die dritte Systemebene im Differenzierungsschema Gesellschaft – Organisation – Interaktion in Verbindung zu Netzwerken zu diskutieren. Auch in der Innovationsforschung sind ungeachtet der Vielzahl empirischer Studien Organisationen übergreifende Interaktionsbeziehungen theoretisch auf eine Diskussion verengt worden, die Netzwerke »zwischen« Markt und Hierarchie verortet.[39] Im nächsten Abschnitt wird ein systemtheoretischer Netzwerkbegriff entwickelt, der den Prozess der interorganisatorischen Kopplung in drei Phasen unterteilt. Es wird argumentiert, dass sich Interorganisationsbeziehungen zu Netzwerken auswachsen, wenn in organisationsexternen Interaktionssystemen aktivierte Informationen in die organisationsinternen Routinen implementiert werden. Organisationale Routinen fungieren als

39 Zur Kritik der institutionenökonomischen Unterscheidung von Märkten, Hierarchien und Netzwerken vergleiche Powell (1990). Für eine jüngere Übersicht vergleiche Weyer (2000).

Selektoren für folgenreiche Kommunikationsstrukturen zwischen Unternehmen und Forschungseinrichtungen. In diesem Zusammenhang kommen die drei eingeführten Organisationstypen wieder zur Sprache.

2.4.1 Netzwerke aus systemtheoretischer Perspektive – ein Dreistufenkonzept

Ausgangspunkt ist der Vorschlag von Kämper/Schmidt, organisationsinterne Routinen und Entscheidungsprämissen zum Schlüsselbegriff organisationsübergreifender Interaktions- und Netzwerkbeziehungen zu machen (vergleiche Kämper/Schmidt 2000). Routinen und Programme sind Ablaufschemata und Entscheidungsprozeduren, die unter der Restriktion begrenzter Rationalität organisationsintern genutzt werden, um die Unsicherheit operativ zu bewältigen, zukünftiges Geschehen trotz Nichtwissen strukturieren zu müssen (vergleiche Luhmann 2000: 183ff.). Die Autoren argumentieren, dass interorganisatorische Netzwerke dann entstehen, wenn Organisationen mit in bestimmten Hinsichten offenen Arbeitsabläufen, Routinen und Entscheidungsprozeduren einen kommunikativen Ausgriff auf andere Organisationen in ihrer Umwelt vornehmen, um dort Ansatzpunkte für ebenjene Abläufe und Prozeduren zu erschließen: »Die Organisation macht sich (...) in ihrem Operieren von der Umwelt bis zu einem gewissen Grad abhängig, indem sie zur Programmspezifizierung auf diese Umwelt zurückgreifen muss« (Kämper/Schmidt 2000: 229). Wenn organisationsextern vorzufindende Ansatzpunkte vom fokalen Organisationssystem dauerhaft genutzt werden, um organisationsinterne Arbeitsabläufe und Entscheidungsprogramme anzuleiten, koppelt sich dieses strukturell an Organisationssysteme seiner Umwelt. Der Vorgang der Kopplung selbst umfasst drei Stufen, welche man in Analogie zum neo-darwinistischen Schema von *Variation, Selektion und Retention* sehen kann.

Die *erste Stufe* (Variation) beinhaltet Interaktionen von Mitgliedern unterschiedlicher Organisationen. Für den Interaktionsbegriff greifen die Autoren auf die Definition von Luhmann zurück, nach welcher Interaktionssysteme zustande kommen, wenn Anwesende sich wechselseitig als anwesend wahrnehmen (vergleiche Luhmann 1975; 1997: 814f.).[40] Solche Interaktionssys-

40 Dabei ist die Differenz anwesend/abwesend kein vorgegebener, objektiver Sachverhalt, sondern wird erst durch die Operationen des Interaktionssystems erzeugt. Nicht jeder, der physisch anwesend ist, wird kommunikativ als anwesend behandelt. Wenn aber er oder

teme zwischen Mitgliedern unterschiedlicher Organisationen sind deswegen von Bedeutung, weil das Wissen, welches über den kommunikativen Ausgriff der Organisationen auf ihre Umwelt verfügbar gemacht werden soll, oftmals impliziten Charakter hat und damit nicht einfach abrufbar ist, sondern erst in der Interaktion erzeugt wird. Organisationen benutzen Interaktionssysteme, um relevantes Wissen aus ihrer Umwelt zu aktivieren. Die *zweite Stufe* (Selektion) betrifft die organisationalen Folgen, die aus der organisationsexternen Interaktion und dem dort verfügbar gemachten Wissen resultieren. In der Organisation muss entschieden werden, ob und in welchem Umfang die Ergebnisse aus dem Interaktionssystem für interne Arbeitsabläufe und Entscheidungsprämissen der Organisation genutzt werden, also Strukturwert für die Organisation erhalten sollen. Dabei besteht kein Automatismus, dass die in Interaktionssystemen gewonnenen Ergebnisse bei der »Rückkehr« des Organisationsmitglieds im operativen Geschehensvollzug der Organisation tatsächlich Verwendung finden. Auf der *dritten Stufe* (Retention) werden schließlich bestimmte, aus der Interaktion gewonnene Informations- und Wissensbestände dauerhaft vorausgesetzt. Die Organisationssysteme verlassen sich in diesem Fall darauf, dass die aus der Interaktion resultierende Beeinflussung von Arbeitsroutinen und Entscheidungen umweltangepasstes Operieren erlaubt.

Die Argumentation von Kämper/Schmidt läuft darauf hinaus, ein drittes System – ein von Organisationsmitgliedern gebildetes Interaktionssystem – als Voraussetzung für organisationsübergreifende Kopplungen zu sehen. Die Autoren unterscheiden auf diese Weise die erste Phase der Netzwerkbildung von den beiden folgenden Phasen:

»Wir behaupten gerade nicht, dass Kommunikationen (...) in einem Interaktionssystem, in dem Mitglieder verschiedener Organisationen anwesend sind ›Systemkopplungen durchführen‹. Vielmehr schafft das Interaktionssystem ›nur‹ die Voraussetzung dafür, organisationsexterne Strukturen für das organisationsinterne Operieren zu nutzen und damit eine strukturelle Kopplung zu aktualisieren. (...) Diese Strukturänderung wird in Interaktionen ›jenseits‹ der Organisationsgrenzen initiiert, aber erst durch den Einbau in die jeweilige Organisationsstruktur organisational relevant« (Kämper/Schmidt 2000: 232).

Wie gut deckt sich der von Kämper/Schmidt vorgeschlagene Netzwerkbegriff mit der netzwerkanalytischen Innovationsforschung? Welche Be-

sie als anwesend behandelt wird, dann wirkt die aus Information, Mitteilung und Verstehen zusammengesetzte Operationsweise der Kommunikation wie eine »Einfangvorrichtung«, der sich kein Anwesender entziehen kann (vergleiche Luhmann 1997: 814f.).

funde gibt es in der Literatur, dass und wie die in Interaktionssystemen aktivierten Informationen und Wissensbestände organisationsintern weiterverwendet werden? Eine Durchsicht der Literatur zeigt, dass sowohl qualitative als auch quantitative Netzwerkstudien mit dem Dreistufenkonzept vereinbar sind; zwischen beiden bestehen jedoch markante Unterschiede.

Qualitative Fallstudien zur Technikgenese scheinen am ehesten mit dem Dreistufenkonzept vereinbar. In diesen Studien wird herausgearbeitet, wie in Interaktionen zwischen Technikproduzenten und Technikverwendern Vorstellungen und Ideen generiert werden (erste Stufe der Kopplung: Variation), die in der Folge organisationsintern für Teillösungen und Testläufe verwendet werden (zweite Stufe der Kopplung: Selektion), welche die Basis für weitere organisationsübergreifende Interaktionen darstellen und so weiter. Auf diese Weise wird ein Prozess rekursiven organisationalen Lernens ermöglicht, der schließlich in akzeptierte und zufrieden stellende Technologielösungen mündet (dritte Stufe der Kopplung: Retention) und auf diese Weise den beteiligten Organisationen umweltangepasstes Operieren ermöglicht (vergleiche Lundvall 1988; Kowol/Krohn 1995; 2000).

In quantitativen Netzwerkanalysen, die eine Vielzahl, teilweise sogar mehrere hundert Organisationen untersuchen, findet sich das Dreistufenkonzept indirekt wieder. In diesen Studien wird vorausgesetzt, dass organisationsübergreifenden Interaktionen (erste Stufe der Kopplung) Änderungen der organisationsinternen Routinen und Entscheidungen folgen (zweite Stufe der Kopplung). Deshalb erfolgt keine Prüfung, ob neue Routinen und Entscheidungsprämissen implementiert werden, sondern *wie* sich ihre (unterstellte) Implementation auf die Performanz der Organisationen auswirkt. Die erste Stufe der Netzwerkbildung (unabhängige Variable) erklärt somit die aus der zweiten Stufe resultierenden *Folgen* (abhängige Variable). Eine Vielzahl von Studien kommt zu dem Befund, dass sich die Anzahl der externen Kontakte und die Erfahrung im Umgang mit Kooperationsbeziehungen positiv auf den Technologieoutput von Organisationen – beispielsweise Patentanmeldungen – auswirkt. Diejenigen Unternehmen, die auf einen größeren und heterogeneren Pool an organisationsexternem Wissen zugreifen können, weil sie mit zahlreichen anderen Organisationen in unterschiedlichen Dimensionen interagieren, sind mit dem so zugänglich gemachten Wissen eher in der Lage, Entscheidungen zu treffen und Arbeitsabläufe zu reorganisieren, die ihre Wettbewerbsposition verbessern. In Abschnitt 2.4.4 werden diese Studien im Detail erläutert.

Zusammenfassen lässt sich, dass Unternehmen dann höhere technologische Outputs realisieren, wenn sie bei der Entwicklung wissensbasierter Technologien mit Forschungseinrichtungen interagieren. Unternehmen »benutzen« ihre Organisationsmitglieder dazu, relevante Informationen und Wissen aus der Organisationsumwelt, vor allem neues Forschungswissen, zu aktivieren. Diese organisationsexternen Informations- und Wissensbestände werden organisationsintern weiterverwendet (oder auch nicht), sie »informieren« und verändern vorhandene Routinen und Arbeitsabläufe, die wiederum darauf angelegt sind, der Organisation umweltangepasstes Operieren zu ermöglichen. Die analytische Unterteilung in drei Kopplungsstufen ist hilfreich, weil sie auf Selektionsstufen verweist, die charakteristisch sind für den organisationsübergreifenden Wissens- und Technologietransfer.

Bevor die drei Organisationstypen in diese Überlegungen einbezogen werden, präsentiert der nächste Abschnitt einen Überblick über Befunde der Innovationsforschung zu Interorganisationsnetzwerken. Hierzu zählen Formen, Phasen und organisationale Motive der Interaktion. Vor dem Hintergrund dieser Diskussion wird dann die Rolle von organisationalen Routinen und Programmen als Selektoren für dauerhafte und folgenreiche Kommunikationsstrukturen zwischen Unternehmen und Forschungseinrichtungen herausgearbeitet. Die folgenden Abschnitte dienen auch dazu, bereits konkrete Forschungshypothesen zu formulieren, die dann im empirischen Teil der Arbeit aufgegriffen und überprüft werden.

2.4.2 Die Interaktion Wissenschaft – Wirtschaft aus der Perspektive der empirischen Innovationsforschung

2.4.2.1 Interaktionsformen

In der Literatur wird eine große Bandbreite von Interaktionsformen an der Schnittstelle von Wissenschaft und Wirtschaft beschrieben. Freeman (1991) zeigt, dass Technologieentwicklung in interorganisationalen Netzwerken sich von Forschungsverbünden über Joint Ventures, Technologietransfervereinbarungen, Forschungsvereinigungen, Verbundforschung und Hersteller-Nutzer-Beziehungen erstreckt. Powell u.a. (1996; 1998a) operationalisieren für die Biotechnologie eine Vielzahl von Beziehungstypen, die von Finanzierung, Marketing, über Produktion, Klinische Versuche bis zu Zulieferer/Abnehmer und Investition reichen. Eine Synopse der vielfältigen Interaktionsformen findet sich bei Schmoch (2000a: 8f.) und Abramson u.a. (1997: 16ff.), von denen die wichtigsten in Tabelle 1 gegliedert wiedergegeben sind.

Eine schriftliche Befragung deutscher Hochschullehrer und Forschungseinheiten in den Technologiefeldern Produktionstechnik, Mikroelektronik, Software, Biotechnologie und Chemie hat diesbezüglich ergeben, dass Kooperationsforschung und informelle Kontakte zwischen Unternehmen und Forschungseinrichtungen zu den wichtigsten Interaktionsformen gehören; daran schließen sich in der genannten Reihenfolge an: gemeinsame Betreuung von Qualifikationsarbeiten, Auftragsforschung, Konferenzen und Seminare, Gutachten und Beratung, temporärer Personalaustausch und Gremientätigkeiten (vergleiche Schmoch 1997: Tabelle 6).[41] Wissensproduktion und Wissensverbreitung nehmen in der Interaktion von Wissenschaft und Wirtschaft somit eine wichtige Rolle ein, Aktivitäten zur Wissensverwertung dagegen kaum. Hier scheint es vielmehr eine Arbeitsteilung zu geben, bei der die technologische und kommerzielle Verwertung in den Händen der Unternehmen bleibt.

Schmoch (ebd.) betont auch, dass die Art des Technikfeldes mit der Art der Interaktion zusammenhängt. Zwischen den untersuchten Technologiefeldern Produktionstechnik, Mikroelektronik, Software, Biotechnologie und Chemie zeigt sich beispielsweise, dass Kooperationsforschung und informelle Kontakte für Mikroelektronik, Software, Biotechnologie und Chemie am wichtigsten sind, während in der Produktionstechnologie als Teilfeld des Maschinenbaus Auftragsforschung an erster Stelle steht. Zwar rangieren auch hier Kooperationsforschung und informelle Kontakte relativ hoch, im Vergleich zu den anderen Technologiefeldern sticht jedoch die prominente Rolle der Auftragsforschung hervor (ebd.: Tabelle 7).

Auftragsforschung deutet auf einen höheren Anteil angewandter Forschung hin und damit auf ein direktes Leistungsverhältnis zwischen Wissenschaft und Wirtschaft: Forschungseinrichtungen erhalten von Unternehmen den Auftrag, bestimmte Fragestellungen zu untersuchen. Hierfür müssen sie den außerwissenschaftlich vorselektierten Problembegriff invariant halten, um die Rückkommunizierbarkeit der angebotenen Problemlösung an den Auftraggeber zu ermöglichen (vergleiche Abschnitt 2.1.1.2). Kooperationsforschung beinhaltet demgegenüber nicht die vertraglich vereinbarte Lö-

41 Die Ergebnisse von Schmoch (ebd.) sind teilweise veröffentlicht worden in Meyer-Krahmer/Schmoch (1998) und ausführlich wiedergegeben in Schmoch (2003b: Kap. 10).

sung spezifischer technologischer Probleme, sondern die Bearbeitung gemeinsam definierter Forschungsfragen. Dieser Interaktionstyp eröffnet vor allem die Möglichkeit implizites, personengebundenes Wissen durch Demonstration und persönliche Kommunikation vor Ort für andere Akteure nachvollziehbar zu machen (vergleiche Senker 1995). Dies ist von hohem Interesse für Unternehmen, die durch solche Interaktionssysteme einen rekonstruktiven Zugang zu neuem wissenschaftlichen Wissen erhalten, um es anschließend einer wirtschaftlichen Verwendung zuführen zu können.

Tabelle 1: Interaktionsformen Wissenschaft – Wirtschaft im Prozess der Technologieentwicklung

Wissensproduktion

- Temporärer Personalaustausch zwischen Forschungseinrichtungen und Unternehmen (zum Beispiel in gemeinsamen Forschungsprojekten)
- Gemeinsame Betreuung von Qualifikationsarbeiten (zum Beispiel für Diplome oder Promotionen) durch Universitäten und Unternehmen
- Auftragsforschung von Forschungseinrichtungen für Unternehmen
- Kooperationsforschung zwischen Forschungseinrichtungen und Unternehmen
- Zieloffene Finanzierung wissenschaftlicher Projekte durch Unternehmen
- Gemeinsame Nutzung technisch-wissenschaftlicher Ausrüstungen und Geräte

Wissensverbreitung und -verwertung

- Kopublikationen von Unternehmen und Forschungseinrichtungen in wissenschaftlichen und technischen Fachzeitschriften
- Konferenzen und Seminare
- Beteiligung wissenschaftlicher Einrichtungen an Technologie- und Produktmessen
- Lehrtätigkeit von Unternehmensmitarbeitern an Hochschulen
- Anmeldung von Schutzrechten (zum Beispiel Patente) aus Forschungsaktivitäten
- Wissenschaftliche Gutachten für Unternehmen, Beratungsleistungen
- Unternehmensgründung aus wissenschaftlichen Einrichtungen (»spin-offs«)

Sonstige formelle und informelle Interaktionen zwischen Wissenschaft und Wirtschaft

- Besuche und Telefongespräche
- Wechselseitige Mitgliedschaften in industrie- und wissenschaftsseitigen Verbänden und Vereinigungen (zum Beispiel Verein Deutscher Chemiker, Verein Deutscher Ingenieure) sowie politischen Gremien und Ausschüssen

(Quelle: Schmoch 2000a: 8; Abramson u.a. 1997: 2ff.)

Schmoch (2003b: 278) weist auch darauf hin, dass die Organisationsstruktur innerhalb von Wirtschaftssektoren Einfluss auf die Art der Interaktion mit wissenschaftlichen Einrichtungen hat. So ist Auftragsforschung in der Produktionstechnik deswegen eine wichtige Interaktionsform, weil die Nachfrager für neues Wissen mittelständische Unternehmen sind, welche angesichts ihrer begrenzten finanziellen Ressourcen die Interaktionsinhalte und -modalitäten mit Forschungseinrichtungen festschreiben, um das Risiko solcher Investitionen zu begrenzen. Kleine und mittlere Unternehmen verfügen über weniger absorptive Kapazität als Großunternehmen (vergleiche Abschnitt 2.3.2) und sind in aller Regel an spezifischen Wissensbeständen zur Lösung spezifischer technischer Probleme interessiert. Für diese Art der Nachfrage eignen sich zeitlich und inhaltlich festgelegte Forschungsaufträge besser als aufwändige und zieloffene Kooperationsforschungsprojekte, wie sie beispielsweise für die Chemische Industrie und Hochschulinstitute typisch sind. Schmoch schreibt hierzu:

»Im Austausch für diese finanziellen Zuwendungen informieren die Institute ihren Sponsor über neue Forschungsergebnisse, die anwendungsrelevant sein könnten. Die hohen Patentzahlen aus Hochschulen zeigen, dass der Ertrag dieser zieloffenen Förderung erheblich ist. In der Chemie führt die Grundlagenforschung, also die Forschung ohne eine originäre Orientierung auf ein spezifisches Produkt, offensichtlich oftmals zu umsetzungsrelevanten Ergebnissen, weshalb die Auftragsforschung nur ein begrenztes Gewicht hat. In der Chemie können die Unternehmen sich allerdings das Risiko eines längerfristig ausgerichteten Engagements eher leisten, weil es sich überwiegend um sehr große Unternehmen handelt« (ebd.: 281).

2.4.2.2 Interaktionsphasen

Die empirischen Befunde zur Produktion neuen Wissens und wirtschaftlich profitabler Technologien in wissensbasierten industriellen Sektoren haben die in der Innovationsforschung ursprünglich vorherrschenden linearen Modelle des Wissens- und Technologietransfers nachhaltig in Frage gestellt. Diesen Modellen lag die Idee zugrunde, dass Innovationsprozesse von der Forschung bis zur Verwertung eine wohl definierte Abfolge von Phasen durchlaufen, wobei die Ergebnisse jeder Phase als Input für den jeweils nächsten Verfahrensschritt dienen. Insbesondere dem *science-push*-Modell liegt ein sequenziell-lineares Verständnis zugrunde, demzufolge der Innovationsprozess typischerweise mit Grundlagenforschung beginnt, fortgesetzt wird mit angewandter Forschung, der Konzeption und Entwicklung von Prototypen neuer technischer Artefakte und in die Produktion und den Verkauf einer neuen Produktlinie auf Märkten mündet. Die einzelnen Phasen des Modells wurden dabei häufig mit Organisationstypen gleichgesetzt, wobei Universitäten grundlegendes Wissen, außeruniversitäre Forschungsinstitute angewandtes Wissen produzieren und Unternehmen die technische Realisierung und Vermarktung von Produkten übernehmen (vergleiche Schmoch u.a. 1996b). In der kritischen Auseinandersetzung mit diesen Modellen hat sich die Auffassung durchgesetzt, dass die im linearen Innovationsmodell als sukzessiv konzipierten Innovationsphasen rückgekoppelt und interaktiv miteinander verbunden sind. Das Kettenmodell von Kline/Rosenberg (1986) und das Interaktionsmodell von Schmoch (1996) sind Versuche, die Interaktionen zwischen Organisationen in wissensbasierten Innovationsprozessen modellanalytisch besser abzubilden.[42]

Das Interaktionsmodell von Schmoch (ebd.) hat die Kritik an den einfachen Modellen von *science-push* und *market-pull* am konsequentesten aufgenommen (vergleiche Abb. 7). Es konzipiert die Entstehung neuer Technologien als Parallel- und Interaktionsprozess von grundlagen- und anwendungsorientierter Forschung sowie experimenteller Entwicklung, die von einer Vielzahl von Organisationen durchgeführt wird. Allerdings diskutiert Schmoch (ebd.) die Beziehungen zwischen Funktionssystemen, ihren Binnenstrukturen und Organisationen nicht explizit. Die Überlegungen aus Abschnitt 2.3 sind an dieses Modell anschlussfähig, sie können als Erweiterung und Fortführung der Schmoch'schen Argumentation aufgefasst werden.

Die Zeitschiene im Interaktionsmodell verdeutlicht, dass die Interaktion zwischen Wissenschaft und Wirtschaft in frühen Phasen der Technologieentwicklung stärker ist als in späteren Phasen. Ab einer gewissen Reife erfolgt die Technologieentwicklung von der akademischen Wissensproduktion weitgehend abgekoppelt. In späteren Phasen stammen Wissens- und Know-how-Bestände nur in geringem Maße von Akteuren aus Forschung und Wissenschaft. Dosi argumentiert hierzu:

»In general, I suggest, the linkages between scientific advances and technological opportunities are likely to be much more direct at the early stage of emergence of new technological paradigms. In these cases, progress in general scientific knowledge yields a widening pool of potential technological paradigms« (Dosi 1988: 229).

---

42 Es existiert eine umfangreiche Literatur zu den linearen Innovationsmodellen und ihrer Kritik, die an dieser Stelle nicht im Einzelnen diskutiert wird (vergleiche Schmoch 2003b: 148ff., 342f.; Freeman/Soete 1997: 200ff.; Schmoch u.a. 1996a; Nelson 1995).

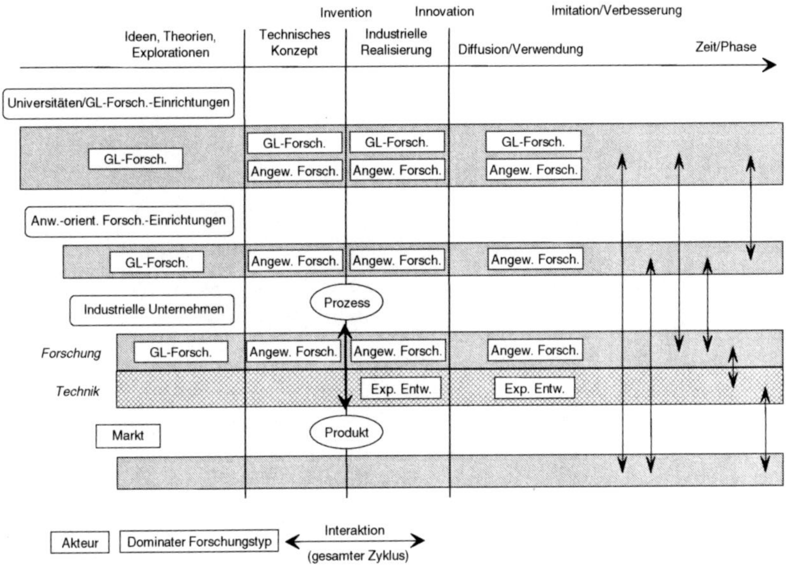

Abb. 7: Interaktionen von Organisationen aus Wissenschaft und Wirtschaft in der Technologieentwicklung

(Quelle: Schmoch 1996: 255)

Wissens- und Technologieproduktion in der Interaktion zwischen Forschungseinrichtungen und Unternehmen erscheint somit nicht notwendigerweise als dauerhaftes, sondern als ein für frühe Phasen der Technologieentwicklung typisches Phänomen. In späteren Phasen kann es durchaus zu einer »Entwissenschaftlichung« der Technologieproduktion kommen (Grupp/Schmoch 1992: 62).[43] Aus diesen Überlegungen lässt sich folgende Hypothese ableiten:

Hypothese: Das Netzwerk der Wissenschaft und Wirtschaft übergreifenden Interorganisationsbeziehungen expandiert in einer frühen Phase der Technologieentwicklung.

43 In der Techniksoziologie wurde in diesem Zusammenhang auf technologische Leitbilder in frühen Phasen der Technikentwicklung verwiesen, die eine Kommunikation zwischen wissenschaftlicher und industrieller Forschung ermöglichen (vergleiche Schulz-Schaeffer u.a. 1997: 103–120; Rammert 1993: 171, 230ff.).

2.4.2.3 *Interaktionsmotive*

In der Literatur wird argumentiert, dass Kooperationsbeziehungen zu Forschungseinrichtungen Unternehmen Zugang zu und Lernmöglichkeiten im Umgang mit neuem Wissen verschaffen, das sich wirtschaftlich verwerten lässt. Das zentrale Interaktionsmotiv von Unternehmen besteht darin, unternehmensexternes Wissen zu aktivieren, um damit Wettbewerbsvorteile auf Technologiemärkten zu erzielen. Die kontinuierliche Suche nach verwertungsrelevantem Wissen kennzeichnet insbesondere komplexe, sich rasch verändernde und wissensbasierte Technologiefelder (vergleiche Freeman 1991; Liebeskind u.a. 1996; Gittelmann 2000; Valentín 2002). Für Universitäten und außeruniversitäre Forschungseinrichtungen sind Interaktionen mit Unternehmen attraktiv, weil sie mit neuen Finanzmitteln verbunden sind, die die Anschaffung neuer Apparaturen, die Einstellung neuer Mitarbeiter und mithin neue Forschungsmöglichkeiten eröffnen. Forschungseinrichtungen sind überwiegend öffentlich finanziert. Die Finanzknappheit der öffentlichen Haushalte hat in den vergangenen Jahrzehnten zu erheblichen Einsparungen geführt, so dass Universitäten und Forschungsorganisationen teilweise deutlich unterfinanziert sind (vergleiche Schimank 1988b). Diese Unterfinanzierungsthese wird von einer schriftlichen Befragung unter deutschen Hochschulinstituten bestätigt: Die befragten Institute nennen bei den Vorteilen, die aus der Interaktion mit Unternehmen entstehen, an erster Stelle die Möglichkeit zur Einwerbung zusätzlicher Mittel (vergleiche Schmoch 1997).

Zusätzliche Mittel zur Durchführung von Forschung auf Seiten von Universitäten und Forschungseinrichtungen, Informationen über den aktuellen Stand der Forschung und die Aktivierung neuen Wissens auf Seiten der Unternehmen sind allgemeine Motivlagen, wenn es um organisationsübergreifende Interaktionen an der Schnittstelle von Wissenschaft und Wirtschaft geht. In der Literatur wird weiterhin argumentiert, dass Netzwerkbildung in wissensbasierten Technologiefeldern für Unternehmen geradezu ein Imperativ ist. So argumentieren Powell/Brantley (1992), dass in der Biotechnologie das Wissen über so viele Organisationen verteilt ist, dass einzelne Unternehmen das verteilte Wissen intern nicht mehr abbilden können und zwangsläufig Informations- und Kooperationsfühler in ihre Organisationsumwelt ausstrecken müssen, um im technologischen Wettbewerb bestehen zu können. Es gibt neben individuellen Motivlagen einzelner Unternehmen und Universitäten in wissensbasierten Technologien offenbar einen »Feldeffekt«, durch den der Innovationsprozess die Form interorganisatorischer Netzwerke annimmt.

Powell/Brantley (ebd.) schließen mit ihrem Argument an die institutionenökonomische Vorstellung an, dass die Entstehung von Interorganisationsnetzwerken auf Komplementaritätsgewinne zurückzuführen ist, die daraus entstehen, dass spezialisierte Akteure ihre Handlungen und ihr Wissen verknüpfen. Dabei besteht ein Anreiz zur Netzwerkbildung in Prozessen der Technologieentwicklung umso mehr, je unterschiedlicher die Kompetenzen, Fähigkeiten und Wissensbestände der beteiligten Akteure sind. Auf diese Weise können Informationsasymmetrien zwischen Akteuren und Unsicherheiten bei der Realisierung und Vermarktung technologischer Innovationen verringert werden (vergleiche Teece 1986; Wolff/ Neuburger 1995: 90). Soziologische Analysen ergänzen diese Perspektive und argumentieren, dass nicht allein die möglichen Komplementaritätsgewinne zur Netzwerkbildung führen, sondern dass es vielmehr eines zeitintensiven Aufbauprozesses bedarf, während dessen die Akteure lernen müssen zu kooperieren, was wiederum die Bildung von Vertrauen voraussetzt (vergleiche Podolny/Page 1998). Kooperationsbeziehungen bedürfen der Kooperationsbereitschaft der beteiligten Akteure, einer über wechselseitige Vertrauensvorschüsse realisierten Interaktionsorientierung. Übersetzt man diesen Befund auf das Dreistufenmodell aus Abschnitt 2.4.1, dann ist Vertrauen ein Mechanismus, der die Komplexität der zukünftigen Wahl eines Kooperationspartners reduziert, indem bereits bestehende Kontakte in die Organisationsumwelt auch in Zukunft zur Informationsgewinnung genutzt werden. Auf diese Weise verstetigen sich organisationsübergreifende Kopplungen zwischen Wissenschaft und Wirtschaft (Übergang von der zweiten zur dritten Selektionsstufe).

Die Argumentation zu den Motivlagen von Organisationen zur Kooperation mit anderen Organisationen ist jedoch zu grobkörnig, weil sie die Binnenstrukturen von Funktionssystemen und die unterschiedlichen funktionssystemischen Orientierungen von Organisationen nicht berücksichtigt. In Abschnitt 2.4.3 soll daher die Diskussion zu einem systemtheoretischen Netzwerkbegriff noch einmal aufgenommen werden. Dort wird argumentiert, dass organisationale Routinen und Programme als Selektoren für folgenreiche Kommunikationsbeziehungen zwischen Unternehmen und Forschungseinrichtungen fungieren. Die Diskussion zu drei Organisationstypen in Abschnitt 2.3 wird somit auf die Frage der Netzwerkbildung rückbezogen.

2.4.3 Organisationale Routinen und Programme als Netzwerkgeneratoren

Ein interessanter Anknüpfungspunkt an die Argumentation zu einem systemtheoretischen Netzwerkbegriff findet sich in der Literatur der *Evolutionary Economics.* Nelson und Winter argumentieren, dass vor allem Unternehmen in *science-based regimes* über Such- und Evaluationsroutinen zur Identifikation und Verwendung neuer, in der Unternehmensumwelt befindlicher Wissensbestände verfügen (vergleiche Nelson 1995; Nelson/Winter 1982).[44] In Übereinstimmung mit den Aussagen in Abschnitt 2.3.2 sind Forschungs- und Entwicklungsaktivitäten vor allem bei *science-based firms* in Hochtechnologiemärkten institutionalisiert. Sie können nicht generell für alle Unternehmen in allen Märkten unterstellt werden. Such- und Evaluationsroutinen zur Absorption externen wissenschaftlichen Wissens finden sich vorwiegend bei Unternehmen, die forschungsintensive Produkte herstellen (Organisationstyp 2).[45] Hochtechnologie-Unternehmen signalisieren Forschungseinrichtungen durch eigene Publikationen in wissenschaftlichen Fachzeitschriften, dass sie in der Lage sind, einerseits kodifizierte Wissensbestände aufzuarbeiten und andererseits eigenständig disziplinäres Wissen zu produzieren (Hicks 1995).[46]

44 Nelson/Winter unterscheiden zwischen »science-based regimes« und »cumulative technology regimes«. Im ersten Regime wird der technologische Fortschritt maßgeblich durch die Wissensproduktion der Wissenschaft geprägt: »Innovative R&D by a firm can be interpreted as its effort to keep up with a moving set of new technological possibilities created outside the industry«; im zweiten Regime durch unternehmensinterne Problemlösungsaktivitäten: »In the other regime, [...], the distribution of innovative R&D outcomes is centered on the prevailing productivity of a firm, and there is no exogenous determination of technological possibilities« (Nelson/Winter 1982: 283).

45 Arundel u.a. haben eine europaweite Befragung bei 500 Großunternehmen aus unterschiedlichen Sektoren durchgeführt, die zeigt, dass neben Kooperationskontakten in die Wissenschaft das Screening kodifizierten Wissens in der Unternehmensumwelt eine wichtige Rolle für das interne Wissensmanagement darstellt (vergleiche Arundel u.a. 1995: Tabelle C-15). Ein solches Screening ersetzt aber nicht direkte Interaktion mit Forschungsinstituten, weil die Anwendbarkeit neuer Erkenntnisse der Rekonstruktion im Sinne der Mobilisierung impliziten (nicht-deklarativen) Wissens bedarf (vergleiche Reinhard 2000: 245f.).

46 Dies bedeutet aber keineswegs eine Abwendung von den Programmstrukturen der Wirtschaft, wie sich beispielhaft am relativ geringen Umfang unternehmensbezogener Publikationsmengen ersehen lässt: Nach Godin (1999) entfallen in den achtziger Jahren nur 3 Prozent des gesamten SCI-Publikationsoutputs auf Unternehmen, wobei Firmen der Sektoren Chemie/Pharmazeutik und Elektronik/Computer am aktivsten sind. Auch Schmoch (2003b: 240) errechnet nur einen Anteil von etwas mehr als 5 Prozent für deutsche Unternehmen an allen deutschen Publikationen im SCI.

Das Konzept der organisationalen Routinen kann auch auf Forschungseinrichtungen angewendet werden. Der konzeptuelle Rahmen von Nelson/Winter wird auf diese Weise erweitert. Wenn in den Routinen der Wissensproduktion Anwendungsbezüge eine Rolle spielen, ergeben sich für Unternehmen Möglichkeiten zu einer Weiterverwendung des so produzierten Wissens. Die sekundäre Orientierung am Wirtschaftssystem über die Binnenstruktur Anwendungsforschung (Organisationstyp 2) repräsentiert daher eine organisationale Bereitschaft und Fähigkeit, sich auf die Wissensproduktion jenseits der disziplinär geprägten Probleme und Fragestellungen einzulassen. Universitäten und außeruniversitäre Einrichtungen, die anwendungsorientierte Forschungsprojekte durchführen, sind demnach weiterhin in die Kommunikations- und Reputationsstruktur des Wissenschaftssystems eingebettet. Sie verfügen darüber hinaus jedoch über Aufmerksamkeitsressourcen für außerwissenschaftlich geprägte Problemstellungen, welche wiederum Anhaltspunkte für Kooperationsbeziehungen mit Unternehmen liefern.

Organisationsübergreifende Interaktionen kommen somit *ceteris paribus* zwischen Forschungseinrichtungen und Unternehmen des zweiten und dritten Organisationstyps zustande. Unternehmen, die auf forschungsintensiven Technologiemärkten agieren, können nur dann umweltangepasst operieren, wenn sie Routinen institutionalisieren, durch welche Ideen und Konzepte, die von Forschungseinrichtungen stammen, für die Lösung technischer Probleme verwertet werden.[47] Ebenso ist es für Forschungseinrichtungen nur dann möglich, zusätzliche Drittmittel einzuwerben, wenn sie sich auf Probleme und Fragestellungen jenseits der wissenschaftlich geprägten Disziplinen einlassen. Außerwissenschaftliche Anwendungsbezüge und Hochtechnologiemärkte sind gleichermaßen Voraussetzungen dafür, dass Interaktionen zwischen Wissenschaft und Wirtschaft möglich sind. Sie fungieren als Selektoren für Interorganisationsbeziehungen. Auf diese Weise werden sowohl Leistungen des Wissenschaftssystems für Prozesse der wirtschaftlichen Technologie- und Güterproduktion verfügbar gemacht, als auch Leistungen des Wirtschaftssystems für weitere Forschungsaktivitäten in der Wissenschaft. Jansen (1995a: 226; 1998: 231ff.) sieht in der gezielten Förderung von anwendungsorientierter Forschung einen Hebel für die Technologiepolitik, auf Seiten von Forschungseinrichtungen Bereitschaft für Interaktion mit Unternehmen zu erzeugen.

47 Kooperationsbeziehungen bestehen auch zwischen Unternehmen (Stichwort: Unternehmensnetzwerke), allerdings handelt es sich hierbei nicht um eine Kopplung von Wissenschaft und Wirtschaft.

Diese Überlegungen führen zu einer Kritik jener Literatur, die Probleme und Hemmnisfaktoren in der Interaktion von Forschungseinrichtungen und Unternehmen zu pauschal auf die unterschiedlichen Systemrationalitäten von Wissenschaft und Wirtschaft zurechnet. Es wird an dieser Stelle den empirischen Befunden zwar nicht grundsätzlich widersprochen, denen zufolge: (1) Unternehmensmitarbeiter an der wirtschaftlichen Aneignung neuer Informationen interessiert sind, Wissenschaftler dagegen an möglichst großer Freizügigkeit beim Austausch des produzierten Wissens;[48] (2) Wissenschaftler einen für Unternehmensmitarbeiter häufig unverständlichen Jargon sprechen und andere Problemstellungen priorisieren;[49] und (3) die Zeithorizonte wissenschaftlicher Forschung (langfristig) und industrieller Verwertung (kurzfristig) auseinanderklaffen.[50] Es wird aber kritisiert, dass diese Hemmnisfaktoren nicht systematisch auf die unterschiedlichen und mehrdimensionalen funktionssystemischen Orientierungen bezogen werden, die für die drei eingeführten Organisationstypen charakteristisch sind. Die Gleichsetzung von Wissenschaft mit grundlagenorientierten Universitäten und Wirtschaft mit profitorientierten Unternehmen verkürzt die organisationale Vielfalt und kann daher auch das Interaktionsgeschehen zwischen beiden Funktionssystemen nicht adäquat abbilden.

---

48 Rappa/Debackere (1992) beziehungsweise Debackere/Rappa (1994) haben diese Konfliktlinie in einer umfangreichen schriftlichen Befragung von Wissenschaftlern und Unternehmensmitarbeitern identifiziert: »As is clear from the analyses, statistically significant differences do exist between academic and industrial respondents. In general, industrial respondents are more inclined towards examining patent protection and assessing the commercial value of their findings. Academic respondents are eager to publish their findings of to discuss them with researchers outside their own organisation« (Debackere/Rappa 1994: 376).

49 Lütz (1993: 126) umschreibt ihre Befragungsergebnisse in der Fertigungstechnologie Kleben folgendermaßen: »So verweisen Wissenschaftler darauf, dass Firmen häufig nicht in der Lage seien, eigene Bedürfnisse zu spezifizieren, geschweige denn, Probleme so zu formulieren, dass sie aus wissenschaftlicher Sicht ›interessant‹ erscheinen. [...] Von industrieller Seite wird dagegen mangelnde Verständlichkeit wissenschaftlicher Ausdrucksweise und fehlende Praxisrelevanz der wissenschaftlichen Arbeit beklagt.«

50 In der Studie von Lütz (1993: 127f.) heißt es: »Klebstoffhersteller stehen dem Zeitaufwand, der von Hochschulforschern für Auftragsvorhaben veranschlagt wird, sehr kritisch gegenüber. Im Allgemeinen wird dieser als zu hoch und ›ineffizient‹ angesehen. Aus industrieller Sicht wird die längere Zeitdauer mit der Befürchtung verbunden, die Institutsarbeit nicht kontrollieren zu können, und abgelehnt mit dem Argument, man könne ja ›nicht auf Verdacht budgetieren‹.«

In Tabelle 2 ist eine Konzeptualisierung dargestellt, in der die Auftretenswahrscheinlichkeiten von die Organisationstypen 1 und 2 übergreifenden Interaktionsbeziehungen zwischen Wissenschaft und Wirtschaft skizziert sind. Aus Tabelle 2 können folgende Teilhypothesen gebildet werden:

Hypothese: Die Auftretenswahrscheinlichkeit organisationsübergreifender Netzwerke zwischen Wissenschaft und Wirtschaft hängt mit dem Organisationstyp zusammen:

Teilhypothese: Es besteht eine hohe Auftretenswahrscheinlichkeit von Interaktionsbeziehungen zwischen anwendungsorientierten Forschungseinrichtungen und Hochtechnologie-Unternehmen.

Teilhypothese: Es besteht eine mittlere Auftretenswahrscheinlichkeit von Interaktionsbeziehungen zwischen anwendungsorientierten Forschungseinrichtungen und Niedrigtechnologie-Unternehmen auf der einen Seite, und zwischen grundlagenorientierten Forschungseinrichtungen und Hochtechnologie-Unternehmen auf der anderen Seite.

Teilhypothese: Es besteht eine geringe Auftretenswahrscheinlichkeit von Interaktionsbeziehungen zwischen grundlagenorientierten Forschungseinrichtungen und Niedrigtechnologie-Unternehmen.

Tabelle 2: Wahrscheinlichkeit organisationsübergreifender Netzwerkbeziehungen zwischen Wissenschaft und Wirtschaft

	Organisationstyp 1: Niedrigtechnologie-Unternehmen	Organisationstyp 2: Hochtechnologie-Unternehmen
Organisationstyp 1: Forschungseinrichtungen der Grundlagenforschung	Gering	Mittel
Organisationstyp 2: Forschungseinrichtungen der anwendungsorientierten Forschung	Mittel	Hoch

(Quelle: eigene Erstellung)

Diese systemtheoretische Perspektive ist anschlussfähig an neo-institutionalistische Forschung. In einem Überblicksaufsatz identifizieren Dyer/Sing (1998) vier zentrale Voraussetzungen für die Bildung von Interorganisationsnetzwerken: (1) organisationale Suchroutinen zur Identifikation und Evaluation bestehender Komplementaritäten; (2) organisationale Absorptionskapazitäten für neue Informationen; (3) organisationale Kooperationsroutinen, um bestehende Netzwerkkomplementaritäten zu aktivieren;

sowie (4) auf Vertrauen und Goodwill basierende Akteurkoordination. Insbesondere die Punkte (1), (2) und (3) sind klar anschlussfähig an die Diskussion des Zusammenspiels von funktionssystemischen Binnenstrukturen und Organisationen.

Tabelle 2 lässt sich auch im Hinblick auf weitergehende Strukturformen von Netzwerken interpretieren. Solche Strukturmerkmale ermöglichen weitere Aufschlüsse über die Kopplung von Wissenschaft und Wirtschaft. Hierzu gehören einerseits Verbundenheitsstrukturen, beispielsweise Cliquenformationen, andererseits Positionsstrukturen, beispielsweise Zentrum-Peripherie-Formationen. Während Cliquen Auskunft zur Tiefe und Reichweite bestimmter Interorganisationsbeziehungen geben, informieren Zentrum-Peripherie-Formationen über die Struktur der Außenbeziehungen von Akteurgruppen. In beiden Strukturformationen spielen – so die hier vertretenen Hypothesen – Interorganisationsbeziehungen zwischen Organisationen des zweiten Typs eine wichtige Rolle: Sie sind sowohl in Cliquen organisiert, als auch stehen sie im Zentrum der Verflechtung.

Hypothese: Höherstufige Verbundenheitsstrukturen in Kopplungsbeziehungen, zum Beispiel Cliquenformationen, sind vor allem zwischen anwendungsorientierten Forschungseinrichtungen und Hochtechnologie-Unternehmen ausgeprägt.

Hypothese: Im Zentrum von Wissenschaft und Wirtschaft übergreifenden Netzwerken befinden sich vorwiegend Organisationen zweiten Typs.

Die Überlegungen zur Struktur der Interorganisationsbeziehungen zwischen Wissenschaft und Wirtschaft führen auch zu einer Hypothese hinsichtlich des dritten Organisationstyps. In Abschnitt 2.3.4 wurde die Fraunhofer-Gesellschaft in Deutschland als Hybrid- beziehungsweise Grenzorganisation mit zwei nicht-priorisierten Funktionssystemorientierungen charakterisiert. Fraunhofer-Institute disponieren nur teilweise frei über ihre Forschungsinhalte und erbringen Forschungs- und Technologieleistungen für Unternehmen. Gleichzeitig führen sie Vorlaufforschung durch und halten Kontakt zur Wissenskommunikation der *scientific community*. Aus diesem Grund ist zu erwarten, dass FhG-Institute in funktionssystemübergreifenden Interorganisationsbeziehungen eine Schlüsselrolle spielen: Sie sind die am besten vernetzten Organisationen in die Wissenschaft und die Wirtschaft. FhG-Institute fungieren mithin als *boundary organizations*. Netzwerkanalytisch fällt diese Position sowohl mit einer hohen Degree-Zentralität, als auch mit einer hohen Betweenness-Zentralität zusammen.

Hypothese: Fraunhofer-Institute weisen als funktionssystemische Hybridorganisationen (dritter Organisationstyp) die höchste Betweenness-Zentralität in Wissenschaft und Wirtschaft übergreifenden Netzwerken auf.

2.4.4 Interorganisationsnetzwerke und technologische Performanz von Unternehmen

Im vorangegangenen Abschnitt 2.4.3 wurde argumentiert, dass das Zustandekommen von Interaktionsbeziehungen zwischen Organisationen von den in diesen Organisationen institutionalisierten – in Routinen und Arbeitsabläufen gespeicherten – funktionssystemischen Orientierungen abhängt. Hochtechnologie-Unternehmen interagieren beispielsweise häufiger mit Forschungseinrichtungen der angewandten Forschung als mit jenen der Grundlagenforschung. In Abschnitt 2.4.1 wurde gezeigt, dass in quantitativen Netzwerkanalysen, die eine Vielzahl, teilweise sogar mehrere hundert Organisationen untersuchen, sich das Dreistufenkonzept der organisationsübergreifenden Kopplungsbeziehungen nur indirekt wieder findet. In diesen Studien wird vorausgesetzt, dass organisationsübergreifenden Interaktionen (Variation) Änderungen der organisationsinternen Routinen und Entscheidungen folgen (Selektion). Deshalb erfolgt keine Prüfung, ob neue Routinen und Entscheidungsprämissen implementiert werden, sondern *wie* sich ihre (unterstellte) Implementation auf die Performanz der Organisationen auswirkt. Im Folgenden sollen in etwas ausführlicherer Form die in Abschnitt 2.4.1 erwähnten Studien vorgestellt werden, die sich mit dem Zusammenhang von Technologieoutput und Kooperationsstrukturen beschäftigt haben. Die Mehrzahl der Studien – dies sollte vorausgeschickt werden – bezieht sich nicht auf Unternehmen und Forschungseinrichtungen, sondern thematisiert Unternehmensnetzwerke in Hochtechnologiemärkten. Die Ergebnisse dieser Studien lassen sich jedoch auch auf die Schnittstelle Wissenschaft – Wirtschaft, und damit auf das Thema dieser Arbeit und die hier entwickelten konzeptuellen Überlegungen übertragen.

Powell u.a. haben eine Reihe von Studien zu Unternehmensnetzwerken in der Biotechnologie vorgelegt (vergleiche Powell u.a. 1996; 1999; Powell 1998a). Powell u.a. (1996) analysieren für ein Fünfjahresfenster, wie sich die Anzahl kooperativer Forschungsbeziehungen auf die Häufigkeit und Zusammensetzung anderer Beziehungstypen eines fokalen Unternehmens (Finanzierung, Marketing, Produktion, Klinische Versuche, Zulieferer/Abnehmer, Investition), auf ihre Zentralität im Netzwerk und ausgewählte Output-Maße auswirkt. Sie kommen zu dem Ergebnis, dass die Anzahl kooperativer Forschungsbeziehungen Unternehmen in zukünftigen Zeitperioden dazu verhilft, Erfahrung im Umgang mit anderen Organisationen zu sammeln; dass sie auf diese Weise in neue, andere Kooperationsformen investieren (zum Beispiel Klinische Versuche, Produktion); dass wiederum steigende Netzwerkerfahrung und heterogene Vernetzung zu höherer Sichtbarkeit bei anderen Organisationen führt, die selbst als Reputationsmechanismus die Netzwerkeinbindung in zukünftigen Perioden verbessern. Insgesamt kommt es so zu einem wechselseitigen positiven Zusammenhang zwischen Forschungsbeziehungen, Zentralität im Netzwerk, der Netzwerkerfahrung und dem Engagement in unterschiedlichen Beziehungstypen, welche sich positiv auf das Unternehmenswachstum auswirken. Die Autoren zeigen, dass Zentralität und Netzwerkerfahrung vorgängiger Perioden bei einigen Biotechnologie-Unternehmen offensichtlich mit dem Unternehmenswert an den Aktienmärkten und ihrem Umsatz korreliert sind, andererseits ebenjene Unternehmen auch zu den publikationsstärksten und am häufigsten zitierten Einrichtungen zählen. Stark und vor allem mehrdimensional vernetzte Unternehmen sind somit sowohl im Wissenschafts- wie auch Wirtschaftssystem Leistungsträger. »In sum, a network of collaborative ventures serves as a locus of innovation because it provides fast access to knowledge and resources that are otherwise unavailable, while also testing internal expertise and learning capabilities« (Powell 1998a: 208).

Powell u.a. (1999) erweitern ihre früheren Untersuchungen in methodischer Hinsicht und führen zudem organisationale Output-Maße systematisch in ihr Erklärungsmodell ein. Sie testen für ein Zeitfenster von zehn Jahren Wechselwirkungseffekte zwischen den erklärenden Variablen zu unterschiedlichen Zeitpunkten. Hierbei finden sie heraus, dass sich die Anzahl der direkten und indirekten Forschungsbeziehungen der Biotechnologie-Unternehmen[51] positiv auf die Kooperationserfahrung (in Jahren) und die Kooperationsdiversität (Bandbreite der Beziehungen) auswirkt.[52]

---

51 Bei der indirekten Verflechtung ist in der Mehrzahl der Fälle die vermittelnde Organisation eine Universität. Allerdings analysieren die Autoren keine Unternehmens-Universitäts-Beziehungen (vergleiche ebd.: 137 und Fußnote 5).

52 Die Autoren untersuchen sieben unterschiedliche Aktivitäten: Forschung, Finanzierung, Marketing, Produktion, Klinische Versuche, Zulieferer/Abnehmer, Investition (vergleiche ebd.: 137).

Die Zentralität im Netzwerk wird erklärt durch die Kooperationserfahrung und die Bandbreite der Beziehungen, so dass letztlich ein kausaler Zusammenhang zwischen der Anzahl der Forschungsbeziehungen und der Degree-Zentralität vermutet wird, der allerdings über Kooperationserfahrung und -diversität vermittelt ist. Das Ergebnis der früheren Studien, dass die Anzahl von Kooperationsbeziehungen sich positiv auf organisationale Output-Maße (zum Beispiel Patente, Umsatz, nichtoperatives Einkommen) auswirkt, wird bestätigt (vergleiche ebd.: Figure 1).

In einer anderen Studie wird der Frage nachgegangen, ob und in welcher Weise Technologieallianzen für Unternehmen in der Halbleiterindustrie die Möglichkeit bieten, neues Wissen zu absorbieren und ihren technologischen Fokus zu verändern (vergleiche Stuart/Podolny 1999). Ihre Analysen für ein Zehnjahresfenster führen zu zwei Schlussfolgerungen: Zum einen erhöhen Technologieallianzen ganz allgemein den unternehmensbezogenen Patentoutput. In je mehr Kooperationsbeziehungen Unternehmen engagiert sind, umso mehr neue Informationen und neues Wissen können sie verfügbar machen und für Erfindungen verwerten. Zum anderen finden die Autoren heraus, dass mit steigender technologischer Distanz eines fokalen Unternehmens zu seinen Kooperationspartnern in strategischen Allianzen die Wahrscheinlichkeit steigt, dass das fokale Unternehmen zukünftig Erfindungen in neuen Technologiebereichen patentiert.[53] Stuart/Podolny (ebd.) können auf diese Art nachweisen, dass Lerneffekte durch Technologiekooperationen eine quantitative Dimension aufweisen: die informations- und lernsteigernde Funktion kooperativer Beziehungen. Die Lerneffekte haben aber auch eine qualitative Dimension: der Zusammenhang zwischen der Qualität der Kooperationsbeziehung (technologisch nahe beziehungsweise entfernte Akteure) und der Qualität des Organisationsoutputs (technologisch neue beziehungsweise herkömmliche Erfindungen).

Ahuja (2000) untersucht technologische Allianzen zwischen weltweit tätigen Chemieunternehmen. Ähnlich wie bei Powell u.a. (1996; 1999) und Stuart/Podolny (1999) analysiert Ahuja neben direkten auch indirekte Kooperationsbeziehungen (Technologieallianzen) in einem Zehnjahreszeitraum. Aus konzeptueller Perspektive vermutet der Autor bei direkten Beziehungen konkrete Unterstützungsleistungen und Informationsspill-

53 Technologische Distanz wird von den Autoren über Zitationsraten unternehmenseigener und unternehmensfremder Erfindungen in Patentdokumenten eines fokalen Unternehmens operationalisiert (vergleiche ebd.: 167ff.).

overs, bei indirekten Beziehungen die Verfügbarmachung weiter entfernter Informations- und Wissensbestände. Zwar bezieht sich diese Operationalisierung nicht direkt auf Granovetter (1973; 1995), die konzeptuelle Nähe ist jedoch unübersehbar. Als dritte unabhängige Variable erhebt der Autor die Anzahl struktureller Löcher und schließt damit direkt an Burt (1992) an. Als Ergebnis findet Ahuja (ebd.) positive Effekte sowohl für direkte wie indirekte Kooperationsbeziehungen auf den Patentoutput von Unternehmen. Dies bedeutet, dass mit zunehmender Anzahl realisierter Technologieallianzen weltweit tätige Chemieunternehmen ihre technologische Performanz steigern. Ein Interaktionseffekt deutet zudem darauf, dass ab einer bestimmten Anzahl indirekter Beziehungen der positive Effekt direkter Verflechtung sinkt. Ein weiteres interessantes Ergebnis ist die Widerlegung der Hypothese, dass die Anzahl nicht-redundanter Verknüpfungen (strukturelle Löcher) output-steigernd wirkt. Im Gegensatz zu Burts Theorem führen strukturelle Löcher in Ahujas Sample nicht zu innovationssteigernden Informationseffekten. Der Autor vermutet deshalb, dass der Zugriff auf neue, diverse Informationen in einem Trade-off-Verhältnis zu einem unterstützungsintensiven, nicht-opportunistischen Kooperationsmilieu steht (vergleiche ebd.: 452). In einem Überblicksaufsatz kommen Powell/Grodal (2003) zu einem ähnlichen Schluss: »The twin tests of increasing cohesion within the network and recognizing promising sources of new ideas are difficult to surmount. Some research suggests that a mixture of strong and weak ties affords the proper blend of reliability and novelty« (ebd.: 31f.).[54] Zusammenfassend zeigt sich somit, dass es erhebliche empirische Evidenz für einen positiven Zusammenhang zwischen der Anzahl und Bandbreite von Kooperationsbeziehungen auf der einen Seite (zum Beispiel Forschungsprojekte, Zuliefer-Abnehmer-Beziehungen, Finanzierungsbeziehungen, informelle Kooperation) und der technologischen Performanz von Unternehmen (zum Beispiel Patente, Patentqualität, Innovationsgrad) auf der anderen Seite gibt, wobei es einen Unterschied machen kann, ob es sich um direkte oder indirekte Beziehungen handelt.

Die Literatur bezieht sich zumeist auf Interaktionsbeziehungen zwischen Unternehmen und damit *nicht* auf die Schnittstelle Wissenschaft und Wirtschaft. Eine Ausnahme hiervon ist die Studie von Kaufmann/Tödtling (2001), die zwar kein netzwerkanalytisches Design aufweist, aber im Anschluss an die Systemtheorie Luhmanns argumentiert, dass Kontakte in das

54 Für einen umfassenden Überblick zum Stand der Forschung vergleiche Jansen (2002).

Wissenschaftssystem für Unternehmen *ceteris paribus* wichtig sind, um neue und innovative Produkte herzustellen. Anhand eines schriftlichen Surveys können die Autoren zeigen, dass die Wahrscheinlichkeit, marktneue Produkte einzuführen, bei denjenigen Unternehmen steigt, die Kooperationsbeziehungen zu Universitäten aufweisen. Sie schlussfolgern:

»The empirical results (...) support our hypothesis that border-crossing between science and industry stimulates more advanced innovations [and] that the interaction with science stimulates firm's innovativeness, because it makes a far more diversified range of knowledge sources accessible to firms than in the case of intra-business interaction« (ebd.: 802).

Im Anschluss an die empirischen Studien in Verbindung zu den differenzierungstheoretischen Überlegungen aus Kapitel 2 wird hier somit argumentiert, dass immer dann, wenn komplexes, forschungsgetriebenes Wissen über viele Organisationen verteilt ist und seine Aneignung zu Vorteilen im technologischen Wettbewerb führt, Unternehmen Fühler in ihre wissenschaftliche Organisationsumwelt ausstrecken. Kooperationsbeziehungen zu Forschungseinrichtungen – und dies ist der entscheidende methodische Link zu den systemtheoretischen Überlegungen – sichern Unternehmen zum einen schnellen Zugang zu explizitem Wissen und implizitem Know-how der wissenschaftlichen Organisationsumwelt, und unterziehen zum anderen die unternehmensinternen Kompetenzen und Wissensbestände beständigen Tests, womit organisationsinterne Lernprozesse angeregt werden, die sich wiederum in der technologischen Performanz der Unternehmen niederschlagen.

Hypothese: Die technologische Performanz von Unternehmen ist umso höher, je mehr sie mit Forschungseinrichtungen kooperieren.

Hypothese: Die technologische Performanz von Unternehmen ist umso höher, je größer die Bandbreite ihrer Beziehungen zu Forschungseinrichtungen ist.

Hypothese: Direkte Beziehungen zu Forschungseinrichtungen haben einen größeren Einfluss auf die technologische Performanz von Unternehmen als indirekte Beziehungen.

Es sind aber nicht nur die Anzahl und die Bandbreite direkter Beziehungen zu Forschungseinrichtungen, sondern der Zugang zu wissenschaftlich exzellenten Forschungseinrichtungen, der Unternehmen besondere Wettbewerbsvorteile auf Hochtechnologiemärkten verschafft. Dies ist ein weiterer, qualitativer Link zur weiter oben entwickelten differenzierungstheoretischen Perspektive: Kooperationen mit wissenschaftlich zentralen

Akteuren sichern Unternehmen Zugang zu neuem Wissen, das sich besser technologisch verwerten lässt als Wissen von peripheren Forschungseinrichtungen.

Hypothese: Die technologische Performanz von Unternehmen steigt, wenn sie mit wissenschaftlich zentralen Forschungseinrichtungen kooperieren.

Weiterhin sind nach Luhmann (1990a) und Stichweh (1999) wissenschaftliche Disziplinen in der Regel als globale Kommunikationszusammenhänge institutionalisiert, so dass aktuelles Wissen an der internationalen Forschungsfront erstellt wird. Dennoch kann die Ausrichtung konkreter Forschungseinrichtungen am internationalen Wissenschaftsdiskurs erheblich variieren. Die technologische Performanz von Unternehmen dürfte daher auch von der internationalen Ausrichtung der mit ihnen kooperierenden Forschungsinstitute abhängen. Die unten stehende Hypothese greift mithin die differenzierungstheoretische Perspektive auf, dass sich eine wirtschaftliche mit einer wissenschaftlichen Dynamik – vermittelt durch strukturelle Kopplungen – verbindet: Unternehmen realisieren durch die ausgestreckten Fühler zu ihrer – am globalen Wissenschaftsdiskurs orientierten – wissenschaftlichen Organisationsumwelt technologische Wettbewerbsvorteile auf Hochtechnologiemärkten.

Hypothese: Die technologische Performanz von Unternehmen steigt, wenn sie mit international orientierten Forschungseinrichtungen kooperieren.

2.4.5 Interorganisationsnetzwerke und wissenschaftliche Performanz von Forschungseinrichtungen

So wie Zusammenhänge zwischen der technologischen Performanz von Unternehmen und ihrer Einbettung in Interorganisationsstrukturen untersucht werden, so wird in der Literatur auch der Zusammenhang zwischen Netzwerkstrukturen und der wissenschaftlichen Performanz von Forschungseinrichtungen behandelt. In ihren Analysen zur Hochtemperatursupraleitung (HTS) in Deutschland und Großbritannien untersucht Jansen (1998; 2000) die Struktur von Politiknetzwerken und die Rolle der in die Entwicklung dieser wissensbasierten Technologien involvierten Akteure aus Wissenschaft, Politik und Wirtschaft. Das zentrale Erkenntnisinteresse von Jansen besteht darin, Forschungsqualität von Forschergruppen mit ihrer Einbettung in unterschiedliche Netzwerke zu erklären. Als Beziehungstypen untersucht die Autorin informelle Kontakte, formelle Forschungskooperationen, den Einfluss der Forschungspolitik und die wahrgenommenen Ähnlichkeiten der Forschergruppen. Mit einer Blockmodellanalyse kann Jansen zeigen, dass das Netzwerk entlang seiner vier Beziehungsarten in fünf voneinander strukturell verschiedene Blöcke zerfällt, zwischen denen spezifische Relationen bestehen (Deferenz, Polarisierung) und die sich hinsichtlich disziplinärer Heterogenität und Forschungsqualität deutlich voneinander unterscheiden. Ein weiterer Befund besteht in der stark positiven Korrelation zwischen unterschiedlichen Einbettungsmaßen (Degree-Zentralität, Prestige-Zentralität) und Forschungsqualität. Die Autorin resümiert:

»Hohe Wertschätzung durch andere als Informationslieferanten und Gesprächspartner (...) und hoher Status im Forschungskooperationsnetz (...) gehen einher mit hoch reputierten Forschungsarbeiten nach der Entdeckung der HTS. Während Maklerpositionen einer Forschergruppe im Kontaktnetzwerk sich nur wenig in bessere Forschungsbedingungen und höhere Forschungsqualität umsetzen lassen, ist diese Tendenz im Kooperationsnetzwerk stark ausgeprägt. Statushohe Forschungspartner sind begehrt und umkämpft« (Jansen 2000: 61f.).

Von großer Bedeutung ist in Analogie zu Abschnitt 2.4.4 die Frage, ob und welchen Einfluss Interaktionsbeziehungen zu Unternehmen im Zeitverlauf auf die wissenschaftliche Performanz von Universitäten und außeruniversitären Forschungseinrichtungen haben. Evans (2004) hat zu diesem Thema, das insgesamt als relativ unerforscht gelten kann, kürzlich empirische Ergebnisse vorgelegt, die wichtige Anhaltspunkte gerade zum Thema wissensbasierter Technologiefelder geben.

Evans (ebd.) analysiert mithilfe eines longitudinalen Forschungsdesigns, ob und inwiefern sich die Qualität und die Persistenz der wissenschaftlichen Arbeit von Wissenschaftlern und Forschungseinrichtungen im Zeitverlauf verändern, die mit Unternehmen Kooperationsforschung durchführen. Die Qualität misst Evans über die Novität der Forschungsergebnisse; die Persistenz wird darüber bestimmt, wie nachhaltig ein bestimmter Forschungsbereich im Zeitverlauf beforscht wird. Der Autor findet in seinen drei Jahrzehnte abdeckenden empirischen Untersuchungen Evidenz dafür, dass Interaktionsbeziehungen zu Unternehmen sowohl die akademische Qualität verringern als auch die Persistenz der Forschung reduzieren. Allerdings gilt dies nicht für exzellente Wissenschaftler und Forschungseinrichtungen, die von Partnerschaften mit Industrieunternehmen eher profitieren. Evans schreibt:

»My findings suggest that, on average, industrial partnerships make science less novel and more commercial; they influence scientists to be less persistent in their inquiry and less apt to share research with their colleagues. Industrial partnerships exert their effects unequally, however, by actually improving the academic quality of research performed by the most central, high status scientists and universities, while degrading it for those which are more peripheral. Across the entire web of connected ideas, phenomena and methods that constitutes the frontier of science, industrial partnerships influence the topics they sponsor to become less focal in this web […]. In this way, by expanding the web of science, industry involvement also stretches it thin and makes it fragile« (ebd.: 6).

Evans (ebd.) schlussfolgert, dass hohe wissenschaftliche Performanz ausgleichend auf den generell negativen Einfluss wirkt, den Interorganisationsbeziehungen in die Wirtschaft für Wissenschaftler und Universitäten haben. Die akademischen Spitzeneinrichtungen verfügen über mehr Verhandlungsmacht gegenüber Unternehmen, wenn es darum geht, die in Abschnitt 2.4.2.3 beschriebenen Motivlagen zwischen Wissenstransfer auf der einen Seite (Unternehmen) und zusätzlichen Forschungsressourcen auf der anderen Seite (Forschungseinrichtungen) in ein entsprechendes Verhältnis zu bringen:

»Central, high status PIs [Principal Investigators, T.H.] and research organizations use industry ties to support their science with no harmful effects to the academic quality of their science, while the novelty and persistence of research produced by researchers in less central positions erodes with industrial collaboration. In some cases, the most central PIs were actually able to generate more novel and persistent research subsequent to industry partnerships. Central actors have greater bargaining power to ›cut better deals‹ in their negotiation of industry collaborations« (ebd.: 106).

Die Ergebnisse von Evans sind interessant, lassen aber die jeweiligen funktionssystemischen Orientierungen von Forschungseinrichtungen außer Acht. Die Frage der wissenschaftlichen Performanz soll hier vor dem Hintergrund der drei Organisationstypen analysiert werden (vergleiche Abschnitt 2.3). Vermutet wird, dass der Umfang der Anwendungsorientierung einer Forschungsorganisation positiv mit dem Umfang der Industriekontakte zusammenhängt und dass sich dieser Zusammenhang im Zeitverlauf, analog zum Schema: Variation – Selektion – Retention, verstärkt.

Hypothese: Forschungseinrichtungen sind umso anwendungsorientierter, je mehr sie in der Vergangenheit mit Unternehmen gemeinsam Forschung durchgeführt haben.

Vermutet wird mit Evans, dass Industriekontakte von Forschungseinrichtungen im Allgemeinen einen negativen Effekt auf die wissenschaftliche Performanz haben. Während aber Evans argumentiert, dass die Performanzveränderungen entlang der Dimension zentral/peripher ungleich verteilt sind, wird hier vermutet, dass die funktionssystemische Orientierung von Organisationen ein Prädiktor für ungleiche Performanzen darstellt. Das Gefälle bei der wissenschaftlichen Leistungsfähigkeit ist entlang der Dimension grundlagenorientiert/anwendungsorientiert zu verorten.

Hypothese: Die wissenschaftliche Performanz anwendungsorientierter gegenüber grundlagenorientierten Forschungseinrichtungen ist geringer, vor allem wenn die erstgenannten Institute mit Unternehmen kooperieren.

2.5 Zusammenfassung

Die Bestandsaufnahme zur strukturellen Kopplung von Wissenschaft und Wirtschaft über die *Entwicklung* wissensbasierter Technologien und der diesbezüglichen Rolle von Organisationen und Netzwerken lässt sich in vier Punkten zusammenfassen.

Erstens steht die *Entwicklung wissensbasierter Technologien im Zentrum der Kopplung* zwischen Wissenschaft und Wirtschaft. Die Entwicklung solcher Technologien ist, im Gegensatz zu traditioneller Technik, auf *Vorleistungen* der Wissenschaft angewiesen, was sich am Beispiel von Patentzitaten besonders gut veranschaulichen lässt. Wirtschaftliche Wertschöpfung bezieht sich nicht direkt auf Publikationen der Wissenschaft, sondern auf *Patente als kodifizierte Technologie*, welche wiederum auf Publikationen verweisen. Es existiert empirische Evidenz, dass Zahlungsströme in der Wirtschaft umso höher sind, je stärker Patente in wissensintensiven Technologiefeldern auf wissenschaftliches Wissen rekurrieren. Patente verkörpern eine empirische Grenzstruktur, über die Wissenschaft und Wirtschaft unter Beteiligung des Rechtssystems strukturell gekoppelt werden.

Zweitens spielen *Organisationen bei der strukturellen Kopplung* zwischen Wissenschaft und Wirtschaft eine wichtige Rolle, insbesondere was den Transfer impliziten und nicht-kodifizierten Wissens angeht. In der vorliegenden Arbeit wird argumentiert, dass Organisationen nicht nur Träger einer funktionssystemischen Leistung sein können (Organisationstyp 1), sondern dass sie durch den historischen Wandel, im Zuge dessen die wirtschaftliche Produktion von Gütern und Dienstleistungen zunehmend auf die Wissensproduktion der Wissenschaft angewiesen ist, auch eine sekundäre (Organisationstyp 2) oder zwei gleichrangige Funktionssystemorientierungen ausbilden können (Organisationstyp 3). Organisationen des zweiten Typs erbringen nicht nur eine funktionssystemspezifische Leistung. Die Produktion neuen Wissens und neuer Güter und Dienstleistungen ist daneben an den Strukturen Anwendungsforschung und Hochtechnologiemärkte orientiert. Weingart (2001) assoziiert den zweiten Organisationstyp, also anwendungsorientierte Universitäten und Forschung durchführende Unternehmen, mit einer »enger« werdenden Kopplungsbeziehung zwischen Wissenschaft und Wirtschaft. Schließlich sind Organisationen des dritten Typs selbst Kopplungen der beiden Funktionssysteme. Hierbei handelt es sich einerseits um Intermediäre, deren Funktion im Transfer fremdproduzierter Wissens- und Technologiebestände liegt, andererseits jedoch um Forschungseinrichtungen – in Deutschland vorrangig die Institute der Fraunhofer-Gesellschaft – deren Funktion in der Erarbeitung von Problemlösungswissen und Problemlösungsartefakten für den wirtschaftlichen Produktionsprozess liegt; mithin im Transfer eigen- und fremdproduzierter Wissens- und Technologiebestände an die Wirtschaft.

Drittens spielen *interorganisatorische Netzwerke* bei der Kopplung von Wissenschaft und Wirtschaft eine wichtige Rolle. Erstens wurde im Anschluss an eine neuere systemtheoretische Diskussion herausgearbeitet, dass sich Interorganisationsbeziehungen zu Netzwerken auswachsen, wenn in organisationsexternen Interaktionssystemen zwischen Organisationsmitgliedern aktivierte Informationen in die organisationsinternen Routinen implementiert werden. Netzwerkbildung bedeutet weiterhin, dass Kooperationen eine gewisse Dauerhaftigkeit aufweisen, sie also mehr als nur eine *Episode* bleiben. Die Netzwerkforschung hat hierzu zwei Argumente vorgebracht. Zum einen existiert in wissensbasierten Technologiefeldern ein »Feldeffekt«, der immer dann zum Tragen kommt, wenn das zur Technologieentwicklung notwendige Wissen über so viele Organisationen verteilt ist, dass einzelne Unternehmen den gesamten Wissensstock intern nicht mehr abbilden können und zwangsläufig Informations- und Kooperationsfühler in ihre Organisationsumwelt ausstrecken müssen, um im technologischen Wettbewerb bestehen zu können. Relativ dauerhafte Kooperationsbeziehungen sind damit nicht notwendigerweise ein zwischen einzelnen Dyaden beobachtbares Phänomen, sondern eher ein aggregiertes

Merkmal wissensbasierter Technologiefelder. Zum anderen wird in der empirischen Netzwerkforschung Vertrauen als Mechanismus identifiziert, der die Komplexität der zukünftigen Wahl eines Kooperationspartners reduziert, indem bereits bestehende Kontakte in die Organisationsumwelt auch in Zukunft zur Informationsgewinnung genutzt werden. Es lässt sich zusammenfassen, dass zum einen der Feldeffekt wissensbasierter Technologien und zum anderen Vertrauen diese organisationsübergreifenden Kopplungen verstetigen (Übergang von der zweiten auf die dritte Selektionsstufe).

Daran anschließend wurde festgehalten, dass organisationsübergreifende Interaktionen Wissenschaft und Wirtschaft koppeln, weil die beteiligten Organisationen primäre Leistungsträger von Funktionssystemen sind. Solche *funktionssystemübergreifenden* Interorganisationsnetzwerke fungieren als Kopplungen zwischen Wissenschaft und Wirtschaft, weil die externen Interaktionsbeziehungen organisationsintern Folgen haben, sich also auf die Erstellung organisationaler Leistungen auswirken. Ob funktionssystemübergreifende Netzwerke zustande kommen, hängt von den Funktionssystembezügen ab, die Organisationen in ihren Routinen verfügbar halten. Routinen sind institutionalisierte Selektoren für Interorganisationsbeziehungen. Die Interaktion zwischen Unternehmen und Forschungseinrichtungen ist nicht *selbstverständlich*. Solche Beziehungen müssen bestimmte Schwellen der Unwahrscheinlichkeit überwinden, die in einer prinzipiellen Inkompatibilität der funktionssystemischen Primärorientierung begründet liegen. Anwendungsforschung und Hochtechnologiemärkte – so die hier vertretene Argumentation – sind Strukturen, die solche Schwellen absenken und zu Netzwerkbildung führen.

Viertens beinhaltet die Kopplung *Leistungsbeziehungen* zwischen Wissenschaft und Wirtschaft. Das Wissenschaftssystem bringt neues Wissen hervor, welches in die Lösung technischer Probleme der wirtschaftlichen Güterproduktion einfließt. *Leistungsträger* der Funktionssysteme sind Organisationen, deren wechselseitige Interaktionen den Transfer neuen Wissens und neuer Ideen ermöglichen, welche von Unternehmen zunächst technologisch und dann kommerziell weiterverwendet werden. Diese Dimension der Kopplung steht im Zentrum der Arbeit. Ein weiterer Teil der *Leistungsbeziehung* zwischen Wissenschaft und Wirtschaft besteht darin, dass ein Teil des technologischen Fortschritts der Wissenschaft selbst wieder zugute kommt: zum einen in Form von qualitativ verbesserten Apparaturen, Werkzeugen und Laborausrüstungen, die im Prozess der Wissensproduktion eingesetzt werden und ihrerseits einen Beitrag zum Erkenntnisprozess leisten;[55] zum anderen in Form von zusätzlichen Forschungsmitteln, die entweder direkt oder über den Weg der Besteuerung wirtschaftlicher Wertschöpfung aufgebracht und ein Mehr an Forschung und Publikationen ermöglichen.[56] Die durch wissenschaftliche Produktivität induzierte Expansion der Wirtschaft kann somit zur Expansion der Wissenschaft führen.

Zur *Leistungsbeziehung* zählt auch, dass die Leistungsfähigkeit des Wissenschaftssystems durch zu enge Kontakte in die Wirtschaft gefährdet sein kann. Es existieren Hinweise, dass funktionssystemübergreifende Interaktionsbeziehungen für die Produktion wissenschaftlichen Wissens auf organisationaler Ebene asymmetrische Folgen haben: Während wissenschaftliche Spitzeneinrichtungen Industriekontakte zur Stärkung ihrer wissenschaftlichen Performanz nutzen, können sich periphere Forschungseinrichtungen weniger effektiv gegen eine Vereinnahmung durch Unternehmen wehren. In diesem Zusammenhang spielen mittel- und langfristige Änderungen der funktionssystemischen Sekundärorientierungen von Forschungseinrichtungen eine wichtige Rolle.

2.6 Forschungshypothesen

Aus den dargestellten Überlegungen in den Abschnitten 2.1 bis 2.4 wurden bereits theoretische Hypothesen abgeleitet, die an dieser Stelle noch einmal zusammengefasst werden:

1. Das Netzwerk der Wissenschaft und Wirtschaft übergreifenden Interorganisationsbeziehungen expandiert in einer frühen Phase der Technologieentwicklung.
2. Die Auftretenswahrscheinlichkeit organisationsübergreifender Netzwerke zwischen Wissenschaft und Wirtschaft hängt mit dem Organisationstyp zusammen:
   2a Es besteht eine hohe Auftretenswahrscheinlichkeit von Interaktionsbeziehungen zwischen anwendungsorientierten Forschungseinrichtungen und Hochtechnologie-Unternehmen.

55 Entsprechende Überlegungen finden sich bei Price (1984) und Rosenberg (1992).

56 Steuern fungieren nach Luhmann als strukturelle Kopplungen zwischen Politik und Wirtschaft (vergleiche Luhmann 1997: 783f.).

2b Es besteht eine mittlere Auftretenswahrscheinlichkeit von Interaktionsbeziehungen zwischen anwendungsorientierten Forschungseinrichtungen und Niedrigtechnologie-Unternehmen auf der einen Seite, und zwischen grundlagenorientierten Forschungseinrichtungen und Hochtechnologie-Unternehmen auf der anderen Seite.

2c Es besteht eine geringe Auftretenswahrscheinlichkeit von Interaktionsbeziehungen zwischen grundlagenorientierten Forschungseinrichtungen und Niedrigtechnologie-Unternehmen.

3. Höherstufige Verbundenheitsstrukturen in Kopplungsbeziehungen, zum Beispiel Cliquenformationen, sind vor allem zwischen anwendungsorientierten Forschungseinrichtungen und Hochtechnologie-Unternehmen ausgeprägt.
4. Im Zentrum von Wissenschaft und Wirtschaft übergreifenden Netzwerken befinden sich vorwiegend Organisationen zweiten Typs.
5. Fraunhofer-Institute weisen als funktionssystemische Hybridorganisationen (dritter Organisationstyp) die höchste Betweenness-Zentralität in Wissenschaft und Wirtschaft übergreifenden Netzwerken auf.
6. Die technologische Performanz von Unternehmen ist umso höher, je mehr sie mit Forschungseinrichtungen kooperieren.
7. Direkte Beziehungen zu Forschungseinrichtungen haben einen größeren Einfluss auf die technologische Performanz von Unternehmen als indirekte Beziehungen.
8. Die technologische Performanz von Unternehmen ist umso höher, je größer die Bandbreite ihrer Beziehungen zu Forschungseinrichtungen ist.
9. Die technologische Performanz von Unternehmen steigt, wenn sie mit wissenschaftlich zentralen Forschungseinrichtungen kooperieren.
10. Die technologische Performanz von Unternehmen steigt, wenn sie mit international orientierten Forschungseinrichtungen kooperieren.
11. Forschungseinrichtungen sind umso anwendungsorientierter, je mehr sie in der Vergangenheit mit Unternehmen gemeinsam Forschung durchgeführt haben.
12. Die wissenschaftliche Performanz anwendungsorientierter gegenüber grundlagenorientierten Forschungseinrichtungen ist geringer, vor allem wenn die erstgenannten Institute mit Unternehmen kooperieren.

3. Einführung in die Nanotechnologie

Im vorliegenden Kapitel wird die Nanotechnologie vorgestellt. Dieses Technologiefeld ist – ebenso wie die Biotechnologie – eine wissenschaftsbasierte Querschnittstechnologie, die einen interessanten empirischen Fall für das Kopplungsverhältnis von Wissenschaft und Wirtschaft abgibt. Sie gehört zu den sozialwissenschaftlich wenig erforschten, weil relativ jungen Technologiegebieten und wird von vielen Experten als Schlüsseltechnologie des 21. Jahrhunderts bezeichnet.

In Abschnitt 3.1 werden Nanotechnologie-Definitionen diskutiert. Danach werden nanoskalige Phänomene aus wissenschaftlicher und technologischer Perspektive vorgestellt (Abschnitte 3.2 und 3.3). Neben Erläuterungen bezüglich der konkreten Anwendungsfelder dieser Querschnittstechnologie stehen hier Fragen zu den funktionalen Binnenstrukturen des Wissenschafts- und Wirtschaftssystems im Vordergrund. Entsprechend werden Aspekte der Interdisziplinarität, der Grund- und Anwendungsforschung der Nanowissenschaft und der Forschungsintensität von nanotechnologischen Märkten thematisiert. Danach wird die aktuelle technologiepolitische Situation in Deutschland und Europa skizziert. In diesem Zusammenhang kommen in überblickshafter Weise Förderinstrumente und Fördervolumina zur Sprache (Abschnitt 3.5). Abschließend werden Aspekte der massenmedialen Rezeption kurz erläutert, die mit Zukunftsvisionen dieses Technologiefeldes zu tun haben (Abschnitt 3.6).

3.1 Definitionen

Nanowissenschaft und Nanotechnologie sind mit Phänomenen im nanoskaligen Bereich befasst, also mit Materialien, Strukturen und Prozessen der Größenordnung im Milliardstelmeterbereich (1nm = 10^{-9} m, nanos =

griechisch: Zwerg), deren Eigenschaften und Verhalten von ebenjenem Größenmaßstab abhängen. Bachmann schreibt:

»Werden Materialteilchen immer kleiner, so nimmt der Anteil von Oberflächenatomen stetig zu. Beim Aufbau makroskopischer Körper aus immer kleiner werdenden Bausteinen (Nanomaterialien, Cluster) ändern sich deren optische, elektronische, magnetische, katalytische und mechanische Eigenschaften in Abhängigkeit der Partikelgröße extrem. (...) Beispielsweise ist es möglich, durch Variation der Partikelgröße Oberflächen eine unterschiedliche Farbe, Benetzungsfähigkeit, Wärmereflektivität, Härte, oder Reibeeigenschaft zu verleihen. Drahtartige Strukturen zeigen eine größenabhängige elektrische Leitfähigkeit und aus kleinsten Teilchen kompaktierte makroskopische Körper können hart und trotzdem flexibel gestaltet werden. Zudem lassen sich die Teilchen so in Schichten einbauen, dass sie transparent wie Glas sind. (...) Nanopartikel weisen bei Größen um einige Nanometer deutlich geänderte Eigenschaften gegenüber ihrem Verhalten im größeren Festkörper auf. Beispielsweise werden Halbleiter zu Nichtleitern, oder Metalle zu Halbleitern beziehungsweise Nichtleitern; Emissions- und Absorptionseigenschaften von Oberflächen lassen sich definiert einstellen und neuartige magnetischen Effekte von Vielschichtsystemen mit eingelagerten Nanopartikeln eröffnen neue Produktperspektiven« (Bachmann 1998: 17, 22f.).

Im Allgemeinen wird der Beginn der Nanotechnologie mit jenem Vortrag verbunden, den der Physik-Nobelpreisträger Richard Feynman im Dezember 1959 vor der American Physical Society gehalten hat: »There is plenty of room at the bottom: an invitation to enter a new field of physics« (vergleiche Feynman 1960). Dieser Vortrag wird heute als visionäre und wegweisende Ideensammlung gelesen, weil Feynman auf die erheblichen Möglichkeiten der Miniaturisierung aufmerksam machte und sich neben der Speicherung und Übertragung von Informationen auch kleinste Maschinen vorstellte, die mit geringem Energieverbrauch und hoher Präzision – beispielsweise in der Medizin – anwendbar seien. Seine Vorstellung der miniaturisierten Informationsspeicherung bringt Feynman auf das anschauliche Bild, dass die Gesamtausgabe der Encyklopedia Brittannica auf einen Stecknadelkopf passe, sofern man über Apparaturen zum Schreiben und Lesen dieser 25-tausendfachen Verkleinerung verfüge. Die Grenzen einer solchen Miniaturisierung sieht er bei 125 Atomen pro zu speichernder Dateneinheit, was das Beispiel des Stecknadelkopfs noch einmal übertrifft. Feynman hebt an mehreren Stellen seines Vortrags hervor, wie wichtig die deutliche Verbesserung des Elektronenmikroskops für die Gestaltungsoptionen miniaturisierter Bauteile, Motoren oder Computer sei, und er weist auf Besonderheiten hin, die bei der Herstellung von Nanoobjekten durch die Quantenmechanik zu erwarten sind (zum Beispiel veränderte Leitfähigkeiten und optische Eigenschaften von Festkörpern).

Eine erste Definition der Nanotechnologie ist bei Taniguchi im Jahr 1974 nachweisbar, der schreibt:

»›Nanotechnology‹ is the production technology, i.e. the preciseness and fineness of the order of 1 nm (nanometer); 10^{-9} m in length. The name of ›Nanotechnology‹ originates from the nanometer. In the processing of materials, the smallest bit size of stock removal, accretion or flow of materials is probably of one atom or one molecule, namely 0.1~0.2 nm in length. Therefore, the expected limit size of fineness would be of the order of 1 nm. Accordingly, ›Nanotechnology‹ mainly consists of the processing of separation, consolidation and deformation of materials by one atom or one molecule« (Taniguchi 1974: 18).

Taniguchi bezieht sich mit dieser Definition vor allem auf Ultrapräzisionsverfahren, die für Oberflächenpolierung und -härtung von Linsen und Metallen, Stofftrennung oder integrierte Schaltkreise von Nutzen sein können. Taniguchi definiert Nanotechnologie damit – wie bereits Feynman – »von oben« und sieht die technischen Optionen im nanoskaligen Bereich in der immer feinkörnigeren und genaueren Auflösung und Gestaltung von Materialien und Körpern. Diese »top-down«-Perspektive wird von Taniguchi auch in einem späteren Überblicksaufsatz betont (vergleiche Taniguchi 1992: Abb. 1).

Wie von Feynman vorausgesehen, sind die Möglichkeiten, auf nanoskaliger Ebene zu forschen und technologische Artefakte herzustellen, eng an die Mikro- beziehungsweise Spektroskopie gebunden. Ein wichtiger Durchbruch in dieser Richtung war die Entwicklung des Rastertunnelmikroskops (Scanning Tunnel Microscope, STM) durch die Physiker Gerd Binnig und Heinrich Rohrer 1981 im Forschungszentrum der IBM in Zürich (vergleiche Binnig/Rohrer 1982a; 1982b). Ihre Erfindung basiert darauf, dass eine atomar scharfe Stoffspitze in wenigen Nanometern Höhe über einer Oberfläche entlangfährt und mittels des zwischen Stoffspitze und Oberfläche fließenden Stroms die Topographie dieser Oberfläche visualisiert. Die Stoffspitze kann jedoch nicht nur registrieren, sondern auch konkrete Atome hin- und herschieben, so dass die Rastertunnelmikroskopie neben ihrer analytischen Dimension auch technologisch interessant ist. So versucht man seit einigen Jahren mit der so genannten Nanolithographie die gegenwärtige Computerchiptechnologie dadurch zu revolutionieren, dass Tausende von Rastersonden-Stoffspitzen, so genannte Millipede (= Tausendfüßler), komplette Chipstrukturen »schreiben«, beispielsweise auf Fotolack.

Das Rastertunnelmikroskop, für dessen Entwicklung Gerd Binnig und Heinrich Rohrer 1986 der Nobelpreis für Physik zuerkannt wurde, ist wenige Jahre später unter Zusammenarbeit von Gerd Binnig, Christoph Gerber und Calvin Quate durch das Rasterkraftmikroskop (Atomic Force Microskope, AFM) ergänzt worden (Binnig u.a. 1986; 1987). Mit dem AFM ist man bei der Erkundung des Nanokosmos nicht mehr auf Tunnelströme als Sensormedium angewiesen, sondern es reichen bereits die geringen Stoffkräfte aus, die bei der Annäherung zweier Materieproben auf atomarer Ebene entstehen, um Vermessungen und Visualisierungen durchzuführen. Insgesamt haben die enormen Fortschritte in der Spektroskopie die Erforschung und Herstellung nanoskaliger Materialen, Strukturen und Prozesse vorangebracht, und zwar nicht nur im Sinne der bereits angesprochenen Miniaturisierung von physikalischen Strukturgrößen (*top-down*), sondern auch hinsichtlich der Erforschung evolutionärer Prinzipien der Selbstorganisation von Atomen und Molekülen, die zum gezielten Aufbau supramolekularer Funktionseinheiten und biologischer Makromoleküle aus individuellen elementaren Materialbausteinen genutzt werden können (*bottom-up*). Einzuschließen ist hier auch die Kopplung von physikalischen Strukturgrößen und chemisch-biologischen Funktionsprinzipien der Mikro- und Nanowelt (vergleiche Bachmann 1998: 17f.).

Die vorliegende Arbeit orientiert sich an der von der US-amerikanischen National Science Foundation vorgeschlagenen Definition, nach der sich Nanotechnologie und Nanowissenschaft zusammen folgendermaßen charakterisieren lassen:

1. Research and technology development at the atomic, molecular or macromolecular levels, in the length scale of approximately 1–100 nanometer range.
2. Creating and using structures, devices and systems that have novel properties and functions because of their small and/or intermediate size.
3. Ability to control or manipulate on the atomic scale.

In den folgenden beiden Abschnitten wird die Nanotechnologie aus wissenschaftlicher und technologischer Perspektive mittels zweier Indikatoren charakterisiert: Publikationen und Patente.[57] Beide Indikatoren bilden einen wesentlichen Teil der Datenbasis, auf der der empirische Teil der Arbeit aufbaut. In diesem Zusammenhang wird diskutiert, wie sich die

57 Im Folgenden wird »Patente« gleichbedeutend mit Patentanmeldungen benutzt.

funktionssystemischen Binnenstrukturen Grundlagen- und Anwendungsforschung auf Seiten der Wissenschaft, und Hochtechnologie- und Niedrigtechnologiemärkte auf Seiten der Wirtschaft erfassen lassen.

3.2 Die wissenschaftliche Erforschung nanoskaliger Phänomene

Zur Erhebung nanowissenschaftlicher Publikationen wird der Science Citation Index (SCI) herangezogen, welcher die umfassendste multidisziplinäre Datenbank naturwissenschaftlicher Veröffentlichungen darstellt. Das Forschungsfeld »Nanowissenschaft« wird durch eine Suchstrategie mit kombinierten Schlagworten erfasst, die in einem Forschungsprojekt für die Europäische Kommission zusammen mit dem Zentrum für Wissenschafts- und Technologiestudien an der Universität Leiden (Niederlande) entwickelt wurde (vergleiche Noyons u.a. 2003). Die Datenerhebung erfolgt in der Online-Version des SCI beim Host STN (Scientific & Technical Information Network) in Karlsruhe.[58] Nähere Einzelheiten zur Datenerhebung und -aufbereitung finden sich in den Anhängen. In Abb. 8 sind die Ergebnisse dieser Publikationsrecherche doku mentiert.

Die Anzahl nanowissenschaftlicher Fachpublikationen steigt seit den achtziger Jahren moderat an und verzeichnet seit 1991 ein steiles und stetiges Wachstum, sowohl weltweit als auch für die Publikationen aus Deutschland. Vor dem Hintergrund, dass das STM und das AFM bereits Anfang beziehungsweise Mitte der achtziger Jahre entwickelt wurden, mag es verwundern, warum gerade 1991 das Publikationsaufkommen so stark ansteigt. Eine nahe liegende Erklärung ist, dass die spektroskopischen Geräte erst Ende der achtziger Jahre zu vertretbaren Preisen beschaffbar waren und damit auch für die akademische Forschung verfügbar gemacht werden konnten.[59] Seit Anfang der neunziger Jahre spiegelt sich der Umfang nanowissenschaftlicher Forschung in weltweit mehreren tausend Publikationen pro Jahr wider. Seit 1992 beträgt das durchschnittliche jährliche Wachstum des Publikationsaufkommens 20 Prozent, sowohl weltweit als auch auf Deutschland bezogen.

58 Vergleiche http://www.stn-international.de/stndatabases/databases/scisearc.html (letzter Zugriff: 5. September 2003).

59 Ein entsprechender Hinweis findet sich in Zucker/Darby (2003).

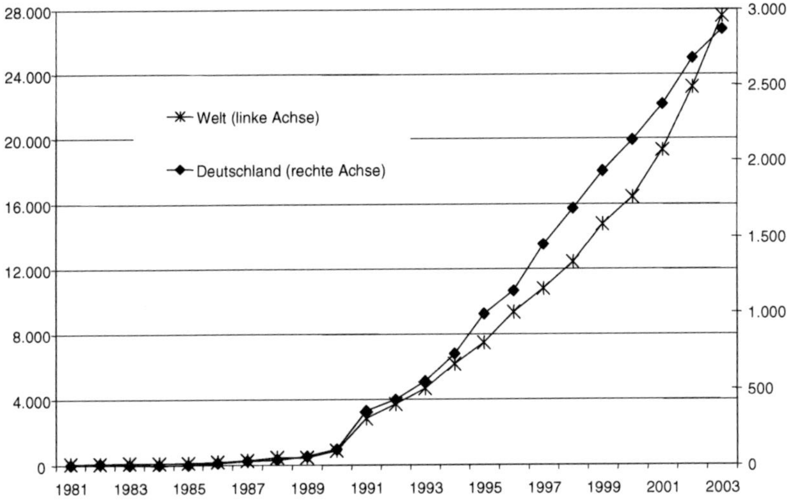

Abb. 8: Nanopublikationen weltweit und in Deutschland 1981–2003

(Quelle: eigene Erhebung SCI, zur Datenerhebung vergleiche Anhänge)

Das Spezifische der Erforschung und technischen Nutzung nanoskaliger Phänomene wird in der Disziplinen übergreifenden Wissensproduktion und der großen Breite technisch-wirtschaftlicher Anwendungsfelder gesehen (Bachmann 1998: 7ff.; Ratner/Ratner 2003: 38ff.). Die Nanowissenschaft ist im Überschneidungsbereich der Disziplinen Physik, Chemie, Biologie, Material- und Ingenieurwissenschaften angesiedelt. Sie umfasst als Forschungsfeld mehrere natur- und technikwissenschaftliche Disziplinen und kann als disziplinenübergreifend charakterisiert werden, weil die Erforschung nanoskaliger Stoffe und Strukturen die Grenzen der herkömmlichen disziplinären Differenzierung des Wissenschaftssystems unterläuft: Auf atomarer und molekularer Ebene sind physikalische, chemische und biologische Eigenschaften nur schwer zu trennen.

Die Analyse nanowissenschaftlicher Publikationen nach ihrer disziplinären Herkunft bestätigt den multidisziplinären Charakter der Nanowissenschaft. Wie Tabelle 3 zeigt, zählen die Angewandte Physik, die Materialwissenschaft, die Physikalische Chemie, die Physik kondensierter Materie und die Allgemeine Chemie zu den wichtigsten Subdisziplinen nach SCI-Systematik. Sie machen rund 50 Prozent aller Publikationen aus. Im Zeitverlauf nimmt die Bedeutung der Materialwissenschaft und der Chemie zu, und auch die relativ geringen Anteile der Ingenieurwissenschaften sind in den letzten Jahren gewachsen. Demgegenüber sinkt der Anteil der physikalischen Subfelder, so dass man mittlerweile nicht mehr alleine von einem »neuen Feld der Physik« (Feynman 1960) sprechen kann.[60]

Die Tatsache, dass die Nanowissenschaft von unterschiedlichen wissenschaftlichen Disziplinen her erforscht wird, bedeutet nicht automatisch, dass

Tabelle 3: Weltweite Nanopublikationen nach SCI-Disziplinensystematik 1994–2003

Wissenschaftliche Subdisziplin	1994–1995	1999–2000	2003
PHYSICS, APPLIED	12,7 %	11,1 %	10,4 %
MATERIALS SCIENCE	9,2 %	10,3 %	13,0 %
CHEMISTRY, PHYSICAL	8,1 %	9,8 %	9,8 %
PHYSICS, CONDENSED MATTER	8,9 %	9,6 %	8,1 %
CHEMISTRY	3,7 %	3,8 %	6,1 %
BIOCHEMISTRY & MOLECULAR BIOLOGY	5,0 %	3,7 %	2,6 %
CHEMISTRY, ANALYTICAL	4,1 %	3,3 %	2,7 %
POLYMER SCIENCE	2,2 %	3,0 %	4,0 %
PHYSICS	3,1 %	2,7 %	2,4 %
PHYSICS, ATOMIC, MOLECULAR & CHEMICAL	1,5 %	2,3 %	2,9 %
MATERIALS SCIENCE, COATINGS & FILMS	1,3 %	2,2 %	1,8 %
ENGINEERING, ELECTRICAL & ELECTRONIC	2,1 %	2,1 %	2,2 %
PHARMACOLOGY & PHARMACY	2,6 %	1,9 %	1,4 %
ELECTROCHEMISTRY	1,2 %	1,6 %	1,6 %
BIOPHYSICS	1,7 %	1,5 %	1,4 %
BIOTECHNOLOGY & APPLIED MICROBIOLOGY	1,8 %	1,5 %	1,3 %
METALLURGY & METALLURGICAL ENGINEERING	1,2 %	1,4 %	1,9 %
INSTRUMENTS & INSTRUMENTATION	1,7 %	1,3 %	1,3 %
MATERIALS SCIENCE, CERAMICS	0,7 %	1,3 %	1,3 %
CRYSTALLOGRAPHY	1,1 %	1,2 %	1,2 %
ENGINEERING, CHEMICAL	1,0 %	1,2 %	1,5 %
MULTIDISCIPLINARY SCIENCES	1,8 %	1,1 %	1,0 %
OPTICS	0,9 %	1,1 %	1,2 %
BIOCHEMICAL RESEARCH METHODS	0,5 %	1,1 %	1,1 %

Anmerkung: Darstellung bis 1 Prozent der Gesamttreffermenge

(Quelle: eigene Erhebung im SCI, zur Datenerhebung vergleiche Anhänge)

60 Die Ergebnisse zur disziplinären Struktur der Nanopublikationen bestätigen frühere Berechnungen von Meyer/Persson (1998) und Hullmann (2001).

zwischen diesen Disziplinen Kommunikationsstrukturen existieren. Von Interdisziplinarität kann streng genommen erst dann gesprochen werden, wenn Forschungsinstitute unterschiedlicher Disziplinen gemeinschaftlich an der Produktion nanowissenschaftlichen Wissens beteiligt sind. Heinze (2003) hat hierzu die 100 aktivsten deutschen Forschungsinstitute der Nanowissenschaft auf Kopublikationsstrukturen der Jahre 1996–2000 untersucht; also Kopublikationen zwischen beispielsweise Max-Planck-Instituten und universitären Instituten für Chemie, Biologie oder Physik (Mesoebene). Die Studie zeigt, dass 38 Prozent aller Kopublikationen interdisziplinär sind und mithin Einrichtungen der Disziplinen Physik, Chemie, Biologie und Materialwissenschaft kopublizieren. Die Wissensproduktion trägt somit interdisziplinäre Züge. Allerdings bedeutet ein Anteil von über 60 Prozent innerdisziplinärer Kopublikationen, dass wissenschaftliches Wissen selbst in einem für Interdisziplinarität so prädestinierten Feld auch stark disziplinär organisiert ist. Meyer schlussfolgert in ähnlicher Weise: »The publication data also suggested that nano-science occurs within the established disciplines rather than in an individual interdisciplinary effort. However, a considerable amount of scientific work is being carried out in a multidisciplinary context« (Meyer 2001a: 317). Dies entspricht auch der Wahrnehmung beteiligter Wissenschaftler, wie zum Beispiel im folgenden Interview ersichtlich wird:

»I think there are lots of examples of projects that have been made possible by grouping so many different people from a wide variety of disciplines under one research roof including biology, chemistry, electronics, mems, materials, optics, physics and processes and characterization. In fact, many of the projects probably belong in two or three categories. And that is indicative of the fact that an increasing fraction of the research has become cross-disciplinary. There are several examples of projects where a chemist is working with electrical engineers building carbon nanotube devices. There are other examples where biologists and optics people are working together. Our facility is certainly not the only place where cross-disciplinary research takes place, but I think it is an example of an environment that tends to encourage this« (INT2004.4).

In Abschnitt 2.1.1 wurden als Binnenstrukturen des Wissenschaftssystems angewandte von grundlagenorienterter Forschung unterschieden. Hierbei wurde argumentiert, dass angewandte mit interdisziplinärer Forschung zusammenfällt, wenn die Wissenschaft die außerwissenschaftliche Nachfrage nach Wissen disziplinenübergreifend erbringt. Angewandte Forschung ist problemorientiert ausgerichtet und mithin eine Struktur zur Integration des Wissenschaftssystems in die Gesellschaft. Interdisplinarität ist aber nicht in jedem Fall mit angewandter Forschung gleichzusetzen. Die dargestellten Befunde zu interdisziplinären Kooperationen sind vielmehr innerwissenschaftlich begründet. Mittelstrass (2002) charakterisiert die Nanowissenschaft aus diesem Grund als transdisziplinär, wobei er »Transdisziplinarität« versteht als: »a science-theoretical concept which describes particular forms of scientific cooperation and problem-solving, as opposed to forms lying outside of scientific boundaries.« Die Disziplinen übergreifenden Forschungsaktivitäten in der Nanowissenschaft sieht er als: »closely networked, such that progress is one area generally leads to progress in other ones.« Transdisziplinäre Forschungsfelder, so Mittelstrass, lösen die institutionelle Struktur der Wissenschaft nicht auf, sie ermöglichen vielmehr neue Kommunikationen innerhalb des Wissenschaftssystems, die Erkenntnisfortschritt fördern. Die Aussagen zu den interdisziplinären Forschungsstrukturen geben mithin keine Antwort auf die Frage zu den funktionalen Binnenstrukturen des Wissenschaftssystems in diesem Forschungsfeld.

Den funktionalen Binnenstrukturen kann man sich auf der Ebene des Wissenschaftssystems auf andere Weise nähern. Hierzu lassen sich in Anlehnung an das von Francis Narin und Kollegen entwickelte Verfahren wissenschaftliche Fachzeitschriften anhand ihrer Zitationsstrukturen in vier Forschungstypen unterteilen (vergleiche Narin u.a. 1976; Pinski/Narin 1976): (1) reine Grundlagenforschung (basic scientific research); (2) anwendungsorientierte Grundlagenforschung (targeted basic research); (3) Ingenieur- und Technikwissenschaften (engineering and technological sciences); und (4) angewandte Technologie (applied technology).[61] Die Kategorienwahl ist bibliometrisch begründet, das heißt durch Analysen von Zitationsstrukturen zwischen Fachzeitschriften. Die Kategorie der reinen Grundlagenforschung setzt sich zusammen aus einer Gruppe von Fachzeitschriften, die sehr häufig von anderen Fachzeitschriften zitiert werden, die selbst wiederum häufig zitiert werden. Sie umfasst vor allem angesehene Zeitschriften. Das Prinzip der zitatbezogenen Selbstreferenzialität ergibt nach Narin u.a. insgesamt vier distinkte Cluster von Fachzeitschriften mit jeweils spezifischen Zitationsstrukturen.

In einer Publikationsrecherche, wurden vergleichend zu allen SCI-Publikationen, Fachzeitschriften mit nanowissenschaftlichen Publikationen

---

61 Narin u.a. bezeichnen den zweiten Typ auch als »angewandte Forschung«, was irreführend erscheint, weil es sich um das am zweithäufigsten zitierte Cluster von Zeitschriften handelt.

diesen vier Kategorien zugeordnet (Tabelle 4).[62] Bei diesem Vergleich fällt ins Auge, dass die Anteile der beiden ersten Kategorien bei nanowissenschaftlichen Veröffentlichungen des Jahres 2001 deutlich höher ausfallen als bei allen SCI-Publikationen. Während im gesamten SCI etwa 40 Prozent der »reinen Grundlagenforschung (rGF)« zuzuordnen sind, fallen bei der Nanowissenschaft 47 Prozent in diese Kategorie, auch die »anwendungsorientierte Grundlagenforschung (aGF)« fällt hier deutlich höher aus. Ingenieurwissenschaftliche und technische Publikationen spielen im Vergleich zu allen SCI-Publikationen dagegen nur eine untergeordnete Rolle. Diese Ergebnisse lassen sich als Indiz einer Grundlagenorientierung der Nanowissenschaft interpretieren, die mit der frühen Phase des wissenschaftlichen Erkenntnisprozesses zusammenhängen mag, in der sich dieses Forschungsfeld gegenwärtig befindet.

Tabelle 4: SCI-Publikationen und Nanopublikationen weltweit 2001, nach CHI-Journalklassifikation

	Anzahl Publikationen	Prozentanteil
Gesamte Wissenschaft im SCI 2001		
Reine Grundlagenforschung	229.553	40 %
Anwendungsorientierte Grundlagenforschung	156.713	28 %
Ingenieur- und Technikwissenschaften	118.750	21 %
Angewandte Technologie	63.349	11 %
Nanowissenschaft im SCI 2001		
Reine Grundlagenforschung	9.772	47 %
Anwendungsorientierte Grundlagenforschung	8.150	39 %
Ingenieur- und Technikwissenschaften	2.799	13 %
Angewandte Technologie	37	0 %

(Quelle: Hamilton 2003 und eigene Erhebung im SCI)[63]

62 Einige für die Nanowissenschaft wichtige Fachzeitschriften sind in der CHI-Definition bislang nicht erfasst. Diese Klassifikation wurde nachträglich vorgenommen. Dabei wurden nicht Zitationsstrukturen analysiert, sondern Experten aus dem Forschungsfeld eine Liste nichtklassifizierter Fachzeitschriften in der Nanowissenschaft vorgelegt, die den vier Kategorien zugeordnet werden sollten. Bei dieser Klassifikation handelt es sich also um ein qualitatives Urteil von Experten. Ich danke in diesem Zusammenhang Prof. Dr. Herbert Gleiter vom Forschungszentrum Karlsruhe und Dr. Andreas Leson vom Fraunhofer-Institut für Werkstoff- und Strahltechnik Dresden für ihre Hilfe bei der Klassifikation.

63 Ich danke Dr. Rolf Lehming von der National Science Foundation (Arlington, USA) für die kostenlose Zurverfügungstellung der Daten der CHI Research, Inc. (vergleiche Hamilton 2003). Diese Daten decken 9.606 der 11.956 im SCI enthaltenen Fachzeit-

3.3 Die technologische Nutzung nanoskaliger Phänomene

Parallel zur Produktion neuen Wissens werden in zunehmendem Maße Patente für nanoskalige Phänomene angemeldet. Patente werden nach allgemeiner Einschätzung zur Anmeldung eingereicht, wenn der Anmelder eine Erfindung vor Imitation durch Dritte, in aller Regel Wettbewerber, schützen möchte. Damit gewerbliche Schutzrechte gewährt werden können, müssen Erfindungen einen Prüfprozess durchlaufen, in dem festgestellt wird, ob sie den drei Kriterien weltweite Neuheit, erheblicher Fortschritt gegenüber dem Stand der Technik sowie gewerbliche Anwendbarkeit genügen (Schmoch 1999a; Brandi-Dohrn u.a. 2002: 130ff.).

Dieser Untersuchung liegen EPO und Euro-PCT-Patente am Europäischen Patentamt in München (European Patent Office, EPO) zugrunde. Es hat sich in den letzten Jahren gezeigt, dass in zunehmendem Maße länderübergreifende und in abnehmendem Maße nationale Patentämter mit der Prüfung von Patentschriften befasst sind (vergleiche Schmoch 1999b; Europäisches Patentamt 2003: 18). Dies trifft vor allem dann zu, wenn die kommerzielle Bedeutung des jeweiligen Technologiefeldes groß ist und die Erfindungen nicht nur innerhalb der Grenzen des Erfinderlandes verwertet werden sollen. Neben Vorteilen für komparative Zwecke sind direkte EPO-Anmeldungen gekennzeichnet durch ein einheitliches und verhältnismäßig teures Prüfverfahren, was sich nur für Erfindungen mit hohem technologischen und kommerziellen Wert lohnt. Neben direkten EPO-Anmeldungen befinden sich auch so genannte Euro-PCT-Anmeldungen im Pool der hier untersuchten Patentschriften. Hierbei handelt es sich um Anmeldungen des internationalen PCT-Verfahrens bei der World Intellectual Property Organization in Genf (WIPO), bei denen das EPO als Prüfamt fungiert. Schmoch (1999b) argumentiert, dass die Berücksichtigung von Euro-PCT-Anmeldungen aufgrund ihrer steigenden Bedeutung für den Schutz geistigen Eigentums notwendig ist.

Für Patentrecherchen stehen verschiedene Patentdatenbanken zur Verfügung. Diese unterscheiden sich zumeist hinsichtlich ihrer geographischen Abdeckung, der recherchierbaren Dokumente unterschiedlicher Patentämter und der verfügbaren bibliographischen Inhalte. Hinsichtlich der Verschlagwortung und Kurzbeschreibung stellt der Derwent World Patent

schriften (80 Prozent) ab. Das Jahr 2001 wurde gewählt, weil für dieses Jahr im CHI-Datensatz die Publikationsanzahl aller Journale vorliegt. In der STN-Onlineversion des SCI wurde die Journalklassifikation für die Nanowissenschaft desselben Jahres repliziert.

Index (DWPI) die am besten geeignete Datenbank zur Recherche von EPO und Euro-PCT-Anmeldungen dar. Mitarbeiter der Firma Thomson Derwent fertigen neue Titel und Abstracts der Patentschriften an, die gegenüber offiziellen Datenbanken der Patentämter eine höhere Suchgenauigkeit und Trefferzahl erlauben und sich im Falle der Nanotechnologie bereits bewährt haben (vergleiche Noyons u.a. 2003: 28ff.). Die der vorliegenden Untersuchung zugrunde liegende Recherchestrategie wurde am Fraunhofer-Institut für System- und Innovationsforschung entwickelt und ist im Anhang (Abb. 21) dokumentiert.

Die Dynamik der Nanotechnologie ist in Abb. 9 dargestellt.[64] Aus dieser Abbildung ist ersichtlich, dass die Erfindungstätigkeit seit Anfang der achtziger Jahre kontinuierlich zunimmt. Das Wachstum verlangsamt sich Anfang der neunziger Jahre und ab Mitte dieses Jahrzehnts setzt ein ausgesprochen starker Schub ein, so dass sich die jährlichen Patente innerhalb nur weniger Jahre mehr als verdreifachen. Das deutsche Patentaufkommen ist beachtlich und macht ein Sechstel aller weltweit angemeldeten EPO- und Euro-PCT-Nanopatente aus.[65] Aufschlussreich ist in Rückbezug auf Abb. 8 auch, dass die Entwicklung der Patentierungs- und Publikationsaktivitäten etwa gleichzeitig stattfinden und eine ähnliche Dynamik aufweisen. Wie bei anderen wissenschaftsbasierten Technologiefeldern auch, beispielsweise der Biotechnologie, verläuft die wissenschaftliche und technologische Entwicklung bei nanoskaligen Phänomen weitgehend parallel.

Der enorme Anstieg der Patentierungsaktivitäten in der Nanotechnologie spiegelt einen allgemeinen Trend des exponentiellen Wachstums bei Patenten seit Mitte der neunziger Jahre wider. Das Europäische Patentamt verzeichnete in seinem Gründungsjahr 1978 3.600 Patente. Nachdem die Anmelderaten relativ gleichmäßig bis Anfang der neunziger Jahre stiegen, lässt sich seitdem ein sehr starker Anstieg auf etwas mehr als 110.000 Anmeldungen im Jahr 2001 registrieren, erst in 2002 sind die Anmeldungen mit 106.000 erstmals leicht rückläufig (vergleiche Europäisches Patentamt 2003: 103f.). Auch in Deutschland lässt sich in den neunziger Jahren eine

64 Vergleiche die Erläuterungen zu EPO- und Euro-PCT-Anmeldungen in den Anhängen.

65 Das Patentaufkommen Deutschlands kommt für EPO/Euro-PCT-Anmeldungen direkt nach den USA und vor Japan, Frankreich und Großbritannien. Die Relation zwischen diesen Ländern beträgt: USA (8,1) : D (3,2) : Jp (2,5) : Fr (1,2) : GB (1,0). Für Großbritannien ergibt die Recherche 313 Patente, so dass für jedes Land die Gesamtzahl nach dem angegebenen Faktor errechnet werden kann. Insgesamt umfasst das Patentsample 6.002 Anmeldungen für den Zeitraum 1981–2000. Für einen weiter gehenden internationalen Vergleich der Nanotechnologie vergleiche Hullmann (2001).

stark gestiegene Inanspruchnahme des DPMA ausmachen. Wurden im Jahr 1992 etwa 45.000 Anmeldungen eingereicht, waren es 2002 bereits 136.000 (vergleiche Deutsches Patent- und Markenamt, DPMA 2003: 99f.). Blind u.a. (2003b) kommen zu dem Schluss, dass nach wie vor das klassische Patentmotiv, nämlich der Schutz technischer Erfindungen vor Imitation durch Dritte, die wichtigste Rolle spielt. Daneben treten mittlerweile aber auch andere strategische Motive. Unternehmen patentieren Erfindungen vorsorglich, ohne diese bereits für konkrete Produkte verwenden zu können (defensive Blockade), oder sie beabsichtigen damit, Wettbewerbern den Zutritt zu bestimmten Märkten zu verwehren (offensive Blockade).[66] Patente haben auch die Funktion einer Währung, die beispielsweise bei Lizenzaustauschverträgen zwischen Unternehmen zum Einsatz kommt.[67] Der enorme Anstieg zeigt aber nicht zuletzt den technologischen Fortschritt, der durch die Erforschung nanoskaliger Phänomene ermöglicht wurde.

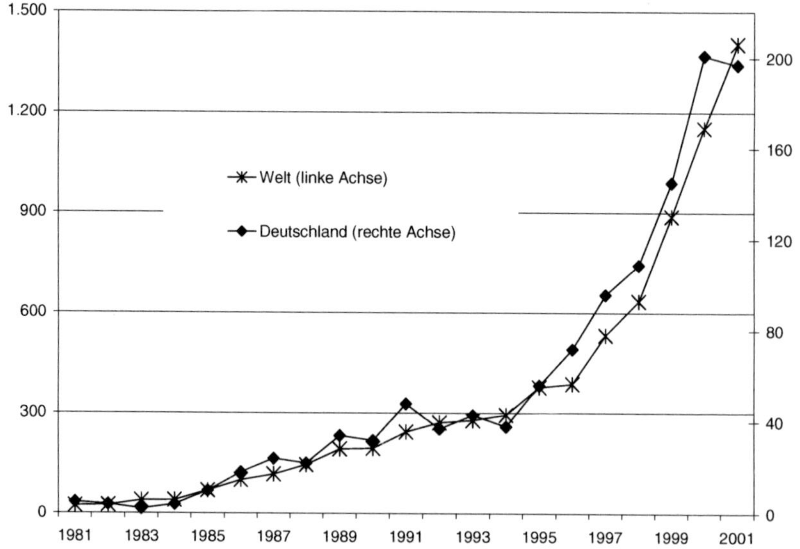

Abb. 9: Anzahl Patente Nanotechnologie 1981–2001

(Quelle: eigene Erhebung, zur Datenerhebung vergleiche Anhänge)

66 Allgemein hierzu vergleiche Granstrand (1999).

67 Das Vorstandsmitglied der Siemens AG, Claus Weyrich, formuliert das so: »Gute Patente sind eine Art Währung geworden, die uns beispielsweise bei Lizenzaustauschverträgen mit Wettbewerbern den Zugang zu wichtigen, komplementären Technologien sichert« (Siemens AG 2002).

Hinter den Nanopatenten verbergen sich zahlreiche divergente Phänomene. Gemäß der weiter oben vorgestellten Definition handelt es sich bei Technologielösungen im nanoskaligen Bereich um Strukturen von bis zu 100 Nanometer, mit denen Effekte und Funktionseigenschaften erzielt werden können, die im Übergangsbereich zwischen atomarer und mesoskopischer Ebene angesiedelt sind (zum Beispiel Quanteneffekte, Oberflächen- und Grenzflächeneffekte, Selbstorganisationsphänomene). Im Folgenden soll es darum gehen, die typischen Charakteristika nanotechnologischer Patente zu skizzieren.

Grundsätzlich sind drei Sachverhalte für die Nanotechnologie charakteristisch. Erstens ist sie eine Querschnittstechnologie, weil sie mehrere unterschiedliche Einzeltechnologien umfasst. Zweitens erfolgt der Einsatz der Nanotechnologie häufig nicht als eigenständige Komponente, sondern sie wird in bestehende Technologien implementiert. Drittens ist der Entwicklungsstand der einzelnen Anwendungsfelder sehr unterschiedlich und reicht von fertigen Produkten über Produktideen und technischen Konzepten bis hin zu utopisch anmutenden Ideen, deren Realisierung wahrscheinlich noch Jahrzehnte in Anspruch nehmen wird.[68] Ein Bericht an die britische Regierung bringt dies auf den Punkt: »Nanotechnology is a collective term for a set of technologies, techniques and processes – effectively a new way of thinking – rather than a specific area of science or engineering« (Taylor 2002: 6).

In der Literatur finden sich zwei Ansätze, mit denen die Nanotechnologie und ihre heterogenen Anwendungen geordnet werden können: zum einen ein *technologisch-funktionaler Ansatz*, zum anderen ein *wirtschaftlich-sektoraler Ansatz*. Das Ordnungskriterium der funktionalen Zuordnung setzt an den spezifischen Eigenschaften und Phänomenen an, die im Übergang von atomarer zu mesoskopischer Ebene beobachtet und gezielt genutzt werden können. Hierzu zählen höhere Härte, Bruchfestigkeit und -zähigkeit bei niedrigen Temperaturen, Superplastizität bei hohen Temperaturen, die Ausbildung zusätzlicher elektronischer Zustände, eine hohe chemische Selektivität der Oberflächenstrukturen und eine deutlich vergrößerte Oberflächenenergie.

Nach Bachmann (1998: 16–87) umfasst die Funktionalgliederung der Nanotechnologie drei Aspekte. Zum ersten Aspekt zählen Baueinheiten der Nanotechnologie, insbesondere *Schichten und Strukturen*. Bei der Schicht-

68 Zu Utopien und Visionen zur Nanotechnologie vergleiche Abschnitt 3.6 und die Übersicht in Coenen (2003).

technologie geht es darum, mit ultradünnen Stoffschichten bestimmte Funktionalitäten zu erzeugen, die sich makroskopisch nicht herstellen lassen. Im Bereich der Speicherung von Informationen lässt sich durch extrem dünne Beschichtung die Informationsdichte von Speichermedien erhöhen. Ebenso können einfache und mehrfache Metallatomschichten auf unterschiedlichen Materialien optisch-energetische (Reflexion, Lichtabsorption), temperatur- sowie härtebezogene Effekte (Hitzebeständigkeit, Abrieb- oder Bruchfestigkeit, Oberflächenglätte) erzeugen. Auch die Herstellung biokompatibler und chemisch aktiver Oberflächen oder klebstofffreies Kleben lässt sich durch das gezielte Auftragen nanoskaliger Stoffschichten ermöglichen. Eng mit der Schichttechnologie verbunden sind Verfahren zur ultrapräzisen Oberflächengestaltung. Dies bedeutet einerseits, dass Oberflächen besonders glatt oder formgenau hergestellt werden, um insbesondere optische Effekte für den Infrarot- und auch den UV- und Röntgenbereich zu erzielen. So wurde etwa ein Röntgenspiegel für den Satelliten ROSAT entwickelt, dessen Oberfläche so glatt ist, dass bei einer maßstabsgetreuen Vergrößerung auf die Fläche Deutschlands lediglich maulwurfshügelgroße Unebenheiten verbleiben. Andererseits werden Oberflächenstrukturen auf nanoskaliger Ebene geschaffen, mit denen sich Funktionalitäten für die Informationsspeicherung und -verarbeitung realisieren lassen, die den gestiegenen Anforderungen moderner Informations- und Kommunikationssysteme genügen. Weil die Strukturierungsmöglichkeiten mit der konventionellen Photolithographie im Nanometerbereich an physikalische Grenzen stoßen (Wellenlänge), wurde in den letzten Jahren die so genannte Elektronenstrahllithographie entwickelt, die das laterale Strukturieren mit einer Breite von einzelnen Nanometern ermöglicht. Neben diesem »top-down«-Engineering ist aber auch die Strukturbildung durch Ausnutzen natürlicher Selbstorganisationsprinzipien auf atomarer und molekularer Ebene zu zählen. Solche »bottom-up«-Prozesse können bei exakter Synthese der benutzten Materialien schnell, einfach und selbstkontrollierend ablaufen. Ein wichtiger Vorteil quasi-autonomer Strukturbildungsprozesse ist ihre Selbstreparaturfähigkeit, die zu sehr geringen Defektdichten der Strukturen führt, welche durch ein »top-down«-Engineering nicht oder nur schwer erreicht werden können. Zusammenfassend sind Schicht- und Strukturierungstechnologien auf Nanoebene eng miteinander verknüpft. Die ultrapräzise Herstellung von Oberflächen ist eine wichtige Voraussetzung für den Aufbau definierter Stoffstrukturen.

Der zweite Aspekt der grundlegenden Funktionsgliederung umfasst *Nanomaterialien* in Gestalt von Substraten, Formkörpern, miniaturisierten Festkörpern und selbstorganisierenden Einheiten. In den letzten Jahren ist damit begonnen worden, Cluster von Atomen und Molekülen von nahezu jedem chemischen Element in beliebiger Größe herzustellen, die Anzahl der Atome zu bestimmen und die sich aus der Atomkompaktierung ergebenden Eigenschaften der Festkörper zu untersuchen. Relevante Parameter sind hierbei materialabhängige Energieniveaus, Elektronenaffinitäten und Bindungsstärken. Charakteristisch ist in diesem Zusammenhang, dass solche spezifischen Stoffcluster in der Natur nur selten vorkommen, so dass bei der Herstellung ebenjener Nanomaterialien in den meisten Fällen wissenschaftliches und technologisches Neuland betreten wird. Das der gezielten Stoffherstellung mit nanoskaligen Bausteinen innewohnende Interesse ist es demnach, ein grundlegendes Verständnis der Struktur und Wirkung von aus atomaren und molekularen Bausteinen aufgebauten Materialien zu erhalten, um nachfolgend maßgeschneiderte Stoffe mit gewünschten Eigenschaften herstellen zu können, beispielsweise hinsichtlich Hitzebeständigkeit, Abriebfestigkeit, elektrischen Leitfähigkeiten und Oberflächencharakteristika. Gegenwärtig konzentrieren sich die Aktivitäten vor allem auf: (a) die Entwicklung und Herstellung neuer Keramiken für Strukturbauteile in Fahrzeugen oder Gebäuden; (b) Katalysatoren und Sensoren; (c) neuartige Nanokohlenstoffröhren zur Speicherung von Energie in Brennstoffzellen und zur Verwendung für Feldemissionsdisplays und Vakuumelektronikteile; (d) schaltbare Werkstoffe; (e) passive und aktive Nanopartikel, etwa als Pulver oder Emulsionen. Wie bei der Schicht- und Strukturierungstechnologie besteht auch hier das Ziel nicht nur darin, das »top-down«-Engineering zu verbessern, sondern auch das Prinzip der molekularen Selbstorganisation zu nutzen, das darauf beruht, aus ungeordneten atomaren und molekularen Bausteinen wohlgeordnete Einheiten nach energie- und entropiebestimmten Regeln zusammenzufügen.

Zum dritten Aspekt der grundlegenden Funktionsgliederung rechnet Bachmann *Analyse- und Charakterisierungsmethoden*, insbesondere die Oberflächenanalyse und Rastersondentechnologien (SXM). Beide sind unverzichtbar sowohl für Nanoschichten und Nanostrukturierung als auch für Nanomaterialien, weil sie zur Qualitätskontrolle und Funktionsprüfung eingesetzt werden können. Die voranschreitende Miniaturisierung setzt das Verständnis und die Beherrschung von Vorgängen auf der Nanometerskala unbedingt voraus. Zur Oberflächenanalyse von nanoskaligen Schichten und Strukturen werden vor allem Elektronen- beziehungsweise Ionenstrahltechniken eingesetzt, wobei der erreichbare minimale Abtaststrahldurchmesser die bestimmende Größe für die Lateralauflösung darstellt. Auf diese Weise kann die konkrete Elementverteilung oder auch die Rauheit von Oberflächen überprüft werden. Leistungsfähiger sind jedoch die Rastersondenverfahren, die alle heute bestehenden Entwicklungen in der Nanotechnologie überhaupt erst möglich gemacht haben. Ihr Prinzip ist nicht das eines abtastenden Elektronenstrahls, sondern ist eher mit der Nadel eines Schallplattenspielers vergleichbar: Eine ultradünne Stoffspitze fährt zeilenweise über eine Oberfläche und tastet diese atomar ab. Mit der so erhaltenen Information kann die Verteilung von Atomstrukturen, von Magnetfeldern, des elektrischen Feldes oder eines Lichtfeldes bestimmt werden. Rastersondentechnologien werden heute zur Qualitätssicherung vor allem bei der Herstellung von Siliziumplatten und Magnetplattenspeichern eingesetzt. Es können aber auch das Verhalten der menschlichen Haut und des Haares bei Einwirkung von Kosmetika und Lichtfiltersubstanzen (Sonnencremes) untersucht werden.

Das Ordnungskriterium der *wirtschaftlich-sektoralen Zuordnung* bezieht sich auf die Industriezweige, in denen nanotechnologische Anwendungen eingesetzt werden. Hierzu existieren in der Literatur zahlreiche Gliederungsvorschläge (vergleiche Bachmann 1998: 10ff., 126; Schmidt-Maag/Niggemann 2001; Paschen u.a. 2003; Ratner/Ratner 2003; Haas u.a. 2003), die hier zusammenfassend wiedergegeben werden. In der Auflistung findet sich auch der jeweilige Entwicklungsstand wieder, den die genannten Anwendungen aufweisen. Die in der industriellen Produktion befindlichen beziehungsweise mit einem absehbaren Zeithorizont von bis zu fünf Jahren zur Produktionsreife gelangenden technologischen Anwendungen sind durch ein * gekennzeichnet:

- *Automobilindustrie*: Optimierung von Katalysatoren, Lack-, Reflexions- und Korrosionsschutz (zum Beispiel Beschichtung von Windschutz- und Heckscheiben mit Nanopartikeln; Beschichtung besonders anfälliger Karosserieelemente)*; neue funktionale Keramikelemente (zum Beispiel Ersatz von schweren Metallteilen beziehungsweise spröden Keramikteilen); Leichtbau (zum Beispiel Schäume, Polymere); Nanopartikel als Füllstoffe (zum Beispiel Nano-Rußpartikel in Autoreifen)*;
- *Energiewirtschaft/Luft- und Raumfahrt*: Energiespeicherung (zum Beispiel verbesserte Brennstoffzellen durch Wasserstoffspeicherung in Nanokohlenstoffröhren); Energiegewinnung durch Solarzellen (zum Beispiel

Verbesserung der Photovoltaik durch lichtsensible Nanopartikel)*; Strukturwerkstoffe (zum Beispiel Gewichts- und Energieeinsparung durch den Einsatz leichtgewichtiger, hochfester nanotechnologiebasierter Materialien)*; Sensorik (zum Beispiel Verbesserung der medizinischen Überwachung von Astronauten auf der Basis von nanomaterialhaltigen Sensorikelementen);

- *Bauindustrie*: Putze und Lacke mit Nanopartikeln (schmutz- beziehungsweise wasserabweisend)*; Zusatzmittel für Spritz- und Hochleistungsbeton (zum Beispiel Siliziumdioxid-Nanopartikel in synthetischen Kieselsäuren)*; Korrosionsschutz bei der Verwendung von Karbon- und Edelstahl (zum Beispiel ultradünne funktionale Multilagenbeschichtungen)*; Klimatisierung von Innenräumen (zum Beispiel Titandioxid-Nanopartikel als Additive in Lacken zum Schutz vor Verfärbungen durch Kunst- und Tageslicht); Veredelung von Kacheln und Duschwänden (zum Beispiel kratz- und abriebfeste Kunststoffe durch Nanopartikelüberzug)*;
- *Biomedizinische und Chemisch-Pharmazeutische Industrie*: Trägermaterial und Kapseln (zum Beispiel zur dosierbezogen und lokal präzisen Verabreichung von Medikamenten, Abtötung von Tumorzellen durch Erhitzen von eingeschleusten Nanopartikeln im Tumorgewebe)*; Künstliche Haut (zum Beispiel *tissue engineering*); Biosensoren und -implantate im Körper (zum Beispiel Diabetes, Verabreichung von Medikamenten); Diagnostik (zum Beispiel Röntgenkontrastmittel, Bio-Chips)*; Gen-Therapie zur Reparatur genetischer Fehler (zum Beispiel Einschleusen von DNA-Segmenten, Nanopartikel als Genfähre); Wirkstoffsuche und -freisetzung; *in-vivo* Körperüberwachungssysteme beziehungsweise Organregelungsassistenten; Einhüllung empfindlicher Medikamente (zum Beispiel Überzug durch Nanotenside); Überwindung der Blut-Hirn-Schranke (zum Beispiel Nanopartikel in Kombination mit Proteinen);
- *Umweltwirtschaft/Konsumgüterindustrie*: Abwasserreinigung (zum Beispiel durch reaktionsfreudige Nanopartikel); Umweltüberwachung (zum Beispiel Bio-Chips zur Kontrolle von Lebensmitteln und Umwelteinflüssen)*; Kosmetik und Sonnenschutz (zum Beispiel Sonnencremes mit Zink- beziehungsweise Titanoxid zum Schutz der Haut); funktionale Textilien (zum Beispiel zur Speicherung von Wärme und Abfuhr von Feuchtigkeit);

– *Optische Industrie/Instrumentenindustrie:* Polierkorrekturverfahren; Photonik (zum Beispiel asphärische Linsen mit komplizierter Krümmung als Ersatz für zusammengesetzte Linsen- und Spiegelsysteme, photonische Kristalle als optische Schaltkreise); Wellenleiter; Schichtenaufbau für Leuchtdioden und Diodenlaser*; Vielschichtstapel-Laser*; Optiken für den Röntgenbereich*; Ultrapräzisionsbearbeitung von Oberflächen für funktionale Optiken*;
– *Halbleiter-/Informations- und Kommunikationsindustrie:* Datenspeicherung und -bearbeitung (zum Beispiel *Giant Magnetic Resistance* für Schreib- und Leseköpfe von Festplatten*, Einzelflussquanten-Logik, Einzelelektronen-Transistoren); Molekulare Elektronik (Nanokohlenstoffröhren, organische Makromoleküle, DNA-Computing); Flachbildschirme (zum Beispiel *Field Emission Displays* unter Einsatz von Nanokohlenstoffröhren); Fehlerdetektionsverfahren bei der Herstellung von informationstechnischen Produkten (zum Beispiel STM als nanoanalytisches Instrument); Electronic Paper; Qualitätskontrolle und Funktionsprüfung hergestellter Strukturen.

Die sektorale Gliederung zur Nanotechnologie unterstreicht die weiter oben getroffene Aussage, dass man eigentlich von »Nanotechnologien« sprechen muss, weil die nanoskaligen Anwendungen in zahlreichen industriellen Sektoren zu finden sind. Auch zeigt sich mit großer Deutlichkeit, dass auf nanoskaligen Effekten beruhende technologische Lösungen in der Mehrzahl der Fälle in bestehende Technologien implementiert werden und selten eigenständige Technologien darstellen. Nanotechnologisches Knowhow wird zumeist im Zuge der »top-down«-Miniaturisierung mit schon bestehenden Technologien kombiniert. Ein Interviewpartner merkte hierzu an: »In a lot of ways it is an enabling technology. The big companies and the established industries want to integrate the novel nano materials and devices into their existing technology platforms« (INT2004.2). Besonders weit vorangeschritten ist die industrielle Umsetzung im Bereich passiver (zum Beispiel Korrosionsschutz, Abriebschutz, Kratzfestigkeit, Reflexionseigenschaften) und aktiver (zum Beispiel veränderbare Farbe oder Leitfähigkeit) multifunktionaler Nanoschichten. Insbesondere Beschichtungen von Kunststoffen im optischen Bereich (zum Beispiel Brillengläser und Lupen) befinden sich bereits in der industriellen Produktion. Originäre Nanotechnologien sind demgegenüber jene »bottum-up«-Ansätze, bei denen das Funktionsprinzip der molekularen Selbstorganisation, dem Selbstaufbau von elektronischen Schaltkreisen oder DNA-Computing zum

Einsatz kommen. Diese befinden sich zumeist noch im Stadium der Entdeckung von technologischen Funktionsprinzipien oder der Entwicklung von prototypischen Anwendungen.

Interessant ist jedoch nicht nur, in welchen technologischen Feldern sich nanotechnologische Anwendungen finden, sondern welche quantitative Bedeutung sie aufweisen und ob sich dies im Zeitverlauf verändert. Aus diesem Grund wurden alle EPO- und PCT-Patente mit Deutschland als Anmeldeland unter Bezug auf die Internationale Patentklassifikation (IPC) untersucht. Diese Klassifikation bringt alle Technologiegebiete in eine hierarchische Klassifikation mit 8 Sektionen, 22 Subsektionen, 120 Klassen und 630 Unterklassen. Einschließlich der Gruppen und Untergruppen erreicht man somit eine Feingliederung von 67.000 Einträgen (vergleiche World Intellectual Property Organization 1999). Analysiert man die vierstelligen IPC-Hauptgruppen zwischen 1991 und 2000, ergibt sich das in Abb. 10 dargestellte Bild.

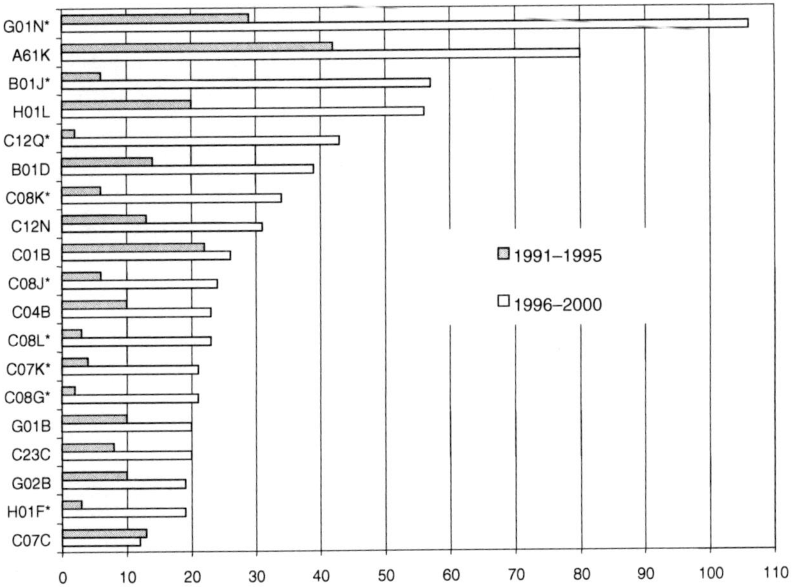

Anmerkung: Dargestellt sind vierstellige IPC-Hauptgruppen, die bis zu 1,5 Prozent der Gesamtmenge ausmachen. Mit einem Stern (*) bezeichnete Hauptgruppen weisen ein überdurchschnittliches Wachstum vom ersten zum zweiten Zeitfenster auf.

Abb. 10: IPC-Hauptgruppen deutscher Nanopatente 1991–2000, absolute Anzahl

(Quelle: eigene Erhebung im SCI, zur Datenerhebung vergleiche Anhänge)

In der Sektion Physik (G) spielt die Nanoanalytik eine wichtige Rolle, insbesondere die Charakterisierung von physikalischen und chemischen Stoffeigenschaften (G01B, G01N) und optische Elemente und Systeme (G02B); in der Sektion Täglicher Lebensbedarf (A) sind es medizinische und kosmetische Präparate (A61K); in der Sektion Arbeitsverfahren und Transportieren (B) finden sich chemische und physikalische Verfahren, zum Beispiel Katalyse oder Kolloidchemie (B01J) und Trennverfahren (B01D); in der Sektion Elektrotechnik (H) werden nanotechnologische Patente vor allem für Halbleiterbauelemente (H01L), Magnete und Transformatoren (H01F) angemeldet; in der Sektion Chemie (C), welche die meisten Patente aufweist, finden sich neben Verfahren zum Beschichten metallischer Werkstoffe (C23C), Keramiken und Zementen (C04B), organischen und karbozyklischen Verbundmaterialien (C07C, C06G) auch Mikroorganismen und Enzyme sowie Verfahren zu ihrer Messung (C12N, C12Q), Peptide (C07K) und andere metallische, nichtmetallische, molekulare, anorganische und organische Stoffe (C01B, C08J, C08K, C08L, C01L). Es finden sich somit alle wesentlichen Anwendungsfelder wieder, die in der funktionalen und wirtschaftlich-sektoralen Gliederung aufgeführt wurden. Bemerkenswert ist das starke Wachstum zwischen den Zeitfenstern 1991–1995 und 1996–2000, das im Durchschnitt mehr als 300 Prozent beträgt und in einigen Gebieten der Nanoanalytik und Nanochemie sogar noch über diesem Wert liegt (vergleiche Abb. 10).

Im zweiten Kapitel der vorliegenden Untersuchung wurde das Konzept der Wissenschaftsbindung der Technik diskutiert. Mithilfe der Analyse von Patentzitaten wird der Anteil errechnet, zu dem sich Patente auf wissenschaftliche Publikationen beziehen. Mit der Quantifizierung der Wissenschaftsbindung der Technik über Patentzitate lässt sich gut bestimmen, in welchen Bereichen die Technologieentwicklung auf Vorleistungen des Wissenschaftssystems angewiesen ist. Mit diesem Konzept wurden auch die Begriffe der (wissensbasierten) Technologie und der (herkömmlichen) Technik voneinander abgegrenzt. Die Wissenschaftsbindung der Nanotechnologie ist von Meyer (2001a; 2001b: 186ff.) untersucht worden. Der Autor analysiert den Anteil, zu dem Nanotechnologie-Patente nanowissenschaftliche Publikationen des Science Citation Index (SCI) zitieren.[69] Für

69 Die Feldabgrenzung von Meyer stützt sich auf Suchstrategien mit offener Trunkierung der Wortes »nano«, wobei er irreführende Termini wie beispielsweise »nanosecond«, »nanoampere« und »nanogram« aus seiner Suche eliminiert (vergleiche Meyer 2001a: 189).

den Zeitraum 1991–1996 findet der Autor, dass 3,4 Prozent aller Nanopublikationen von Nanopatenten zitiert werden und dass der Anteil der Nanopublikationen an allen NPL-Zitaten bei 9,8 Prozent liegt. Meyer unterscheidet somit zwischen Nano-NPL und allen NPL. Von diesen Nano-NPL bezieht sich die Mehrzahl auf Physik (38 Prozent), gefolgt von interdisziplinären Fachzeitschriften (15 Prozent), der Chemie (13 Prozent) und den Ingenieurwissenschaften (12 Prozent). Im Vergleich zu anderen Technologiefeldern sind diese Rückbezüge von Erfindungen auf Publikationen relativ hoch, denn die Analyse von Hicks u.a. (2001) zeigt, dass nur 2,4 Prozent aller Publikationen der angewandten Physik und 2,3 Prozent aller Publikationen der Biomedizin der Jahrgänge 1993–1995 in US-Patentschriften des Jahres 1997 zitiert werden.

Bezieht man die Gesamtzahl der von Meyer identifizierten circa 22.000 NPL-Zitate auf die Gesamtzahl der 2.626 Nanopatente, ergeben sich etwa 8,38 NPL-Zitate pro Patentdokument.[70] Schmoch (2003: 171) berichtet für die ebenfalls wissensbasierte Biotechnologie von durchschnittlich 3,65 NPL-Zitaten pro Patentdokument. Allerdings ist beim Vergleich dieser beiden Zahlen zu beachten, dass Meyer US-Patente auswertet, bei denen traditionell der Anteil von NPL-Schriften höher ausfällt als bei europäischen Patenten, die Schmoch untersucht. Ein direkter Vergleich beider Kennziffern ist daher nicht möglich. Verglichen werden können Meyers Zahlen jedoch mit denen von McMillan u.a. (2000: 5), die US-Patente für die Biotechnologie untersuchen. Die Autoren zählen 23.286 NPL-Zitate in einer Gesamtzahl von 2.334 Biotechnologie-Patenten, was einer Quote von 9,97 entspricht. Demzufolge liegt Nanotechnologie, was die Wissenschaftsbindung betrifft, etwas unterhalb der Biotechnologie.

Die in der vorliegenden Arbeit analysierten Patente liegen in einem Format vor, das die Untersuchung von NPL-Zitaten nicht erlaubt.[71] Daher kann kein direkter Vergleich mit den Daten von Meyer vorgenommen werden, der vor allem deswegen interessant gewesen wäre, weil Meyer US-Patente auswertet, hier dagegen Patente des Europäischen Patentamtes und des internationalen PCT-Verfahrens vorliegen. Um dennoch einen Eindruck von der Wissenschaftsbindung der hier verwendeten Nanopatente zu gewinnen, wurden alle Patentdokumente daraufhin untersucht, ob sie zu Spitzentechnologie, höherwertiger Technologie oder konventio-

70 Die Gesamtzahl der NPL-Zitate hat mir Dr. Martin Meyer freundlicherweise zur Verfügung gestellt (E-Mail vom 6. April 2004).

71 Ein Beispiel der untersuchten Patente ist im Anhang dokumentiert (Abb. 24).

neller Technologie zählen. Im zweiten Kapitel wurde diese Typologie zur Charakterisierung von Märkten herangezogen. Jeder Wirtschaftszweig wurde auf diese Weise einem der drei Technologietypen zugeordnet. Es können jedoch nicht nur Märkte, sondern auch Technologiefelder nach dieser Systematik klassifiziert werden, weil die Untersuchung von Grupp u.a. (2000: 15ff.) eine Konkordanz der Technologiefelder zu den Wirtschaftssektoren aufstellt. Entsprechend existieren für die Codes der Internationalen Patentklassifikation (IPC) Zuordnungsschlüssel. Das Ergebnis dieser Zuordnung ist in Tabelle 5 dokumentiert.

Ersichtlich ist in dieser Tabelle, dass der Großteil der Nanotechnologie-Patente der Spitzen- und der höherwertigen Technologie zuzurechnen sind, die zusammen die Kategorie der Hochtechnologie bilden. Insgesamt sind sowohl weltweit als auch auf Deutschland bezogen etwa drei Viertel aller Patente als überdurchschnittlich forschungsintensiv ausgewiesen. Die in Deutschland gemachten Erfindungen fallen dabei häufiger in die Kategorie der höherwertigen Technologie und auch der Niedrigtechnologie – im Vergleich zu den weltweit gemachten Erfindungen. In Deutschland ist die Wissenschaftsbindung der Nanotechnologie somit etwas geringer als weltweit (5 Prozent Differenz auf der Aggregationsebene Hochtechnologie). Alles in allem sind die Ergebnisse in Tabelle 5 ein deutliches Indiz dafür, dass Erfindungen in der Nanotechnologie mehrheitlich in erheblichem Maß auf Forschungswissen zurückgreifen. Vor dem Hintergrund der hohen Anzahl von Patentzitaten, die in der Analyse von Meyer identifiziert werden, können die unter dem Dach »Nanotechnologie« versammelten Teiltechnologien insgesamt als wissensbasiert bezeichnet werden.

Tabelle 5: Nanopatente nach Technologieklassifikation 1991–2000

	1991–1995		1996–2000	
	Welt	Deutschland	Welt	Deutschland
Spitzentechnologie	40 %	29 %	39 %	30 %
Höherwertige Technologie	41 %	47 %	39 %	43 %
Niedrigtechnologie	20 %	24 %	21 %	26 %
Anzahl Patentdokumente	1.463	222	3.595	623

(Quelle: eigene Erhebung, zur Datenerhebung vergleiche Anhänge)

3.4 Die kommerzielle Vermarktung von Nanotechnologien

Die in Abschnitt 3.1.2 erläuterten Anwendungsmöglichkeiten, die sich aus nanoskaligen Technologielösungen ergeben, bilden auch die Grundlage für die Abschätzung der Größe von Nanotechnologie-Märkten. In der VDI-Studie von Bachmann (1998: 125–137) wird Anfang des neuen Jahrtausends ein Weltmarkt von circa 50 Milliarden Euro prognostiziert. Die US-amerikanische National Science Foundation geht von einem Weltmarktvolumen von etwa 1 Billion US-Dollar im Jahr 2015 aus.[72] Abgesehen von solchen groben Schätzungen existieren derzeit keine zuverlässigen ländervergleichenden Daten zu Zahlungsströmen im Wirtschaftssystem, die auf Nanotechnologie zurückgerechnet werden können.

Zunächst scheinen sich alle Experten darin einig, dass es gegenwärtig noch keine bahnbrechenden kommerziellen Erfolge in der Nanotechnologie gegeben hat (INT2004.1-13). Die Kommerzialisierung der Nanotechnologie hat in den späten neunziger Jahren begonnen und aufgrund der unterschiedlichen Anwendungsfelder entwickelt sich derzeit kein zusammenhängender Nanotechnologie-Markt, sondern es entstehen mehrere Submärkte. Eine erste Schätzung wurde kürzlich von einer Expertengruppe des VDI-TZ vorgelegt, die für einzelne Marktsegmente weltweite Schätzungen des Weltmarktvolumens ermittelt hat (vergleiche Luther/Malanowski 2004). Die Autoren sehen insbesondere bei neuen Nanomaterialien wie Kohlenstoffnanoröhren, Polymernanokompositen, Aerogelen, organischen Halbleitern und anorganischen Nanopartikeln in den nächsten Jahren ein dynamisches Marktwachstum. Auch die Marktsegmente Medizin/Pharmazie und Kosmetik werden als bedeutende Wachstumsbereiche gesehen (vergleiche Tabelle 6).

In den Experteninterviews wurde auf die Schwierigkeiten verwiesen, aussagefähige Zahlen zu den Marktvolumina zu bestimmen (INT2004.9, INT2004.11, INT2004.12). Ein Experte erklärte dies folgendermaßen:

»Bei Nanomärkten muss man schon möglichst genau definieren. Sie wissen ja nie, was die Leute da alles zusammengezählt haben. Ich meine, wenn von diesen Tin-

72 Diese Schätzung stammt aus dem Jahr 2000 und wird seitdem immer wieder zitiert, zuletzt in: http://www.nano.gov/html/res/slides.pdf (letzter Zugriff: 30. April 2004), auch wenn sich letztlich nicht klar bestimmen lässt, wie sie ermittelt wurde. In einem Interview wurde hierzu angemerkt: »Mihael Roco came up with this one trillion dollars by 2015, he just came up with it, we tried to find out where he got it from. No one really knows. And it is quoted everywhere. He was like: it is a fifty trillion global economy, nanotech could impact one in three sectors. So, he thought that was a good number. You could fill a book with defending that number« (INT2004.2).

ten oder Füllstoffen 10 Prozent kleiner 100 Nanometer sind, ist das dann Nanomaterial oder müssen 90 Prozent kleiner 100 Nanometer sein, oder nur ein Teilchen von 1 Million oder wie soll es denn sein? Und dann ist auch die Frage, wird da der Materialpreis von einem Nanomaterial gerechnet oder der Systempreis. Die Materialien werden ja irgendwo eingebaut. Sie verkaufen ja nicht ein Pulver. Das kommt in irgendeinem Polymer vor. Das ist schon schwierig« (INT2004.12).

Tabelle 6: Geschätzte Weltmarktvolumina nanotechnologischer Produkte nach Marktsegmenten

Nanotechnologische Produkte	Jährliches Weltmarktvolumen (Bezugsjahr)
Medizin/Pharmazie	
Biophysikalische Analytik	181 Mio. USD (2002), 745 Mio. USD (2007)
Gesamtmarkt Biochips/Schnelltest	2 Mrd. USD (2010)
DNA-Chips	1,9 Mrd. USD (2006)
Protein-Chips	0,4 Mrd. USD (2006)
Nanobasierte Diagnostik und Analytik	80 Mio. USD (2002), 391 Mio. USD (2007)
Wirkstoffe und Drug Delivery	8 Mio. USD (2002), 33 Mio. USD (2007)
Tissue Engineering	0 Mio. USD (2002), 1,5 Mio. USD (2007)
Ag-Nanopartikel in Antimikrobia	1 Mio. USD (2005)
Kosmetik	
Nanopartikel in Sonnenschutzmilch	86,5 Mio. USD (2005)
Nanomaterialien	
Metalloxid-/Metall-Nanopartikel	900 Mio. USD (2005)
Nano-Kieselsäure	800 Mio. EUR (2003)
Nano-Schichtsilikate	25 Mio. USD (2006)
Kohlenstoffnanoröhren	145 Mio. USD (2005), 1,2 Mrd. USD (2006)
Carbon Black	3 Mrd. USD (2006), 8 Mrd. USD (2006)
Polymerdispersionen	15 Mrd. EUR (2002)
Organische Halbleiter	500 Mio. USD (2005)
Dendrimere	5–15 Mio. EUR (2006)
Mikronisierte Wirkstoffe	1 Mrd. EUR (2002)
Zeolithe	2,6 Mrd. USD (2006)
Aerogele	10 Mrd. USD (2005)
Polymere Nanokomposite	0,3 Mrd. USD (2006), 1,5 Mrd. EUR (2009)
Zwischenprodukte	
Korrosionsschutzpapier	10–50 Mio. EUR (2006)
Lacke	50–250 Mio. EUR (2006)
Folien für Displays	50–250 Mio. EUR (2006)
Markerstoffe	250–500 Mio. EUR (2006)
Nanosensoren	
Temperatursensoren	4,6 Mio. USD (2004), 217 Mio. USD (2011)
Druck-Sensoren	4,4 Mio. USD (2004), 87 Mio. USD (2011)
Chemische Sensoren	1,3 Mio. USD (2007), 36 Mio. USD (2011)

Nanotechnologische Produkte	Jährliches Weltmarktvolumen (Bezugsjahr)
Optische Industrie	
Ultrapräzisionsoptiken	1–5 Mrd. EUR (2006)
davon Lithografieoptiken	0,5–1 Mrd. EUR (2006)
Lithographie-Stepper	7,7 Mrd. USD (2006)
LED, davon weiße LED	1,5 Mrd. EUR (2006), 10–50 Mio. EUR (2006)
Diodenlaser	1,5 Mrd. EUR (2006)
davon Hochleistungs-Diodenlaser	50–250 Mio. EUR (2006)
Oled-Displays	0,1 Mrd. USD (2002), 2,5 Mrd. USD (2006)
CNT-FED	0,01 Mrd. USD (2002), 0,05 Mrd. USD (2006)
Optische Sensorik	1–5 Mrd. EUR (2006)
Laserinterferometer	10–50 Mio. EUR (2006)
Optische Dünnfilm-Messtechnik	250–500 Mio. EUR (2006)
Automobilbau	
Magnetelektronische Sensoren	600 Mio. USD (2006)
Antifog-Coatings für Scheinwerfer	50–250 Mio. EUR (2003)
Lacke	50–250 Mio. EUR (2006)
Automobilreifen	7 Mrd. EUR (2006)
Komponenten mit Hartschichten	0,5–1 Mrd. EUR (2006)
Elektronik	
CMOS-Elektronik <100 nm	20 Mrd. USD (2006)
GMR-HDD	26,6 Mrd. USD (2006)
MRAM	30–50 Mrd. USD (2010), (DRAM-Ersatz)

(Quelle: Luther/Malanowski 2004: 29)

Welt- und deutschlandweit existieren zahlreiche Firmen, die sich unter anderem oder ausschließlich mit Nanotechnologie beschäftigen. Wie weiter unten zu erläutern bleibt, sind gegenwärtig vor allem große Unternehmen wie IBM, Degussa, Novartis, Henkel, Siemens, Bayer oder BASF in diesem Technologiegebiet aktiv. Dies hängt damit zusammen, dass die Forschung und Entwicklung ausgesprochen teuer und damit für kleine und mittelständische Unternehmen (KMU) nicht finanzierbar ist. »Da kommen Sie mit 50 Millionen DM nicht weit«, wird Professor Helmut Schmidt vom Saarbrücker Institut für Neue Materialien in der Neuen Zürcher Zeitung zitiert. »Da brauchen Sie Milliarden-Investments. Im Wesentlichen werden einige Großkonzerne diese Dinge umsetzen.«[73] KMUs werden allgemein in der Rolle von Zulieferern gesehen und nicht als genuine Technologieentwickler (INT2004.7).

73 Neue Zürcher Zeitung vom 19. November 2003.

Die erheblichen Forschungs- und Entwicklungskosten sind ein wichtiges Hemmnis für Unternehmensgründungen. Zahlreiche Start-up-Unternehmen versuchen daher, Fördergelder im Rahmen der deutschen Nanotechnologie-Förderung des Bundesministeriums für Bildung und Forschung (BMBF) zu erhalten. Eine weitere Finanzierungsquelle stellen Venture-Capital-Gesellschaften dar. Die genannte Studie des VDI-TZ kommt diesbezüglich jedoch zu dem Schluss: »Die Zurückhaltung von Investitionen der Venture-Capital-Branche in Start-up-Unternehmen wirkt sich derzeit äußerst negativ auf Unternehmensgründungen im deutschen Nanotechnologie-Umfeld aus« (Luther/Malanowski 2004: 30). Ein Interviewpartner schätzte, dass die Hälfte der KMUs, die im Bereich Nanotechnologie gegenwärtig aktiv sind nach 2000 gegründet wurde (INT2004.9).

Auch in den USA, wo Venture-Capital-Gesellschaften bei der Finanzierung neuer Technologien eine bedeutendere Rolle als in Deutschland spielen, herrscht gegenwärtig noch Zurückhaltung. Im Wall Street Journal wird argumentiert:

»During the past year, scientists, entrepreneurs and futurists have barely been able to contain their excitement about nanotechnology. But for all the buzz, this emerging science has yet to attract wide investment from the world of venture capital. (...) The commercial applications of nanotechnology are still too far away for venture capitalists to open their wallets. While some selected start-ups involved in applications have secured venture capital, most of these fledgling firms haven't.«[74]

Auch auf der Seite institutioneller Anleger ist das Interesse an Nanotechnologie-Unternehmen eher als gering einzustufen. Derzeit existiert in Europa nur ein einziger Nanotechnologie-Aktienfonds. Der Activest-Lux-NanoTech-Fonds investiert derzeit gut 40 Prozent in Ausrüsterfirmen, deren Spezialequipement nanotechnologische Forschung erst ermöglicht. Weitere 15 Prozent fließen in Aktien der erwähnten Großunternehmen, der Rest in US-amerikanische Börsenwerte.[75] Diese Zurückhaltung hat sicher mit den in einigen Bereichen hohen Produktionskosten und nur kleinen Absatzmöglichkeiten zu tun. Die Herstellung von Nanokohlenstoffröhren ist beispielsweise gegenwärtig noch zu teuer, als dass sie Massenabnehmer finden würden. Hier werden in Zukunft billigere Produktionstechnologien zu entwickeln sein, um Abnehmer zu finden.[76] Auch werden beim Einsatz von Nanopartikeln nur geringe Mengen benötigt, so

74 The Wall Street Journal vom 1. Mai 2002.

75 Vergleiche hierzu Neue Zürcher Zeitung vom 13. Oktober 2003.

76 Nikkei Report vom 3. März 2003.

dass Marktnischen schnell eng werden können. Ein Beispiel aus der Onkologie mag das illustrieren. So argumentiert Professor Christiane Ziegler von der Universität Kaiserslautern bezüglich einer an der Berliner Charité entwickelten Krebstumor-Therapie: »In der Nanotechnologie wird mit kleinen Mengen gearbeitet. Um einen Krebstumor zu bekämpfen, braucht man nicht viele Partikel, man wird sie kaum tonnenweise absetzen können.«[77]

Es gibt trotz der berechtigten Skepsis vieler Kommentatoren bereits viel versprechende Nanotechnologie-Produkte. Ein Projektmanager der BASF Future Business GmbH wird in der FAZ zitiert: »Im Jahr 2001 stammten 85 Prozent des Umsatzes für Nanomaterialien und Beschichtungen bereits aus dem Verkauf etablierter Produkte.«[78] In der New York Times ist hierzu zu lesen:

»The new generation of nanomaterials is already taking commercial root. Nanoscale clay particles strengthen car bodies. Coatings made with aluminum-titanium nanoparticles add to the durability of boiler components and submarine periscopes for the U.S. Navy. Carbon nanotubes add stiffness to Babolat tennis rackets.«[79]

In viele Produktionsprozesse, ob von Haushaltsgeräten oder Speicherchips, werden Nanokomponenten eingreifen. Ein Beispiel hierfür sind selbstreinigende Keramikbeschichtungen für Easy-to-clean-Toiletten, wie sie die im Jahr 2000 gegründete Firma Nanogate Coatings Systems GmbH herstellt. Auch im Bereich der Kommunikationstechnologie sind nanoskalige Phänomene bereits eingedrungen. Die Financial Times schreibt:

»Nanotechnology is a more mature industry than many people realise. A third of cell phones today use nanotechnology in the power transistors inside. It's here, and it's been here for a long time – at least five or six years. For this reason, investors can feel reassured. But the nanotechnology field is so broad they need to choose their companies carefully. Not everything that goes under the nano label is truly nanoscience, and not every company will succeed.«[80]

Einige Interviewpartner haben argumentiert, dass man »klassische« von »neuen« Nanotechnologie-Märkten unterscheiden könnte, wobei das Marktvolumen maßgeblich die klassischen Produkte betrifft, in die »Nano« nun vordringe. Einer der befragten Experten aus dem Bereich Nano-Chemie umschrieb diesen Sachverhalt folgendermaßen:

---

77 Neue Zürcher Zeitung vom 19. November 2003.

78 Vergleiche hierzu Frankfurter Allgemeine Zeitung vom 19. Januar 2003.

79 The New York Times vom 22. Dezember 2003.

80 Financial Times (FT.Com) vom 18. März 2003.

»Die klassische Nanotechnologie, das ist Ruß, das sind Tinten, das sind Pigmente, das ist gefällte Kieselsäure, Füllstoffe für Papier und Lacke. Damit werden im Moment so 95 Prozent des Marktes bedient. Und die neueren Sachen, also das sind die Carbon-Nanotubes, spezielle Polymere, oder ganz feine Teile mit ganz speziellen Strukturen und Schichten, auch Analytikinstrumente. Das spielt ja auch ein bisschen eine Rolle. Das ist der Rest von dem Ganzen: 5 Prozent« (INT2004.12).

3.5 Nanoskalige Phänomene als Handlungsfeld der Technologie- und Innovationspolitik

Die Nanotechnologie wird häufig als Schlüsseltechnologie des 21. Jahrhunderts bezeichnet (vergleiche Grupp 1993: 65). In vielen entwickelten Industriegesellschaften ist sie daher zu einem wichtigen Betätigungsfeld der Technologie- und Innovationspolitik geworden. Großbritannien initiierte bereits 1986 eine National Initiative on Nanotechnology (NION) unter Federführung des National Physical Laboratory (vergleiche DTI 2001; Taylor 2002). In den neunziger Jahren sind dann in zahlreichen Ländern umfangreiche Forschungsförderprogramme aufgelegt worden, mit dem Ziel, die Entwicklung dieser Querschnittstechnologie zu unterstützen. Angesichts der vielerorts beträchtlichen Aufwendungen spricht Bachmann (1998: 89–101) von einem internationalen Forschungs- und Förderwettlauf. Das mit Abstand umfangreichste Förderprogramm findet sich in den USA, wo Nanotechnologie an oberster Stelle der technologiepolitischen Agenda steht. Hier wurde im Jahr 2000 eine alle Forschungsaktivitäten bündelnde National Nanotechnology Initiative (NNI) ins Leben gerufen, die die ohnehin umfangreichen Förderaktivitäten nochmals erweiterte. Von 116 Millionen Dollar im Jahr 1997 ist der Förderumfang der NNI in großen Sprüngen gestiegen und im Jahr 2002 bei 605 Millionen Dollar angelangt. 2003 soll die Förderung sogar 710 Millionen Dollar erreichen (vergleiche Roco 2001a; 2001b; 2002a; 2002b; 2003).

In Deutschland wird die Nanotechnologie seit Beginn der neunziger Jahre im Rahmen verschiedener Programme des BMBF gefördert (vergleiche BMBF 2002b; 2002c). Anfänglich wurden die beiden Programme »Materialforschung« und »Physikalische Technologien« aufgelegt, deren Schwerpunkte die Herstellung von Nanopulvern, die Erzeugung lateraler Strukturen auf Silizium sowie die Methodenentwicklung in der Nanoanalytik waren. Später kamen die Programme »Laserforschung« und »Optoelektronik« hinzu. In Tabelle 7 sind die durch das BMBF zur Verfügung gestellten Fördermittel für die Nanotechnologie im Verlauf der letzten Jahre dargestellt. Die Fördermittel schwanken im Zeitverlauf zwischen 20 und 30 Millionen Euro, erst ab 2001 steigt die Fördersumme erheblich. Der Großteil der BMBF-Förderung fließt in: (1) Verbundprojekte, deren typische Struktur darin besteht, dass Unternehmen mit einem oder mehreren Forschungseinrichtungen sachlich und zeitlich befristet an einem Forschungs- und Entwicklungsprojekt zusammenarbeiten. Die Kosten der Forschungseinrichtungen werden dabei zumeist zu 100 Prozent vom BMBF getragen, die Mittel der Industrie werden mit etwa 50 Prozent bezuschusst;[81] (2) Leitinnovationen-Projekte, die zu kurzfristig und am Standort Deutschland umsetzbaren Innovationen führen sollen; und (3) Pilot- oder Kleinprojekte, wo ein Forschungsinstitut mit einem Unternehmen zusammenarbeitet.

Wie in Tabelle 7 dargestellt, machen Verbundprojekte den Löwenanteil der Förderung von Nanotechnologie in Deutschland aus. Daneben stehen aber auch Fördermittel für die Vernetzung so genannter »Kompetenzzentren« bereit. Wie der vorangegangene Abschnitt 3.1 erläutert, übergreift die Nanotechnologie mehrere Disziplinen und Wirtschaftssektoren. Die Technologie- und Innovationspolitik in Deutschland hat in Reaktion hierauf ein spezifisches Förderinstrument entwickelt, dessen Ziel in der Vernetzung ebenjener disziplinär und sektoral heterogenen Akteure in der Nanotechnologie besteht. So gibt es seit 1998 die Förderinitiative »Kompetenzzentren Nanotechnologie«, in deren Rahmen die interorganisatorische Vernetzung von thematisch geclusterten Organisationen für fünf Jahre institutionell gefördert wird.[82] Diese organisationale Clusterung von Forschungs- und Entwicklungsaktivitäten in der Nanotechnologie folgt in etwa jener thematisch-funktionalen Gliederung von Bachmann (1998), nach welcher weiter oben die Nanotechnologie charakterisiert wurde. Ziel der Förderung dieser Kompetenzzentren ist es, die interorganisatorische Vernetzung in

81 Vergleiche allgemein zu Verbundprojekten Lütz (1993).

82 Die 1998 gegründeten Kompetenzzentren sind Nanoanalytik, Funktionalität durch Chemie (Nanochem), Analyse lateraler Strukturen (Nanoclub), Ultrapräzise Oberflächenbearbeitung (UPOB), Nanooptoelektronik (NanOp), Ultradünne Funktionale Schichten (UFS) und Kompetenzzentrum Nanomaterialien (NanoMat). Die vom BMBF geförderten Zentren wurden im Rahmen einer begleitenden Evaluation unter Beteiligung des Autors netzwerkanalytisch untersucht (vergleiche Bührer u.a. 2002). Bis zum Frühjahr 2004 ist die Zahl der Zentren auf neun gestiegen. Für einen aktuellen Überblick vergleiche http://www.techportal.de/ (letzter Zugriff: 9. September 2004).

den Themenschwerpunkten Nanotechnologie voranzutreiben, um damit in mittel- und langfristiger Perspektive eine selbsttragende Dynamik im Zusammenspiel innovationsrelevanter Akteure mit nachhaltigen wirtschaftlichen Effekten zu befördern (vergleiche Bührer u.a. 2002: 5).

Von der gesamten BMBF-Förderung fließen Mittel in die Fachprogramme Kommunikationstechnik, Nanomaterialien, Optische Nanotechnologien, Nanobiotechnologie, Nanoelektronik, Nanoproduktionstechnologien und Mikrosystemtechnik. Die Nanomaterialien und optischen Nanotechnologien werden kontinuierlich gefördert, während die Förderung der Nanoelektronik in den letzten Jahren sprunghaft angestiegen ist. In diesem Anstieg sind die erheblichen Erwartungen seitens der Technologie- und Innovationspolitik, aber auch der Industrie zur Realisierung nanoelektronischer Anwendungen ersichtlich, beispielsweise molekulare Elektronik und Feldemissionsdisplays mit Nanokohlenstoffröhren (vergleiche BMBF 2002b). Weiterhin hat das BMBF einen Nachwuchswettbewerb im Bereich Nanotechnologie ins Leben gerufen, dessen Ziel die Errichtung von bis zu 20 Nachwuchsgruppen an universitären oder außeruniversitären Forschungseinrichtungen ist. Für diese Fördermaßnahme werden für einen Zeitraum von fünf Jahren 75 Millionen Euro zur Verfügung gestellt (BMBF 2002c: 11). Ergänzend zum BMBF stellt auch das Bundeswirtschaftsministerium (BMWi) Fördermittel, insbesondere zur Förderung von KMUs im Bereich Nanotechnologie zur Verfügung. 2001 summierten sich die Aufwendungen hier auf insgesamt 6 Millionen Euro (vergleiche Tabelle 8).

Tabelle 7: Förderung der Nanotechnologie durch das BMFT/BMBF 1993–2002, in Millionen Euro

	1993	1994	1995	1996	1997	1998	1999	2000	2001	2002
Verbundprojekte	22,4	24,7	31,0	34,9	29,6	27,0	31,1	32,7	52,0	86,7
Kompetenzzentren	–	–	–	–	–	0,6	1,6	2,1	2,1	1,8
Summe (in Mio. €)	22,4	24,7	31,0	34,9	29,6	27,6	32,7	34,8	54,1	88,5

(Quellen: Bachmann 1998: 89ff.; BMBF 2002b: 15)

Neben der ministeriellen Förderung von Forschungsprojekten werden die etablierten Forschungsorganisationen des deutschen Wissenschaftssystems (DFG, MPG, FhG, HGF, WGL) zusätzlich institutionell gefördert. Im Jahr 2001 belief sich diese institutionelle Förderung auf 93 Millionen Euro, wobei die DFG mit 25 Millionen Euro und die HGF mit 26 Millionen Euro den jeweils größten Anteil erhielten. Durch die Deutsche Forschungsgemeinschaft (DFG) werden vor allem Sonderforschungsbereiche finanziert, zum Beispiel der SFB »Nanostrukturen an Grenzflächen und Oberflächen« (seit 1996) und der SFB »Nanopositionier- und Nanomessmaschinen« (seit 2002). An der Universität Karlsruhe gibt es seit 2001 ein durch die DFG gefördertes Forschungszentrum »Funktionelle Nanostrukturen«. Ebenfalls durch die DFG wird seit 1997 ein Schwerpunktprogramm zu »Grundlagen der elektrochemischen Nanotechnologie« finanziert (DFG 2001). Rechnet man alle Fördermittel zusammen, so ergibt sich für die Jahre 2001 eine Gesamtfördersumme der öffentlichen Hand von 153,1 Millionen und für das Jahr 2002 197,5 Millionen Euro (BMBF 2002b: 18). Die in Tabelle 8 zusammengestellten Daten zeigen weiterhin, dass auch die Industrie projektbezogene und institutionelle Förderung in der Nanotechnologie betreibt. Verbundprojekte müssen kofinanziert sein, so dass die BMBF- beziehungsweise BMWi-Förderung durch entsprechende Industriemittel ergänzt wird. Auch in der institutionellen Förderung ist die Wirtschaft aktiv.

Tabelle 8: Umfang und Herkunft der Forschungsressourcen in der Nanotechnologie Deutschlands 2001, in Millionen Euro

	Summe	Öffentliche Mittel	Industriemittel
Projektförderung mit BMBF-Beteiligung	96,6	54,1	42,5
Projektförderung mit BMWi-Beteiligung	8,0	6,0	2,0
Institutionelle Förderung (DFG, MPG, FhG, WGL, HGF)	112,7	93,0	19,7
Summe (in Mio. €)	217,3	153,1	64,2

(Quelle: BMBF 2002b: Tabelle 5)

In der Förderung der Nanotechnologie spielt auch die europäische Ebene eine wichtige Rolle. Bereits im vierten Rahmenprogramm (1994–1998) wurden etwa 80 Projekte im Bereich Nanotechnologie gefördert (Europäische Kommission 2002). Insgesamt umfassten diese Projekte ein Fördervolumen von 90 bis 95 Millionen Euro, wobei eine starke Zunahme insbesondere in den Jahren 1997 (23 Millionen Euro) und 1998 (26 Millionen Euro) zu beobachten war. Im fünften Forschungsrahmenprogramm (1998–2002) entfielen jährlich etwa 45 Millionen Euro auf die Nanotechnologie. Die Förderung erfolgte in diesem Zeitraum sowohl im Rahmen der vier thematischen Forschungsprogramme als auch der drei Querschnittsprogramme. Einen spezifisch auf Nanotechnologie ausgerichtetes Sonderprogramm gab es hierbei nicht, vielmehr wurde die Nanotechnologie thematisch breit gefördert. Dies hat sich im gegenwärtigen sechsten Rahmenprogramm (2003–2006) geändert. Hier ist Nanotechnologie als eines von sechs Prioritätsgebieten institutionalisiert worden. Insgesamt sollen für die Nanotechnologie 1,3 Milliarden Euro bereitgestellt werden, was etwa 7,5 Prozent aller zur Verfügung stehenden Fördermittel dieses Rahmenprogramms der Europäischen Union (ebd.) entspricht.

3.6 Utopien und Dystopien

Neue Technologien, dies hat sich am Fall der Biotechnologie eindrucksvoll gezeigt, ziehen erhebliche Aufmerksamkeit im Funktionssystem der Massenmedien auf sich. Dies ist im Feld Nanotechnologie nicht anders. Ein Blick in die Presselandschaft veranschaulicht, dass die öffentliche Aufmerksamkeit für Nanotechnologie in den letzten Jahren förmlich explodiert ist (vergleiche Abb. 11). Interessant ist der erhebliche Zeitverzug von knapp zehn Jahren, mit dem die öffentliche Wahrnehmung hinter der Dynamik in Wissenschaft (Abb. 8) und Technologie (Abb. 9) zurückfällt. Erst im Jahre 2000 steigt die Anzahl von Artikeln deutlich an, während der Take-off der wissenschaftlichen Publikationen bereits auf 1991 zu datieren ist und die Patentanmeldungen in der zweiten Hälfte der neunziger Jahre steil ansteigen.

Die mit dieser Aufmerksamkeit verbundenen populärwissenschaftlichen, aber auch wissenschaftlichen Diskurse verlaufen häufig zwischen utopischen und dystopischen Visionen über die gesellschaftliche Nutzung der neuen Technologie: »This is most obvious in the current debate on biotechnology in which both advocates and critics mobilize an arsenal of colourful metaphors to describe the future, either in glowing or desparing terms« (Krücken 2002). Dies gilt auch für die Nanotechnologie (vergleiche Coenen 2003). Mit dem Vordringen in die atomare und molekulare Ebene sind nanotechnologische Zukunftsvisionen entstanden, die insbesondere den selbstorganisierten Aufbau von Materie und Visionen von selbstreproduktiven Nanorobotern zum Inhalt haben. Als einer der ersten »Nanotechnologen« vertritt Eric Drexler die »molecuar-engineering«-These seit Mitte der achtziger Jahre und damit die Vorstellung, dass Produkte und Maschinen in Zukunft nicht nur Atom für Atom genau aufgebaut werden können, sondern dass dieser Prozess als Selbstorganisation in Gang gesetzt werden kann (Drexler 1986; 1992). Drexler wird von einigen Wissenschaftlern als Phantast abgetan und insbesondere die Debatte mit dem Chemie-Nobelpreisträger und Nanotubes-Erfinder, Richard Smalley von der Rice University, der diese Aussagen Drexlers zur kontrollierten Selbstorganisation von Atomen und Molekülen explizit ablehnt, hat zu einer breiteren öffentlichen Diskussion über die Realisierungschancen dieser Form von Nanotechnologie geführt. Das in Palo Alto gelegene Foresight Institute ist die zentrale organisationale Plattform Drexlers. Das Foresight Institute organisiert eine jährliche Konferenz in Washington, D.C., lobt den Feynman Prize aus und bietet laufend Veranstaltungen, Fortbildungen und Workshops zu unterschiedlichen Themen der Nanotechnologie an.[83] Drexler hat in zahlreichen Kommentaren herausgestellt, dass er die gesteuerte Selbstorganisation von Atomen und Molekülen und damit auch die Herstellung von Nanorobotern grundsätzlich für möglich hält, dass die Realisierungsmöglichkeiten derzeit jedoch nicht gegeben sind und die konkrete Umsetzung daher einen langfristigen Horizont hat. In einem kürzlich gegebenen Interview sagte er zu diesem Thema:

»My work has explored consequences of the Feynman vision of nanotechnology, based on nanomachines building with atom-by-atom control. Achieving this is a long-term engineering objective, not something that can be done in the laboratory today. Once developed, the resulting molecular manufacturing technology promises enormous potential upsides and downsides. If it is feasible, then molecular manufacturing is the natural long-term goal for nanotechnology. If it were impossible, it would be a distracting illusion.«[84]

Zur Debatte um die Zukunft der Nanotechnologie gehören auch jene Kritiker, die Nanotechnologie als moderne Dystopia präsentieren, die schädlich und zerstörerisch für die natürliche Umwelt und damit auch den Menschen sei. Bill Joy, Mitbegründer von Sun Microsystems hat vor gefräßigen Nanorobotern gewarnt, die – einmal außer Kontrolle geraten – die Welt in »grauen Schleim« (*grey goo*) verwandeln würden.[85] Vor dem Hintergrund einer durch solche Aussagen sich möglicherweise formierenden Nanotechnologie-Gegenbewegung weist die Aussage Richard Smalley's, Eric Drexler's Robotervisionen gehörten ins Reich der Phantasie, eine politische Dimension auf. Ein Interviewpartner, der die Einzelheiten der Debatte sehr gut kennt, hat sich in genau diesem Sinne geäußert:

83 Die Homepage des Foresight Institute ist http://www.foresight.org/ (letzter Zugriff: 30. April 2004).

84 Interview mit U.S. News & World Report vom 4. September 2003.

85 Der Aufsatz von Bill Joy ist in Wired, Ausgabe 8/2000 erschienen und abrufbar unter http://www.wired.com/wired/archive/8.04/joy_pr.html (letzter Zugriff: 30. April 2004).

»Isn't it a good idea that there are people out there who say it is not possible, just from a public relation point of view? From the viewpoint of advancing the technology preventing a public backlash, as there was with genetic engineering, wouldn't it be in the interest of the scientific community to say we will never get nanorobots and molecular manufacturing people worry about?« (INT2004.2).

Es existiert gegenwärtig eine ganze Reihe ungelöster Fragen, insbesondere was die Verträglichkeit von Nanopartikeln mit der natürlichen Umwelt angeht. So wurde festgestellt, dass Nanopartikel Lungenfunktionsstörungen bei Mäusen auslösen, wenn sie eingeatmet werden.[86] Ebenso wurde gezeigt,

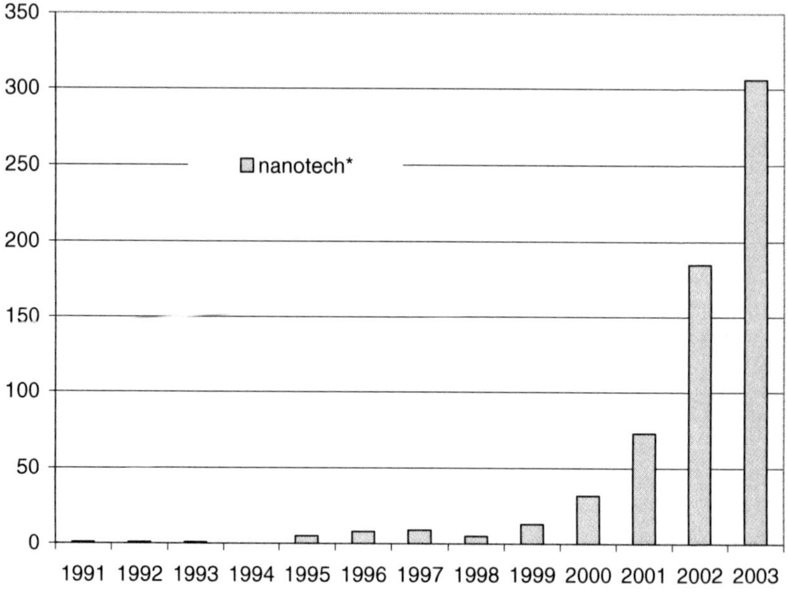

Abb. 11: Anzahl von Artikeln zum Thema Nanotechnologie in der Tages- und Wochenpresse 1991–2003 (deutsch- und englischsprachig, weltweit)

(Quelle: Factiva)[87]

86 Die Ergebnisse stammen von Procter & Gamble (Cincinnati, Ohio, USA), der Health and Environmental Allicance (Cincinnati, Ohio, USA), der Rochester University (New York, USA) und wurden beim Jahrestreffen der American Chemical Society in Anaheim, Kalifornien, USA am 28. März 2004 auf dem Symposium »Nanotechnology and the Environment« IEC 21 vorgestellt: »The use of fluorescently labeled nanoparticles to determine the effect of particle size on translocation from the lung«: http://oasys2.confex.com/acs/227nm/techprogram/P713337.HTM (letzter Zugriff 30. April 2004).

87 Factiva ist eine Datenbank von Dow Jones Reuters, die den Inhalt aller wichtigen allgemeinen und Wirtschaftszeitungen bereithält (zum Beispiel Wall Street Journal, Financial

dass Fullerene (Nanokohlenstoffröhren) im Wasser bei Fischen zu Schädigungen des Gehirns führen können.[88] Diese Studien sind erste Anhaltspunkte, im Großen und Ganzen sind die mit Nanotechnologie verbundenen Gesundheitsrisiken jedoch unerforscht. Es fehlt derzeit umfassendes Wissen, weil nanoskalige Partikel und Strukturen bisher recht selten verwendet werden. Aus diesem Grund hat die Umweltorganisation ETC[89] ein Moratorium gefordert, mit dem die Verwendung von Nanopartikeln in kommerziellen Produkten gestoppt werden soll, solange die möglichen verschmutzungsbezogenen und toxikologischen Wirkungen nicht erforscht sind. ETC weist insbesondere auf die Gefahr ökologisch nicht abbaubarer Kleinstteilchen hin, die die natürliche Umwelt nachhaltig schädigen könnten (ETC-Group 2003). Auch Greenpeace hat sich zur Nanotechnologie geäußert. Eine im Auftrag von Greenpeace erstellte Studie weist auf die Dringlichkeit einer ethischen und sozialwissenschaftlichen Begleitforschung hin, hält jedoch das von der ETC-Group geforderte Moratorium für nicht praktikabel (Arnall 2003). Nicht zuletzt aus diesen Gründen stehen Studien zur Toxizität von Nanopartikeln auf der Agenda der US-amerikanischen Environmental Protection Agency als auch der Europäischen Kommission. Bislang sind die Nanotechnologie-Skeptiker in der Minderheit. Es bleibt abzuwarten, ob sich hier eine ähnliche Gegenbewegung wie in der Gentechnologie formieren oder die bislang positive Rezeption in der Öffentlichkeit und der Politik anhalten wird.

Times, Handelsblatt, FAZ). Sie ist kostenpflichtig und online verfügbar unter https://global.factiva.com.

88 Die Ergebnisse stammen von der Southern Methodist University, Houston (USA) und wurden beim Jahrestreffen der American Chemical Society in Anaheim, Kalifornien, USA am 28. März 2004 auf dem Symposium »Nanotechnology and the Environment« IEC 21 vorgestellt: »Toxicity of nC60 fullerenes to two aquatic species: Daphnia and largemouth bass«: http://oasys2.confex.com/acs/227nm/techprogram/P719002.HTM (letzter Zugriff 30. April 2004).

89 Vergleiche http://www.etcgroup.org/about.asp (letzter Zugriff 9. September 2004).

4. Forschungsdesign der Arbeit

Im vorliegenden Kapitel wird das Forschungsdesign der Arbeit skizziert, das die konzeptuellen Überlegungen aus den vorangegangenen Abschnitten aufnimmt und am Beispiel der Nanotechnologie in Deutschland beispielhaft diskutiert. Im Gegensatz zu kleineren wissenschaftsbasierten Feldern wie beispielsweise Lasermedizin oder neuronale Netze, in denen nur eine begrenzte Anzahl von Akteuren aktiv ist, werden nanoskalige Phänomene von sehr vielen Organisationen beforscht und zur Lösung ganz unterschiedlicher technologischer Probleme eingesetzt. Entsprechend umfasst das Untersuchungssample der vorliegenden Arbeit mehrere hundert Organisationen. Dies soll es ermöglichen, generalisierende empirische Schlussfolgerungen vor dem Hintergrund der konzeptuellen Aussagen des zweiten Kapitels zu treffen.

In Abschnitt 4.1 wird die Auswahl der Analyseeinheiten und der Zeitraum der Untersuchung erläutert. Hier werden auch die drei Arten von Interorganisationsbeziehungen eingeführt, die im Zentrum der Arbeit stehen. Im Anschluss wird in Abschnitt 4.2 die Datenerhebung erläutert. Hierzu zählen die Auswahl der zu untersuchenden Organisationen und die Operationalisierung der funktionssystemischen Binnenstrukturen auf organisationaler Ebene. In Abschnitt 4.3 werden die Ergebnisse der Datenerhebung präsentiert. Eine detaillierte Darstellung der verwendeten Datenbanken und Datenaufbereitungsschritte findet sich in den Anhängen 1–3.

Die Darstellung des Forschungsdesigns beschränkt sich in diesem Kapitel auf den quantitativen Teil der Datensammlung und -aufbereitung. Zusätzlich zur indikatorischen Beschreibung von Organisationen und Interorganisationsnetzwerken wurden qualitative Interviews mit Experten durchgeführt. Ein Teil dieser Interviews wurde in den USA während eines Forschungsaufenthaltes gemacht, ein zweiter Teil in Deutschland. Die Liste der durchgeführten Interviews einschließlich eines Überblicks zu den verwendeten Interview-Leitfäden sind im Anhang dokumentiert.

4.1 Analyseeinheiten und Zeitraum der Untersuchung

4.1.1 Organisationen

Die vorliegende Studie rückt interorganisatorische Netzwerke der Nanotechnologie Deutschlands in den Mittelpunkt der Analyse. Analyseeinheiten sind Organisationen und Interaktionsbeziehungen zwischen diesen Organisationen im wissensbasierten Feld der Nanotechnologie. Es geht um Universitäten, außeruniversitäre Forschungsinstitute, Unternehmen und ihre Kommunikations- und Leistungsbeziehungen im Prozess der Technologieentwicklung.

Zunächst wird die Nanotechnologie als Ganzes thematisiert und nicht einzelne Subfelder, beispielsweise Nanochemie oder Nanomaterialien. Diese Abgrenzung des Technologiefeldes lässt sich mit den erheblichen Querbezügen zwischen sowohl wissenschaftlichen Disziplinen als auch Themenfeldern der Technologie begründen. Nanokohlenstoffröhren werden aus der Forschungsperspcktive der Physik und der Chemie untersucht, und ihre Anwendung betrifft sowohl Flachbildschirme als auch Energiespeicherung durch Einschluss von Wasserstoff. Nanopulver sind Thema sowohl in der Chemie als auch der Verfahrenstechnik und sie kommen sowohl bei der Oberflächenveredlung als auch bei der Herstellung neuartiger Keramiken zum Einsatz. In den erwähnten »Kompetenzzentren Nanotechnologie« existieren zahlreiche Doppel- und Dreifachmitgliedschaften einzelner Organisationseinheiten (vergleiche Bührer u.a. 2002). Eine säuberliche Trennung in Nanoanalytik, Nanochemie, Nanooberflächen, Nanoelektronik ist beim gegenwärtigen Stand der technologischen Entwicklung auf organisationaler Ebene nicht durchgängig möglich.

Ausgewählt wird die oberste Organisationsebene. Diese Auswahl hat vor allem forschungspragmatische Gründe. Voruntersuchungen haben gezeigt, dass die Anzahl der relevanten Akteure in der Nanotechnologie Deutschlands sehr groß ist. An nahezu allen Universitäten und an sehr vielen außeruniversitären Forschungsinstituten wird nanowissenschaftliche Forschung betrieben. Würde man auf der Wissenschaftsseite Untereinheiten betrachten, also beispielsweise Fakultäten, Lehrstühle, universitäre Institute oder Abteilungen in den außeruniversitären Forschungsinstituten, dann vergrößerte sich die Anzahl der Organisationen um ein Vielfaches. Eine solche Anzahl von Untersuchungsobjekten ist im Rahmen einer Dissertation nur schwer zu bewältigen.

Darüber hinaus sind für solche Untereinheiten oft keine Informationen zu beschaffen. So lassen sich Anmelder und Erfinder von Patenten in aller Regel nur auf der obersten Organisationsebene identifizieren, weil man Fakultäten, Institute oder einzelne Lehrstühle im SCI nur schwer erfassen kann. Bei Voruntersuchungen mit dem Science Citation Index hat sich gezeigt, dass sich in sehr vielen Fällen solche Untereinheiten nicht eindeutig abgrenzen lassen und es zudem erhebliche Inkonsistenzen bei der Namensgebung gibt, welche sich nur durch ein aufwendiges manuelles Datencleaning beseitigen lassen. Die vorliegende Untersuchung umfasst insgesamt etwa 350 Organisationen. Die Abgrenzungsprobleme und das Datencleaning sind bereits auf der obersten Organisationsebene beträchtlich. Forschungsorganisationen werden im Folgenden auf der obersten organisationalen Ebene abgegrenzt, also Universitäten, FhG-Institute, MPG-Institute, WGL-Institute, HGF-Zentren und sonstige Forschungseinrichtungen. Es liegt auf der Hand, dass die Größe der Organisationseinheiten variiert, insbesondere was HGF-Zentren angeht. Bei den Universitäten ist zu beachten, dass oftmals eine, aber auch mehrere Fakultäten oder Lehrstühle in der Nanotechnologie aktiv sind. Dies hat Konsequenzen für die Interpretation der empirischen Ergebnisse, die an den entsprechenden Stellen der Hypothesenprüfung zur Sprache kommen werden.

Unternehmen werden als rechtlich selbständige Einheiten abgegrenzt. Jede AG, Kommanditgesellschaft oder GmbH wird als eigenständige Organisationseinheit behandelt. Dies ist eine Vereinfachung der empirischen Realität, weil gerade in Deutschland komplexe Konzernstrukturen verbreitet sind.[90] Aus diesem Grund wurden in offensichtlichen Fällen Konzerntöchter dem Mutterkonzern zugeordnet. Beispiele sind die BASF Schwarzheide GmbH, die der BASF AG zugeschlagen wird, und die JENOPTIK Laserdiode GmbH, die Teil des Jenoptik-Konzern ist. Auch die Töchter der Bayer AG, zum Beispiel Bayer Polymers oder Bayer Chemicals, wurden dem Mutterkonzern zugerechnet. Es wurde in jedem offensichtlichen Fall in der Hoppenstedt-Datenbank ermittelt, ob eine entsprechende Kontrollbeziehung (zumeist 75 Prozent beziehungsweise häufig 100 Prozent) vorliegt. Weiterhin wurden Betriebsteile größerer Unternehmen zusammengefasst. Bei der Bayer AG wurden beispielsweise das Werk Uerdingen (UF-SF/Verfahrenschemie) und das Werk Dormagen (Geschäftsbereich Polyurethane – Ressort Forschung) als Einheit behandelt, auch wenn diese

90 Vergleiche zum Beispiel Windolf/Nollert (2001) und Heinze (2004).

in der Projekt- oder Patentdatenbank als eigenständige Einheiten aufgeführt sind. Gleiches gilt für die DaimlerChrysler Forschungslabore in Ulm und München sowie bei Siemens die Forschungsabteilungen in Erlangen und München. Eine umfassende Analyse der Konzernstrukturen wurde jedoch nicht vorgenommen.

4.1.2 Interorganisationsbeziehungen

Neben Organisationen stehen Interorganisationsbeziehungen im Zentrum der Analyse. Die Diskussion im zweiten Abschnitt hat hierzu gezeigt, dass es eine Vielzahl unterschiedlicher Interaktionsformen gibt. In der vorliegenden Studie werden drei Interaktionsdimensionen untersucht, von denen vermutet wird, dass sie die Kopplungsbeziehung zwischen Wissenschaft und Wirtschaft approximativ abbilden: Koprojekte, Kopublikationen und Kopatentanmeldungen.[91] Hierbei handelt es sich um formale Interorganisationsbeziehungen.

Koprojekte

Eine recht allgemeine Art und Weise, funktionssystemübergreifenden Kooperationen zwischen Forschungseinrichtungen und Unternehmen zu erfassen, besteht in der netzwerkanalytischen Untersuchung von Forschungsprojekten. In den letzten Jahren ist durch die Verfügbarkeit von Projektdatenbanken das Interesse an ihrer Auswertung gestiegen (vergleiche Tijssen 1998; Peters u.a. 1998; Schartinger u.a. 2001). Der Umfang der deutschland- und europaweit durchgeführten Forschung in diesem Technologiefeld ist beträchtlich und sie umfasst sowohl Grundlagen- als auch Anwendungsforschung. Weiter oben wurde der Zuwachs dokumentiert, mit dem die nationale und europäische Technologie- und Innovationspolitik Kooperationsforschungsprojekte zwischen Industrie und Wissenschaft seit Anfang der neunziger Jahre fördert. Sowohl das BMBF als auch die Europäische Kommission fördern vor allem angewandte Forschung, während die Grundlagenforschung in Deutschland von der Deutschen Forschungsgemeinschaft (DFG) finanziert wird. Zum Zeitpunkt der Datenerhebung existierten keine Datenbanken zu Grundlagenforschung, so dass grundlagenorientierte Forschungsprojekte netzwerkanalytisch nicht ausgewertet

91 Im Folgenden wird »Kopatente« gleichbedeutend mit Kopatentanmeldungen benutzt.

werden konnten.[92] Dagegen konnten Projekte der angewandten Forschung mithilfe spezieller Datenbanken des BMBF und der Europäischen Kommission ausgewertet werden. Kooperationsforschung führt in aller Regel zu messbaren Resultaten, entweder zu Publikationen (wissenschaftlicher Output) oder zu Patenten (technologischer Output). Diese beiden Dimensionen sind den Forschungsprojekten zeitlich und kausal nachgelagert.

Kopublikationen

Sofern die Produktion wissenschaftlichen Wissens organisationsübergreifend erfolgt, können Kopublikationen zur Kartierung ebensolcher Kooperationen herangezogen werden. Auch Unternehmen sind, wenngleich in geringem Umfang, an der Produktion von Veröffentlichungen beteiligt. Die Analyse von Kopublikationen kann Auskunft über Interaktionsbeziehungen zwischen Unternehmen und Forschungseinrichtungen bei der Produktion wissenschaftlichen Wissens geben, ebenso wie sie zur Analyse der innerwissenschaftlichen Interaktionsstrukturen dient. Auch wenn es gewisse Vorbehalte gegenüber ihrer Verwendung gibt, nicht zuletzt weil sie nicht alle Kooperationen im Forschungsprozess abbilden (vergleiche Katz/Martin 1997; Laudel 2002), sind sie etablierte Indikatoren in der Szientometrie (vergleiche Melin/Persson 1996; Bordons/Gómez 2000; Newman 2001).

Kopatente

Die organisationsübergreifende Produktion technologischen Wissens spielt für die Entwicklung der Nanotechnologie eine wichtige Rolle. Die Analyse von Patenten kann hierzu einen Beschreibungs- und Erklärungsbeitrag liefern. Traditionell melden Unternehmen Patente an. Allerdings sind in wissensbasierten Technologien öffentliche Forschungseinrichtungen in beträchtlichem Umfang an der Technologieentwicklung beteiligt. Um den Beitrag von Universitäten und außeruniversitären Forschungsinstituten für die Nanotechnologie abschätzen zu können, wird das Erfinderfeld von Patentschriften ausgewertet. Sofern sich die organisationale Herkunft von Erfindern bestimmen lässt, können Rückschlüsse zum Beitrag von Universitäten und außeruniversitären Forschungsinstituten für die Technologieentwicklung gezogen werden. Wenn beispielsweise die Siemens AG ein

92 Die Deutsche Forschungsgemeinschaft hat kürzlich eine Datenbank mit allen DFG-geförderten Forschungsprojekten im Internet verfügbar gemacht, die für die vorliegende Studie jedoch nicht mehr ausgewertet werden konnte. Vergleiche http://www.dfg.de/gepris/index.html (letzter Zugriff 9. September 2004).

Patent anmeldet und als Erfinder Wissenschaftler der Universität Bamberg und München identifiziert werden, dann ergibt sich eine Interorganisationsbeziehung Siemens – Universität Bamberg, Siemens – Universität München und Universität Bamberg – Universität München. Der konkrete Inhalt und die Ausgestaltung der Interorganisationsbeziehungen stehen dabei nicht im Vordergrund der Analyse. Es wird angenommen, dass im Zuge der Entwicklung eines Patents Kontakte zwischen Mitgliedern dieser Organisationen bestehen.

Die Verwendung formaler Interaktionsbeziehungen deckt nicht das ganze Spektrum realer Interaktionen ab. Insbesondere informelle Beziehungen werden mit den drei Dimensionen nicht direkt erfasst. Formale Interaktionsstrukturen indizieren aber, zwischen welchen Akteuren und in welchem Umfang auch informelle Beziehungen existieren. Sie sind ein konservatives Maß, das über die Vielzahl realer Kooperationsbeziehungen Auskunft gibt. Freeman hat hierzu argumentiert, dass: »behind every formal network, giving it the breath of life, are usually various informal networks. [...] Informal networks are extremely important, but very hard to classify and measure« (Freeman 1991: 500–503). Powell berichtet mit Blick auf Technologieallianzen zwischen Unternehmen in der Biotechnologie:

»In our view, collaborations in high-tech industries typically reflect more than just a formal contractual exchange. When the first author presented the chief executive officer (CEO) of Centocor with a list of his firm's formal agreements, he observed that it was the ›the tip of the iceberg‹ – it excludes dozen of handshake deals and informal collaborations, as well as probably hundreds of collaborations of our company's scientists with colleagues elsewhere. Beneath most formal ties, then, lies a sea of informal relations. Many alliances – no matter what their ostensible function – reflect a relationship that carries benefits beyond the particular exchange designated in a formal agreement« (Powell u.a. 1996: 120).

4.1.3 Zeitraum der Analyse

Die vorliegende Analyse betrachtet den Zeitraum 1991–2000. Es werden hierbei nicht einzelne Jahre erfasst und analysiert, sondern zwei Zeitfenster, 1991–1995 und 1996–2000, gegenübergestellt. Die Auswahl dieser Zeitfenster steht vor dem Hintergrund von Abb. 9, die zwei Phasen des Patentierungsgeschehens dokumentiert. In der ersten Hälfte der neunziger Jahre setzt sich jener moderate Anstieg der Patentierungsaktivitäten fort, der seit der Erfindung des Rastertunnelmikroskops Anfang der achtziger

Jahre in Gang gekommen ist. In der zweiten Hälfte der neunziger Jahre sieht man dagegen einen sprunghaften Wachstumsschub bei der Erfindungstätigkeit. In dieser Zeit werden in Deutschland etwa dreimal so viele Patente angemeldet wie in 1991–1995. Auch die Zahl der Publikationen und Projekte expandiert im zweiten Zeitfenster erheblich. Mit der Auswahl beider Zeitfenster wird Bezug auf reale Veränderungen des Technologiefeldes genommen und versucht, dessen strukturelle Dynamik zeitlich adäquat abzubilden. Der Untersuchungszeitraum lässt sich nicht bis an den aktuellen Rand ausdehnen, insbesondere wegen der 18 Monate dauernden Frist bis zur Veröffentlichung von Patentschriften am EPA. Die Datenerhebung erfolgte großenteils in 2002 und 2003, so dass die Jahre bis 2000 als weitgehend erfasst gelten können.

4.2 Erläuterungen zur Datenerhebung

4.2.1 Auswahl der zu untersuchenden Organisationen und Erhebung der Interorganisationsnetzwerke

Die Erhebung interorganisatorischer Netzwerke ist generell vor ein methodisches Problem gestellt: die Auswahl der zum Netzwerk zu zählenden Organisationen (vergleiche Laumann u.a. 1989). Im vorliegenden Forschungsdesign stellt sich dieses Problem gleich dreimal, weil drei Interaktionsdimensionen erhoben werden. Die Abgrenzung der relevanten Organisationen erfolgte mithilfe einer bewussten Auswahl über die zwei bereits erwähnten Indikatoren: Publikationen und Patente. Es wurden all jene Organisationen identifiziert, die in einem der beiden Zeitfenster 1991–1995 oder 1996–2000 entweder publizieren und damit wissenschaftlich aktiv sind, oder patentieren und sich damit aktiv an der Technologieentwicklung beteiligen. In einem ersten Schritt wurden mithilfe von Stichwortrecherchen in ausgewählten Datenbanken »Nanowissenschaft« und »Nanotechnologie« voneinander abgegrenzt und alle in diesen beiden Feldern aktiven Organisationen bestimmt. In einem zweiten Schritt wurden die Interorganisationsbeziehungen für die so ermittelten Organisationen in den drei Interaktionsdimensionen erhoben. Eine überblickshafte Darstellung der Datenerhebung findet sich in Abb. 12. Erläuterungen folgen in den Abschnitten 4.2.1.1 bis 4.2.1.3. Weiterführende Details sind in den Anhängen dokumentiert.

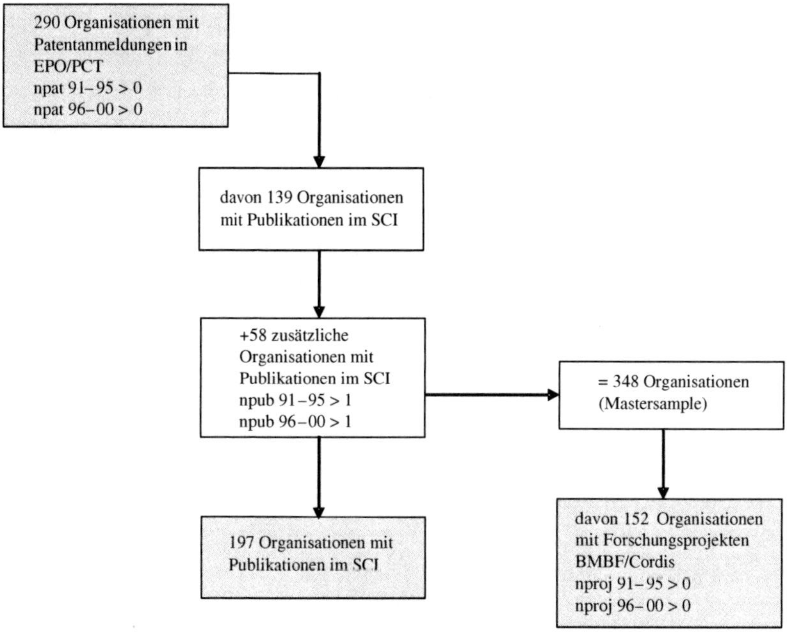

Anmerkung: npat = Anzahl Patente, npub = Anzahl Publikationen, nproj = Anzahl Projekte

Abb. 12: Datenerhebung für die drei Interaktionsdimensionen

(Quelle: eigene Erstellung)

4.2.1.1 Patente

Patentanalysen stützen sich in aller Regel auf die Auswertung des Anmelderfeldes. Da Patentschriften Eigentumsrechte beinhalten, hat man es regelmäßig mit einem Anmelder zu tun, in seltenen Fällen mit zwei Anmeldern. Eine netzwerkanalytische Auswertung von ausschließlich Koanmeldern erscheint daher wenig sinnvoll. Weiterhin ist der Anmelder nicht notwendigerweise identisch mit der geistigen Herkunft der Erfindung, welche im Erfinderfeld angegeben ist. Es bedarf vielmehr der Auswertung des Erfinderfeldes zusammen mit dem Anmelderfeld, um die für die Technologieproduktion relevanten Interorganisationsbeziehungen zu identifizieren. Kopatente sind somit vor allem Anmelder-Erfinder-Relationen.

Nachdem alle relevanten Patentschriften bestimmt sind, schließt sich die Auswertung des Anmelder- und Erfinderfelds an. Das Anmelderfeld gibt Aufschluss über die juristische Person, welche das Patent einreicht. Der oder die Anmelder sind zugleich die Besitzer der gewerblichen Schutzrechte. Das Erfinderfeld gibt die geistige Herkunft an, zumeist natürliche Personen mit ihrer privaten Adresse. Im Erfinderfeld ist in aller Regel keine Information zur organisationalen Herkunft eines Erfinders dokumentiert. Aus diesem Grund werden die Erfindernamen in einem separaten Schritt mit Daten des Science Citation Index verknüpft, um die fehlenden organisationalen Anbindungen der Erfinder zu ermitteln. Die hinter diesem Matching stehende Überlegung ist, dass, wenn es sich um Forschungseinrichtungen handelt, die an der Produktion neuer Technologien beteiligt sind, diese in aller Regel auch Publikationen aufweisen und sich im SCI finden. Insgesamt konnten für etwa ein Drittel aller im Erfinderfeld der Patente vorfindlichen Namenseinträge (zahlreiche Namen tauchen mehrmals auf) organisationale Anbindungen ermittelt werden. Damit konnten für 1991–1995 zusätzlich 46 Forschungseinrichtungen identifiziert werden, für 1996–2000 sogar 61 zusätzliche Einrichtungen. Die Resultate des Matching sind außerordentlich zufrieden stellend (vergleiche Tabelle 9).

Tabelle 9: Ergebnisse SCI-Matching 1991–2000

	Anmelderfeld	Nach SCI-Matching
1991–1995		
Unternehmen	58	62
Forschungseinrichtungen	12	58
Personen	19	11
1996–2000		
Unternehmen	152	155
Forschungseinrichtungen	34	95
Personen	83	38

(Quelle: eigene Erhebung, zur Datenerhebung vergleiche Anhänge)

Als Ergebnis wurden insgesamt 290 Organisationen identifiziert, die entweder 1991–1995 oder 1996–2000 Anmelder von Patenten sind oder denen die Erfindung des Patents aufgrund des SCI-Matchings zugerechnet werden kann (vergleiche Abb. 12). Diese Organisationen sind im Anhang dokumentiert (Tabelle 45). Im ersten Zeitfenster handelt es sich um 120 Organisationen, davon 62 Unternehmen (52 Prozent) und 58 Forschungseinrichtungen (48 Prozent). Im zweiten Zeitfenster sind es insgesamt 251 Organisationen, davon 155 Unternehmen (62 Prozent) und 96 Forschungseinrichtungen (38 Prozent). 81 der 120 Organisationen (68 Prozent) aus der ersten Hälfte der neunziger Jahre patentieren auch in 1996–2000.

Für beide Zeitfenster werden zwei separate Inzidenzmatrizen erstellt, wobei in der Horizontalen die Patentnummern stehen und in der Vertikalen die Organisationen. Wenn ein Unternehmen ein Patent anmeldet und eine Universität als Erfinder dieses Patents identifiziert wird, enthält die Patentnummer somit zwei organisationale Referenzen. Diese Inzidenzmatrizen werden mithilfe von Ucinet 6.0 (vergleiche Borgatti u.a. 2002) in eine Affiliationsmatrix überführt. Zwischen dem erwähnten Unternehmen und der Universität besteht dann eine symmetrische Relation. Für die vorliegende Untersuchung werden nicht-dichotomisierte Beziehungen netzwerkanalytisch ausgewertet. Die wichtigsten Ergebnisse der Datenerhebung hinsichtlich der Dimension Patente finden sich in Tabelle 10. Weitere Einzelheiten der Datenerhebung sind in Anhang 1 dokumentiert.

Tabelle 10: Wichtigste Ergebnisse der Datenerhebung für die Dimension Nanopatente 1991–2000

	1991–1995	1996–2000
Anzahl der Organisationen	120	251
Patente, absolute Anzahl	222	623
Kopatente, absolute Anzahl	208	324
Kopatente, dichtomisiert	163	243

(Quelle: eigene Erhebung, zur Datenerhebung vergleiche Anhänge)

4.2.1.2 Wissenschaftliche Publikationen

Aus der Gesamtmenge der Nanopublikationen werden alle Organisationsnamen extrahiert. Hierbei zeigt sich, dass von den identifizierten 290 Organisationen mit Patenten 139 auch Publikationen im SCI aufweisen. Danach werden alle Organisationen mit mindestens zwei Publikationen im Zeitraum 1991–1995 oder 1996–2000 bestimmt. Insgesamt können auf diese Weise noch einmal 58 Akteure identifiziert werden, was sich auf 197 Organisationen mit Publikationen summiert. Im ersten Zeitfenster handelt es sich um 131 Organisationen, davon 20 Unternehmen (16 Prozent) und 111 Forschungseinrichtungen (84 Prozent). Im zweiten Zeitfenster sind es insgesamt 195 Organisationen, davon 45 Unternehmen (24 Prozent) und 150 Forschungseinrichtungen (76 Prozent). Nahezu alle (129 von 131) Einrichtungen aus der ersten Hälfte der neunziger Jahre publizieren auch in 1996–2000.

Für diese Organisationen werden Suchbefehle erstellt, welche die Basis für die eigentliche Online-Recherche der Kooperationsbeziehungen bilden, die nachfolgend durchgeführt wird. Ergebnis der Recherche sind alle Dyaden der knapp 200 Organisationen in den beiden Zeiträumen. Aus ihnen wird ein totales Netzwerk aufgebaut, das alle interorganisationalen Beziehungen für beide Zeiträume erfasst. Für die vorliegende Untersuchung werden dichotomisierte Beziehungen analysiert, das heißt im Datenformat von 0/1. Die methodische Begründung für dieses Vorgehen wird im Anhang 2 erläutert. Erhoben wird zudem für jede Organisation die Anzahl der Kopublikationen mit ausländischen Forschungseinrichtungen. Die wichtigsten Zahlen finden sich in Tabelle 11.

Tabelle 11: Wichtigste Ergebnisse der Datenerhebung für die Dimension Nanopublikationen 1991–2000

	1991–1995	1996–2000
Anzahl der Organisationen	131	195
Publikationen, absolute Anzahl	3.039	8.330
Kopublikationen, dichtomisiert	550	1.536

(Quelle: eigene Erhebung, zur Datenerhebung vergleiche Anhänge)

4.2.1.3 Projekte der angewandten Forschung

Informationen über die geförderten aF-Projekte sind sowohl für das BMBF als auch die Europäische Union über im Internet befindliche Datenbanken abfragbar. Für die Identifikation der BMBF-Projekte wird einer Liste relevanter Stichworte herangezogen.[93] Die Projektdaten der Europäischen Kommission sind vollständig auf einer gesonderten Website aufgelistet, was eine Suche über Stichworte erübrigt. Beide Datenbestände werden in den beiden Fünfjahresfenstern zusammengefasst.

Beim Aufspannen der Netzwerke wurden nur diejenigen Organisationen berücksichtigt, die entweder patentieren oder publizieren. Die Überlegung bei diesem Vorgehen ist, dass diejenigen Organisationen, die patentieren oder publizieren, auch in der einen oder anderen Weise Forschungsprojekte in der Nanotechnologie durchführen. Organisationen, die nur Forschungsprojekte durchführen, aber weder einen wissenschaftlichen noch

93 Diese Schlagwortliste hat mir Dr. Gerd Bachmann vom Technologiezentrum des Vereins Deutscher Ingenieure (VDI-TZ) zugänglich gemacht.

einen technologischen Output aufweisen, sind für die vorliegende Studie nur von untergeordnetem Interesse, weil aus ihrer Analyse nur wenige Aufschlüsse zum Phänomen der Kopplung erwartet werden können. Leistungsbezüge von Organisationen sind ein wesentlicher Bestandteil der Diskussion in den Abschnitten 1 und 2. Eine Durchsicht der BMBF-Datenbank zeigt, dass zahlreiche GmbHs (circa 100 Organisationen), einige AGs (circa 20 Organisationen) und eine Reihe intermediärer Einrichtungen, beispielsweise Verbände, technische Gesellschaften, private Labore und Institute sowie Fachhochschulen (circa 40 Organisationen) unberücksichtigt bleiben. Bei der Cordis-Datenbank sind es zumeist Verbände und GmbHs (circa 40 Organisationen), wobei es erhebliche Überschneidungen zur BMBF-Datenbank gibt. Die nicht berücksichtigten Einrichtungen weisen deutlich weniger Projekte auf als der Durchschnitt der analysierten Organisationen. Auf den ersten Blick ist die Anzahl der nicht berücksichtigten Organisationen hoch. Eine Detailanalyse der Projektliste zeigt jedoch, dass viele Unternehmen und Forschungseinrichtungen BMBF-Projekten zuzurechnen sind, die wenig oder nur bedingt mit Nanotechnologie zu tun haben.

Tabelle 12: Wichtigste Ergebnisse der Datenerhebung für die Dimension Nanoprojekte 1991–2000

	1991–1995	1996–2000
Anzahl der Organisationen	102	144
Projekte, absolute Anzahl	231	429
Koprojektbeziehungen, absolute Anzahl	191	430
Koprojektbeziehungen, dichtomisiert	161	345

(Quelle: eigene Erhebung, zur Datenerhebung vergleiche Anhänge)

Von dem knapp 350 Organisationseinheiten umfassenden Gesamtsample haben 152 Organisationen mindestens ein Projekt in einem der beiden Zeitfenster (vergleiche Abb. 12). In 1991–1995 sind es 102 Organisationen, davon 22 Unternehmen (22 Prozent) und 80 Forschungseinrichtungen (78 Prozent). Im zweiten Zeitfenster sind es insgesamt 144 Organisationen, davon 47 Unternehmen (33 Prozent) und 97 Forschungseinrichtungen (67 Prozent). 94 der 152 Organisationen (62 Prozent) engagieren sich sowohl 1991–1995 als auch 1996–2000 in Forschungsprojekten des BMBF beziehungsweise der Europäischen Kommission. Die Forschungskooperationen dieser Organisationen werden, wiederum für die beiden Zeitfenster, mithilfe von Ucinet 6.0 in zwei Totalnetzwerken erfasst. Die wichtigsten Ergebnisse der Datenerhebung sind in Tabelle 12 dokumentiert. Nähere Einzelheiten zur Datengewinnung finden sich im Anhang.

4.2.2 Operationalisierung der funktionalen Binnenstrukturen in Wissenschaft und Wirtschaft auf Organisationsebene

Ein wichtiger Aspekt des Forschungsdesigns ist die adäquate Operationalisierung der funktionalen Binnenstrukturen von Wirtschaft und Wissenschaft auf organisationaler Ebene. Im zweiten Abschnitt der Arbeit wurden drei Organisationstypen diskutiert, die in jeweils unterschiedlicher Weise auf die funktionssystemischen Erwartungsstrukturen von Wissenschaft und Wirtschaft hin orientiert sind. Forschungseinrichtungen der reinen Grundlagenforschung (rGF) auf Seiten des Wissenschaftssystems und Niedrigtechnologie-Unternehmen auf Seiten des Wirtschaftssystems fallen mit dem ersten Organisationstyp zusammen, Forschungsorganisationen der anwendungsorientierten Grundlagenforschung (aGF) und angewandten Forschung (aF) sowie Hochtechnologie-Unternehmen mit dem zweiten Organisationstyp. Fraunhofer-Institute wurden als Hybridorganisationen eingeführt, die sich durch eine funktionssystemische Doppelorientierung kennzeichnen (dritter Organisationstyp). Erläutert werden soll im Folgenden, wie diese konzeptuellen Überlegungen forschungspraktisch umgesetzt werden.

4.2.2.1 Forschungseinrichtung der Grundlagen- und angewandten Forschung

Bei der Operationalisierung der Forschungsstrukturen auf Organisationsebene ist zu bedenken, dass die Kategorien der Grundlagen- und Anwendungsforschung möglicherweise nicht in säuberlicher Trennung vorliegen. Dies hat etwas damit zu tun, dass in transdisziplinären Forschungsfeldern und wissensintensiven Technologiefeldern die Produktion fundamentalen Verständniswissens auch technologische Anwendungsbezüge aufweist. Der in Abschnitt 2.1.1.2 eingeführte Pasteur'sche Quadrant von Stokes (1997) versucht diesen Sachverhalt allgemein und konzeptuell zu erfassen.

Um für den Fall der Nanotechnologie zu klären, inwieweit die Hybridkategorie der aGF als Forschungstyp existiert, wurden mehrere Interviews mit Wissenschaftlern aus den Fakultäten Materialwissenschaft, der Chemie und der Elektrotechnik durchgeführt (INT2004.1, INT2004.4, INT2004.5, INT2004.16). In ihren Einschätzungen haben die Interviewpartner durchgängig darauf hingewiesen, dass rGF und aF im Forschungsfeld existieren, der hybride Forschungstyp aGF in den letzten Jahren aber an Bedeutung gewonnen hat:

»We are looking at controlling and characterizing materials on the nanometer scale. And at this length scale it is often the case that you make the material and at the same time you are making the device. An example for that is electronic devices. At the same time you are creating the material you are creating the device structure. And this is getting down to the atomistic scale now. In the past we made an active layer, such as an oxide we deposit on a surface, and this is some 100 nanometers thick, so you can think of that as a separate material. Now the oxide layer in these devices is approaching the atomic scale, 1 or 2 nanometers in thickness. So you can no longer think of that as a separate material, you have to think of the whole structure as a material and a device at the same time. So, our department had a very scientific focus trying to understand the fundamental scientific underpinnings of materials and phenomena we study. And we still are retaining that but we find – as we move to this new paradigm of nanostructured materials – that understanding materials leads to also understanding devices because you are making materials for devices, and you make the device at the same time you make the material« (INT2004.5).

Die Forschungsorientierung von Universitäten und außeruniversitären Instituten wird in der Literatur zumeist durch mündliche oder schriftliche Befragungen ermittelt. Jansen (1995a) erhebt die Forschungsorientierungen von Forschergruppen im Bereich der Hochtemperatursupraleitung durch persönliche Befragungen, in denen sie auf zwei 5-stufigen Skalen einerseits die Relevanz von Anwendungsbezügen in der Forschungsarbeit erfasst und andererseits das Verhältnis zwischen durchgeführter Grundlagen- und Anwendungsforschung. Andere Studien benutzen schriftliche Befragungen zur Datenerhebung. Ein solches Design liegt den erwähnten Studien von Schmoch (1997), Czarnitzki u.a. (2000), Crow/Bozemann (1990; 1998) und Larédo/Mustar (1993; 2000) zugrunde. Aufgrund der Größe des Untersuchungssamples kommen persönliche Interviews der betreffenden Forschungseinrichtungen für die vorliegende Arbeit nicht in Frage. Schriftliche Befragungen sind dagegen häufig mit erheblichen Datenausfällen durch Non-Response verbunden. Die Nanotechnologie-Studie von Bührer u.a. (2002) berichtet einen Rücklauf von etwas mehr als 50 Prozent. Die Rücklaufraten schriftlicher Surveys liegen zumeist darunter, in seltenen Fällen darüber. Persönliche und schriftliche Befragungen wurden daher zur Erhebung der Forschungsorientierungen nicht herangezogen.

Erste Aufschlüsse über die Struktur der nanowissenschaftlichen Forschung haben die Analysen anhand des CHI-Klassifikationsverfahrens gegeben. Die CHI-Klassifikation erscheint für eine Analyse des Wissenschaftssystems als Ganzes geeignet, jedoch lässt sie sich nicht umstandslos auf die Organisationsebene übertragen. Sinnvoll erscheint vielmehr, für jede Forschungseinrichtung den Anteil von angewandter und grundlegender Forschung zu ermitteln und hieraus die drei Forschungstypen der rGF, der aGF und der aF abzuleiten.

Als Indikator für das Verhältnis zwischen angewandter und grundlegender Forschung wurden die organisationsbezogenen Volumina der BMBF- und EU-Projekte der Anzahl von SCI-Publikationen gegenübergestellt. Aus beiden Größen wird ein Indikator gebildet, der die öffentlich geförderte Anwendungsforschung in Relation sowohl zur Größe der durchführenden Einrichtung und zu ihrer Grundlagenorientierung setzt. In der Anzahl von SCI-Publikationen sind sowohl Informationen über die Grundlagenorientierung als auch zur Größe einer Forschungseinrichtung enthalten. Unterschiedlich große aF-Volumina werden auf diese Weise normiert, wobei die Wahl desselben Zeitfensters sicherstellt, dass die Projektvolumina nicht die Anzahl der Publikationen beeinflusst. Da für die Forschungseinrichtungen – im Gegensatz zu den Unternehmen – keine Daten zu den Personalstärken vorliegen, ersetzt die Anzahl der Publikationen approximativ die »manpower«, die hinter einer Forschungsorganisation steht. Es ist jedoch – und das ist der zweite Aspekt – eine spezifische Art von »manpower«, die hier gemessen wird, nämlich diejenige, welche für Grundlagenforschung verwendet wird. Nanopublikationen sind, wie weiter oben gezeigt wurde, in der Mehrzahl der Fälle der Grundlagenforschung zuzurechnen.

Zwei Beispiele mögen dies veranschaulichen. Das Forschungszentrum Jülich gehört zu den größten Einrichtungen im Untersuchungssample und weist mit 349 Publikationen in 1996–2000 die meisten SCI-Publikationen auf. Gleichzeitig führt es BMBF-Projekte im Umfang von knapp 780.000 Euro durch, womit sich eine Maßzahl von etwa 2.200 ergibt. Im Gegensatz dazu publiziert das zur WGL gehörende Institut für Neue Materialien in Saarbrücken insgesamt 62 SCI-Beiträge, was nicht nur darauf zurückzuführen ist, dass in diesem Institut deutlich weniger Forscher an der Erforschung nanoskaliger Phänomene arbeiten als im FZ Jülich, sondern auch darauf, dass sie einen wesentlichen Teil ihrer Arbeit der aF widmen, ersichtlich am Projektvolumen von knapp 2.690.000 Euro in 1996–2000. Für das INM Saarbrücken ergibt sich eine Maßzahl von etwa 43.400, was eine Relation der Anwendungsorientierung zwischen beiden Einrichtungen von 1:20 ergibt.

Die Auswertung von aF-Projektvolumina wurde dem einfachen Auszählen von aF-Projekten vorgezogen. Ein Auszählen ließe einerseits unberücksichtigt, wie lange die Forschungsprojekte laufen, und andererseits käme der Projektumfang nicht in den Blick. Laufzeit und Größe der Projekte hängen in aller Regel zusammen. So ist beispielsweise das Fraunhofer IFAM vom 1. Oktober 1991 bis 31. Dezember 1991 am Verbundprojekt »Grundlagen der Ausbildung und Stabilität Nanokristalliner Verbundstrukturen« mit 11.000 Euro beteiligt – zeitlich und budgetbezogen ein Kleinprojekt. Länger dauernde Projekte weisen in aller Regel ein höheres Finanzvolumen auf. So ist das Institut für Oberflächenmodifizierung in Leipzig am Forschungsvorhaben »Nanotechnologie – Herstellung und Charakterisierung von Oberflächen mit Nm- und Sub-Nm-Rms-Rauheit« vom 1. November 1991 bis zum 31. März 1995 mit 1,71 Millionen Euro beteiligt – zeitlich und budgetbezogen ein mittelgroßes Projekt. Die Durchsicht aller BMBF- und EU-Projekte zeigt, dass Laufzeiten und Projektsummen nicht deterministisch zusammenhängen, länger dauernde Projekte jedoch in aller Regel auch mit mehr Finanzvolumen ausgestattet sind. Allerdings spielt die Laufzeit der Projekte eine wichtige Rolle, denn sie wird auf die zwei untersuchten Zeitfenster bezogen. Läuft ein Projekt beispielsweise von Januar 1994 bis Dezember 1998 und hat ein Volumen von 500.000 Euro, dann liegen jeweils zwei beziehungsweise drei Jahre in den beiden Zeitfenstern. Entsprechend werden der betreffenden Forschungseinrichtung anteilige Volumina zugerechnet, im ersten Zeitfenster 300.000 Euro, im zweiten 200.000 Euro.

Die Maßzahl wird für alle Einrichtungen ermittelt. Forschungsorganisationen ohne BMBF- und Cordis-Projekte werden zur rGF gezählt, weil bei ihnen die Maßzahl Null ist. Bei allen anderen Einrichtungen schwankt die Maßzahl erheblich, so dass es einer Regel bedarf, die festlegt, wie unterschiedlich ausgeprägte Anwendungsorientierungen zu skalieren und auf die theoretischen Kategorien rückzubeziehen sind. In Abb. 13 sind die Verteilungen für die beiden Zeitfenster dargestellt, wobei die grundlagenorientierten Organisationen (Nullkategorie) aus Gründen der Übersichtlichkeit nicht aufgeführt sind. Die Y-Achse wird nicht erschöpfend dargestellt, da einige Ausreißer die Darstellung erschweren würden.

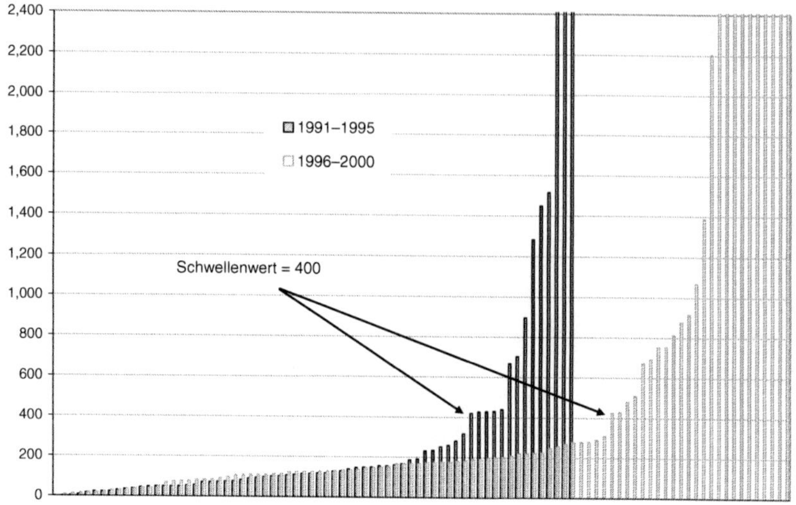

Anmerkung: Die Y-Achse stellt das normalisierte Verhältnis von BMBF-Projektvolumina und SCI-Publikationen dar. Normalisiert wird auf den Erstwert der Verteilung. Die X-Achse zeigt die normalisierten Verhältnisse pro Organisation in aufsteigender Reihenfolge. Maximalwerte der Verteilungen 1991–1995: 6.536; 1996–2000: 15.323.

Abb. 13: Festlegung des Schwellenwertes für angewandte Forschung (normalisierter Index) 1991–2000

(Quelle: eigene Erhebung)

Auffällig ist die Ähnlichkeit der Verteilungen in beiden Zeitfenstern. Auf der linken Seite befinden sich jene Einrichtungen, die einen geringen Anteil von angewandter Projektforschung durchführen. Auf der rechten Seite stehen Organisationen mit einem um mehr als zehn- bis hundertfachen Verhältnis von Projektvolumina pro Publikation, mithin Universitäten und außeruniversitäre Institute, die der ausschließlich angewandten Forschung zuzurechnen sind. Abb. 13 legt nahe, dass es eine Vielzahl von Forschungseinrichtungen mit einem geringen Anteil von aF gibt, der eine kleine Gruppe mit ausgesprochen umfangreicher Anwendungsforschung gegenübersteht. Es stellt sich jedoch die Frage, wo sich der Schwellenwert befindet, der beide Gruppen trennt.

Als Schwellenwert bieten sich das arithmetische Mittel, der Median oder aber ein optisch ermittelter Wert an. Das arithmetische Mittel erscheint bei einer linksschiefen Verteilung nicht geeignet, weil hierdurch der Mittelwert sehr weit nach rechts rutscht. Ebenso wenig geeignet erscheint der Median, der die Verteilung in zwei gleich große Hälften teilt, unabhängig davon, wie die Verteilung links und rechts aussieht. Für eine optische Inspektion spricht, dass es in beiden Verteilungen einen deutlichen Sprung beim Indexwert um 400 gibt, der den graduellen Wachstumspfad der linken Seite vom exponentiell ansteigenden Pfad der rechten Seite trennt. Im zweiten Zeitfenster existieren nach dieser Abschneideregel auf beiden Seiten mehr Organisationen, gemeinsam ist beiden jedoch der Index-Sprung.

Im Folgenden wird, in Anlehnung an die Überlegungen im zweiten Kapitel zwischen Forschungseinrichtungen der aGF und aF unterschieden, wobei der Schwellenwert bei 400 liegt. Hinzu kommt der erwähnte Wert 0, auf dem alle Universitäten und Forschungsinstitute der rGF liegen. Beide Werte markieren ganz offensichtlich Schwellen, bei deren Überschreiten zum einen anwendungsorientierte Projekte überhaupt zum Aufgabenhorizont der Forschungseinrichtung zählen, und zum anderen sich dieser Aufgabenhorizont ab einem gewissen Umfang zur dominanten Forschungsperspektive auswächst.

Welches Bild ergibt sich, wenn man diese Operationalisierung auf das vorliegende Organisationssample anwendet? Tabelle 13 stellt hierzu für die für die beiden Zeitfenster relevanten Verteilungen dar. Über den Zeitraum 1991–2000 verschiebt sich die Relation der Forschungstypen zuungunsten der grundlagenorientierten Institute. Sind es 1991–1995 noch 40 Prozent grundlagenorientierte Forschungseinrichtungen, so 1996–2000 nur noch 35 Prozent.[94] Der Zuwachs bei den anwendungsorientierten Instituten ist deutlich, sowohl nach absoluten Zahlen als auch nach Anteilen gerechnet. Einen wichtigen Beitrag hierzu hat die Zunahme der Nanotechnologie-Förderung durch das BMBF und die Europäische Kommission in diesem Zeitraum geleistet (vergleiche Abschnitt 3.5).

94 Diese Prozentzahl ergibt sich aus der Division von 46/115, wobei der Nenner um 37 kleiner ist als die in der Tabelle angegebene Gesamtzahl von 152. Diese 37 »missing values« sind Neuzugänge in 1996–2000.

Tabelle 13: Forschungsorientierungen zwischen 1991–1995 und 1996–2000

			Forschungstyp 1996–2000				
			Reine Grundlagenforschung	Anw.-orient. Grundlagenforschung	Angewandte Forschung	Fehlende Werte	Gesamt
Forschungstyp 1991–1995	Reine Grundlagenforschung	Anzahl	27	14	4	1	46
		% von Zeile	58,7 %	30,4 %	8,7 %	2,2 %	100,0 %
		% von Spalte	50,0 %	19,2 %	16,7 %	100,0 %	30,3 %
	Anw.-orient. Grundlagenforschung	Anzahl	2	50	3	–	55
		% von Zeile	3,6 %	90,9 %	5,5 %	–	100,0 %
		% von Spalte	3,7 %	68,5 %	12,5 %	–	36,2 %
	Angewandte Forschung	Anzahl	2	5	7	–	14
		% von Zeile	14,3 %	35,7 %	50,0 %	–	100,0 %
		% von Spalte	3,7 %	6,8 %	29,2 %	–	9,2 %
	Fehlende Werte	Anzahl	23	4	10	–	37
		% von Zeile	62,2 %	10,8 %	27,0 %	–	100,0 %
		% von Spalte	42,6 %	5,5 %	41,7 %	–	24,3 %
	Gesamt	Anzahl	54	73	24	1	152
		% von Zeile	35,5 %	48,0 %	15,8 %	0,7 %	100,0 %
		% von Spalte	100,0 %	100,0 %	100,0 %	100,0 %	100,0 %

(Quelle: eigene Erhebung)

Forschungsorientierungen sind, dies verdeutlicht Tabelle 13 ebenso, im Zeitverlauf relativ stabil. 55 Prozent der im zweiten Zeitfenster aktiven Forschungseinrichtungen weisen dieselben Orientierungen auf wie 1991–1995, wobei sich dies innerhalb der drei Kategorien deutlich unterscheidet. Die Mobilität zwischen unterschiedlichen Forschungsorientierungen ist zum einen den grundlagenorientierten Instituten aus 1991–1995 zuzurechnen, von denen Ende der neunziger Jahre ein Viertel Anwendungsforschung durchführen, wenngleich in geringem Umfang. Sind Forschungseinrichtungen dagegen in den Förderprogrammen des BMBF einmal aktiv, dann bleiben sie dies in der Regel auch. Insbesondere die Institute der aGF verbleiben zu 90 Prozent in dieser Kategorie. Neu ins Feld stoßende Institute (das sind die fehlenden Werte in 1991–1995: N = 37) sind größtenteils grundlagenorientiert, hierzu zählen insbesondere MPG-Institute. Unter den als angewandt klassifizierten Neuzugängen befinden sich dagegen einige Institute der FhG.[95] Diese Ergebnisse haben Interviewpartner wie folgt kommentiert:

»Ich glaube schon, dass eine Reihe von Universitätsprofessoren, die vorher reine Grundlagenforschung gemacht haben, jetzt die Anwendungsperspektive im Hinterkopf haben. Und immer darüber nachdenken, was man damit machen kann. Die Anwendungsrelevanz ist stärker geworden. Aber auch deswegen, weil das Grundlagenwissen mittlerweile so breit und tief ist, dass man jetzt eben in der Lage ist, über Anwendung nachzudenken. Die Anwendungsorientierung ersetzt aber nicht die Grundlagenorientierung, sondern kommt dazu« (INT2004.7).

»Ich denke, mittlerweile gibt es immer mehr Institute mit sowohl Grundlagen- als auch Anwendungsforschung. Selbst Max-Planck-Institute, die ja vor allem reine Grundlagenforschung machen. Es gibt mehr und mehr Institute, die sich in Richtung Anwendungsforschung orientieren, beispielsweise wenn sie Selbstorganisation auf einer Oberfläche machen und darüber nachdenken, irgendwelche Sensoren daraus zu bauen, oder neue Elektronenoptiken untersuchen. Diese Institute kooperieren dann mit Unternehmen um ein neues Elektronenmikroskop mit besserer Auflösung zu bauen. Das war früher nicht unbedingt so, da wollte man das stärker trennen. Man hat dann auch gemerkt, dass man auch an Unis oder Instituten trotzdem seine Grundlagenforschung machen kann, auch wenn man mit der Industrie kooperiert« (INT2004.9).

95 Neuzugänge sind definiert als Organisationen, die in 1996–2000 erstmals publizieren oder patentieren. Bei einigen Einrichtungen zeigt sich, dass diese in beiden Kategorien in 1991–1995 eine Null aufweisen, aber an BMBF-Projekten beteiligt sind. Das Organisationssample wird über Output-Kategorien definiert, es unterschätzt daher bereits aktive Einrichtungen in 1991–1995, die keine messbaren Outputs aufweisen.

4.2.2.2 Hochtechnologie- und Niedrigtechnologie-Unternehmen

Ausgangspunkt für das Wirtschaftssystem sind forschungsintensive Märkte, die je nach Umfang der in einer Gütergruppe durchgeführten FuE in Hochtechnologie-Märkte (Hochtechnologie) und forschungsarme Märkte (Niedrigtechnologie) unterschieden werden können. Unternehmensdaten werden mithilfe der Firmendatenbank und der Bilanzdatenbank der Firma Hoppenstedt erhoben.[96] Die Firmendatenbank verfügt über die relevanten Unterklassen der Nomenclature des Activités Economiques dans la Communauté Européenne (NACE), welche zur Bestimmung von Hochtechnologie- und Niedrigtechnologie-Märkten herangezogen werden. Ein Vergleich unterschiedlicher Jahrgänge zeigt, dass die unternehmensbezogenen NACE-Codes stabil sind. Sofern Unternehmen in beiden Zeitfenstern vertreten sind, weisen sie somit dieselben NACE-Codes auf. Wird ein Unternehmen aufgrund mehrerer NACE-Einträge sowohl als Hochtechnologie als auch als Niedrigtechnologie identifiziert, so wird es unter Hochtechnologie kodiert. Hinter dieser Kodierungsregel steht die Überlegung, dass entscheidend ist, ob Unternehmen auf forschungsintensiven Technologiemärkten agieren oder nicht. Dass diversifizierte Großunternehmen auch noch weniger wissensintensive Produkte herstellen, ändert dann nichts an ihrer Eigenschaft als Hochtechnologie-Unternehmen.

Insgesamt kann für die Mehrzahl der Unternehmen der Technologietyp identifiziert werden (Tabelle 14). Im Zeitfenster 1991–1995 zählen von den 62 Unternehmen 27 zu Hochtechnologie (44 Prozent), 14 zu Niedrigtechnologie (23 Prozent) und 21 können aufgrund fehlender Daten nicht zugeordnet werden (33 Prozent). Im Zeitfenster 1996–2000 sind 65 der 155 Unternehmen Hochtechnologie (42 Prozent), 34 Niedrigtechnologie (22 Prozent) und für 60 Unternehmen kann der Technologietyp nicht bestimmt werden (36 Prozent). Die Datenausfälle resultieren daher, dass in den Hoppenstedt-Datenbanken nicht alle Unternehmen aufgeführt sind: Vor allem GmbHs fehlen, deren gesetzliche Berichtspflichten geringer sind als die von Aktiengesellschaften. Hoppenstedt ist jedoch gegenwärtig mit Abstand die vollständigste Datenbank zu deutschen Unternehmen. Aus diesem Grund wurden keine weiteren Datenbanken zur Datenerhebung herangezogen. Eine Recherche im Internet ergibt, dass es sich bei den Unternehmen mit fehlenden Werten in einigen Fällen um Ausgründungen aus Universitäten

96 Beide Datenbanken sind kostenpflichtig und online verfügbar, vergleiche http://www.firmendatenbank.de, http://www.bilanzdatenbank.de.

oder Forschungszentren handelt, zum Teil um kleine Zulieferbetriebe, die bestimmte Komponenten für die Nanoanalytik oder Nanomedizin herstellen. Beispiele für den letztgenannten Bereich sind die Firma Biomedical Apherese Systeme GmbH aus Jena und die Firma MagForce Applications GmbH aus Berlin. Beide entwickeln und vermarkten Nanopartikel, die zusammen mit magnetischer Separation beziehungsweise Hyperthermie zur Krebstumorbekämpfung eingesetzt werden.

Tabelle 14: Hoch- und Niedrigtechnologie-Unternehmen 1991–2000

	1991–1995	1996–2000
Hochtechnologie-Unternehmen	27	65
Niedrigtechnologie-Unternehmen	14	34
Fehlende Werte	21	56
Summe alle Unternehmen	62	155

(Quelle: eigene Erstellung)

Die Aufschlüsselung der Unternehmen in Hoch- und Niedrigtechnologie kann durch eine Detailanalyse der NACE-Wirtschaftsklassifikation ergänzt werden (vergleiche Abb. 14). Ein großer Teil der Nanotechnologie-Unternehmen führt Forschung und Entwicklung durch und ist vor allem den forschungsintensiven Sektoren Chemie und Medizin- und Regelungstechnik zuzurechnen. Die ersten drei NACE-Gruppen schließen in den beiden Zeitfenstern jeweils mehr als 40 Prozent aller Unternehmen ein. Insbesondere in den Sektoren Nanochemie und Nanomedizin wächst die Anzahl im Zeitverlauf. Das zunehmende Gewicht von Maschinenbauunternehmen erklärt sich nicht nur mit der starken Spezialisierung Deutschlands in diesem Sektor, sondern auch mit nanotechnologischen Fortschritten in der Metallerzeugung und -bearbeitung. Nanopartikel werden für die Beschichtung von Metalloberflächen immer wichtiger. So werden beispielsweise neuartige Kugellager entwickelt, bei welchem die Kugeln mithilfe von Nanopulverbeschichtung eine höhere Gleitfähigkeit erhalten, was den konventionellen Einsatz von Schmiermitteln erübrigen soll.

Die Bedeutung des Sektors Rechts-, Steuer- und Unternehmensberatungen ist darauf zurückzuführen, dass die Mehrzahl der Hochtechnologie-Unternehmen ihre Eigentumsrechte zunehmend strategisch verwerten, also patentieren und lizensieren, und dies als eigenes Tätigkeitsfeld ausweisen. Die Bedeutung des Sektors Handelsvermittlung und Großhandel ist vor allem auf Großunternehmen zurückzuführen, zu deren Aktivitätsprofil neben Forschung, Entwicklung und Produktion auch Absatz und Marketing gehören. Da die Anzahl der Großunternehmen im zweiten Zeitfenster deutlich ansteigt, wächst entsprechend auch diese Kategorie.

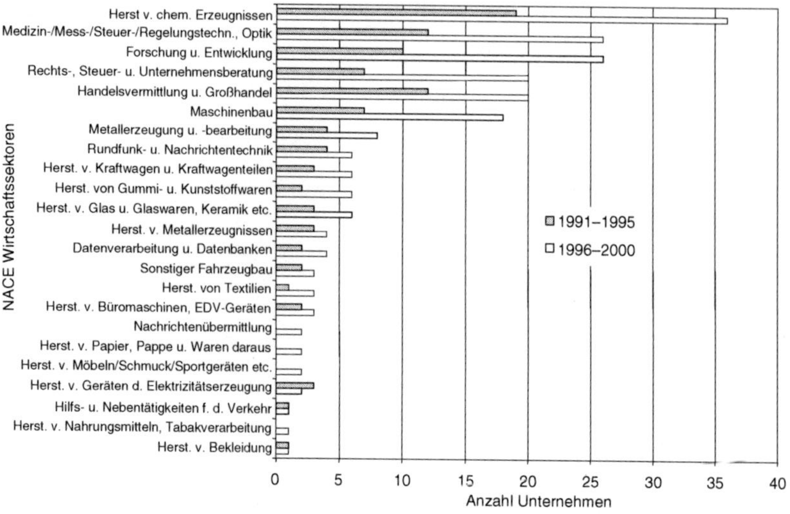

Anmerkung: Die NACE-Codes der Unternehmen wurden nicht-fraktioniert gezählt, das heißt Unternehmen, die mehr als einen NACE-Code aufweisen, werden mehrfach gezählt. Aus diesem Grund ist die dargestellte Anzahl der Unternehmen größer, in 1991–1995 um den Faktor 1,58 und in 1996–2000 um den Faktor 1,33.

Abb. 14: Unternehmenssample nach Wirtschaftssektoren (NACE) 1991–2000

(Quelle: eigene Erhebung)

4.3 Beschreibung des Datensatzes

4.3.1 Organisationen

Die Ergebnisse der Datenerhebung zu den Organisationen sind in Tabelle 15 zusammenfassend dargestellt. Der erste Teil dieser Tabelle dokumentiert die herkömmliche Organisationsstruktur, bei der – wie weiter oben erläutert – zum einen nach Großunternehmen und KMUs unterschieden wird, und zum anderen nach universitären und nicht-universitären Forschungseinrichtungen. In Analogie dazu sind in Tabelle 16 die durchschnittliche Anzahl von Patenten, Publikationen und Forschungsprojekten für jeden Organisationstyp dargestellt. Im Folgenden werden die Ergebnisse für diese herkömmliche Organisationssystematik diskutiert, im Anschluss daran Befunde zur funktionssystemischen Typologie.

Bei den Forschungseinrichtungen sticht der hohe Anteil von Universitäten ins Auge, die zwischen 50 und 60 Prozent aller aktiven Forschungsorganisationen ausmachen (vergleiche Tabelle 15). Angesichts des großen Sektors der außeruniversitären Institute in Deutschland ist das starke Engagement von Universitäten in Nanowissenschaft und Nanotechnologie bemerkenswert. Erst in 1996–2000 ziehen die außeruniversitären Institute und Zentren nach. Die Universitäten führen nicht nur überdurchschnittlich viele angewandte Forschungsprojekte durch, sondern sie publizieren auch mit Abstand mehr als die übrigen Institute. Allein bei den Patenten werden sie von den WGL-Instituten übertroffen, wobei deren hoher Durchschnittswert vor allem dem Institut für Neue Materialien in Saarbrücken und dem Institut für Festkörper- und Werkstoffforschung in Dresden zuzurechnen ist. WGL-Institute sind ebenso stark in angewandter Forschung engagiert und schließen auch hier zu den Universitäten auf.

Etwas überraschend ist der geringe Durchschnittswert von FhG-Instituten bei Patenten. Sie werden, sowohl was die Anzahl patentierender Institute als auch die durchschnittliche Anzahl von Patenten betrifft, von den MPG-Instituten übertroffen, welche gleichzeitig deutlich mehr im SCI publizieren. Zwar meldet die FhG in 1996–2000 insgesamt 23 Patente an, die MPG dagegen nur 13. Eine mögliche Erklärung ist im SCI-Matching der Erfindernamen in den Patentdokumenten zu sehen, aus dem hervorgeht, dass erheblich mehr MPG- und Universitätswissenschaftler an der Technologieentwicklung beteiligt sind, als sich in den Anmeldezahlen ausdrückt. Bei der MPG erhöht sich die Patentzahl um das Dreifache auf 39, was bedeutet, dass neben den 13 Patenten, die die Max-Planck-Gesellschaft selbst durch Garching Innovation anmeldet, noch weitere 26 Patente unter Beteiligung von MPG-Forschern entstanden sind. Bei den Universitäten liegt diese Zahl noch höher, weil nach der bis 2002 geltenden Rechtslage Universitäten als Organisationen keinen Anreiz hatten, als Patentanmelder aktiv zu werden. Demgegenüber werden durch das SCI-Matching keine zusätzlichen FhG-Forscher identifiziert.

Um weitere Anhaltspunkte für mögliche Erklärungen zu finden, wurden Interviews sowohl mit Abteilungs- und Institutsleitern von FhG-Instituten als auch mit Experten anderer Forschungseinrichtungen und der Industrie geführt, die im Bereich Nanotechnologie aktiv sind. Zwei FhG-Institutsleiter berichteten, dass in ihren Instituten vor allem beim DPMA patentiert werde. Patente am EPA würden nur gemacht, wenn sich mindestens ein Unternehmen findet, das sich zumindest teilweise an den Kosten beteilige (INT2004.8, INT2004.15). Ein anderer FhG-Institutsleiter äußerte dagegen, dass sein Institut vor allem EPO- und PCT-Patente anmelde (INT2004.12). Die unterschiedliche Anmeldepraxis allein kann die geringe Anzahl von FhI-bezogenen Patentanmeldungen nicht erklären.

Zweitens wurde darauf hingewiesen, dass Forschungsinstitute, die institutionell der Grundlagenforschung nahe stehen, mehr neues technologisches Wissen bei der Erforschung nanoskaliger Phänomene hervorbringen als Institute der angewandten Auftragsforschung. Nach Aussagen mehrerer Experten verfügt die FhG über deutlich weniger institutionelle Mittel zur Vorlaufforschung im Bereich Nanotechnologie als beispielsweise die MPG. Die befragten Abteilungs- und Institutsleiter berichteten von einem Anteil von etwa 10 Prozent ihres gesamten Forschungshaushalts (INT2004.8, INT2004.9, INT2004.12, INT2004.15).

Drittens sind Fraunhofer-Institute (FhI) oftmals Unterauftragnehmer in Industrieprojekten, bei denen die Schutzrechte den Unternehmen zufallen. Zwei FhG-Institutsleiter sehen ihr Institut, wenn es um Schutzrechte geht, durchaus als Konkurrent zu großen Industrieunternehmen, von denen viele aggressive Patentstrategien verfolgen. Die FhI würden mit solchen Unternehmen teilweise nicht zusammenarbeiten; sie sind aber durch das Industrie-Rho an eine Zusammenarbeit mit der Industrie gebunden. Nicht alle FhI hätten gegenüber den Unternehmen genügend Verhandlungsmacht wenn es um die Verwertung von Schutzrechten geht (INT2004.12, INT2004.15). Dass insbesondere große Unternehmen aggressive und expansive Patentstrategien verfolgen, die ein einzelnen Fällen zulasten der FhG-Institute gehen, erscheint vor dem Hintergrund der erwähnten Patentmotive-Studie (Blind u.a. 2003a) und des SCI-Matchings plausibel. Einer der befragten stellvertretenden Institutsleiter äußerte hierzu:

»Es gibt schon Probleme bei großen Unternehmen. Die haben nämlich oft Rahmenverträge und oft ganz andere Vorstellungen davon, was ihnen eigentlich zusteht. Also es geht dann soweit, dass die alles selber anmelden und am besten auch versuchen, dass Fraunhofer-Erfinder möglichst gar nicht auf dem Patent auftauchen, obwohl das eigentlich gar nicht geht und die Hauptarbeit ja hier am Institut ist. (...) Das hat manchmal auch dazu geführt, dass Projekte gar nicht durchgeführt werden konnten, beziehungsweise dass wir gesagt haben, nein, unter diesen Bedingungen wollen wir das Projekt nicht haben. (...) Es gibt Patentstrategien innerhalb der Unternehmen, die dafür sorgen, dass keinerlei externes Schutzrecht entsteht bei der Kooperation mit Fraunhofer-Instituten« (INT2004.12).

Die Anzahl der Unternehmen steigt zwischen den beobachteten Zeitfenstern beträchtlich. Patentieren im Zeitraum 1991–1995 etwas mehr als 60 Unternehmen, so sind es im zweiten Zeitraum bereits über 150. Die Mehrzahl der Patentanmelder sind Großunternehmen. Dies zeigt sich auch in den im Anhang dokumentierten Tabellen, die für die Top-15 beispielsweise IBM, Siemens, Aventis oder Vacuumschmelze ausweisen. Allerdings steigt die Zahl der KMU in der zweiten Hälfte der neunziger Jahre deutlich an. Sie bleiben mit durchschnittlich zwei Patenten deutlich hinter den Großunternehmen zurück, welche durchschnittlich etwa fünf Patente realisieren. Ein Drittel der Unternehmen publiziert, wobei auch Publikationsaktivitäten vorwiegend eine Domäne der Großunternehmen sind, was letztlich Befunde aus der Literatur zum unternehmensbezogenen Publikationsverhalten bestätigen (vergleiche Hicks 1995). Sie veröffentlichen im Jahresmittel etwa zwei Publikationen im SCI, während die KMU weniger als eine Publikation jährlich aufweisen. Eine Spreizung existiert auch was die angewandten Forschungsprojekte angeht, sowohl hinsichtlich der geringeren Anzahl von KMU als auch ihrer im Durchschnitt weniger ausgeprägten Projektaktivitäten, insbesondere in 1996–2000. Die Unterschiede zwischen den beiden Unternehmenskategorien sind durchgängig und bestätigen den Eindruck, dass Nanotechnologie trotz einiger Dynamik bei den KMU in der zweiten Hälfte der neunziger Jahre eine Angelegenheit von etablierten Großunternehmen ist.

Tabelle 15 und Tabelle 16 weisen neben der herkömmlichen auch die funktionssystemische Organisationssystematik aus. Auf Seiten des Wissenschaftssystems werden Institute unterschieden, die entweder rGF, aGF oder aF durchführen. Hochtechnologie- und Niedrigtechnologie-Unternehmen sind die entsprechenden Kategorien für das Wirtschaftssystem. An dieser Stelle ist noch einmal darauf hinzuweisen, dass die »Zuordnung« von Organisationen zu Funktionssystemen als forschungspraktische Konvention zu verstehen ist, und zu der weiter oben getroffenen Aussage, dass Organisations- und Funktionssysteme eigenständige Ebenen der Systembildung sind, nicht im Widerspruch steht. Mit dem zweiten und dritten Organisationstyp wurden zwei Kategorien gebildet, die das »lose gekoppelte« Verhältnis der beiden Systemebenen erfasst.

Bereits auf den ersten Blick sticht in Tabelle 15 der hohe Anteil von Einrichtungen der Kategorie der aGF hervor. Jeweils 62 Prozent der patentanmeldenden Forschungseinrichtungen lassen sich in beiden Zeitfenstern diesem Forschungstyp zurechnen. Damit spielen sowohl Einrichtungen der rGF als auch der ausschließlich angewandten Forschung eine nur untergeordnete Rolle. Forschungsinstitute der aGF publizieren durchschnittlich zwischen fünf- bis sechsmal mehr als die Institute der rGF. Auch die Institute der angewandten Forschung publizieren durchschnittlich mehr als die Institute der rGF. Es scheint so zu sein, dass denjenigen Einrichtungen, die in den Verwertungsprozess neuen Wissens involviert sind und gleichzeitig eine wissenschaftliche Mission verfolgen, eine Schlüsselrolle im Kopplungsprozess von Wissenschaft – Wirtschaft zufällt.

Welche Forschungseinrichtungen nach herkömmlicher Klassifikation welche Art von Forschung durchführen, ist in Tabelle 17 dargestellt. Anfang der neunziger Jahre ist die Mehrzahl der Forschungsinstitute der rGF zuzurechnen, mit Ausnahme der Universitäten, die zu zwei Dritteln in die Hybridkategorie der aGF fallen.[97] Die Universitäten bauen ihren Anteil in dieser Kategorie auf 80 Prozent im Zeitraum 1996–2000 aus. Bemerkenswert erscheint, dass nur wenige Universitäten und Max-Planck-Institute die Schwelle zur angewandten Forschung passieren. Die MPI werden durch die Operationalisierung erwartungsgemäß dargestellt; sie führen danach vorwiegend rGF durch, der Anteil in der Kategorie aGF ist deutlich geringer.

Auffällig ist, dass nicht alle Fraunhofer-Institute im ersten Zeitfenster Kooperationsprojekte mit der Industrie beim BMBF oder der Europäischen Kommission durchführen. Aus diesem Grund werden einige FhG-Institute der rGF zugerechnet, was offensichtlich eine Fehlklassifikation ist, weil der Anteil der für die Industrie durchgeführten Forschung bei diesen Instituten unterschätzt wird. Die befragten Abteilungs- und Institutsleiter aus FhI berichteten von einem hohen Anteil direkter Auftragsforschung für die Industrie, der zwischen 40–60 Prozent aller eingeworbenen Projektmittel liegt (INT2004.8, INT2004.12, INT2004.13, INT2004.15). Erst im zweiten Fenster finden sich diese Institute mehrheitlich in den beiden anwendungsorientierten Kategorien, vor allem in der angewandten Forschung. Zu beachten ist weiterhin, dass das vorliegende Organisationssample über Output-Kategorien definiert wird, es unterschätzt daher solche Einrichtungen, die bereits aktiv sind, im selben Zeitfenster aber noch keine messbaren Outputs (Publikationen, Patente) aufweisen. Es existieren beispielsweise zwei FhG-Institute, die in 1991–1995 BMBF-Verbundprojekte durchführen, aber weder publizieren, noch patentieren. Sie sind entsprechend nicht in der Untersuchung enthalten.

97 Es werden im Folgenden Zeilensummen mit der Mindestgröße 5 interpretiert. Unterhalb dieser Grenze sind statistische Aussagen nicht sinnvoll.

Tabelle 15: Herkömmliche und funktionssystemische Organisationsstruktur, absolute Anzahl und Anteil 1991–2000

		Projekte 1991–1995	Projekte 1996–2000	Publikationen 1991–1995	Publikationen 1996–2000	Patente 1991–1995	Patente 1996–2000
Herkömmliche Organisationsstruktur							
1	Unternehmen	22	47	20	45	62	155
2	Großunternehmen	12 (55 %)	26 (60 %)	13 (65 %)	30 (67 %)	28 (45 %)	58 (37 %)
3	KMUs	3 (14 %)	15 (32 %)	1 (5 %)	7 (16 %)	2 (3 %)	40 (26 %)
4	Forschungseinrichtungen	80	97	111	150	58	96
5	Universitäten	46 (58 %)	51 (53 %)	57 (51 %)	60 (49 %)	35 (60 %)	48 (50 %)
6	Max-Planck-Institute	9 (11 %)	11 (11 %)	18 (16 %)	29 (19 %)	6 (10 %)	11 (11 %)
7	Fraunhofer-Institute	8 (10 %)	12 (12 %)	13 (12 %)	18 (12 %)	5 (9 %)	8 (8 %)
8	WGL-Institute	6 (8 %)	5 (5 %)	3 (3 %)	9 (6 %)	3 (5 %)	7 (7 %)
9	HGF-Zentren	3 (4 %)	6 (6 %)	8 (7 %)	9 (6 %)	4 (7 %)	7 (7 %)
10	Sonstige	8 (10 %)	12 (12 %)	12 (11 %)	25 (17 %)	5 (9 %)	15 (16 %)
Funktionssystemische Organisationsstruktur							
	Organisationen Wissenschaftssystem						
11	reine Grundlagenforschung (Org.-Typ 1)	–	–	44 (40 %)	54 (36 %)	16 (28 %)	23 (24 %)
12	anw.-orient. Grundlagenforschung (Org.-Typ 2)	55 (69 %)	73 (75 %)	55 (49 %)	73 (49 %)	36 (62 %)	60 (63 %)
13	angewandte Forschung (Org.-Typ 2)	14 (18 %)	23 (24 %)	12 (11 %)	22 (15 %)	6 (10 %)	9 (9 %)
	Organisationen Wirtschaftssystem						
14	Hochtechnologie (Org.-Typ 2)	18 (82 %)	29 (62 %)	15 (75 %)	31 (69 %)	27 (44 %)	65 (42 %)
15	Niedrigtechnologie (Org.-Typ 1)	4 (18 %)	10 (21 %)	4 (20 %)	6 (13 %)	14 (23 %)	34 (22 %)
16	Gesamt	102	144	131	195	120	251

Anmerkung: Die Kategorie der fehlenden Werte ist nicht eigens aufgeführt.

(Quelle: eigene Erhebung)

Tabelle 16: Durchschnittliche Anzahl von Forschungsprojekten, Publikationen und Patenten nach Organisationsstruktur, alle Organisationen, arithmetische Mittel und Standardabweichungen 1991–2000

		Projekte 1991–1995	Projekte 1996–2000	Publikationen 1991–1995	Publikationen 1996–2000	Patente 1991–1995	Patente 1996–2000
Herkömmliche Organisationsstruktur							
1	Unternehmen	3,0 (3,7)	3,7 (4,4)	11,5 (15,6)	8,4 (8,6)	3,0 (5,7)	2,9 (5,3)
2	Großunternehmen	3,7 (4,7)	4,5 (5,2)	9,8 (10,4)	10,5 (9,8)	4,7 (8,1)	5,1 (7,9)
3	KMUs	3,7 (3,1)	2,4 (3,1)	–	3,9 (2,1)	2,0 (1,4)	2,0 (2,5)
4	Forschungseinrichtungen	3,2 (2,4)	4,9 (3,6)	29,9 (32,5)	69,0 (79,8)	3,0 (2,6)	4,7 (5,0)
5	Universitäten	3,7 (2,6)	5,7 (3,6)	40,7 (33,0)	116,1 (83,2)	3,1 (2,7)	5,8 (5,0)
6	Max-Planck-Institute	2,7 (2,8)	3,8 (3,5)	24,9 (29,0)	53,8 (70,9)	2,2 (1,5)	3,5 (4,2)
7	Fraunhofer-Institute	2,6 (2,4)	4,4 (3,9)	5,1 (4,6)	10,8 (8,2)	1,4 (0,5)	2,5 (1,6)
8	WGL-Institute	3,0 (1,3)	6,0 (4,3)	21,0 (16,8)	34,8 (36,9)	6,0 (4,0)	7,3 (10,5)
9	HGF-Zentren	1,7 (1,2)	3,2 (3,1)	35,0 (52,9)	90,0 (111,1)	3,5 (4,4)	5,4 (2,5)
10	Sonstige	2,0 (1,6)	3,7 (2,3)	11,6 (8,0)	19,2 (23,6)	2,6 (1,1)	1,9 (1,4)
Funktionssystemische Organisationsstruktur							
	Organisationen Wissenschaftssystem						
11	reine Grundlagenforschung (Org.-Typ 1)	–	–	10,6 (11,8)	20,1 (25,4)	2,0 (1,3)	2,3 (1,5)
12	anw.-orient. Grundlagenforschung (Org.-Typ 2)	3,1 (2,4)	4,7 (3,4)	48,4 (35,2)	119,0 (85,2)	3,5 (3,1)	5,8 (4,7)
13	angewandte Forschung (Org.-Typ 2)	4,0 (2,9)	5,7 (4,1)	16,0 (22,6)	24,6 (40,4)	2,8 (1,0)	5,4 (9,8)
	Organisationen Wirtschaftssystem						
14	Hochtechnologie (Org.-Typ 2)	3,3 (4,0)	4,9 (5,2)	12,6 (17,8)	9,8 (9,8)	4,7 (8,2)	4,6 (7,5)
15	Niedrigtechnologie (Org.-Typ 1)	1,8 (1,0)	1,7 (1,3)	8,5 (6,1)	7,0 (5,0)	1,6 (1,0)	1,9 (2,9)
	Gesamt	3,2 (2,8)	4,7 (4,0)	27,2 (31,2)	57,3 (75,5)	3,3 (4,8)	4,3 (5,8)

Anmerkung: Den berechneten Werten liegen die N (Organisationen) aus Tabelle 15, Zeile 1 zugrunde. Varianz existiert nicht nur zwischen den Instituten, sondern auch innerhalb der Institutekategorien. Dies kann an der Standardabweichung abgelesen werden, welche die Variation der Mittelwerte angibt. Wenn die Standardabweichung das arithmetische Mittel übersteigt, ist die Varianz innerhalb der betrachteten Kategorie überproportional hoch.

(Quelle: eigene Erhebung)

Tabelle 17: Forschungsorientierungen von Universitäten und außeruniversitären Instituten 1991–2000

		Reine Grundlagen-forschung	Anw.-orient. Grundlagen-forschung	Angewandte Forschung	Gesamt
		Forschungstyp 1991–1995			
Universitäten	Anzahl	13	38	6	57
	% von Zeile	22,8 %	66,7 %	10,5 %	100,0 %
MPG	Anzahl	9	8	1	18
	% von Zeile	50,0 %	44,4 %	5,6 %	100,0 %
FhG	Anzahl	8	2	3	13
	% von Zeile	61,5 %	15,4 %	23,1 %	100,0 %
WGL	Anzahl	–	2	1	3
	% von Zeile	–	66,7 %	33,3 %	100,0 %
HGF	Anzahl	6	2	–	8
	% von Zeile	75,0 %	25,0 %	–	100,0 %
Restl. Forschungseinr.	Anzahl	8	3	1	12
	% von Zeile	66,7 %	25,0 %	8,3 %	100,0 %
Gesamt	Anzahl	44	55	12	111
	% von Zeile	39,6 %	49,5 %	10,8 %	100,0 %
		Forschungstyp 1996–2000			
Universitäten	Anzahl	9	48	3	60
	% von Zeile	15,0 %	80,0 %	5,0 %	100,0 %
MPG	Anzahl	18	10	1	29
	% von Zeile	62,1 %	34,5 %	3,4 %	100,0 %
FhG	Anzahl	7	4	7	18
	% von Zeile	38,9 %	22,2 %	38,9 %	100,0 %
WGL	Anzahl	4	3	2	9
	% von Zeile	44,4 %	33,3 %	22,2 %	100,0 %
HGF	Anzahl	3	4	2	9
	% von Zeile	33,3 %	44,4 %	22,2 %	100,0 %
Restl. Forschungseinr.	Anzahl	13	4	7	24
	% von Zeile	54,2 %	16,7 %	29,2 %	100,0 %
Gesamt	Anzahl	54	73	22	149
	% von Zeile	36,2 %	49,0 %	14,8 %	100,0 %

Anmerkung: MPG = Institute der Max-Planck-Gesellschaft, FhG = Institute der Fraunhofer-Gesellschaft, WGL = Institute der Wissenschaftsgemeinschaft Leibniz, HGF = Zentren der Helmholtz-Gemeinschaft

(Quelle: eigene Erhebung)

Auch auf der Ebene der Unternehmen lässt sich die funktionssystemische Organisationssystematik abbilden. Etwa doppelt so viele Hochtechnologie- wie Niedrigtechnologie-Unternehmen melden Patente an, Hochtechnologie-Unternehmen melden darüber hinaus doppelt so viele Patente an wie Niedrigtechnologie-Unternehmen. Dies ist über beide Zeitfenster betrachtet relativ stabil. Die Diskussion im zweiten Kapitel führte zu dem Ergebnis, dass insbesondere große Unternehmen in Hochtechnologiemärkten operieren. Sie differenzieren Forschungsabteilungen aus und verfügen auf diese Weise über Kapazitäten zur Absorption wissenschaftlichen Wissens. Mithilfe der Bilanzdatenbank von Hoppenstedt wurden die beiden Variablen Umsatz und Beschäftigtenzahl erhoben, um die Unternehmen nach ihrer Größe zu gruppieren. Beide Variablen sind nicht durchgängig für die zehn Jahre verfügbar. Allerdings liegen für die Mehrzahl der Fälle mindestens zwei bis drei Informationen pro Zeitfenster vor, so dass für 1991–1995 und 1996–2000 arithmetische Mittelwerte gebildet werden können.[98]

Eine Aufschlüsselung nach der Betriebsgröße zeigt, dass jeweils mehr als 60 Prozent aller Großunternehmen auf Hochtechnologie-Märkten agieren (vergleiche Tabelle 18). Im zweiten Zeitfenster strömen in erheblichem Umfang KMU ins Technologiefeld, und auch sie sind vorwiegend in dieser Kategorie zu finden, wenn auch nicht im gleichen Umfang wie die Großunternehmen (45 Prozent und 66 Prozent). Der Zusammenhang zwischen Unternehmensgröße und Technologietyp ist somit nicht deterministisch, er bestätigt jedoch Befunde aus der Literatur, die im zweiten Kapitel diskutiert wurden. Es ist daher nicht überraschend, dass Hochtechnologie-Unternehmen auch diejenigen sind, die vorwiegend im SCI wissenschaftliche Aufsätze veröffentlichen (vergleiche Tabelle 15). Bei der durchschnittlichen Anzahl der Publikationen ist die Schere zwischen beiden Unternehmenstypen noch deutlicher und vergrößert sich vom ersten zum zweiten Zeitfenster: Etwa vier- bis fünfmal so viele Hochtechnologie- wie Niedrigtechnologie-Unternehmen sind wissenschaftlich aktiv (vergleiche Tabelle 16). Auch das durchschnittliche Publikationsaufkommen der Hochtechnologie-Unternehmen liegt deutlich vor dem der Niedrigtechnologie-Unternehmen.

98 Großunternehmen werden in der Wirtschaftsstatistik folgendermaßen definiert: mindestens 500 Beschäftigte oder ein jährlicher Bruttoumsatz von mindestens 50 Millionen Euro. KMUs haben entsprechend weniger als 500 Mitarbeiter und einen jährlichen Umsatz, der unterhalb 50 Millionen Euro liegt. In der Bilanzdatenbank wurde einerseits die Anzahl der Beschäftigten erhoben, andererseits der Bruttoumsatz.

Tabelle 18: Unternehmensgröße und Technologieorientierung 1991–2000

		Hoch-technologie	Niedrig-technologie	Fehlende Werte	Gesamt
		Unternehmenstypen 1991–1995			
Großunternehmen	Anzahl	17	5	6	28
	% von Zeile	60,7 %	17,9 %	21,4 %	100,0 %
KMUs	Anzahl	–	1	1	2
	% von Zeile	–	50,0 %	50,0 %	100,0 %
Fehlende Werte	Anzahl	10	8	13	31
	% von Zeile	32,3 %	25,8 %	41,9 %	100,0 %
Gesamt	Anzahl	27	14	20	61
	% von Zeile	44,3 %	23,0 %	32,8 %	100,0%
		Unternehmenstypen 1996–2000			
Großunternehmen	Anzahl	38	13	7	58
	% von Zeile	65,5 %	22,4 %	12,1 %	100,0 %
KMUs	Anzahl	18	14	8	40
	% von Zeile	45,0 %	35,0 %	20,0 %	100,0 %
Fehlende Werte	Anzahl	9	7	41	57
	% von Zeile	15,8 %	12,3 %	71,9 %	100,0 %
Gesamt	Anzahl	65	34	56	155
	% von Zeile	41,9 %	21,9 %	36,1 %	100,0 %

(Quelle: eigene Erhebung)

In der Gegenüberstellung von Forschungseinrichtungen und Unternehmen wird deutlich, dass soweit es um den wissenschaftlichen Output Publikation geht, die Unterschiede zwischen den beiden Organisationstypen deutlicher kaum sein können. Unternehmen publizieren, verglichen mit Universitäten und außeruniversitären Forschungsinstituten nur in moderatem Umfang, wobei sich die Schere in der zweiten Hälfte der neunziger Jahre weiter öffnet. Dies gilt auch, wenn man die funktionssystemische Organisationsstruktur in die Betrachtung einbezieht: Hochtechnologie-Unternehmen publizieren bei weitem nicht so viel wie Institute der angewandten Forschung oder gar der aGF. Dagegen liegen Unternehmen und Forschungsinstitute bei den Patenten bereits im ersten Zeitfenster gleichauf, und in der zweiten Hälfte der neunziger Jahre verzeichnen die Patentierungsaktivitäten der Wissenschaftseinrichtungen einen deutlichen Zuwachs. Es ist nicht zu übersehen, dass sich am Publikationsgeschehen die funktionssystemische Differenzierung von Wissenschaft und Wirtschaft auf organisationaler Ebene gut belegen lässt. Demgegenüber sind in der Kopplungszone der Patentierung sowohl Unternehmen als auch Forschungseinrichtungen aktiv.

4.3.2 Interorganisationsbeziehungen

In der vorliegenden Arbeit werden etwa 350 Organisationen hinsichtlich dreier Interaktionsdimensionen untersucht. Die Interorganisationsbeziehungen werden in getrennten Matrizen gespeichert und analysiert. Mit zwei Zeitperioden und drei Interaktionsdimensionen ergeben sich sechs Teilnetzwerke (Totalnetzwerke). Die Matrizen sind jeweils so groß wie die Anzahl der im jeweiligen Zeitfenster publikations- beziehungsweise patentierungsaktiven Organisationen. In Tabelle 19 sind allgemeine Charakteristika dieser Netzwerke aufgeführt. Zu ihnen zählen die Anzahl der verbundenen Organisationen, die größte Komponente und die Netzwerkdichte. Tabelle 20 dokumentiert die Einbettung einzelner Organisationstypen in diese Netzwerkstrukturen, wobei sich die Darstellung an den beiden bereits zur Sprache gekommenen Typologien orientiert.

Ein einheitlicher Trend über alle drei Interaktionsdimensionen und Zeiträume hinweg ist die steigende Anzahl der Interorganisationsbeziehungen (Tabelle 19, Zeilen 6, 7), die sowohl mit einer steigenden Anzahl von verbundenen Organisationen einhergeht (Zeile 2) als auch mit der zunehmenden Integration des Netzwerks: Die jeweils größte miteinander verbundene Anzahl von Organisationen (größte Komponente) ist im zweiten Zeitfenster durchgängig größer als im ersten (Zeile 4). Die Anzahl der Interorganisationsbeziehungen steigt mit der Anzahl der Nanoprojekte, Nanopublikationen und Nanopatente. Insbesondere das Projektnetzwerk erweist sich als expansiv. Das Wachstum bei den Koprojekten beträgt 114 Prozent, während es bei den Projekten nur 86 Prozent sind. Das Wachstum bei den Publikationen (174 Prozent) gleicht in etwa dem bei den Kopublikationen (184 Prozent). Demgegenüber ist das Wachstum bei den Kopatenten (50 Prozent) deutlich geringer als bei den Patenten (180 Prozent). In den drei Interaktionsdimensionen zeigen sich somit unterschiedliche Dynamiken beim relativen Zuwachs der Interorganisationsbeziehungen.

Zur allgemeinen Charakteristika interorganisatorischer Netzwerke zählen weiterhin Dichte und Zentralisierung (vergleiche Wasserman/Faust 1999: 101ff., 177ff.). Die Dichte eines Netzwerks gibt die Relation der realisierten gegenüber potenziellen Dyaden an. In Tabelle 19 wird sowohl die relative Dichte für die verbundenen Organisationen einer Dimension dokumentiert (Zeile 8) als auch die absolute Dichte, die sich auf alle Organisationen bezieht (Zeile 9). Die Zentralisierung eines Netzwerks bezeichnet den Umfang, in dem einzelne Organisationen besonders viele Beziehungen auf sich konzentrieren. In Anlehnung an Freeman (1979) wird hierbei die Summe über die Differenz des zentralsten Knoten (Degree-Zentralität) zu allen anderen Knoten berechnet und mit der maximalen Zentralitätsabweichungssumme gewichtet. Dieser Wert ist in Zeile 5 dokumentiert.

Für Dichte und Zentralisierung zeigen sich zwei gegenläufige Trends. Sowohl bei den Koprojekten als auch bei den Kopatenten sinken die Dichten und die Zentralisierung der Netzwerke nimmt ab. Die Expansion sowohl bei Nanoprojekten als auch Nanopatenten führt in dem untersuchten Zehnjahreszeitraum zu keiner Konzentration auf wenige Organisationen. Die Anzahl der Beziehungen steigt und sie verteilen sich relativ gleichmäßig auf einen wachsenden Kreis von Akteuren. Demgegenüber geht die Expansion des Publikationsnetzwerks sowohl mit einer höheren Dichte als auch mit einer ansteigenden Zentralisierung einher. Hier nehmen die Zentralitätsunterschiede zwischen den verbundenen Organisationen erheblich zu, und zwar so stark, dass trotz der 67 neuen verbundenen Organisationen (Zeile 2) die relative Dichte steigt (Zeile 8). Die Expansion bei der Wissensproduktion in der Nanowissenschaft führt offensichtlich zu einer Zentrum-Peripherie-Struktur. Das Publikationsnetzwerk entwickelt sich hin auf eine zentralisierte Struktur mit wenigen sehr zentralen Knoten, während das Projektnetzwerk und das Patentnetzwerk eine Entwicklung in Richtung auf eine gleichmäßige Zentralität zeigen.

Die starke Zentralisierung des Publikationsnetzwerkes ist in Abb. 15a und Abb. 15b dargestellt. Ersichtlich ist nicht nur die erhebliche Verdichtung der Beziehungen im Netzwerk von 1996–2000, es sticht auch eine Zentrum-Peripherie-Struktur hervor. Bemerkenswert erscheint weiter, dass Anfang der neunziger Jahre noch einige Großunternehmen im Zentrum des Publikationsnetzwerkes zu finden sind, in 1996–2000 dagegen ausschließlich Universitäten und MPG-Institute. Die im Zentrum befindlichen Unternehmen in 1991–1995 sind IBM, Siemens und die BASF. Die Mehrzahl der Unternehmen, wie auch die FhG-Institute, zählen in 1996–2000 dagegen zur Peripherie des Publikationsnetzwerkes.

Zu einer allgemeinen Charakterisierung der Teilnetzwerke gehört auch eine netzwerkanalytische Diskussion der Einbettung der vorgestellten Organisationstypen. Bei der Durchsicht von Tabelle 20 werden die bereits weiter oben gemachten Befunde bestätigt, in Teilen aber auch korrigiert. Zu den bestätigenden Ergebnissen kann gerechnet werden, dass große und vor allem auf Hochtechnologiemärkten aktive Unternehmen stärker in die Patent- und Publikationsnetzwerke der beiden Zeitfenster integriert sind als KMU. Jedes Groß- beziehungsweise Hochtechnologieunternehmen verfügt über durchschnittlich doppelt so viele Kopatent-, Koprojekt- oder Kopublikationsbeziehungen wie KMU beziehungsweise Niedrigtechnologie-Unternehmen.

Auffällig erscheint die hohe Zahl von Außenbeziehungen, über die FhG-Institue in den Koprojektnetzwerken verfügen, sie sind in 1996–2000 mit durchschnittlich 12 Degrees etwa dreieinhalbmal so stark mit ihrer organisationalen Umwelt vernetzt wie vergleichbare MPG-Institute. Vor dem Hintergrund einer ähnlich hohen Anzahl von Projekten bei beiden Institutstypen (durchschnittlich zwischen drei und vier Projekten, vergleiche Tabelle 16), erscheint die FhG absolut wie relativ stärker in die angewandte Forschung eingebettet als die ihrer Forschungsmission nach grundlagenorientierten MPG-Institute. Dies ändert nichts an der schwachen Einbettung von FhG-Instituten bei den Kopatentbeziehungen, bei welchen sie sich vom ersten zum zweiten Zeitfenster zwar leicht verbessern, absolut gesehen aber nur wenig integriert sind. Gründe hierfür wurden weiter oben bereits diskutiert.

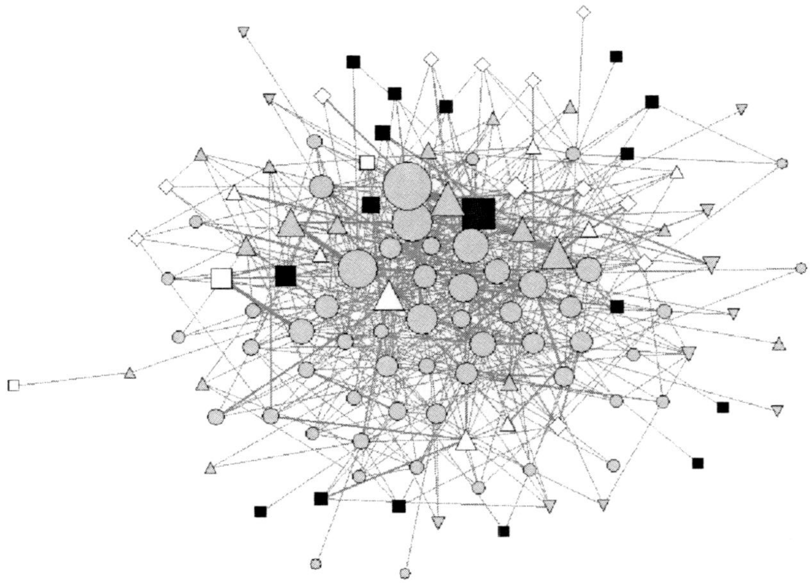

Anmerkung: Dargestellt sind Kopublikationen. Mit dem Gesamtnetzwerk unverbundene Dyaden sind nicht dargestellt. Das Layout wurde mithilfe Spring-Embedding (geodesic distances und node repulsion) in Netdraw erstellt. Die Stärke der Beziehungen ist durch die Liniendicke angezeigt (auf 1–5 normalisiert). Die Größe der Organisationen entspricht der Degree-Zentralität (auf 6–20 normalisiert). Unt.: schwarze Quadrate; Univ.: graue Kreise; MPG-Institute: graue, nach oben zeigende Dreiecke; FhG-Institute: graue, nach unten zeigende Dreiecke; WGL-Institute: weiße Quadrate; HGF-Zentren: weiße, nach oben zeigende Dreiecke; Restl. FE: weiße Rauten.

Abb. 15a: Visualisierung der Publikationsnetzwerke 1991–1995

(Quelle: eigene Erstellung)

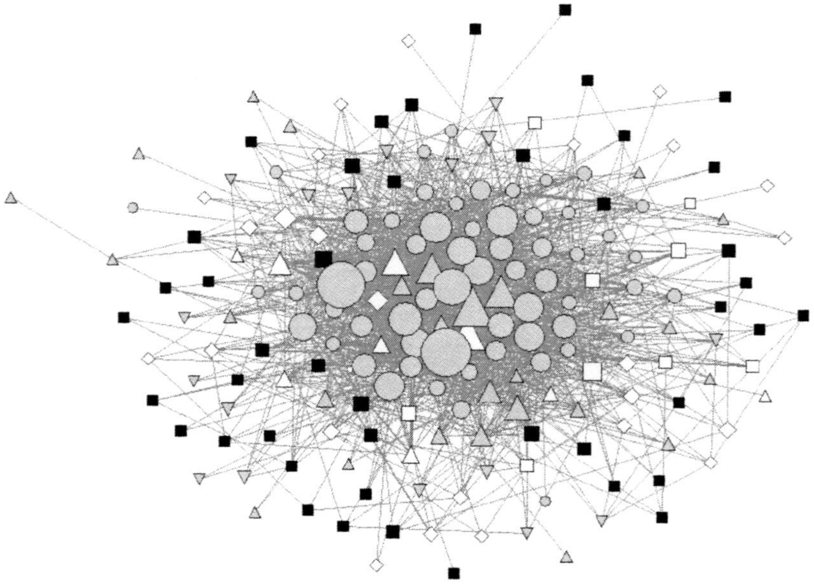

Anmerkung: Dargestellt sind Kopublikationen. Mit dem Gesamtnetzwerk unverbundene Dyaden sind nicht dargestellt. Das Layout wurde mithilfe Spring-Embedding (geodesic distances und node repulsion) in Netdraw erstellt. Die Stärke der Beziehungen ist durch die Liniendicke angezeigt (auf 1–5 normalisiert). Die Größe der Organisationen entspricht der Degree-Zentralität (auf 6–20 normalisiert). Unt.: schwarze Quadrate; Univ.: graue Kreise; MPG-Institute: graue, nach oben zeigende Dreiecke; FhG-Institute: graue, nach unten zeigende Dreiecke; WGL-Institute: weiße Quadrate; HGF-Zentren: weiße, nach oben zeigende Dreiecke; Restl. FE: weiße Rauten.

Abb. 15b: Visualisierung der Publikationsnetzwerke 1996–2000

(Quelle: eigene Erstellung)

Tabelle 19: Allgemeine Charakteristika der sechs Interorganisationsnetzwerke 1991–2000

		Projekte 1991–1995	Projekte 1996–2000	Publikationen 1991–1995	Publikationen 1996–2000	Patente 1991–1995	Patente 1996–2000
0	Anzahl ...	231	429	3.039	8.330	222	623
1	Anzahl Organisationen Gesamt	N = 102	N = 144	N = 131	N = 195	N = 120	N = 251
2	Verbundene Organisationen	N = 67	N = 118	N = 124	N = 191	N = 98	N = 173
3	Isolierte Organisationen	N = 35	N = 26	N = 7	N = 4	N = 22	N = 78
4	Größte Komponente	N = 42	N = 97	N = 124	N = 191	N = 69	N = 147
5	Zentralisierung	40,7 %	22,2 %	18,4 %*	26,5 %*	20,1 %	12,7 %
6	Anzahl Dyaden	N = 191	N = 430	–	–	N = 208	N = 324
7	Anzahl Dyaden, dichot.	N = 161	N = 345	N = 550	N = 1.563	N = 163	N = 243
8	Dichte dichot. Dyaden, verb. Organisationen	7,3 %	5,0 %	7,2 %	8,6 %	3,4 %	1,6 %
9	Absolute Dichte dichot. Dyaden, N = 348	0,3 %	0,6 %	0,9 %	2,6 %	0,3 %	0,4 %
10	Dichot. Dyaden pro verb. Organisation	2,4	2,9	4,4	8,2	1,7	1,4

*Anmerkung: * dichotomisierte Dyaden, vergleiche Anmerkungen zu den dichotomen Publikationsnetzwerken in Anhang 2. Es handelt sich bei allen Teilnetzwerken um symmetrische Matrizen. Daher werden alle Dyaden nur einmal gezählt.* N = 191 *Dyaden bedeutet demgemäß, dass es im Projektnetzwerk 1991–1995 191 Relationen gibt.*

(Quelle: eigene Erhebung)

Tabelle 20: Degree-Zentralität nach Organisationsstruktur, verbundene Organisationen, arithmetische Mittel und Standardabweichungen 1991–2000

		Koprojekte 1991–1995	Koprojekte 1996–2000	Kopublikationen 1991–1995*	Kopublikationen 1996–2000*	Kopatente 1991–1995	Kopatente 1996–2000
	Herkömmliche Organisationsstruktur						
1	Unternehmen	8,0 (10,8)	7,1 (8,7)	5,6 (7,1)	6,1 (5,0)	3,6 (5,1)	2,9 (4,1)
2	Großunternehmen	11,2 (13,8)	8,4 (10,3)	5,1 (3,7)	7,3 (5,7)	5,1 (6,7)	4,8 (6,3)
3	KMUs	6,0 (6,1)	6,5 (7,2)	–	3,1 (1,3)	–	1,8 (1,1)
4	Forschungseinrichtungen	4,9 (4,8)	7,4 (8,4)	9,4 (7,4)	19,4 (16,4)	4,8 (4,0)	4,6 (4,9)
5	Universitäten	4,8 (5,0)	7,9 (8,3)	12,1 (7,9)	31,1 (15,6)	5,3 (4,4)	5,8 (5,6)
6	Max-Planck-Institute	5,2 (4,8)	3,4 (3,0)	7,9 (5,7)	14,1 (13,3)	6,2 (3,3)	3,1 (2,5)
7	Fraunhofer-Institute	6,8 (6,6)	11,6 (13,6)	3,2 (2,1)	7,0 (3,8)	1,8 (0,4)	2,4 (2,1)
8	WGL-Institute	4,3 (4,9)	10,8 (9,7)	5,3 (4,5)	11,0 (7,1)	6,7 (5,1)	6,5 (8,1)
9	HGF-Zentren	–	2,0 (1,7)	10,6 (8,5)	21,6 (18,3)	2,3 (1,9)	3,3 (1,7)
10	Sonstige	3,8 (3,4)	6,5 (5,7)	4,9 (2,5)	8,0 (7,6)	3,8 (3,6)	1,8 (1,0)
	Funktionssystemische Organisationsstruktur						
	Organisationen Wissenschaftssystem						
11	Reine Grundlagenforschung (Org.-Typ 1)	–	–	5,2 (4,1)	8,5 (8,0)	3,1 (3,1)	2,2 (1,6)
12	Anw.-orient. Grundlagenforschung (Org.-Typ 2)	4,1 (4,5)	5,8 (6,9)	13,2 (7,7)	30,4 (15,6)	5,8 (4,3)	5,3 (5,0)
13	Angewandte Forschung (Org.-Typ 2)	7,8 (5,5)	11,3 (10,6)	5,7 (5,0)	8,9 (7,4)	3,5 (3,6)	5,1 (7,6)
	Organisationen Wirtschaftssystem						
14	Hochtechnologie (Org.-Typ 2)	8,2 (11,4)	9,4 (10,3)	6,9 (8,1)	7,3 (5,6)	5,0 (6,7)	4,2 (5,8)
15	Niedrigtechnologie (Org.-Typ 1)	6,5 (4,9)	3,9 (3,8)	2,3 (1,3)	3,8 (1,6)	2,0 (1,4)	1,9 (1,5)
16	Gesamt	5,7 (7,1)	7,5 (8,6)	8,9 (7,4)	17,0 (15,7)	4,6 (4,8)	4,2 (5,0)

*Anmerkungen: Den Interaktionsdimensionen liegen die N (verbundene Organisationen) aus Tabelle 19, Zeile 2 zugrunde. * = dichtomisierte Beziehungen.*

(Quelle: eigene Erhebung)

5. Hypothesenprüfung

5.1 Kopplung über Organisationen und Interorganisationsbeziehungen (Hypothesen 0 bis 2)

Im zweiten Kapitel wurde argumentiert, dass wissensbasierte und in Form von Patenten kodifizierte Technologien eine Grenzstruktur verkörpern, an der sich die Kopplung von Wissenschaft und Wirtschaft empirisch gut veranschaulichen lässt. Das vierte Kapitel zeigte, dass mit den drei Dimensionen angewandte Forschungsprojekte, wissenschaftliche Publikationen und Patente Interorganisationsbeziehungen beschrieben werden, die in unterschiedlicher Weise für die Kopplung von Wissenschaft und Wirtschaft bedeutsam sind. Dem in Abschnitt 2.6 erstellten Hypothesenset wird daher eine weitere Hypothese hinzugefügt, welche besagt, dass bei Kopatenten im Gegensatz zu Kopublikationen ein wesentlicher Teil der Wissenschaft und Wirtschaft übergreifenden Interorganisationsbeziehungen zu finden sind.

Hypothese 0: Kopatente sind ein geeigneter Indikator zur Kartierung von Wissenschaft und Wirtschaft übergreifenden Interorganisationsbeziehungen in wissensbasierten Technologiefeldern.

Abschnitt 3.3 dokumentiert die Zunahme der Patentierungsaktivitäten in der zweiten Hälfte der neunziger Jahre. Hypothese 1 behauptet in diesem Zusammenhang, dass in einer frühen Phase der Technologieentwicklung das Netzwerk der Wissenschaft und Wirtschaft übergreifenden Interorganisationsbeziehungen expandiert. Dies kann zweierlei bedeuten. Zum einen kann die absolute Anzahl der Interorganisationsbeziehungen und ihr Anteil relativ zu den anderen beiden Dimensionen Publikationen und Projekte im Zeitverlauf steigen. Zum anderen können die Anzahl und der Anteil von Hochtechnologie-Unternehmen sowie Forschungsorganisationen mit Anwendungsbezügen expandieren. Es gewinnen damit jene Organisationen an Gewicht, bei denen die sekundäre Funktionssystemorientierung institutionalisiert ist. Beide Phänomene gehören zusammen und müssen gemeinsam erörtert werden. Hypothese 1 wird daher in zwei Teilhypothesen spezifiziert.

Hypothese 1: Das Netzwerk der Wissenschaft und Wirtschaft übergreifenden Interorganisationsbeziehungen expandiert in einer frühen Phase der Technologieentwicklung.

1a: Die Anzahl und der Anteil der Interaktionsbeziehungen zwischen anwendungsorientierten Forschungseinrichtungen und Hochtechnologie-Unternehmen nimmt innerhalb einer frühen Technologiephase zu.

1b: Die Anzahl und der Anteil der Organisationen des zweiten Typs anwendungsorientierter Forschungseinrichtungen und Hochtechnologie-Unternehmen nimmt innerhalb einer frühen Technologiephase zu.

In Tabelle 21 sind die relativen Häufigkeiten der binnensystemischen und funktionssystemübergreifenden Interorganisationsbeziehungen dokumentiert. »Funktionssystemübergreifend« wird dabei verstanden als Beziehungen zwischen Organisationen mit unterschiedlichen Primärorientierungen, also zum Beispiel Unternehmen und Forschungseinrichtungen. »Binnensystemisch« heißt demgegenüber, dass Organisationen mit gleicher Primärorientierung zueinander Beziehungen aufweisen. Auf der Funktionssystemebene handelt es sich bei Kopublikationen zwischen Unternehmen natürlich um Wissenschaft, weil es um wissenschaftliche Kommunikation in Fachzeitschriften geht. Bei der Präsentation der empirischen Befunde geht es jedoch vorrangig um eine Beschreibung von interorganisatorischen Kommunikationsbeziehungen. Der Bezug ist daher dezidiert die Netzwerkebene.

Bei Kopatenten finden sich in beiden Zeitfenstern die meisten interorganisatorischen Kopplungsbeziehungen. Etwa 60 beziehungsweise 70 Prozent aller Interorganisationsbeziehungen haben funktionssystemübergreifenden Charakter. In der Dimension Koprojekte werden im Zeitverlauf durchschnittlich 41 Prozent realisiert, der Anteil wissenschaftsinterner Beziehungen liegt mit durchschnittlich 45 Prozent etwas darüber. Auffällig erscheint die Zunahme der funktionssystemübergreifenden Beziehungen bei den Kopatenten bei gleichzeitiger Abnahme der funktionssysteminternen Beziehungen innerhalb der Wirtschaft. In der zweiten Hälfte der neunziger Jahre nimmt die Kooperationsneigung bei der Technologieentwicklung zwischen den Unternehmen deutlich ab. Dieser Befund stimmt mit Ergebnissen einer Studie überein, in der deutsche Unternehmen zu ihrem Patentierungsverhalten schriftlich befragt wurden (vergleiche Blind u.a. 2003a). Die befragten Unternehmen geben für die zweite Hälfte der neunziger Jahre an, dass sie mit Wettbewerbern weniger kooperieren. Demgegenüber bleibt die Kooperationsneigung mit öffentlichen Forschungseinrichtungen durchweg stabil, im Sektor Chemie steigt sie sogar spürbar an. Deutschland ist in der Nanochemie spezialisiert, so dass diese Befragungsergebnisse die hier diskutierten Daten nachdrücklich stützen.[99]

Tabelle 21: Interorganisationsbeziehungen von Wissenschaft und Wirtschaft 1991–2000

	Wirtschaft – Wirtschaft	Wissenschaft – Wissenschaft	Wirtschaft – Wissenschaft
Kopatente 1991–1995	8,7 %	32,6 %	58,7 %
Kopatente 1996–2000	4,0 %	27,2 %	68,8 %
Koprojekte 1991–1995	15,2 %	44,0 %	40,8 %
Koprojekte 1996–2000	11,2 %	46,5 %	42,3 %
Kopublikationen 1991–1995*	0,5 %	83,3 %	16,2 %
Kopublikationen 1996–2000*	0,7 %	83,6 %	15,7 %

*Anmerkung: Datengrundlage: Dyaden, * = dichotomisierte Dyaden (vergleiche Zeile 7 in Tabelle 19)*

(Quelle: eigene Erhebung)

Der Zunahme der Kopatentbeziehungen zwischen Wissenschaft und Wirtschaft steht Kontinuität bei den Kopublikationsbeziehungen gegenüber. Der Anteil der Kopublikationen zwischen Unternehmen und Forschungseinrichtungen beträgt in beiden Zeitfenstern etwa 16 Prozent. Zwar verdreifacht sich die absolute Anzahl der Kopublikationen zwischen den beiden Zeitfenstern, dies verschiebt jedoch nicht die Relationen zwischen Unternehmen und Forschungseinrichtungen, was die gemeinsame Produktion von Forschungswissen angeht. Man kann durchaus schlussfolgern,

99 Die Unternehmen wurden in den Jahren 2002/2003 schriftlich befragt und gebeten, die Veränderung bei den Kopatentierungs- und Kooperationsaktivitäten rückblickend für die letzten fünf Jahre zu bewerten. Auf einer Skala von -2 bis +2 sinkt die Kooperationsaktivität zwischen Unternehmen um -0,4 während sie zwischen Unternehmen und öffentlichen Forschungsrichtungen bei 0,0 liegt. Nur der Bereich Chemie verzeichnet eine Steigerung von +0,3 (Blind u.a. 2003a: Tabelle A5).

dass die Vergrößerung der Kopplungszone (Kopatente) zwischen beiden Funktionssystemen auf einer Expansion der Kommunikationsprozesse innerhalb des Wissenschaftssystems (Kopublikationen) beruht. Diese Expansion findet aber nicht in Unternehmen statt, sondern in wissenschaftlichen Forschungseinrichtungen. Das Gravitationszentrum des Wissenschaftssystems sind Forschungsinstitute und nicht Unternehmen. Die auf Organisationsebene institutionalisierte Grenze zwischen Wissenschaft und Nicht-Wissenschaft bleibt im Zeitverlauf stabil. Sowohl Unternehmen als auch Forschungseinrichtungen benutzen vielmehr die für beide Organisationstypen geeignete Zone struktureller Kopplung, um Leistungstransfers zwischen beiden Funktionssystemen zu bewerkstelligen.

Hypothese 0 und Hypothese 1a sind somit bestätigt. Nanotechnologie-Patente sind eine empirische Grenzstruktur, über welche Leistungsbeziehungen zwischen beiden Funktionssystemen in Form von interorganisatorischen Wissens- und Technologietransfers vermittelt werden. Vor dem Hintergrund der vorliegenden Daten geht die Ausweitung der Kopplungszone (Anstieg Patentanmeldungen) mit einem Anstieg der funktionssystemübergreifenden Interaktionsbeziehungen einher (Anstieg Kopatente). Die netzwerkvermittelte Kopplung zwischen Wissenschaft und Wirtschaft expandiert im betrachteten Zehnjahreszeitfenster.

Tabelle 22: Anzahl, Anteil und Zuwachs 1991–2000 bei den Organisationstypen 1 und 2

	1991–1995	1996–2000	Zuwachs
FE reine Grundlagenforschung (Org.-Typ 1)	44 (39,6 %)	54 (36,2 %)	22,7 %
FE anw.-orient. Grundlagenforschung (Org.-Typ 2)	55 (49,5 %)	73 (49,0 %)	32,7 %
FE angewandte Forschung (Org.-Typ 2)	12 (10,8 %)	22 (14,8 %)	83,3 %
Hochtechnologie-Unternehmen (Org.-Typ 2)	27 (44,3 %)	65 (41,9 %)	140,7 %
Niedrigtechnologie-Unternehmen (Org.-Typ 1)	14 (23,0 %)	34 (21,9 %)	142,9 %

Anmerkung: FE = Forschungseinrichtungen

(Quelle: Tabelle 15, zur Datenerhebung vergleiche Anhänge)

Empirische Befunde zur organisationsvermittelten Kopplung (Hypothese 1b) finden sich in Tabelle 22. In den ersten beiden Spalten ist dokumentiert, welchen Anteil die einzelnen Organisationstypen in den beiden Zeitfenstern am Gesamtsample ausmachen. Auf Seiten des Wissenschaftssystems existieren 1996–2000 anteilig etwa ebenso viele Einrichtungen der anwendungsorientierten Forschung wie in 1991–1995. Mit über 60 Prozent stellen sie den Großteil der primär am Wissenschaftssystem orientierten Organisationen (aGF, aF). Ebenso befinden sich etwa doppelt so viele Hochtechnologie- wie Niedrigtechnologie-Unternehmen im Sample. In Tabelle 22 ist auch der Zuwachs zwischen beiden Zeitfenstern dokumentiert. Hierbei stellt sich heraus, dass die Anzahl des zweiten Organisationstyps auf Seiten des Wissenschaftssystems deutlicher wächst als die des ersten. In der zweiten Hälfte der neunziger Jahre gewinnen somit jene Forschungseinrichtungen an Gewicht, die Anwendungsbezüge in ihren Routinen und Arbeitsabläufen institutionalisieren. Demgegenüber ist der Zuwachs bei den beiden Unternehmenstypen etwa gleich hoch.

Dies bedeutet, dass die Kopplung auf organisationaler Ebene expandiert, allerdings ist das Wachstum auf Forschungseinrichtungen begrenzt. Hypothese 1b ist somit teilweise bestätigt. Man kann schlussfolgern, dass eine zunehmende Anzahl von Forschungseinrichtungen ihre Forschung stärker an technologischen Fragen orientiert. Dies steht in Einklang mit dem zunehmenden Engagement von Forschungseinrichtungen bei der Patentierung von Nanotechnologien. Umgekehrt ist aber keine stärkere Orientierung von Unternehmen am Wissenschaftssystem festzustellen. Die Expansion des organisationalen Feldes während der neunziger Jahre folgt keinem Trend hin zu einem höheren Anteil von Hochtechnologie-Unternehmen. Bereits in Tabelle 15 ist ein gleich bleibender Anteil von publikationsaktiven Unternehmen zu sehen (30 Prozent). Gleiches gilt für die durchschnittliche Anzahl von Unternehmenspublikationen (Tabelle 16).

Interaktionen zwischen Unternehmen und Forschungseinrichtungen sind nicht selbstverständlich, sondern müssen bestimmte Schwellen der Unwahrscheinlichkeit überwinden, die in einer Inkompatibilität der funktionssystemischen Primärorientierungen begründet liegen. In Kapitel 2 wurde argumentiert, dass mit der Ausbildung von funktionalen Binnenstrukturen innerhalb von Wissenschaft und Wirtschaft die Anschlussfähigkeiten für systemübergreifende Leistungsbeziehungen steigen. Anwendungsforschung und Hochtechnologiemärkte wurden als Strukturen vorgestellt, die die Funktionssysteme als Reaktion auf Leistungsanforderungen in ihrer Systemumwelt ausdifferenzieren.

Leistungsträger sind hierbei Organisationen, die sich in ihren Entscheidungsprozessen, Arbeitsabläufen und Routinen an anderen Organisationen orientieren, indem sie in ihrer Organisationsumwelt neue Informationen und neues Wissen aktivieren (Variation), für die organisationsinterne Weiterverwendung auswählen (Selektion) und unter Umständen dauerhaft voraussetzen (Retention). Organisationen bauen in ihre Erwartungsstrukturen somit Umweltsensibilität für andere Organisationen ein. Wie viel Umweltsensibilität vorausgesetzt werden kann, wie wahrscheinlich die drei Mechanismen des wechselseitigen Beobachtens sind, hängt neben anderen Einflussfaktoren von der Institutionalisierung der sekundären Funktionssystemorientierungen – also den funktionssystemischen Binnenstrukturen – in den Erwartungsstrukturen von Organisationen ab. In Anlehnung an Tabelle 2 wurden hierzu drei Einzelhypothesen entwickelt.

Hypothese 2: Die Auftretenswahrscheinlichkeit organisationsübergreifender Netzwerke zwischen Wissenschaft und Wirtschaft hängt mit dem Organisationstyp zusammen.

2a: Es besteht eine hohe Auftretenswahrscheinlichkeit von Interaktionsbeziehungen zwischen anwendungsorientierten Forschungseinrichtungen und Hochtechnologie-Unternehmen.

2b: Es besteht eine mittlere Auftretenswahrscheinlichkeit von Interaktionsbeziehungen zwischen anwendungsorientierten Forschungseinrichtungen und Niedrigtechnologie-Unternehmen auf der einen Seite, und zwischen grundlagenorientierten Forschungseinrichtungen und Hochtechnologie-Unternehmen auf der anderen Seite.

2c: Es besteht eine geringe Auftretenswahrscheinlichkeit von Interaktionsbeziehungen zwischen grundlagenorientierten Forschungseinrichtungen und Niedrigtechnologie-Unternehmen.

Die Tabellen 25–28 geben Auskunft über die Struktur der Interorganisationsbeziehungen entlang den funktionssystemischen Organisationstypen. Der Aufbau dieser Tabellen orientiert sich an einer Affiliationsmatrix, in der in der Horizontalen und Vertikalen dieselben Organisationen sowie deren Beziehungen zueinander eingetragen sind. Da es sich bei den drei Dimensionen um symmetrische, nicht gerichtete Beziehungen handelt, werden die beiden identischen Matrixhälften im linken unteren Teil der Matrix zusammengefasst. Die Zelleneinträge der Tabellen 25–26 geben die Anzahl der Dyaden an. Entsprechend summieren sich die Zelleneinträge auf N = 208 für 1991–1995 und N = 324 für 1996–2000. Um die Anzahl der absoluten Dyaden für die Auftretenshäufigkeit der jeweiligen Organisationstypen zu kontrollieren, weisen die Zelleneinträge der Tabellen 27–28 Blockdichten aus, die aus der Anzahl der realisierten durch die Anzahl der möglichen (wahrscheinlichen) Dyaden berechnet werden. Den Tabellen 27–28 sind somit die zur Hypothesenprüfung maßgeblichen Werte zu entnehmen.

Die Blockdichten werden folgendermaßen berechnet: Im ersten Zeitfenster (Tabelle 27) beträgt der Wert für Hochtechnologie-Unternehmen und Forschungseinrichtungen der rGF 0,0278, im zweiten Zeitfenster (Tabelle 28) 0,0094. In 1991–1995 existieren 27 entsprechende Unternehmen und 16 entsprechende Forschungsinstitute. Zwischen diesen Organisationen sind 432 Beziehungen möglich (27 x 16 = 432), es werden jedoch nur 12 Beziehungen realisiert. Hieraus ergibt sich die Blockdichte von 12/432 = 0,0278. In 1996–2000 existieren 65 Hochtechnologie-Unternehmen und 23 Forschungsinstitute der rGF. Zwischen diesen Organisationen sind 1.495 Beziehungen möglich (65 x 23 = 1.495), wovon 14 Beziehungen realisiert werden. Hieraus ergibt sich die Blockdichte von 14/1.495 = 0,0094. Die Dichte des gesamten Kopatentnetzwerks liegt in 1991–1995 bei 208/7.140 = 0,0291, in 1996–2000 bei 324/31.375 = 0,0103. Das spätere Kopatentnetzwerk ist aufgrund seiner organisationalen Expansion etwa dreimal weniger dicht geknüpft wie das frühere (vergleiche auch Abschnitt 5.2). Die jeweiligen Blockdichten sollten daher vor dem Hintergrund der Gesamtdichten interpretiert werden.

Das Hypothesenset 2a–2c wird mit kleinen Einschränkungen vollständig bestätigt. Der Übersichtlichkeit und Lesbarkeit halber wurden die Blockdichten von den Tabellen 27–28 in zwei an Tabelle 2 angelehnte Übersichten übertragen (vergleiche Tabellen 23–24). Hierbei zeigt sich, dass für beide Zeitfenster die theoretisch postulierten Auftretenswahrscheinlichkeiten von Interorganisationsbeziehungen empirische Unterstützung erhalten. Die Technologieentwicklung findet vor allem zwischen Hochtechnologie-Unternehmen und jenen Forschungsorganisationen statt, die Anwendungsbezüge in ihren Routinen bereithalten. Bemerkenswert ist jedoch, dass weder rein grundlagenorientierte noch rein angewandte Forschungseinrichtungen eine bedeutsame Rolle im Kopplungsprozess spielen. Die jeweils höchste Dichte erreichen in beiden Zeitfenstern die Hochtechnologie-Unternehmen und die Forschungseinrichtungen der aGF (vergleiche Tabellen 27–28). Die weiter oben zitierte Interviewaussage (INT2004.5), dass wissenschaftliche Erkenntnis und technologisches Kontrollwissen auf der nanoskaligen Ebene nur noch schwer getrennt werden können, wird somit bestätigt. Denn tatsächlich sind diejenigen Forschungsorganisationen für Unternehmen interessante Gesprächs- und Kooperationspartner, die sich nicht auf reine Erkenntnisproduktion verlegen und die gleichzeitig nicht soweit in die Anwendungsforschung einsteigen, dass sie keine Akzente an der wissenschaftlichen Forschungsfront setzen können.

Wie die Charakterisierung der funktionssystemischen Organisationstypen in Abschnitt 4.3.1 gezeigt hat, publizieren Forschungseinrichtungen der aGF durchschnittlich ein Vielfaches von dem der Institute der rGF und aF. Sie zählen zu den forschungsproduktivsten Akteuren im Untersuchungssample. Wissenschaftliche Produktivität und technologische Relevanz der Forschungsarbeit gehen Hand in Hand.

Tabelle 23: Empirische Blockdichten und theoretische Wahrscheinlichkeiten bei Kopatentbeziehungen 1991–1995

	Organisationstyp 1: Niedrigtechnologie-Unternehmen	Organisationstyp 2: Hochtechnologie-Unternehmen
Organisationstyp 1: FE der reinen Grundlagenforschung	Gering 0,0089	Mittel 0,0278
Organisationstyp 2: FE mit Anwendungsbezügen (aGF, AF)	Mittel 0,0119–0,0179	Hoch 0,0494–0,0669

Anmerkung: FE = Forschungseinrichtungen; Gesamtnetzwerkdichte: 0,0291

(Quelle: eigene Erhebung)

Tabelle 24: Empirische Blockdichten und theoretische Wahrscheinlichkeiten bei Kopatentbeziehungen 1996–2000

	Organisationstyp 1: Niedrigtechnologie-Unternehmen	Organisationstyp 2: Hochtechnologie-Unternehmen
Organisationstyp 1: FE der reinen Grundlagenforschung	Gering 0,0013	Mittel 0,0094
Organisationstyp 2: FE mit Anwendungsbezügen (aGF, AF)	Mittel 0,0098–0,0163	Hoch 0,0188–0,0318

Anmerkung: FE = Forschungseinrichtungen; Gesamtnetzwerkdichte: 0,0103

(Quelle: eigene Erhebung)

Weiterhin vertieft sich die Struktur der systemtheoretisch postulierten Interorganisationsbeziehungen im Zeitverlauf (vergleiche Tabellen 23–24). Die Gesamtnetzwerkdichte ist in 1996–2000 etwa um den Faktor 3 geringer, die Dichte des linken oberen Blocks (Niedrigtechnologie-Unternehmen – Forschungseinrichtungen der rGF) fällt aber um den Faktor 7 ab, während sie im unteren rechten Block (Hochtechnologie-Unternehmen – Forschungseinrichtungen der aGF und aF) nur um den Faktor 2–3 sinkt. Während der linke obere Block durch die Expansion des Kopatentnetzwerkes ausdünnt und desintegriert, nimmt die Dichte im unteren rechten Block – relativ zur Veränderung der Gesamtdichten – im gleichen Zeitfenster zu.

Alles in allem stützen die empirischen Befunde die theoretisch abgeleiteten Hypothesen, welche die Auftretenswahrscheinlichkeit funktionssystemübergreifender Interorganisationsbeziehungen in Verbindung zur Institutionalisierung von funktionalen Binnenstrukturen auf organisationaler Ebene sehen. Nanotechnologische Erfindungen werden somit nicht einfach von Forschungseinrichtungen und Unternehmen gemacht, sondern von solchen, bei denen Umweltsensibilitäten für Organisationen mit von den eigenen abweichenden funktionssystemischen Primärorientierungen institutionalisiert sind.

Die Kopublikationsnetzwerke geben einen guten Vergleichsfall für die Kopatentnetzwerke ab, weil mit ihnen Kommunikationsbeziehungen des Wissenschaftssystems kartiert werden. Die Tabellen 29–32 sind in derselben Weise zu interpretieren wie die Tabelle 25–28. Gemessen an allen Kopublikationen ist die Blockdichte zwischen Instituten der aGF auffällig hoch. Man kann sogar von einer Scharnierfunktion der aGF-Institute sprechen, weil sie Institute der rGF als auch der aF miteinander verknüpfen. Institute der rGF als auch der aF kopublizieren nur selten miteinander und auch ihre internen Kopublikationsdichten fallen im Vergleich zu denjenigen der aGF-Institute sehr niedrig aus. Institute der aGF stehen somit im Zentrum der wissenschaftlichen Kommunikation in der Nanowissenschaft, sie vereinen auf sich absolut und relativ die Mehrzahl aller Publikationen und Kopublikationen, und sie fungieren als Brücke zwischen den an den reinen Forschungstypen orientierten Forschungsinstituten.

Im Gegensatz zum Kopatentnetzwerk sind Kooperationsbeziehungen zwischen Unternehmen und Forschungseinrichtungen bei der Produktion wissenschaftlichen Wissens nur von begrenzter Bedeutung. Weiter oben wurde festgestellt, dass Kopublikationen zwischen Unternehmen und Forschungseinrichtungen nur etwa 16 Prozent aller Kopublikationen ausmachen und Unternehmen mit Abstand weniger im SCI publizieren als dies Forschungseinrichtungen tun. Dennoch sind die jeweiligen Blockdichten beider Organisationstypen auffällig hoch. Funktionssystemübergreifende Kopplungsbeziehungen sind somit auch in der »Nicht-Kopplungszone« der Kopublikationen weitgehend Angelegenheit jener beiden Organisationstypen, die in der »Kopplungszone« der Kopatente für funktionssystemische Leistungsbeziehungen sorgen.

Tabelle 25: Kooperationsbeziehungen bei Patenten 1991–1995 nach funktionssystemischer Organisationsstruktur

	FE reine Grundlagenforschung	FE anw. Grundlagenforschung	FE angewandte Forschung	Hochtechnologie-Unternehmen	Niedrigtechnologie-Unternehmen	Fehlende Werte
FE reine Grundlagenforschung	4					
FE anw. Grundlagenforschung	22	31				
FE angewandte Forschung	0	10	1			
Hochtechnologie-Unternehmen	12	65	8	10		
Niedrigtechnologie-Unternehmen	2	9	1	2	0	
Fehlende Werte	6	19	0	3	0	3

Anmerkung: FE = Forschungseinrichtungen; Datengrundlage: N (Dyaden) = 208 N (Fälle) = 120 (vergleiche Zeilen 1 und 6 in Tabelle 19)

(Quelle: eigene Erhebung)

Tabelle 26: Kooperationsbeziehungen bei Patenten 1996–2000 nach funktionssystemischer Organisationsstruktur

	FE reine Grundlagenforschung	FE anw. Grundlagenforschung	FE angewandte Forschung	Hochtechnologie-Unternehmen	Niedrigtechnologie-Unternehmen	Fehlende Werte
FE reine Grundlagenforschung	1					
FE anw. Grundlagenforschung	12	53				
FE angewandte Forschung	3	16	0			
Hochtechnologie-Unternehmen	14	124	11	5		
Niedrigtechnologie-Unternehmen	1	20	5	3	0	
Fehlende Werte	3	41	6	2	1	3

Anmerkung: FE = Forschungseinrichtungen; Datengrundlage: N (Dyaden) = 324 N (Fälle) = 251 (vergleiche Zeilen 1 und 6 in Tabelle 19)

(Quelle: eigene Erhebung)

Tabelle 27: Blockdichten bei Kopatenten 1991–1995 (reale Dyaden geteilt durch mögliche Dyaden)

	FE reine Grundlagenforschung	FE anw. Grundlagenforschung	FE angewandte Forschung	Hochtechnologie-Unternehmen	Niedrigtechnologie-Unternehmen	Fehlende Werte
FE reine Grundlagenforschung	0,0333					
FE anw. Grundlagenforschung	0,0382	0,0492				
FE angewandte Forschung	0,0000	0,0463	0,0667			
Hochtechnologie-Unternehmen	0,0278	0,0669	0,0494	0,0285		
Niedrigtechnologie-Unternehmen	0,0089	0,0179	0,0119	0,0053	0,0000	
Fehlende Werte	0,0179	0,0251	0,0000	0,0053	0,0000	0,0143

*Anmerkung: FE = Forschungseinrichtungen; Datengrundlage: N (Dyaden) = 208 N (Fälle) = 120 (vergleiche Zeilen 1 und 6 in Tabelle 19); Gesamtdichte Netzwerk: 0,0291 [=208 / (120*119 / 2)]*

(Quelle: eigene Erhebung)

Tabelle 28: Blockdichten bei Kopatenten 1996–2000 (reale Dyaden geteilt durch mögliche Dyaden)

	FE reine Grundlagenforschung	FE anw, Grundlagenforschung	FE angewandte Forschung	Hochtechnologie-Unternehmen	Niedrigtechnologie-Unternehmen	Fehlende Werte
FE reine Grundlagenforschung	0,0040					
FE anw. Grundlagenforschung	0,0087	0,0299				
FE angewandte Forschung	0,0145	0,0296	0,0000			
Hochtechnologie-Unternehmen	0,0094	0,0318	0,0188	0,0024		
Niedrigtechnologie-Unternehmen	0,0013	0,0098	0,0163	0,0014	0,0000	
Fehlende Werte	0,0022	0,0114	0,0111	0,0005	0,0005	0,0017

*Anmerkung: FE = Forschungseinrichtungen; Datengrundlage: N (Dyaden) = 324 N (Fälle) = 251 (vergleiche Zeilen 1 und 6 in Tabelle 19); Gesamtdichte Netzwerk: 0,0103 [=324 / (251*250 / 2)]*

(Quelle: eigene Erhebung)

Tabelle 29: Kooperationsbeziehungen bei Publikationen 1991–1995 nach funktionssystemischer Organisationsstruktur

	FE reine Grundlagenforschung	FE anw. Grundlagenforschung	FE angewandte Forschung	Hochtechnologie-Unternehmen	Niedrigtechnologie-Unternehmen	Fehlende Werte
FE reine Grundlagenforschung	21					
FE anw. Grundlagenforschung	143	236				
FE angewandte Forschung	10	46	2			
Hochtechnologie-Unternehmen	20	55	3	2		
Niedrigtechnologie-Unternehmen	0	8	0	1	0	
Fehlende Werte	0	3	0	0	0	0

Anmerkung: FE = Forschungseinrichtungen; Datengrundlage: N (Dyaden) = 550 N (Fälle) = 131 (vergleiche Zeilen 1 und 7 in Tabelle 19)

(Quelle: eigene Erhebung)

Tabelle 30: Kooperationsbeziehungen bei Publikationen 1996–2000 nach funktionssystemischer Organisationsstruktur

	FE reine Grundlagenforschung	FE anw. Grundlagenforschung	FE angewandte Forschung	Hochtechnologie-Unternehmen	Niedrigtechnologie-Unternehmen	Fehlende Werte
FE reine Grundlagenforschung	29					
FE anw. Grundlagenforschung	315	764				
FE angewandte Forschung	27	156	11			
Hochtechnologie-Unternehmen	28	158	15	7		
Niedrigtechnologie-Unternehmen	2	19	0	1	0	
Fehlende Werte	5	19	3	2	1	1

Anmerkung: FE = Forschungseinrichtungen; Datengrundlage: N (Dyaden) = 1.536 N (Fälle) = 195 (vergleiche Zeilen 1 und 7 in Tabelle 19)

(Quelle: eigene Erhebung)

Tabelle 31: Blockdichten bei Kopublikationen 1991–1995 (reale Dyaden geteilt durch mögliche Dyaden)

	FE reine Grundlagenforschung	FE anw. Grundlagenforschung	FE angewandte Forschung	Hochtechnologie-Unternehmen	Niedrigtechnologie-Unternehmen	Fehlende Werte
FE reine Grundlagenforschung	0,0222					
FE anw. Grundlagenforschung	0,0591	0,1589				
FE angewandte Forschung	0,0189	0,0697	0,0303			
Hochtechnologie-Unternehmen	0,0303	0,0667	0,0167	0,0190		
Niedrigtechnologie-Unternehmen	0,0000	0,0364	0,0000	0,0167	0,0000	
Fehlende Werte	0,0000	0,0545	0,0000	0,0000	0,0000	0,0000

*Anmerkung: FE = Forschungseinrichtungen; Datengrundlage: N (Dyaden) = 550 N (Fälle) = 131 (vergleiche Zeilen 1 und 7 in Tabelle 19); Gesamtdichte Netzwerk: 0,0646 [=550/(131*130/2)]*

(Quelle: eigene Erhebung)

Tabelle 32: Blockdichten bei Kopublikationen 1996–2000 (reale Dyaden geteilt durch mögliche Dyaden)

	FE reine Grundlagenforschung	FE anw. Grundlagenforschung	FE angewandte Forschung	Hochtechnologie-Unternehmen	Niedrigtechnologie-Unternehmen	Fehlende Werte
FE reine Grundlagenforschung	0,0203					
FE anw. Grundlagenforschung	0,0799	0,2907				
FE angewandte Forschung	0,0227	0,0971	0,0476			
Hochtechnologie-Unternehmen	0,0167	0,0698	0,0220	0,0151		
Niedrigtechnologie-Unternehmen	0,0062	0,0434	0,0000	0,0054	0,0000	
Fehlende Werte	0,0103	0,0289	0,0152	0,0072	0,0185	0,0000

*Anmerkung: FE = Forschungseinrichtungen; Datengrundlage: N (Dyaden) = 1.536 N (Fälle) = 195 (vergleiche Zeilen 1 und 7 in Tabelle 19); Gesamtdichte Netzwerk: 0,0826 [=1.536/(195*194/2)]*

(Quelle: eigene Erhebung)

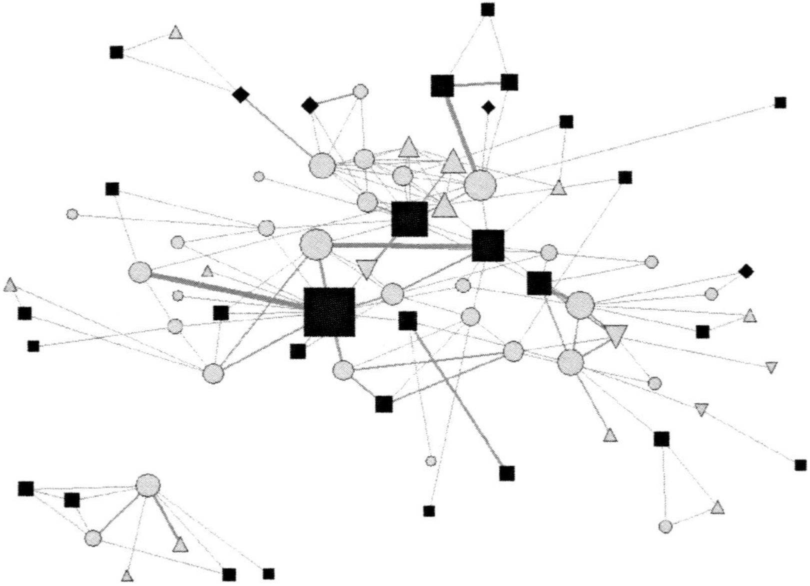

Anmerkung: Dargestellt sind Kopatentbeziehungen. Mit dem Gesamtnetzwerk unverbundene Dyaden und Triaden sind nicht dargestellt. Das Layout wurde mithilfe Spring-Embedding (geodesic distances und node repulsion) in Netdraw erstellt. Die Stärke der Bez. ist durch die Liniendicke angezeigt (auf 1–5 normalisiert). Die Größe der Organisationen entspricht der Degree-Zentralität (auf 6–20 normalisiert). Hochtechn.-Unt.: schwarze Quadrate; Niedrigtechn.-Unt.: schwarze Rauten; Unt. ohne NACE-Code: weiße Quadrate; FE rGF: graue, nach oben zeigende Dreiecke; FE aF: graue, nach unten zeigende Dreiecke; FE aGF: graue Kreise.

Abb. 16a: Kopplungsbeziehungen in den Patentnetzwerken 1991–1995

(Quelle: eigene Erstellung)

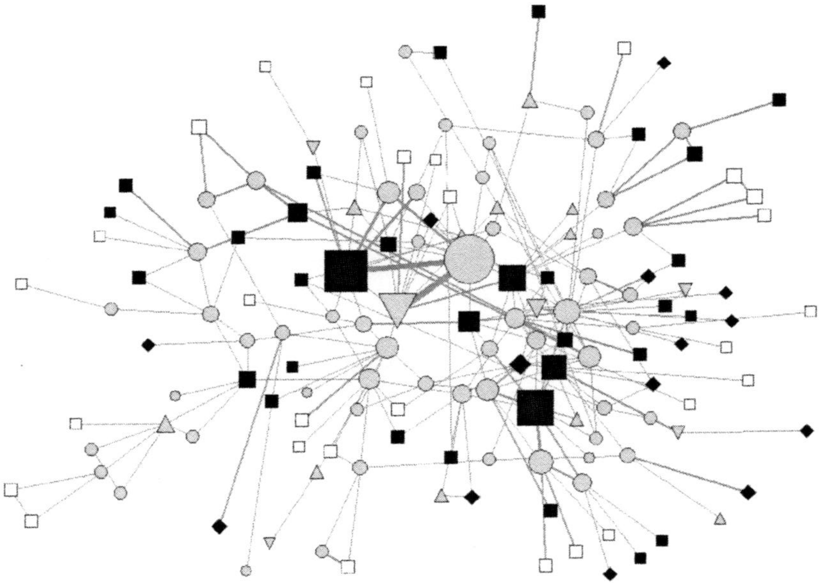

Anmerkung: Dargestellt sind Kopatentbeziehungen. Mit dem Gesamtnetzwerk unverbundene Dyaden und Triaden sind nicht dargestellt. Das Layout wurde mithilfe Spring-Embedding (geodesic distances und node repulsion) in Netdraw erstellt. Die Stärke der Bez. ist durch die Liniendicke angezeigt (auf 1–5 normalisiert). Die Größe der Organisationen entspricht der Degree-Zentralität (auf 6–20 normalisiert). Hochtechn.-Unt.: schwarze Quadrate; Niedrigtechn.-Unt.: schwarze Rauten; Unt. ohne NACE-Code: weiße Quadrate; FE rGF: graue, nach oben zeigende Dreiecke; FE aF: graue, nach unten zeigende Dreiecke; FE aGF: graue Kreise.

Abb. 16b: Kopplungsbeziehungen in den Patentnetzwerken 1996–2000

(Quelle: eigene Erstellung)

5.2 Struktur der Interorganisationsbeziehungen (Hypothesen 3 bis 5)

Das Hypothesenset 2a–2c bezieht sich ausschließlich auf die quantitative Bedeutung von Dyaden. Höherstufige Formen der Netzwerkbildung werden durch sie nicht erfasst. Es sind aber die Strukturmerkmale solcher Interorganisationsbeziehungen, welche weitere Aufschlüsse über die Kopplung von Wissenschaft und Wirtschaft versprechen. Hierzu wurden in Abschnitt 2.6 folgende Hypothesen formuliert:

Hypothese 3: Höherstufige Verbundenheitsstrukturen in Kopplungsbeziehungen, zum Beispiel Cliquenformationen, sind vor allem zwischen anwendungsorientierten Forschungseinrichtungen und Hochtechnologie-Unternehmen ausgeprägt.

Hypothese 4: Im Zentrum von Wissenschaft und Wirtschaft übergreifenden Netzwerken befinden sich vorwiegend Organisationen zweiten Typs.

Hypothese 5: Fraunhofer-Institute weisen als funktionssystemische Hybridorganisationen (dritter Organisationstyp) die höchste Betweenness-Zentralität in Wissenschaft und Wirtschaft übergreifenden Netzwerken auf.

Tabelle 33 präsentiert die Ergebnisse der Cliquenanalyse. Es existieren in beiden Zeitfenstern Cliquen der Größe N = 3 und N = 4, größere Strukturen lassen sich nicht identifizieren. Es ist zu berücksichtigen, dass Cliquen sich wechselseitig überlappen können. Unterschiedliche Cliquen sind daher nicht unbedingt autonome oder unverbundene Subgruppen innerhalb der Netzwerke.

Die Anzahl der Cliquen ist im ersten Zeitfenster um ein Drittel geringer als im zweiten, allerdings finden sich hier im Gegenzug mehr 4-er Cliquen als in 1996–2000. Die häufigste Konstellation besteht aus einem Hochtechnologie-Unternehmen und zwei Instituten der aGF. Diese Kombination macht in beiden Zeitfenstern etwa ein Drittel aller 3-er Cliquen aus. Etwa 60 Prozent aller Cliquen weisen Konstellationen auf, in denen Hochtechnologie-Unternehmen und aGF-Institute kooperieren. Hypothese 3 wird durch die Befunde bestätigt. Sie bedarf aber einer Präzisierung, weil es nicht die Institute der angewandten Forschung, sondern der aGF sind, die in die Cliquen eingebettet sind. Verbunden sind damit auf Seiten des Wissenschaftssystems nicht durchgängig Organisationen des zweiten Typs, sondern jene Institute mit einer hybriden Forschungsorientierung. Im Zeitverlauf gewinnen die Forschungseinrichtungen der angewandten Forschung jedoch an Bedeutung. Sie sind in der ersten Hälfte der neunziger Jahre in nahezu keine 3-er Clique eingebettet, Ende der neunziger Jahre dagegen in jede vierte. Im Kontrast dazu sind Einrichtungen der rGF deutlich schwächer in die beiden Teilnetzwerke eingebettet. Sowohl in 1991–1995 als auch 1996–2000 weisen nur ein Viertel aller 3-er Cliquen ein solches Forschungsinstitut auf.

Der zentrale Unterschied zwischen den Teilnetzwerken in den beiden Zeitfenstern liegt in ihrer unterschiedlichen Zahl von Akteuren und der durchschnittlich geringeren Anzahl von Degrees pro Akteur im zweiten Zeitfenster (vergleiche Tabelle 19). Beide Unterschiede sind auf die weiter oben diskutierte Expansion des Netzwerks zurückzuführen. Durch die höhere Anzahl von Akteuren kann auf der Makroebene des Netzwerkes eine sinkende Zentralisierung resultieren, auf der Mesoebene ein rückläufiger Umfang der höherstufigen, gruppenförmigen Verflechtung in Form von 4-er Cliquen, während 3-er Cliquen zunehmen. Genau diesen Effekt kann man beim Kopatentnetzwerk studieren (vergleiche Tabelle 33). Während die Struktur der 4-er Cliquen in 1991–1995 Hypothese 3 ausdrücklich stützt, geht ihre Zahl in 1996–2000 nahezu vollständig zurück. Die Anzahl der 3-er Cliquen nimmt im zweiten Zeitfenster zu und ihre Struktur ähnelt derjenigen des ersten Teilnetzwerkes. Die Struktur der Kopplungsbeziehungen stellt sich aufgrund der erheblichen Expansion des Netzwerks im zweiten Zeitfenster weniger robust dar.

Zum Vergleich können die Teilnetzwerke der Kopublikationen herangezogen werden. Die Übersicht in den Tabellen 34 und 35 zeigt zunächst recht deutlich, dass erstens die Kopublikationsnetzwerke mehr höherstufige Verbundenheitsstrukturen aufweisen als die Kopatentnetzwerke und zweitens die Strukturbildung in 1996–2000 zunimmt. Aufgrund des hohen durchschnittlichen Degrees pro Akteur (vergleiche Tabelle 19) übertrifft die Anzahl der Subgruppen bei weitem die der Kopatentnetzwerke. Sogar Cliquen bis zur Größe N = 10 können beobachtet werden. Beachtlich ist der hohe Grad der wechselseitigen Überlappung, er macht in 1991–1995 21 Prozent aus, in 1996–2000 bereits 49 Prozent. Im Gegensatz hierzu nimmt die Überlappung in den Kopatentnetzwerken ab. In 1991–1995 liegen mit 17 Prozent noch knapp ein Fünftel aller Subgruppen teilweise »übereinander«, in 1996–2000 sind es nur noch 7,6 Prozent. Die Kopplungsbeziehungen zwischen Wissenschaft und Wirtschaft sind in der zweiten Hälfte der neunziger Jahre deutlich weniger integriert als die Interorganisationsbeziehungen im Wissenschaftssystem. Es differenzieren sich hier in viel deutlicherem Maße eigenständige und nur wenig miteinander in Verbindung stehende Subgruppen innerhalb des Netzwerkes aus.

Ersichtlich ist zudem, dass die Mehrzahl der Cliquen im Kopublikationsnetzwerk von Forschungseinrichtungen gestellt wird, weniger dagegen Beziehungen zwischen Unternehmen und Forschungsinstituten umfasst. Es zeigt sich aber auch hier, dass die Konstellation von ein bis zwei Hochtechnologie-Unternehmen und ein bis drei Instituten der aGF dominiert wird. Je größer die Clique, umso deutlicher schält sich dieses Muster bei den funktionssystemübergreifenden Interorganisationsbeziehungen in beiden

Tabelle 33: Entwicklung der Cliquenstrukturen bei Kopatenten 1991–2000

	Kopatente 1991–1995	Kopatente 1996–2000
3-er Cliquen	*20*	*42*
1(rGF) – 2(aGF)	–	1
3(aGF)	–	3
2(aGF) – 1(aF)	1	–
1(HochTech) – 2(rGF)	1	1
1(HochTech) – 1(rGF) – 1(aGF)	3	2
1(HochTech) – 2(aGF)	6	14
1(HochTech) – 1(rGF) – 1(aF)	–	6
2(HochTech) – 1(aGF)	1	1
1(NiedrigTech) – 1(rGF) – 1(aGF)	–	1
1(NiedrigTech) – 2(aGF)	1	2
1(NiedrigTech) – 1(aGF) – 1(aF)	–	2
1(NiedrigTech) – 1(HochTech) – 1(rGF)	1	–
1(NiedrigTech) – 1(HochTech) – 1(aGF)	–	2
9999 – … –...	5	7
4-er Cliquen	*11*	*1*
1(HochTech) – 1(rGF) – 2(aGF)	2	–
1(HochTech) – 3(aGF)	2	–
1(HochTech) – 2(aGF) – 1(aF)	2	–
2(HochTech) – 1(rGF) – 2(aGF)	–	1
2(HochTech) – 2(aGF)	1	–
2(HochTech) – 1(aGF) – 1(aF)	2	–
1(NiedrigTech) – 3(aGF)	1	–
9999 – … – … – …	1	–
Gesamtzahl aller Cliquen	*30*	*43*

Anmerkung: HochTech = Hochtechnologie-Unternehmen, NiedrigTech = Niedrigtechnologie-Unternehmen, rGF = Forschungseinrichtungen Grundlagenforschung, aGF = Forschungseinrichtungen anwendungsorientierte Grundlagenforschung, aF = Forschungseinrichtungen angewandte Forschung

(Quelle: eigene Erhebung)

Tabelle 34: Entwicklung der 3-er und 4-er Cliquenstrukturen bei Kopublikationen 1991–2000

	Kopublikationen 1991–1995	Kopublikationen 1996–2000
3-er Cliquen	*130*	*131*
2(rGF) – 1(aGF)	9	8
2(rGF) – 1(aF)	–	1
1(rGF) – 2(aGF)	33	32
1(rGF) – 1(aGF)- 1(aF)	3	3
3(aGF)	47	22
2(aGF) – 1(aF)	6	11
1(aGF) – 2(aF)	1	4
3(aF)	–	1
1(HochTech) – 2(rGF)	3	1
1(HochTech) – 1(rGF) – 1(aGF)	6	11
1(HochTech) – 2(aGF)	15	22
1(HochTech) – 1(rGF) – 1(aF)	1	–
1(HochTech) – 1(aGF) – 1(aF)	2	6
2(HochTech) – 1(aGF)	–	4
1(NiedrigTech) – 2(aGF)	2	1
1(NiedrigTech) – 1(rGF) – 1(aGF)	–	1
9999 – … – …	2	3
4-er Cliquen	*127*	*241*
3(rGF) – 1(aGF)	1	1
2(rGF) – 2(aGF)	2	8
2(rGF) – 1(aGF) – 1(aF)	–	4
1(rGF) – 3(aGF)	27	51
1(rGF) – 2(aGF) – 1(aF)	1	20
1(rGF) – 1(aGF) – 2(aF)	1	–
4(aGF)	38	58
3(aGF) – 1(aF)	13	38
2(aGF) – 2(aF)	3	5
1(HochTech) – 2(rGF) – 1(aGF)	1	2
1(HochTech) – 1(rGF) – 2(aGF)	10	13
1(HochTech) – 1(rGF) – 1(aGF) – 1(aF)	2	2
1(HochTech) – 3(aGF)	20	17
1(HochTech) – 2(aGF) – 1(aF)	1	8
2(HochTech) – 2(aGF)	6	4
2(HochTech) – 1(NiedrigTech) – 2(aGF)	1	1
1(NiedrigTech) – 3(aGF)	–	3
9999 – … – … – …	–	6

Anmerkung: HochTech = Hochtechnologie-Unternehmen, NiedrigTech = Niedrigtechnologie-Unternehmen, rGF = Forschungseinrichtungen Grundlagenforschung, aGF = Forschungseinrichtungen anwendungsorientierte Grundlagenforschung, aF = Forschungseinrichtungen angewandte Forschung

(Quelle: eigene Erhebung)

Zeitfenstern heraus.[100] Man kann aus diesen Befunden den Schluss ziehen, dass parallel zu den technologiebezogenen Kopplungsbeziehungen der Kopatente strukturell ähnliche Interorganisationsbeziehungen im Bereich der wissenschaftlichen Forschung bestehen. Das Spezifikum der Kopatente besteht im Umfang dieser Kopplungsbeziehungen, die interorganisatorische Struktur weist jedoch unabhängig von der jeweiligen Interaktionsdimension ein durchgängiges und gemeinsames Muster auf.

Für Hypothese 4 wurde überprüft, welchen Anteil der zweite Organisationstyp im Zentrum der Teilnetzwerke stellt. Hierzu wurde ein Algorithmus verwendet, der in einem iterativen Verfahren eine zweistufige Zentrum-

Tabelle 35: Entwicklung der 5-er bis 10-er Cliquenstrukturen bei Kopublikationen 1991–2000

	Kopublikationen 1991–1995	Kopublikationen 1996–2000
5-er Cliquen	*7*	*337*
3(rGF) – 2(aGF)	1	–
2(rGF) – 3(aGF)	–	9
1(rGF) – 4(aGF)	2	69
1(rGF) – 3(aGF) – 1(aF)	–	23
1(rGF) – 2(aGF) – 2(aF)	–	4
4(aGF) – 1(aF)	–	175
3(aGF) – 2(aF)	–	9
1(HochTech) – 2(rGF) – 2(aGF)	2	1
1(HochTech) – 1(rGF) – 3(aGF)	–	11
1(HochTech) – 4(aGF)	1	30
1(HochTech) – 3(aGF) – 1(aF)	–	3
1(NiedrigTech) – 4(aGF)	1	–
9999 – … – … – …	–	3
6-er Cliquen	–	*366*
7-er Cliquen	–	*322*
8-er Cliquen	–	*148*
9-er Cliquen	–	*19*
10-er Cliquen	–	*1*
Gesamtzahl aller Cliquen	*264*	*1.565*

Anmerkung: HochTech = Hochtechnologie-Unternehmen, NiedrigTech = Niedrigtechnologie-Unternehmen, rGF = Forschungseinrichtungen Grundlagenforschung, aGF = Forschungseinrichtungen anwendungsorientierte Grundlagenforschung, aF = Forschungseinrichtungen angewandte Forschung

(Quelle: eigene Erhebung)

100 Auf eine weiterführende Dokumentation größerer Cliquen in diesem Zeitfenster wurde verzichtet, weil dies den Rahmen der Darstellung sprengen würde.

Peripherie-Idealmatrix (Dichte des Zentrums = 1, Dichte der Peripherie = 0) so lange mit der Realmatrix korreliert, bis sich ein Optimumwert einstellt (vergleiche Borgatti u.a. 2002). Um die Robustheit des Ergebnisses zu testen, empfehlen die Autoren unterschiedliche Startpositionen und den Vergleich der so erzielten Lösungen.

Tabelle 36 dokumentiert den Anteil des zweiten Organisationstyps in zwei Lösungen (Zentrum 1/Zentrum 2) für die Teilnetzwerke (Zeitraum 1991–1995 und 1996–2000). Diesen Ergebnissen werden die Verteilungen der beiden Organisationstypen im Gesamtsample gegenübergestellt. Für 1991–1996 zeigt sich eine stabile Lösung, bei welcher der Anteil des zweiten Organisationstyps denjenigen im Gesamtsample übertrifft. Das Zentrum des Teilnetzwerks besteht aus 8 Prozent der vorfindlichen Organisationen. Auch für 1996–2000 lässt sich eine Dominanz des zweiten Organisationstyps feststellen, so dass Hypothese 4 als bestätigt gelten kann. Allerdings ist die Lösung für den zweiten Zeitraum nicht stabil: Die Größe des Zentrums schwankt erheblich zwischen 8 und 14 Prozent des Organisationssamples. Folglich ergeben sich unterschiedliche Lösungen, wenn man von unterschiedlichen Netzwerkkonfigurationen her startet. Eine hier nicht weiter dokumentierte Analyse hat ergeben, dass es weitere Lösungen gibt, die die Verteilung zwischen dem ersten und zweiten Organisationstyp aber nur wenig beeinflussen. Insoweit müssen keine Abstriche an Hypothese 4 gemacht werden.

Tabelle 36: Häufigkeit von Organisationstyp 2 im Zentrum der Kopatentnetzwerke 1991–2000

	1991–1995			1996–2000		
	Sample	Zentrum 1	Zentrum 2	Sample	Zentrum 1	Zentrum 2
Organisationstyp 1	30 (25 %)	3 (30 %)	2 (22 %)	57 (23 %)	6 (17 %)	3 (15 %)
Organisationstyp 2	69 (58 %)	7 (70 %)	7 (78 %)	134 (54 %)	28 (78 %)	17 (85 %)
Fehlende Werte	21 (17 %)	–	–	60 (24 %)	1 (5 %)	–
Gesamt	*120*	*10*	*9*	*251*	*36*	*20*

(Quelle: eigene Erhebung)

Die Ergebnisse für Hypothese 4 sind insofern unbefriedigend, als es im zweiten Zeitfenster kein stabiles Zentrum des Teilnetzwerkes zu geben scheint. Zwar finden sich zahlreiche Organisationen in allen Lösungen wieder. Es existiert aber dennoch eine nicht unerhebliche Variation bei der Zusammensetzung des Netzwerkzentrums. Die Schwankungen bei den Modelllösungen lassen sich nicht eindeutig für oder gegen eine Expansion des Anteils des zweiten Organisationstyps am Zentrum des Netzwerks interpretieren. Sein Anteil bleibt eher stabil, wenn auch mit nach oben zeigender Tendenz. Ebenso unterliegt die Größe des Zentrums nicht eindeutig einer Expansion. Lösung 2 in 1996–2000 enthält den gleichen Anteil von Organisationen wie die Lösungen 1 und 2 in 1991–1995. Diese Ergebnisse stehen in starkem Kontrast zum Publikationsnetzwerk, für welches sich insbesondere für die zweite Hälfte der neunziger Jahre ein stabiles Netzwerkzentrum identifizieren lässt (vergleiche Abb. 15a und Abb. 15b).

Die nicht voll befriedigenden Ergebnisse aus der Zentrum-Peripherie-Analyse beider Teilnetzwerke werden daher vervollständigt durch eine feinkörnigere Blockmodellanalyse, die nach Ordnungsmustern der Beziehungsstrukturen, nicht notwendigerweise jedoch Verbundenheitsstrukturen sucht. Blockmodellanalysen messen die positionale Äquivalenz von Akteuren (vergleiche Wasserman/Faust 1999: 394–424). Darunter ist zu verstehen, dass nach Akteuren gesucht wird, die äquivalente oder ähnliche Außenbeziehungen zu anderen Akteuren aufweisen. Das Netzwerk wird in Blöcke aufgeteilt, wobei darauf geachtet wird, dass Akteure mit äquivalenten Beziehungsstrukturen in gleiche Blöcke gelangen, Akteure mit wechselseitig abweichenden Beziehungsstrukturen sich entsprechend in verschiedenen Blöcken wieder finden. Jeder Block enthält somit Akteure, die in ähnlicher Weise relativ zu anderen Akteuren positioniert sind. Idealiter bestehen zwischen den Blöcken nur Beziehungsmuster der Summen 0 und 1. Zur Verdeutlichung dieses Prinzips der Blockmodellanalyse wird in Abb. 17 eine ideale Blockstruktur dargestellt.

```
     1 2 3   4 5 6   7 8 9
    -----------------------
1 | 1 1 1 |       | 1 1 1 |
2 | 1 1 1 |       | 1 1 1 |
3 | 1 1 1 |       | 1 1 1 |
  -------------------------
4 |       | 1 1 1 |       |
5 |       | 1 1 1 |       |
6 |       | 1 1 1 |       |
  -------------------------
7 | 1 1 1 |       |       |
8 | 1 1 1 |       |       |
9 | 1 1 1 |       |       |
  -------------------------
```

Die Beziehungen der Akteure von Block 1 (1, 2, 3) sind äquivalent in dem Sinne, dass sie zu Block 3 (7, 8, 9) Relationen aufweisen, zu Block 2 (4, 5, 6) dagegen nicht. Umgekehrt kennzeichnen sich die Akteure von Block 3 dadurch, dass zwischen ihnen und den Akteuren des Blocks 2 keine Beziehungen existieren, während alle mit Akteuren des Blocks 1 verbunden sind.

Abb. 17: Vereinfachte Darstellung einer idealen Blockstruktur

(Quelle: eigene Erstellung)

Das Vorgehen ist wie folgt: In einem ersten Schritt wird das Netzwerk in eine anfänglich festgelegte Anzahl von Blöcken partitioniert. Der Tabusuche-

Algorithmus permutiert die dichotomisierte Affiliationsmatrix dabei so lange, bis er ein lokales Optimum errechnet hat. Dieser im Programmpaket Ucinet 6.0 (vergleiche Borgatti u.a. 2002) verfügbare Algorithmus legt die Abweichungsquadratsumme der Blöcke zugrunde, indem er die Summe der Blockvarianzen als Kostenfunktion zu optimieren versucht. Zwar erreicht er nicht immer ein globales Optimum, meistens jedoch zeigt sich bei der Wiederholung der Rechenprozedur mit verschiedenen Startkonfigurationen ein stabiles Ergebnis (vergleiche Glover 1989; 1990; Panning 1982). Die Anzahl von Blöcken wird manuell variiert, so dass es zu unterschiedlichen Lösungen kommt. Zwar existiert kein eindeutiges Gütekriterium für die Auswahl einer bestimmten Blocklösung, dennoch erlaubt die QAP-Korrelation von Ideal- und Realmatrix eine Einschätzung dafür, wie gut die Blockeinteilung gelingt (vergleiche Wasserman/Faust 1999: 419–422, 681–684; Jansen 1999: 224–227). Die Interpretation ist daher am besten möglich durch eine Kombination von visueller Darstellung und QAP-Koeffizient.

Abb. 18 und Abb. 19 dokumentieren die Lösungen der Blockmodellanalyse für die beiden Teilnetzwerke der Kopatente. Zunächst zeigt sich, dass beide Netzwerke in ähnlich viele Blöcke zerfallen, in 1991–1995 sind es 14, in 1996–2000 16. Von diesen Blöcken wird jeweils ein relevanter Ausschnitt gezeigt, der Aufschlüsse über die Netzwerkstruktur gibt. Die QAP-Koeffizienten liegen in etwa gleich hoch.[101]

Für die erste Hälfte der neunziger Jahre lassen sich einige interessante Einzelbeobachtungen machen. So identifiziert der Algorithmus drei unterschiedliche Organisationsblöcke: einen Unternehmens-Block, kurz: U-Block (3), zwei Forschungseinrichtungs-Blöcke, kurz: F-Blöcke (5 und 8) und zwei Unternehmens-Forschungseinrichtungs-Blöcke, kurz: U-F-Blöcke (6 und 7). Im Gegensatz zu den U-F-Blöcken weisen die Organisationen der F-Blöcke ähnliche Außenbeziehungen zu entweder anderen F-Blöcken (5) oder U-Blöcken (8) auf. Die U-F-Blöcke erscheinen dagegen in gewisser Weise »geschlossen«. Sie haben nur sporadische Außenbeziehungen.[102] Alles in allem ergibt sich das Bild von cliquenförmigen Interorganisationsbeziehungen bei den U-F-Blöcken. Sie sind dadurch charakterisiert, dass ein

101 Die Blockmatrix (Dichtewerte) wurde hierbei mit der idealen Blockmatrix (0–1) korreliert, wobei der Abschneidewert für 0 und 1 bei der durchschnittlichen Blockdichte lag. In 1991–1995 lag der Abschneidewert bei 0,2554 und in 1996–2000 bei 0,1462.

102 Hiervon unterscheidet sich wiederum die U-F-Dyade, die dezidiert gleichförmige Kontaktstrukturen zu weiteren F-Blöcken aufweist.

Hochtechnologie-Unternehmen mit zwei Forschungseinrichtungen der aGF Technologielösungen entwickelt. Es handelt sich hierbei zum einen um die Wacker Siltronic AG zusammen mit der LMU München und dem MPI für Biochemie in Martinsried bei München, zum anderen um die Robert Bosch GmbH zusammen mit dem MPI für Festkörperphysik in Stuttgart und dem Institut für Neue Materialien (WGL) in Saarbrücken.

Einer der aF-Blöcke, der eine Subgruppe, jedoch keine Clique darstellt, besteht aus dem MPI für Polymerforschung in Mainz, der Universität Münster und den Technischen Universitäten Karlsruhe und Aachen. Diese Subgruppe hat intensive Kontakte zu den Hochtechnologie-Unternehmen Aventis und BASF, beide einzeln stehende U-Blöcke. Eine ähnliche Konstellation findet sich in der einzeln stehenden Universität Heidelberg, die sowohl zu Bayer als auch zur BASF Patentbeziehungen aufweist. Der entscheidende Unterschied zwischen den cliquenförmigen U-F- und den intern weniger stark integrierten F-Blöcken besteht also darin, dass Forschungseinrichtungen in den F-Blöcken mit mehreren, gerade auch im Wettbewerb zueinander stehenden, Unternehmen kooperieren, während bei der ersten Konstellation vorwiegend Kooperationsbeziehungen zu einem Unternehmen existieren. Überdies sind hier die Außenbeziehungen zu den beiden Unternehmen deutlich intensiver als die Innenbeziehungen, während es sich bei cliquenförmigen U-F-Blöcken geradezu umgekehrt verhält: Hier sind die Innenbeziehungen deutlich ausgeprägter als die Außenbeziehungen. Es handelt sich – daran sei erinnert – um eine 5-Jahres-Betrachtung, welche mehrere Patente pro Block einschließen kann.

Die Unterscheidung von cliquenförmigen, nach außen eher geschlossenen U-F-Blöcken und gruppen- jedoch nicht cliquenförmigen, nach außen – was heißen soll: in die Unternehmensumwelt – offenen F-Blöcken findet sich auch im zweiten Zeitfenster. Abb. 19 stellt hierzu die relevanten Ergebnisse dar. Es existiert ein U-F-Block: Siemens AG und Vacuumschmelze GmbH auf Seiten der Wirtschaft und Universität Stuttgart und MPI für Biochemie in Martinsried auf Seiten der Wissenschaft. Block 1 ist cliquenförmig, wenngleich keine Clique im netzwerkanalytischen Sinn und hat wiederum nur sporadische Außenbeziehungen.[103] Weiterhin finden sich zwei F-Blöcke, der zweite davon eine stark verbundene Dyade: das Institut

103 Siemens (in Block 1) weist eine Verbindung zu Infineon (Block 7) mit der Stärke 2 auf. Infineon ist lange Zeit ein Tochterunternehmen des Siemens-Konzerns gewesen, befindet sich mittlerweile jedoch zunehmend in Streubesitz. Es handelt sich nicht um Beziehungen zwischen Konkurrenten.

für Neue Materialien in Saarbrücken und die Universität des Saarlandes. Beide F-Blöcke kooperieren mit U-Blöcken, die erwähnte Dyade sowohl mit Bayer, BASF, Henkel und Bosch. Ihre Zentralität übersteigt die aller anderen F-Blöcke im Kopatentnetzwerk. Bayer und BASF werden aufgrund mehr oder weniger identischer Außenbeziehungen zu mehreren F-Blöcken als U-Block identifiziert, kooperieren jedoch nicht miteinander. Dieses Muster zeigt sich auch bei einem weiteren F-Block, bestehend aus den Universitäten Freiburg und Münster, die sowohl mit BASF und Bayer, als auch mit Infineon kooperieren, aber offensichtlich nicht gemeinsam an der Entwicklung neuen technologischen Wissens arbeiten. Beide Universitäten kooperieren auch nicht in der Forschung, wie eine Überprüfung beider Kopublikationsnetzwerke zeigt. Ähnlich wie im ersten Teilnetzwerk existieren auch in 1996–2000 F-Blöcke, die aus nur einer Forschungseinrichtung bestehen: die TU München, die Universität Würzburg und das FhI IZFP in Saarbrücken. In 1991–1995 waren es die Universitäten Heidelberg und Mainz. Charakteristisch für diese »Einzelgänger« scheint ihre Kooperation mit mehreren U- beziehungsweise U-F-Blöcken zu sein, während sie keine Verbindungen zu anderen F-Blöcken aufweisen. Im ersten, nicht jedoch im zweiten Punkt ähneln sie den aus mehreren Forschungsinstituten zusammengesetzten F-Blöcken.

Was lässt sich aus diesen Beobachtungen schließen? Ein wichtiger Befund ist, dass man mit der Blockmodellanalyse in den beiden Teilnetzwerken der Kopatentbeziehungen zwei Formen von Kopplungsbeziehungen zwischen Unternehmen und Forschungseinrichtungen identifizieren kann, einerseits cliquenförmige U-F-Blöcke, andererseits einzelne oder mehrere Forschungseinrichtungen in F-Blöcken mit Technologiebeziehungen zu mehr als einem U-Block. Der zentrale Unterschied zwischen beiden Formen besteht darin, dass Forschungseinrichtungen bei der ersten Form vor allem, wenngleich nicht ausschließlich, Kopatentbeziehungen zu Unternehmen ihres eigenen Blockes, diejenigen der zweiten Form dagegen zu mehreren U-Blöcken aufweisen. Dieses Muster ist ein Indiz für Schließungsprozesse, das heißt exklusive Unternehmens-Forschungseinrichtungs-Beziehungen. Es stellt sich die Frage, was der Grund hierfür ist.

Die funktionssystemische Organisationstypologie hilft an dieser Stelle nicht weiter, weil in beiden Formen zumeist Institute der aGF, teilweise auch der angewandten Forschung zu finden sind. Anwendungsorientierung ist bei U-F-Blöcken also kein Alleinstellungsmerkmal der Forschungsinstitute. Mehr Aufschluss gibt dagegen die Zentralität im Kopublikationsnetzwerk desselben Zeitfensters. U-F-Blöcke sind um jeweils ein ausgesprochen zentrales Forschungsinstitut herum organisiert. In 1991–1995 sind dies die Universität München und das MPI für Festkörperphysik in Stuttgart, welche die zweit- beziehungsweise fünfthöchste Zentralität im Kopublikationsnetzwerk (München: 98 Degrees, Stuttgart: 70 Degrees) realisieren. In 1996–2000 ist es die Universität Stuttgart, die mit 371 Degrees die zweitzentralste Forschungseinrichtung im Kopublikationsnetzwerk ist. Unternehmen interagieren vorzugsweise mit wissenschaftlich produktiven und hoch vernetzen Forschungseinrichtungen, die über technologisch relevantes Forschungswissen verfügen und gleichzeitig Akzente an der wissenschaftlichen Forschungsfront setzen.

Darby/Zucker (2003) argumentieren in einer Studie über die Ursachen für US-amerikanische Unternehmensgründungen im Feld Nanotechnologie, dass ein wichtiger Faktor für den Markteintritt neuer, vorwiegend kleiner Unternehmen in der räumlichen Nähe zu akademischen Spitzeneinrichtungen besteht: »The probability of entry per unit time in a particular region depends upon the size of the academic science base – especially of active, star researchers« (ebd.: 17). Sie argumentieren, dass: »firms enter nanotechnology near were top scientists are making breakthrough discoveries and where skill levels in the work force are high« (ebd.: 22). Die Autoren verwenden zur Operationalisierung von »star scientists« überdurchschnittlich hoch zitierte SCI-Publikationen und können empirisch nachweisen, dass sich im Umkreis von Wissenschaftlern solcher Publikationen kommerzielle Aktivitäten entfalten.

Allerdings stellt sich die Situation im hier untersuchten Fall anders dar. Zum einen handelt es sich bei den Unternehmen der U-F-Blöcke um etablierte Großunternehmen, nämlich Wacker Siltronic, Bosch, Vacuumschmelze und Siemens. Zwar weist das untersuchte Sample in 1996–2000 16 Start-up-Unternehmen aus, also KMUs, die bis zu fünf Jahre alt sind. Diese Unternehmen werden von der Blockmodellanalyse aber dem größten, amorphen Block zugewiesen, und sie sind auch nicht in die weiter oben diskutierten Cliquenstrukturen eingebettet. Zum anderen wurden für die identifizierten Forschungsinstitute keine Zitationskennziffern – wie bei Darby/Zucker (ebd.) – erhoben, sondern deren Degree-Zentralitäten im Kopublikationsnetzwerk betrachtet. Es handelt sich bei den Forschungsinstituten somit um »star organizations«, insoweit sie überdurchschnittlich produktiv und wissenschaftlich hoch vernetzt sind.

STRUCTURAL BLOCKMODELS
Blocked Adjacency Matrix Co-Patents 1991-95

```
   1 4   2   5 U U 4   2   2 1 2   4 2 2   3 4 2   2 3 2 2   2 4 2 2 2 4   4   4   1 2
  ------------------------------------------------------------------------------------
1 |   1 | 1 |         | 1 | 1 1 1 |       |       |         |       | 1 | 1 1 |
4 | 1   | 1 |         | 2 | 1 1 1 |       | 1     | 1 3     |       1   | 1 |   | 2 1 |
  ------------------------------------------------------------------------------------
2 | 1 1 |   | 1 1 5   |   | 1 1 1 |       |       |         |       | 1 | 1 1 |
  ------------------------------------------------------------------------------------
5 |     | 1 |         |   |       |       |       |         |   |   |   |   |
U |     | 1 |     3 1 |   |       |       |       |         |   |   |   |   |
U |     | 5 |   3   1 |   |       |       |       |         |   |   |   |   |
4 |     |   |   1 1   |   |       |       |       |         |   |   |   |   |
  ------------------------------------------------------------------------------------
2 | 1 2 |   |         |   |     1 |       |       |         |   | 1 |   |   |
  ------------------------------------------------------------------------------------
2 | 1 1 | 1 |         |   |   1 1 |       |       |         |   |   | 1 1 |
1 | 1 1 | 1 |         |   | 1   1 |       |       |         |   |   | 1 1 |
2 | 1 1 | 1 |         | 1 | 1 1   |       |       |         |   |   | 1 1 |
  ------------------------------------------------------------------------------------
4 |     |   |         |   |       |   1 1 |       |         |   |   |   |   |
2 |     |   |         |   |       | 1   2 |       |         |   |   |   |   |
2 |     |   |         |   |       | 1 2   |       |         |   |   |   |   |
  ------------------------------------------------------------------------------------
3 |     |   |         |   |       |       |   2 2 |         |   |   |   |   |
4 |   1 |   |         |   |       |       | 2   2 |     1   |   |   |   |   |
2 |     |   |         |   |       |       | 2 2   |         |   |   |   |   |
  ------------------------------------------------------------------------------------
2 |   1 |   |         |   |       |       |       |   1 1 1 |         1 | 3 | 5 |   |
3 |   3 |   |         |   |       |       |       | 1     1 |   1       | 1 |   |   |
2 |     |   |         |   |       |       |   1   | 1     1 |           |   | 1 |   |
2 |     |   |         |   |       |       |       | 1 1 1   |   1       | 2 | 2 |   |
  ------------------------------------------------------------------------------------
2 |     |   |         |   |       |       |       |         |           | 3 |   |   |
4 |     |   |         |   |       |       |       |   1   1 |           | 1 |   |   |
2 |     |   |         |   |       |       |       |         |     1     | 1 |   |   |
2 |   1 |   |         |   |       |       |       |         |   1       | 1 |   |   |
2 |     |   |         |   |       |       |       |         |           | 6 |   |   |
4 |     |   |         |   |       |       |       | 1       |           | 1 |   |   |
  ------------------------------------------------------------------------------------
4 |   1 |   |         |   |       |       |       | 3 1   2 | 3 1 1 1 6 1 |   |   |   |
  ------------------------------------------------------------------------------------
4 | 1   | 1 |         | 1 |       |       |       | 5   1 2 |           |   |   |   |
  ------------------------------------------------------------------------------------
1 | 1 2 | 1 |         |   | 1 1 1 |       |       |         |           |   |   |   1 |
2 | 1 1 | 1 |         |   | 1 1 1 |       |       |         |           |   |   | 1   |
  ------------------------------------------------------------------------------------
```

1 = FE reine Grundlagenforschung
2 = FE anwendungsorientierte Grundlagenforschung
3 = FE angewandte Forschung
4 = Hochtechnologie-Unternehmen
5 = Niedrigtechnologie-Unternehmen
U = Unternehmen, Fehlender Wert bei Technologietyp

Reduced BlockMatrix, QAP-Korrelation mit Idealmatrix: .880

	1	2	3	4	5	6	7	8	9	10	11	12	13	14
1	1.000	1.000	0.000	1.500	1.000	0.000	0.167	0.500	0.083	0.500	0.500	1.250	0.000	0.015
2	1.000		1.750	0.000	1.000	0.000	0.000	0.000	0.000	0.000	1.000	1.000	0.000	0.000
3	0.000	1.750	0.833	0.000	0.000	0.000	0.000	0.000	0.000	0.000	0.000	0.000	0.000	0.000
4	1.500	0.000	0.000		0.333	0.000	0.000	0.000	0.000	0.000	1.000	0.000	0.000	0.030
5	1.000	1.000	0.000	0.333	1.000	0.000	0.000	0.000	0.000	0.000	0.000	1.000	0.000	0.020
6	0.000	0.000	0.000	0.000	0.000	1.333	0.000	0.000	0.000	0.000	0.000	0.000	0.000	0.051
7	0.167	0.000	0.000	0.000	0.000	0.000	2.000	0.083	0.000	0.000	0.000	0.000	2.333	0.045
8	0.500	0.000	0.000	0.000	0.000	0.000	0.083	0.833	0.125	1.500	2.000	0.000	0.000	0.015
9	0.083	0.000	0.000	0.000	0.000	0.000	0.000	0.125	0.067	2.167	0.000	0.000	0.000	0.028
10	0.500	0.000	0.000	0.000	0.000	0.000	0.000	1.500	2.167		0.000	0.000	0.000	0.106
11	0.500	1.000	0.000	1.000	0.000	0.000	0.000	2.000	0.000	0.000		0.000	1.000	0.045
12	1.250	1.000	0.000	0.000	1.000	0.000	0.000	0.000	0.000	0.000	0.000	1.000	0.000	0.015
13	0.000	0.000	0.000	0.000	0.000	0.000	2.333	0.000	0.000	0.000	1.000	0.000		0.076
14	0.015	0.000	0.000	0.030	0.020	0.051	0.045	0.015	0.028	0.106	0.045	0.015	0.076	0.018

Abb. 18: Ergebnisse der Blockmodellanalyse 1991–1995

(Quelle: eigene Erstellung)

```
STRUCTURAL BLOCKMODELS
Blocked Adjacency Matrix Co-Patents 1996-00
      2  2  4  5    2  1  2  2    2  2    4  4    2  3    4  5  2  2  4  2    4    2  5  4  1    2    1    2    U  2  2  1  2  2  4
    -------------------------------------------------------------------------------------------------------------------------------
 2 |     1  1    |            |      |      |      |                  |   |            |   |   |   |                     |
 2 |  1     1  1 |            |      |      |      |                  |   |            |   |   |   |                     |
 4 |  1  1     1 |  1  1      |      |      |      |                  |  2|  1         |   |   |   |                     |
 5 |     1  1    |            |      |      |      |                  |   |            |   |   |   |                     |
    -------------------------------------------------------------------------------------------------------------------------------
 2 |        1    |     1  1   |      |      |     1|                  |  2|            |   |   |   |                     |
 1 |        1    |  1         |      |      |      |                  |  1|            |   |   |   |                     |
 2 |             |  1        2|      |      |      |                  |  5|            |   |   |   |                     |
 2 |             |        2   |      |      |      |                  |  3|            |   |   |   |                     |
    -------------------------------------------------------------------------------------------------------------------------------
 2 |             |            |      |  1  2|      |                  |  2|            |   |   |   |                     |
 2 |             |            |      |  1  1|      |                  |  3|            |   |   |   |                     |
    -------------------------------------------------------------------------------------------------------------------------------
 4 |             |            |  1  1|      |  1  3|                  |   |  1         |   |   |  1|                     |
 4 |             |  1         |  2  1|      |  1   |                  |   |            |   |   |  1|                     |
    -------------------------------------------------------------------------------------------------------------------------------
 2 |             |            |      |  1  1|    11| 10  1  1  4  1  1|   |            |   |   |   |                     |
 3 |             |            |      |  3   | 11   |  1  1        1   |   |            |   |   |   |                     |
    -------------------------------------------------------------------------------------------------------------------------------
 4 |             |            |      |      | 10  1|           5     5|   |            |   |   |   |           1         |
 5 |             |            |      |      |  1  1|                  |   |            |   |   |   |                     |
 2 |             |            |      |      |  1   |                  |   |            |   |   |   |                     |
 2 |             |            |      |      |  4   |  5               |   |            |   |   |   |                     |
 4 |             |            |      |      |  1  1|                  |   |            |   |   |   |           1         |
 2 |             |            |      |      |  1   |  5               |   |            |   |   |   |                     |
    -------------------------------------------------------------------------------------------------------------------------------
 4 |        2    |  2  1  5  3|  2  3|      |      |                  |   |            |  1|   |  1|                     |
    -------------------------------------------------------------------------------------------------------------------------------
 2 |        1    |            |      |  1   |      |                  |   |            |  1|   |  1|                     |
 5 |             |            |      |      |      |                  |   |           1|  1|   |   |                     |
 4 |             |            |      |      |      |                  |   |            |  1|   |   |                     |
 1 |             |            |      |      |      |                  |   |     1      |  1|   |   |                     |
    -------------------------------------------------------------------------------------------------------------------------------
 2 |             |            |      |      |      |                  |  1|  1  1  1  1|   |   |   |                     |
    -------------------------------------------------------------------------------------------------------------------------------
 1 |             |            |      |      |      |                  |   |            |   |   |   |  1  1  1     1  1  1|
    -------------------------------------------------------------------------------------------------------------------------------
 2 |             |            |      |  1  1|      |                  |  1|  1         |   |   |   |                     |
    -------------------------------------------------------------------------------------------------------------------------------
 U |             |            |      |      |      |                  |   |            |   |  1|   |                     |
 2 |             |            |      |      |      |                  |   |            |   |  1|   |        1            |
 2 |             |            |      |      |      |                  |   |            |   |  1|   |     1               |
 1 |             |            |      |      |      |  1           1   |   |            |   |   |   |                     |
 2 |             |            |      |      |      |                  |   |            |   |  1|   |                     |
 2 |             |            |      |      |      |                  |   |            |   |  1|   |                    1|
 4 |             |            |      |      |      |                  |   |            |   |  1|   |                 1   |
    -------------------------------------------------------------------------------------------------------------------------------
1 = FE reine Grundlagenforschung
2 = FE anwendungsorientierte Grundlagenforschung
3 = FE angewandte Forschung
4 = Hochtechnologie-Unternehmen
5 = Niedrigtechnologie-Unternehmen
U = Unternehmen, Fehlender Wert bei Technologietyp
```

Reduced BlockMatrix, QAP-Korrelation mit Idealmatrix: .811

	1	2	3	4	5	6	7	8	9	10	11	12	13	14	15	16
1	0.833	0.125	0.000	0.000	0.000	0.000	0.500	0.063	0.000	0.000	0.000	0.000	0.000	0.011	0.000	0.050
2	0.125	0.667	0.000	0.125	0.000	0.000	2.750	0.000	0.000	0.000	0.000	0.000	0.063	0.018	0.000	0.000
3	0.000	0.000	0.000	1.250	0.000	0.000	2.500	0.000	0.000	0.000	0.000	0.000	0.175	0.013	0.000	0.000
4	0.000	0.125	1.250	0.000	1.250	0.000	0.000	0.125	0.000	0.000	1.000	0.000	0.025	0.036	0.000	0.000
5	0.000	0.000	0.000	1.250	11.000	1.750	0.000	0.000	0.000	0.000	0.000	0.000	0.000	0.031	1.000	0.000
6	0.000	0.000	0.000	0.000	1.750	0.667	0.000	0.000	0.000	0.000	0.000	0.048	0.008	0.015	0.000	0.000
7	0.500	2.750	2.500	0.000	0.000	0.000		0.000	1.000	0.000	1.000	0.000	0.000	0.009	0.000	0.200
8	0.063	0.000	0.000	0.125	0.000	0.000	0.000	0.167	1.000	0.000	0.250	0.000	0.025	0.011	0.000	0.000
9	0.000	0.000	0.000	0.000	0.000	0.000	1.000	1.000		0.000	0.000	0.000	0.050	0.018	0.000	0.000
10	0.000	0.000	0.000	0.000	0.000	0.000	0.000	0.000	0.000		0.000	0.857	0.000	0.000	0.000	0.000
11	0.000	0.000	0.000	1.000	0.000	0.000	1.000	0.250	0.000	0.000		0.000	0.000	0.027	0.000	0.000
12	0.000	0.000	0.000	0.000	0.000	0.048	0.000	0.000	0.000	0.857	0.000	0.095	0.014	0.009	0.000	0.000
13	0.000	0.063	0.175	0.025	0.000	0.008	0.000	0.025	0.050	0.000	0.000	0.014	0.063	0.007	0.000	0.140
14	0.011	0.018	0.013	0.036	0.031	0.015	0.009	0.011	0.018	0.000	0.027	0.009	0.007	0.015	0.000	0.002
15	0.000	0.000	0.000	0.000	1.000	0.000	0.000	0.000	0.000	0.000	0.000	0.000	0.000	0.000		0.000
16	0.050	0.000	0.000	0.000	0.000	0.000	0.200	0.000	0.000	0.000	0.000	0.000	0.140	0.002	0.000	0.500

Abb. 19: Ergebnisse der Blockmodellanalyse 1996–2000

(Quelle: eigene Erstellung)

Dass Unternehmen versuchen, zu solchen Forschungseinrichtungen exklusive Kooperationsbeziehungen aufzubauen, leuchtet ein, weil es sich bei Patenten um Eigentumsrechte handelt, die aus Unternehmenssicht möglichst exklusiv verwertet werden sollen. Kooperationsbeziehungen der Forschungsinstitute zu anderen Unternehmen, möglicherweise sogar Konkurrenten sind hierbei abträglich. Den untersuchten Unternehmen gelingt dies jedoch nicht immer. Denn eine Analyse der F-Blöcke mit einzeln stehenden Forschungsinstituten hat zum Ergebnis, dass diese ähnlich hohe Degree-Zentralitäten im Kopublikationsnetzwerk aufweisen. In 1991–1995 zählen hierzu die Universitäten Heidelberg (4. Rang, 78 Degrees) und Mainz (3. Rang, 90 Degrees), und in 1996–2000 die TU München (4. Rang, 277 Degrees). Diese »star universities« kooperieren mit mehr als einem Unternehmen, sie scheinen keine exklusiven Kopplungen zu Unternehmen aufzubauen. Die F-Blöcke mit mehreren Forschungseinrichtungen kommen dagegen auf deutlich geringere Degree-Zentralitäten im Kopublikationsnetzwerk, für sie gilt aber ebenso, dass sie multiple Kooperationsbeziehungen zu Unternehmen aufweisen.

Bei der Interpretation dieser Befunde ist zu beachten, dass die Daten für die Universitäten und außeruniversitären Forschungseinrichtungen auf der obersten Organisationsebene erhoben und analysiert wurden. Daher könnte es sich bei den Analysen dann um ein Artefakt handeln, wenn sich herausstellt, dass U-F-Blöcke nur eine Untereinheit, beispielsweise eine Fakultät oder ein universitäres Institut aufweisen, die allein stehenden F-Blöcke dagegen mehrere solche Untereinheiten umfassen. Diese Möglichkeit wurde für die fraglichen Fälle überprüft. Allerdings bestätigt sich diese Vermutung nicht. Für beide Zeitfenster zeigt eine fallweise Analyse der Kopublikationseinträge, dass die betrachteten Universitäten unabhängig von ihrer Blockzugehörigkeit mit jeweils mehreren Fakultäten vertreten sind. In 1991–1995 weist die Universität München (U-F-Block) vier Fakultäten auf, die Universitäten Heidelberg und Mainz (einzeln stehende F-Blöcke) jeweils drei. Die technischen Universitäten Aachen und Karlsruhe (gemeinsamer, cliquenförmiger F-Block) sind mit drei beziehungsweise zwei Fakultäten vertreten. In 1996–2000 weist die Universität Stuttgart (U-F-Block) drei Fakultäten auf die jeweils einzeln stehenden universitären F-Blöcke Freiburg, Münster und TU München sind mit vier vertreten.

In Experteninterviews wurden diese Ergebnisse als plausibel bezeichnet. Es wurde von Seiten der Industrie argumentiert, dass es einen Wettbewerb der Unternehmen um exzellente Spitzenforschungseinrichtungen gibt, und dass man gleichzeitig den Wissenschaftlern nicht verbieten könne, noch mit anderen Unternehmen zusammenzuarbeiten (INT2004.10, INT2004.14). Darüber hinaus läge es auch gar nicht im Interesse von Unternehmen, bestimmte Forschungsinstitute exklusiv an sich zu binden:

»Also es ist nicht die Frage, ob man dies toleriert, sondern das muss man schlichtweg hinnehmen. Denn dort wo wirklich Exzellenz ist, ja, die lassen sich gar nicht exklusiv binden. Insofern akzeptieren wir das. Unabhängig davon ist meine Erfahrung – und ich bin in der Kooperationsforschung auch schon länger unterwegs – meine Erfahrung ist, wenn sie jemanden exklusiv binden, wird der über die Zeit an Dynamik verlieren« (INT2004.10).

Zwei Fragen entstehen nach der Durchsicht der Ergebnisse. Zunächst muss überprüft werden, ob sich ein allgemeiner Zusammenhang zwischen unternehmensbezogener Technologieperformanz und der Zentralität der mit ihnen kooperierenden Forschungseinrichtungen nachweisen lässt. Hierfür wurde Hypothese 9 aufgestellt. Zweitens ist danach zu fragen, welche Auswirkungen Kooperationsbeziehungen mit Unternehmen auf die Produktivität und Forschungsorientierung von Forschungseinrichtungen haben (Hypothese 12).

Die besondere Rolle von Fraunhofer-Instituten in der deutschen Forschungslandschaft wurde im zweiten Kapitel erläutert. Die Wissensproduktion wird bei der FhG in erheblichem Umfang von Unternehmen mitbestimmt. Sie disponiert nur teilweise eigenständig über ihre Forschungsinhalte und erbringt als Organisation Forschungs- und Technologieleistungen für die Wirtschaft. Gleichzeitig führt sie Vorlaufforschung durch und hält Kontakt zur Wissenskommunikation der *scientific community*. Aus diesem Grund ist zu erwarten, dass FhG-Institute in funktionssystemübergreifenden Interorganisationsbeziehungen als Forschungseinrichtungen der angewandten Forschung strukturell eine Schlüsselstellung einnehmen. Sie fungieren als Hybridorganisationen, weil sie an der Grenze des Wissenschafts- zum Wirtschaftssystem institutionalisiert sind. Netzwerkanalytisch fällt diese Position mit einer hohen Betweenness-Zentralität zusammen.

Hypothese 5: Fraunhofer-Institute weisen als funktionssystemische Hybridorganisationen (dritter Organisationstyp) die höchste Betweenness-Zentralität in Wissenschaft und Wirtschaft übergreifenden Netzwerken auf.

Die Charakterisierung der Teilnetzwerke hatte ergeben, dass verbundene FhG-Institute in die Teilnetzwerke der Koprojekte gut, diejenigen der Kopatente hingegen nur schwach eingebettet sind. Degree- und Betweenness-

Zentralität sind verwandte Konzepte und hoch korreliert. Für alle vier Teilnetzwerke lassen sich signifikante Korrelationskoeffizienten zwischen 0,70 und 0,85 nachweisen (vergleiche Anhang 5). Daher ist mit ähnlichen Resultaten für die FhG-Institute bei der Betweenness-Zentralität zu rechnen. Die Tabellen 37 und 38 bestätigen diese Annahme. Entgegen der Behauptung in Hypothese 5 sind es gerade nicht Fraunhofer-Einrichtungen, die eine Brokerfunktion im Netzwerk einnehmen. Bei Patenten sind es die aGF-Einrichtungen und Hochtechnologieunternehmen, bei den Projekten die angewandten Forschungsinstitute und wiederum Hochtechnologie-Unternehmen. Institute der FhG holen zwar in der zweiten Hälfte der neunziger Jahre deutlich auf, aber sie erreichen nicht die Betweenness-Zentralität der aGF-Forschungseinrichtungen, weder bei den verbundenen noch bei allen Organisationen.[104] Die Ergebnisse sind vor dem Hintergrund der theoretischen Überlegungen überraschend, sie ergänzen aber die bereits in Abschnitt 4.3.1 ersichtliche Faktenlage. Einige mögliche Gründe für diese Ergebnisse sollen im Folgenden skizziert werden.

Abteilungs- und Institutsleiter befragter FhG-Institute als auch Vertreter der Industrie haben die Ergebnisse für den Untersuchungszeitraum als plausibel eingestuft, für die Zeit nach 2001 aber etwas relativiert (INT2004.8, INT2004.10, INT2004.14). Sie weisen darauf hin, dass es nicht in allen Untergebieten der Nanotechnologie bereits entwickelte Märkte gibt, in denen FhG-Institute mit Unternehmen, insbesondere aus dem KMU-Sektor, kooperieren können. Die Industrievertreter sehen bei der FhG aber auch eine Wissenslücke, die sowohl aus der geringen Vorlaufforschung für aGF resultiert als auch aus der dezentralen Struktur dieser Forschungsorganisation, so dass das relevante Wissen lokal verstreut und nicht konzentriert vorliegt (INT2004.14). Hingewiesen wurde darauf, dass am aktuellen Rand, also seit dem Jahr 2001, die Nanoaktivitäten in der FhG zugenommen hätten. Es existiert mittlerweile ein Themenverbund innerhalb der FhG, der die Nanotechnologie in den beiden Leitthemen »Multifunktionelle Schichten« und »Nanoträgerpartikel« bündelt (INT2004.12). Eine weitere Initiative der FhG ist ein großer und auf mehrere Jahre angelegter Technologieverbund mit der ThyssenKrupp AG bei der Oberflächenveredelung von Metallen (INT2004.15). Das Argument fehlender Finanzierungsmöglichkeiten für aGF wird von Ergebnissen einer schriftlichen Befragung, die kürzlich bei allen FhI durchgeführt wurde, gestützt (vergleiche

104 FhG-Institute können aGF-Institute sein, dies ist in Tabelle 17 dokumentiert. Für die Hypothesenprüfung wurden sie jedoch als Einzelkategorie analysiert.

Tabelle 37: Betweenness-Zentralitäten Kopatentnetzwerke 1991–2000

	Mittelwert	Standardabweichung	N
Alle Organisationen			
Kopatentnetzwerk 1991–1995			
Reine Grundlagenforschung	14,2027	30,47388	13
Anw.-orient. Grundlagenforschung	69,2555	107,50281	35
Angewandte Forschung	32,8367	66,82290	5
Hochtechnologie-Unternehmen	93,3360	211,89680	27
Niedrigtechnologie-Unternehmen	9,4286	35,27848	14
Fraunhofer-Institute	13,4000	29,96331	5
Fehlende Werte	4,4365	10,95907	21
Insgesamt	46,5417	121,79457	120
Kopatentnetzwerk 1996–2000			
Reine Grundlagenforschung	48,2529	98,66834	19
Anw.-orient. Grundlagenforschung	358,8931	483,05035	58
Angewandte Forschung	280,0374	418,20244	7
Hochtechnologie-Unternehmen	160,0555	432,90135	65
Niedrigtechnologie-Unternehmen	14,7017	85,29601	34
Fraunhofer-Institute	133,6994	294,62761	8
Fehlende Werte	1,4512	11,24133	60
Insgesamt	142,4422	358,66743	251
Verbundene Organisationen			
Kopatentnetzwerk 1991–1995			
Reine Grundlagenforschung	14,2027	30,47388	13
Anw.-orient. Grundlagenforschung	78,1917	111,24631	31
Angewandte Forschung	32,8367	66,82290	5
Hochtechnologie-Unternehmen	114,5487	230,31542	22
Niedrigtechnologie-Unternehmen	18,8571	49,89131	7
Fraunhofer-Institute	13,4000	29,96331	5
Fehlende Werte	6,2111	12,63977	15
Insgesamt	56,9898	132,65269	98
Kopatentnetzwerk 1996–2000			
Reine Grundlagenforschung	61,1203	108,04795	15
Anw.-orient. Grundlagenforschung	358,8931	483,05035	58
Angewandte Forschung	326,7102	437,69135	6
Hochtechnologie-Unternehmen	266,7591	535,17646	39
Niedrigtechnologie-Unternehmen	31,2411	124,31711	16
Fraunhofer-Institute	213,9190	361,19090	5
Fehlende Werte	2,5610	14,93324	34
Insgesamt	206,6647	416,68985	173

(Quelle: eigene Erhebung)

Tabelle 38: Betweenness-Zentralitäten Koprojektnetzwerke 1991–2000

	Mittelwert	Standardabweichung	N
Alle Organisationen			
Koprojektnetzwerk 1991–1995			
Anw.-orient. Grundlagenforschung	11,3534	44,86095	53
Angewandte Forschung	15,5098	28,10193	11
Hochtechnologie-Unternehmen	43,8285	136,57189	18
Niedrigtechnologie-Unternehmen	15,1958	22,68450	4
Fraunhofer-Institute	2,0628	3,11439	8
Fehlende Werte	11,0582	25,26475	8
Insgesamt	16,9314	66,93127	102
Koprojektnetzwerk 1996–2000			
Anw.-orient. Grundlagenforschung	75,7110	116,52901	69
Angewandte Forschung	126,2395	161,18375	15
Hochtechnologie-Unternehmen	123,8220	224,06712	29
Niedrigtechnologie-Unternehmen	1,6201	4,65467	10
Fraunhofer-Institute	90,8787	143,66675	12
Fehlende Werte	26,4184	43,72828	9
Insgesamt	83,7014	147,50017	144
Verbundene Organisationen			
Koprojektnetzwerk 1991–1995			
Anw.-orient. Grundlagenforschung	17,6979	55,27688	34
Angewandte Forschung	21,3260	31,40723	8
Hochtechnologie-Unternehmen	52,5942	148,84474	15
Niedrigtechnologie-Unternehmen	30,3917	24,90194	2
Fraunhofer-Institute	3,3004	3,44500	5
Fehlende Werte	29,4885	37,66770	3
Insgesamt	25,7761	81,38800	67
Koprojektnetzwerk 1996–2000			
Anw.-orient. Grundlagenforschung	94,9829	123,43053	55
Angewandte Forschung	135,2566	163,29494	14
Hochtechnologie-Unternehmen	149,6183	238,94150	24
Niedrigtechnologie-Unternehmen	2,0251	5,18834	8
Fraunhofer-Institute	121,1717	155,72640	9
Fehlende Werte	29,7207	45,53198	8
Insgesamt	102,1441	157,13410	118

(Quelle: eigene Erhebung)

Meyer-Krahmer/Schmoch 2004). Die Autoren kommen zu dem Ergebnis, dass für zahlreiche FhI in wissenschaftsbasierten Technologien der Bedarf an aGF in den letzten Jahren deutlich angestiegen ist, ohne dass hierfür in notwendigem Umfang Finanzierungsmöglichkeiten bestehen. Ohne entsprechende Finanzierungsmöglichkeiten für Grundlagenforschung fällt es den FhI in wissensintensiven Technologiefeldern aber schwer, im Wettbewerb mit grundfinanzierten Forschungseinrichtungen (zum Beispiel Max-Planck-Instituten, Instituten der Helmholtz-Gemeinschaft) mitzuhalten.

Auch die allgemeine Fördersituation spielt eine Rolle. Ein FhI-Institutsleiter berichtete, dass geplante DFG-Projekte am angebundenen Hochschulinstitut positiv bewilligt waren, aber aufgrund fehlender Mittel nicht gefördert werden konnten. Gleichzeitig seien FhG-Institute nicht so gut mit Universitäten und insbesondere nicht mit MPG-Instituten vernetzt, so dass auch von dieser Seite der Wissenstransfer unterkritisch sei (INT2004.8, INT2004.15). Die angeführte fehlende Vernetzung der FhG in die Wissenschaft wird von den Daten der vorliegenden Untersuchung gestützt. Wie Tabelle 20 dokumentiert, weisen die ins Kopublikationsnetzwerk eingebetteten FhI im Vergleich zu allen Forschungseinrichtungen die durchschnittlich geringste Degree-Zentralität auf. Durchgängig wurde von den FhI-Vertretern berichtet, dass die Universitäten, MPI und Großforschungszentren seit etwa zehn Jahren immer stärker in die Anwendungsforschung drängen und aufgrund ihrer Grundfinanzierung zu deutlich niedrigeren Preisen ihr Wissen der Industrie anbieten.[105] Diese Entwicklung wird auch als Folge chronischer Unterfinanzierung, insbesondere bei den Universitätsinstituten gesehen, so dass Konkurrenzverhältnisse zwischen den bislang institutionell relativ abgeschirmten Domänen der Grundlagen- und Anwendungsforschung entstehen.

Bislang, so kann man resümieren, fungieren FhG-Institute in der Nanotechnologie Deutschlands nicht in dem Umfang als Brückenorganisationen zwischen Wissenschaft und Wirtschaft, wie Hypothese 5 dies postuliert. Diese Funktion wird im Untersuchungszeitraum 1991–2000 von aGF-Forschungsinstituten erbracht. In den Interviews äußerte sich ein Industrievertreter mit Blick auf die Brückenfunktion von anwendungsorientierten MPG-Instituten:

105 Fraunhofer-Institute werden nach dem »Vollkosten-Modell« finanziert und sind bei den Personalkosten daher etwa doppelt so teuer wie Max-Planck-Institute oder Universitäten.

»Sie müssen mal sehen, wie viele Patente diese beiden Max-Planck-Institute in Golm und in Mainz halten. Also das ist nicht mehr nur reine Grundlagenforschung und deswegen haben wir so enge Beziehungen zu denen. Das ist praktisch eine fast nahtlose Schnittstelle zwischen den, sagen wir mal, anwendungsnahen Grundlagen, die dort erarbeitet werden, und der grundlagennahen Anwendungsforschung, die wir hier im Unternehmen haben« (INT2004.10).

5.3 Netzwerke und technologische Performanz von Unternehmen (Hypothesen 6 bis 10)

Mit den Hypothesen 0 bis 5 wurde überprüft, welche Bedeutung die drei Organisationstypen haben, in welchen Dimensionen sie interagieren und wie sich die Kopplung von Wirtschaft und Wissenschaft im Zeitverlauf entwickelt. Das Phänomen der Kopplung bezieht sich neben der Kartierung von Interorganisationsbeziehungen aber auch auf die Folgen für die technologische Performanz von Unternehmen und die wissenschaftliche Performanz von Forschungseinrichtungen. Die Aussage aus dem zweiten Kapitel, dass Technologien eine Grenzstruktur darstellen, über die Leistungstransfers zwischen Wissenschaft und Wirtschaft möglich sind, bedeutet aus interorganisationaler Perspektive, dass Forschungsinstitute für Unternehmen als Wissenslieferant attraktiv sind. Entscheidend ist mithin, dass Unternehmen Zugang zum Wissen und Know-how von Universitäten und Forschungsinstituten haben, dass sie weiterverwenden, um im technologischen Wettbewerb zu bestehen.

Eine erste Gruppe von Hypothesen behauptet, dass die technologische Leistungsfähigkeit von Unternehmen mit der Anzahl ihrer – vor allem: direkten – Interorganisationsbeziehungen zu Universitäten und Forschungseinrichtungen positiv zusammenhängt. Der entscheidende methodische Link zu den theoretischen Überlegungen besteht darin, dass sich Unternehmen in Form von Kooperationsbeziehungen zu Forschungseinrichtungen Zugang zu explizitem Wissen und implizitem Know-how der wissenschaftlichen Organisationsumwelt verschaffen, womit organisationsinterne Lernprozesse angeregt werden, die sich wiederum in der technologischen Performanz der Unternehmen niederschlagen: Die Leistungserstellung in der Wirtschaft wird an die Leistungserstellung in der Wissenschaft gekoppelt. Die Variablen Hochtechnologie-Märkte (NACE-Systematik), Unternehmensgröße (Zahl der Beschäftigten) und Unternehmensalter (in Jahren) stellen sicher, dass für mögliche intervenierende Effekte kontrolliert wird.

Hypothese 6: Die technologische Performanz von Unternehmen ist umso höher, je mehr sie mit Forschungseinrichtungen kooperieren.

Hypothese 7: Direkte Beziehungen zu Forschungseinrichtungen haben einen größeren Einfluss auf die technologische Performanz von Unternehmen als indirekte Beziehungen.

In der Literatur wird auch argumentiert, dass die Bandbreite von Kooperationsbeziehungen positive Wirkung auf die technologische Performanz von Unternehmen hat, insbesondere in der Biotechnologie (vergleiche insbesondere Abschnitt 2.4.4). Eine hohe Bandbreite von Kooperationsbeziehungen gewährleistet eine höhere Dichte der Kommunikation und mithin die Chancen, neues Wissen zu entdecken und für die Organisation nutzbar zu machen. Im Anschluss hieran behauptet Hypothese 8, dass Unternehmen mit Projekt-, Publikations- und Patentbeziehungen technologisch leistungsfähiger sind als vergleichbare Unternehmen mit einer geringeren Bandbreite.

Hypothese 8: Die technologische Performanz von Unternehmen ist umso höher, je größer die Bandbreite ihrer Beziehungen zu Forschungseinrichtungen ist.

Eine weitere Hypothese besagt, dass Unternehmen technologisch leistungsfähiger sind, wenn sie bei der Entwicklung neuer technologischer Lösungen (Patente) mit Forschungseinrichtungen interagieren, die im Netzwerk der grundlagenorientierten Forschung (SCI-Publikationen) eine hohe Degree-Zentralität aufweisen. Dies ist ein weiterer, qualitativer Link zur weiter oben entwickelten differenzierungstheoretischen Perspektive: Kooperationen mit wissenschaftlich zentralen Akteuren sichern Unternehmen Zugang zu neuem Wissen, das sich besser technologisch verwerten lässt als Wissen von peripheren Forschungseinrichtungen.

Zum Vergleich: Hypothese 6 behauptet, dass es für die technologische Performanz von Unternehmen darauf ankommt, ob sie mit Forschungseinrichtungen kooperieren oder nicht. Mit steigendem Umfang solcher Interaktionen wachsen die absorptiven Kapazitäten für organisationsexternes Forschungswissen, was sich positiv auf den Patentoutput (= technologische Performanz) niederschlägt. Nach Hypothese 9 ist es mithin nicht der Zugang zu organisationsexternem Wissen als solchem, der leistungssteigernd wirkt, sondern die Qualität und Breite des vorfindlichen und potenziell aktivierbaren externen Wissens. Je zentraler Forschungseinrichtungen im Kopublikationsnetzwerk sind, umso breiter und facettenreicher sind die Wissensbestände, über die sie verfügen. Wenn Unternehmen zu solchen kritischen Wissensbeständen Zugang haben und sie aktivieren, erhöhen sie ihre technologische Performanz.

Hypothese 9: Die technologische Performanz von Unternehmen steigt, wenn sie mit wissenschaftlich zentralen Forschungseinrichtungen kooperieren.

Die Entwicklung neuer Nanotechnologien ist vor dem Hintergrund eines globalen Wissensdiskurses zu sehen. Während in Hypothese 6 die Vernetzung zu deutschen Forschungsinstituten und Universitäten im Vordergrund steht, rückt in Hypothese 10 die gesamte Wissenschaft in Form von Kopublikationen mit dem Ausland in den Mittelpunkt der Betrachtung. Hullmann (2001) argumentiert, dass ein wichtiges Moment der Entwicklung der Nanotechnologie der internationale Wissenstransfer zwischen Forschungseinrichtungen und Unternehmen darstellt. Hypothese 10 prüft, inwieweit Unternehmen aus Kooperationsbeziehungen zu international orientierten Forschungseinrichtungen profitieren. Auch in dieser Hypothese wird die differenzierungstheoretische Perspektive aufgegriffen, dass sich eine wirtschaftliche mit einer wissenschaftlichen Dynamik verbindet: Unternehmen realisieren durch die ausgestreckten Fühler zu ihrer – am globalen Wissenschaftsdiskurs orientierten – wissenschaftlichen Organisationsumwelt technologische Wettbewerbsvorteile auf Hochtechnologiemärkten.

Hypothese 10: Die technologische Performanz von Unternehmen steigt, wenn sie mit international orientierten Forschungseinrichtungen kooperieren.

Die in Tabelle 52 und Tabelle 53 (vergleiche Anhang) dokumentierten Korrelationsanalysen stützen die Hypothesen 6–10 durchgängig und zwar für beide Zeitfenster. In Bezug auf Hypothese 6 realisieren Unternehmen umso mehr Patente, je häufiger sie mit Forschungseinrichtungen gemeinsame Projekte durchführen und kopublizieren. Die Effektstärken deuten an, dass Kopublikationsbeziehungen eine stärker positive Auswirkung auf die technologische Performanz haben als Koprojektbeziehungen. Die differenziellen Einflussstärken spreizen sich im zweiten Zeitfenster weiter (vergleiche Tabelle 53). Bemerkenswert ist der erhebliche Einfluss der Kopatentbeziehungen, der die beiden anderen Beziehungstypen an Stärke übertrifft. Es macht somit einen Unterschied, ob Unternehmen Patente anmelden, deren Erfinder aus Universitäten und Forschungseinrichtungen kommen. Und nicht alle Unternehmen melden solche Patente an, ein nicht unerheblicher Teil der Patente weist keine Erfinder aus wissenschaftlichen Einrichtungen auf. Das heißt, dass immer dann, wenn Unternehmen bei der Technologieentwicklung mit Forschungseinrichtungen zusammenarbeiten, sie auch deutlich mehr patentieren als wenn sie die Technologieentwicklung im Alleingang betreiben.

Hierbei ist die Zentralität der Forschungseinrichtungen im Publikationsnetzwerk und vor allem ihre Kooperationshäufigkeit mit ausländischen Forschungseinrichtungen – und damit der internationalen wissenschaftlichen Gemeinschaft – von Bedeutung. Die Einbettung von Forschungsorganisationen in das Netzwerk der internationalen *scientific community* hat somit positive Rückwirkungen auf die technologische Performanz von Unternehmen, sofern es diesen gelingt, Zugang zu Forschungseinrichtungen zu erhalten. Je höher die Bandbreite der Kooperation – im vorliegenden Fall wurden wissenschaftliche und technologische Beziehungen untersucht – desto mehr Patente melden Unternehmen an. Indirekte Beziehungen haben keinen signifikanten Einfluss.

Bivariate Korrelationen sind nur ein erster Schritt hin zu einer sachgerechten Interpretation, weil sie die wechselseitigen Einflüsse zwischen den erklärenden Variablen nicht berücksichtigen. Es ist in Tabelle 52 und Tabelle 53 ersichtlich, dass zahlreiche Variablen untereinander korreliert sind. Da die abhängige Variable nicht normalverteilt, sondern negativ binomialverteilt ist, werden Regressionen mit entsprechenden Verteilungsannahmen gerechnet (NBReg).[106] Die Ergebnisse der für die beiden Zeitfenster separat durchgeführten Regressionsanalysen sind in Tabelle 39 und Tabelle 40 dokumentiert. Mögliche Nebeneffekte werden durch die drei Variablen Hochtechnologie-Unternehmen, Großunternehmen und Unternehmensalter kontrolliert, im zweiten Zeitfenster zudem die Anzahl von Patenten, Projekten und Publikationen aus dem ersten Zeitfenster.

Um den Einfluss einzelner unabhängiger Variablen zu ermitteln, wurden mehrere Modelle gerechnet. Für 1991–1995 werden die Hypothesen 7 und 8 vollständig und die Hypothesen 6 und 10 teilweise bestätigt, die Hypothese 9 dagegen zurückgewiesen. In 1996–2000 werden die Hypothesen 7 und 8 vollständig bestätigt, die Hypothesen 6 und 9 teilweise und

---

106 Ein entsprechender Kolmogorov-Smirnow-Test, dass die abhängige Variable normalverteilt ist, wird abgelehnt (Signifikanz beträgt für beide Zeiträume ,000). SPSS hält keine entsprechende Prozedur für eine negative Binomialregression vor, von daher wurden diese Regressionen in STATA gerechnet (zur Systematik solcher Regressionen vergleiche Long 1997).

Hypothese 10 verworfen. Zu den Ergebnissen im Detail: Es existieren hochsignifikante und positive Effekte über die Zehnjahresperiode sowohl für die direkten Patent- als auch für die Publikationsbeziehungen zu Forschungseinrichtungen, wobei der Effekt für die erstgenannte Variable deutlich stärker ausfällt. Es macht somit für die technologische Performanz von Unternehmen einen Unterschied, ob sie mit Forschungseinrichtungen wissenschaftlich und technologiebezogen zusammenarbeiten. Der schwächere zweite Effekt verschwindet, sobald die Bandbreite der Interorganisationsbeziehungen in das Modell mit aufgenommen wird. Dies ist plausibel, weil diese Variable misst, ob Unternehmen in mehr als einer Dimension mit Forschungseinrichtungen kooperieren. Wenn sie neben Kopatenten noch Kopublikationen zu wissenschaftlichen Organisationen aufweisen, erhöht sich ihr Patentoutput stärker als wenn sie nur kopatentieren oder nur kopublizieren. Spezifikum der ersten Hälfte der neunziger Jahre ist weiterhin ein spürbar positiver Effekt für die großen Unternehmen, die den Großteil des Patentaufkommens bestreiten. Auch in 1996–2000 existiert ein positiver Effekt, allerdings ohne statistische Signifikanz.

Zwischen den Variablen 3, 7, 8 und 9 (1991–1995) beziehungsweise 6, 7, 8 und 9 (1996–2000) besteht mittelstarke Multikollinearität. Aus diesem Grund wurden die Effekte jeweils in separaten Modellen geschätzt, um die einzelnen und verbundenen Effektstärken zu berechnen. Hierbei stellen sich Unterschiede zwischen beiden Zeitfenstern heraus: Während im ersten Zeitfenster die Einbettung von Universitäten und Forschungsinstituten in die internationale *scientific community* mit Performanzgewinnen für Unternehmen einhergeht, ist im zweiten Zeitfenster ein Netzwerkeffekt nur für die Einbettung ins deutsche Publikationsnetzwerk nachweisbar. Die enorm gestiegenen Forschungsaktivitäten in der Grundlagenforschung in der zweiten Hälfte der neunziger Jahre haben offenbar dazu geführt, dass die Unternehmen stärker auf die relevanten Forschungsinstitute in Deutschland zurückgreifen. Nach Ansicht mehrerer Experten ist Deutschland, was die nanowissenschaftliche Forschung angeht, zur Weltspitze zu rechnen und zählt zu den führenden Nationen im internationalen Forschungswettlauf (INT2004.1, INT2004.8, INT2004.9). Industrievertreter haben in den Interviews angegeben, vorwiegend mit deutschen Forschungseinrichtungen zu kooperieren (INT2004.10, INT2004.14). Interessant erscheint in diesem Zusammenhang, dass die Netzwerkeffekte für die Einbettung in das internationale beziehungsweise nationale Wissenschaftsnetzwerk komplementär zu den Kopublikationseffekten treten und diese nicht ersetzen. Demgegenüber scheint es so, als ob diejenigen Unternehmen, die sich in mehreren Beziehungsarten engagieren, dies mit jeweils hoch vernetzten Forschungseinrichtungen tun, denn die entsprechenden unabhängigen Variablen (3, 8 und 9 in 1991–1995 und 6, 8 und 9 in 1996–2000) werden allesamt insignifikant (Modelle 4, 7 und 8 in 1991–1995 und Modelle 5, 8 und 9 in 1996–2000). Damit sind zwar die Hypothesen 6 und 9 (1991–1995) sowie 6 und 10 (1996–2000) nicht widerlegt, können aber nur noch als bedingt bestätigt gelten.

Widerlegt wird jener Teil von Hypothese 6, der sich auf Koprojekte bezieht. Diese spielen, was den Patentoutput von Unternehmen angeht, in keinem der Regressionsmodelle eine Rolle. Dieses Ergebnis ist erstaunlich, weil die BMBF- und EU-Projekte im Bereich der angewandten Forschung liegen und daher für die Entwicklung neuer Technologien relevant sein sollten. Um hier zu einer sachgerechten Interpretation zu kommen, wurden wiederum Experten befragt. Ein Interviewpartner, der bei einem der Projektträger des BMBF arbeitet und den Charakter solcher Projekte gut kennt, äußerte hierzu Folgendes:

»BMBF- und EU-Projekte müssen *per se* vorwettbewerblich sein. Meistens machen die Firmen in diesen Bereichen BMBF-Projekte, die hochriskant sind, wo sie vielleicht nicht von der Geschäftsleitung her das Geld erhalten, um sie durchzuführen. Und dann gibt es noch sehr viele Projekte, die die Firmen mit Unis haben, von denen wir gar nichts wissen, die außerhalb der Projektförderung laufen, weil sie auch nicht bekannt sein sollen. Da müsste man natürlich fragen: Wird in diesen Projekten hauptsächlich patentiert? Und es ist ja auch so, dass die Produktentwicklung die Firma selbst bezahlen muss, da darf das BMBF nicht mehr fördern. Man darf auch Erkenntnisse während eines Projektes ausgliedern und da eine Produktentwicklung beginnen. Die Frage für das Unternehmen ist dann natürlich: Wo hört das BMBF-Projekt auf und wo beginnt meine eigene Entwicklung?« (INT2004.9).

Auf die Frage, ob BMBF-Projekte einen positiven oder negativen Einfluss auf die unternehmensbezogene Patenttätigkeit haben, antwortete ein Industrievertreter:

»Ich glaube weder noch. Also in den BMBF-Projekten wird nicht mehr und nicht weniger patentiert. Es wird schneller patentiert. Da gibt es halt einen Zwang zur Veröffentlichung und deswegen muss man dort schneller handeln, das ist alles. Rein intern kann man sich natürlich überlegen wie man das Timing legt, denn es ist ja nicht immer alles sehr gut zu patentieren. Manchmal muss man halt noch etwas weiterarbeiten, um dann gezielter zu patentieren und sich nicht selbst im Weg zu stehen. Aber beim BMBF hat man keine Wahl, da muss man schneller patentieren. Aber nicht unbedingt mehr oder weniger« (INT2004.10).

Ein möglicher Grund für den insignifikanten Effekt liegt somit darin, dass die BMBF- und EU-Projekte nur einen Teil aller faktischen Kooperationen darstellen. Der Industrievertreter schätzte den Anteil von nicht-öffentlich geförderten Projektvolumina, an denen Universitäten und außeruniversitäre Institute beteiligt sind, für sein eigenes Unternehmen auf 90 Prozent der gesamten Forschungsausgaben im Bereich Nanotechnologie (INT2004.10). Wäre diese Aussage verallgemeinerbar, dann fällt der potenzielle Einfluss der in dieser Studie untersuchten Projekte gering aus, weil ein relativ großer Teil der faktischen Wirtschaft und Wissenschaft koppelnden Projektforschung in den Regressionsmodellen nicht erfasst wird.

Alles in allem bestätigen die Regressionsanalysen die Hypothesen, dass funktionssystemübergreifende Interorganisationsbeziehungen Auswirkungen auf die technologische Performanz von Unternehmen haben, vor allem dann, wenn sie mehr als nur eine Kooperationsform wählen und über Zugang zu wissenschaftlich zentralen Forschungsinstituten verfügen. Die in dieser Arbeit entwickelte differenzierungstheoretische Perspektive findet empirische Unterstützung. In den Experteninterviews wurde durchgängig darauf hingewiesen, dass ohne Kooperationen in die Wissenschaft überhaupt keine Technologiefortschritte möglich seien, nicht zuletzt deswegen, weil die Unternehmen immer weniger explorative Grundlagenforschung durchführen und ihre Ressourcen für FuE nach betriebswirtschaftlichem Kalkül verausgaben:[107]

»Ein zentrales Merkmal für die Forschung bei Unternehmen vor – sagen wir – zwanzig Jahren war, dass an einem Industrieunternehmen Leute gearbeitet haben wie an einer Uni oder einer Forschungseinrichtung. Die hatten keine Vorgabe, irgendetwas zu tun im engeren Sinne, womit das Unternehmen dann Geld verdient. Da war eine unternehmensinterne Forschungseinrichtung auch etwas, wo man sagen konnte: Das ist Renommée. Wo man dann sagen kann: Wir haben drei Nobelpreise. Denken Sie an IBM Rüschlikon oder die Bell Labs. Ich denke, diese Zeiten sind deutlich vorbei. Es gibt zwar noch viele Industrieunternehmen, die auch heute noch Grundlagenforschung betreiben, die mit Universitäten auch absolut konkurrenzfähig ist. Aber im Großen und Ganzen ist das vorbei« (INT2004.16).

»Die Forschungsabteilungen bei den Unternehmen wurden in den letzten zwanzig Jahren sukzessive runtergefahren. Damals war es so, dass die Leiter der Forschungsabteilungen von Unternehmen noch Forscher waren. In der Zwischenzeit sind sie immer mehr durch Kaufleute ersetzt worden. In den FuE-Abteilungen der großen

107 Vergleiche hierzu auch Rehfeld u.a. (2004).

Firmen wird geschaut, in welcher Richtung sich die FuE-Abteilung noch rentiert. Die können nicht einfach mehr machen, was sie wollen. Die werden getriezt, dass sie etwas Verwertbares für die Firma machen« (INT2004.9).

Dass der Rückzug aus der explorativen Grundlagenforschung mit einer verstärkten und strategischen Beobachtung und Nutzbarmachung der Forschungslandschaft für unternehmensinterne Zwecke einhergeht, wurde in den Interviews klar herausgestellt. »Die Industrie kennt sich sehr gut in der deutschen Forschungslandschaft aus. Und dann wird man von der Industrie intensiv angesprochen. Und wenn sich zeigt, dass eine Zusammenarbeit Sinn macht, dann kommt es häufig zu bilateralen Kooperationen« (INT2004.16). Unternehmen suchen die Forschungslandschaft nach spezifischen Kompetenzen ab, um dann gezielt Kontakte aufzubauen. »Ich denke, dass das Netzwerkmodell mittlerweile verbreitet ist, dass also Unternehmen die Kooperationsbeziehungen strategisch nutzen, um relevantes Wissen zu identifizieren und für die Technologieentwicklung nutzbar zu machen« (INT2004.9).

Ein weiterer Interviewpartner äußerte zum Rückzug aus der explorativen Grundlagenforschung bei Unternehmen:

»Und das verändert dann auch die Beziehungen der Unternehmen zu den Universitäten, weil Basisinnovationen nicht mehr notwendigerweise unternehmensintern entstehen. Und man sucht sich sicherlich die Experten, die man langezeit im eigenen Unternehmen gehabt hat, mehr und mehr in Kooperation« (INT2004.16).

Ein weiterer Interviewpartner umschrieb dies folgendermaßen:

»Die großen Hochtechnologieunternehmen führen Kooperationsforschung sehr effizient durch. Durch die Kooperation mit den Universitäten und Forschungseinrichtungen ist einfach der Output größer. Weil sie viele Sachen nicht mehr selber machen brauchen. Die BASF hat – glaube ich – mehrere tausend Kooperationsverträge mit universitären und außeruniversitären Forschungseinrichtungen. Die frühere Zentralforschung wurde zerteilt in mehrere kleine Einheiten, die sehr effizient sind. Effizient in dem Sinne, dass sie schauen, wer hat diese und jene Kompetenz und dann dort Kooperationen suchen. Man kommt viel schneller zum Ziel, wenn ein Uniprofessor und seine Doktoranden über ein bestimmtes Problem mit nachdenken« (INT2004.7).

Tabelle 39: Regressionsergebnisse (negativ binomial) für Unternehmens-Patente 1991–1995 (abhängige Variable)

	Modell 1	Modell 2	Modell 3	Modell 4	Modell 5	Modell 6	Modell 7	Modell 8
Konstante	-1,286***	-2,132***	-2,027***	-2,027***	-1,911***	-1,846***	-3,248***	-3,231***
	(,257)	(,544)	(,443)	(,443)	(,453)	(,419)	(,766)	(,771)
1– Direkte Patentbeziehungen zu Forschungseinrichtungen	,469***	,420***	,522***	,369**	,431*	,411**	,490**	,542**
	(,123)	(,150)	(,129)	(,135)	(,173)	(,137)	(,164)	(,166)
2– Direkte Projektbeziehungen zu Forschungseinrichtungen	,003	-,031	,006	-,041	-,018	-,008	-,075	-,071
	(,025)	(,030)	(,480)	(,029)	(,034)	(,033)	(,040)	(,041)
3– Direkte Publikationsbeziehungen zu Forschungseinrichtungen	,055***	,073*	,078*	,032	,087**	,080*	,002	,010
	(,024)	(,032)	(,032)	(,036)	(,033)	(,034)	(,042)	(,046)
4– Indirekte Patentbeziehungen zu Forschungseinrichtungen			,013					
			(,032)					
5– Indirekte Projektbeziehungen zu Forschungseinrichtungen			-,034					
			(,043)					
6– Indirekte Publikationsbeziehungen zu Forschungseinrichtungen			-,003					
			(,011)					
7– Bandbreite der Beziehungen				,985**			1,433*	1,327*
				(,378)			(,553)	(,559)
8– Patentbeziehungen zu Forschungseinrichtungen mit hoher Zentralität im Publikationsnetzwerk					-,015		-,025	-,051
					(,015)		(,020)	(,027)
9– Patentbeziehungen zu Forschungseinrichtungen mit hohem Anteil an ausländischen Kopublikationen						,260*		,311
						(,127)		(,203)
10– Hochtechnologie Unternehmen (Dummy)		,161	-,266	-1,193	-,393	-,473	-1,329	-1,141
		(,526)	(,496)	(,702)	(,522)	(,535)	(,730)	(,730)
11– Großunternehmen (Dummy)		,777	1,400**	1,044*	1,243*	,937	1,120*	,960
		(,662)	(,491)	(,485)	(,512)	(,547)	(,525)	(,578)
12– Unternehmensalter		,005						
		(,005)						
Anzahl der Beobachtungen (N)	62	46	62	62	62	62	62	62
Erklärte Varianz (Pseudo-R2)	,190	,261	,291	,347	,289	,314	,360	,378
Freiheitsgrade (df)	59	40	54	56	56	56	55	54

Anmerkung: * $p < .05$, ** $p < .01$, *** $p < .001$; *in Klammern Standardfehler*

(Quelle: eigene Erhebung)

Tabelle 40: Regressionsergebnisse (negativ binomial) für Unternehmens-Patente 1996–2000 (abhängige Variable)

	Modell 1	Modell 2	Modell 3	Modell 4	Modell 5	Modell 6	Modell 7	Modell 8	Modell 9
Konstante	-,929***	-,899***	-1,064***	-1,413***	-1,926***	-1,324***	-1,321***	-1,866***	-1,841***
	(,138)	(,129)	(,142)	(,355)	(,306)	(,221)	(,234)	(,309)	(,319)
1– Anzahl Patente 1991–1995	,047*		,044*	,048*	,023	,038	,031	,025	,029
	(,023)		(,022)	(,026)	(,022)	(,023)	(,026)	(,023)	(,025)
2– Anzahl Projekte 1991–1995	,048		,072	,073	,028	,056	,057	,032	,032
	(,064)		(,048)	(,052)	(,051)	(,050)	(,050)	(,051)	(,051)
3– Anzahl Publikationen 1991–1995	,046		,017	,021	,004	,016	,013	,005	,007
	(,027)		(,022)	(,023)	(,022)	(,022)	(,023)	(,022)	(,023)
4– Direkte Patentbeziehungen zu Forschungseinrichtungen 1996–2000K		,106***	,104***	,096***	,093***	,091***	,074	,092***	,103*
		(,017)	(,018)	(,022)	(,019)	(,020)	(,041)	(,020)	(,042)
5– Direkte Projektbeziehungen zu Forschungseinrichtungen 1996–2000K		-,016	-,007	-,016	-,036	-,007	-,004	-,032	-,033
		(,040)	(,039)	(,047)	(,039)	(,039)	(,038)	(,039)	(,039)
6– Direkte Publikationsbeziehungen zu Forschungseinrichtungen 1996–2000K		,139***	,096**	,080*	,000	,071*	,065	,007	,015
		(,029)	(,034)	(,042)	(,044)	(,036)	(,044)	(,044)	(,051)
7– Bandbreite der Beziehungen					,578**			,501**	,500**
					(,167)			(,178)	(,178)
8– Patentbeziehungen zu Forschungseinrichtungen mit hoher Zentralität im Publikationsnetzwerk						,010**		,006	,006
						(,003)		(,004)	(,004)
9– Patentbeziehungen zu Forschungseinrichtungen mit hohem Anteil an ausländischen Kopublikationen							,093		,054
							(,177)		(,184)
10– Hochtechnologie Unternehmen (Dummy)				,169	,201	,147	,292	,142	,136
				(,393)	(,303)	(,310)	(,309)	(,308)	(,309)
11– Großunternehmen (Dummy)				,566	,247	,292	,255	,264	,255
				(,412)	(,300)	(,298)	(,298)	(,296)	(,298)
12– Unternehmensalter				-,003					
				(,003)					
Anzahl der Beobachtungen (N)	155	155	155	99	155	155	155	155	155
Erklärte Varianz (Pseudo-R2)	,080	,143	,204	,270	,249	,230	,211	,256	,256
Freiheitsgrade (df)	152	152	149	90	148	148	148	147	146

*Anmerkung: * $p < .05$, ** $p < .01$, *** $p < .001$; in Klammern Standardfehler, K kontrolliert für Einflüsse aus 1991–1995*

(Quelle: eigene Erhebung)

5.4 Netzwerke und wissenschaftliche Performanz von Universitäten und Forschungsinstituten (Hypothesen 11 und 12)

Die Rückwirkungen auf Universitäten und Forschungseinrichtungen, die Kooperationsbeziehungen zur Industrie haben, können in dieser Arbeit nicht im Detail untersucht werden. Die erwähnte Studie von Evans (2004) ist dieser Frage nachgegangen, im Großen und Ganzen erscheint dieses Thema jedoch bislang wenig erforscht. In der vorliegenden Arbeit soll mithilfe zweier Hypothesen geklärt werden, ob sich am Publikationsverhalten von wissenschaftlichen Einrichtungen etwas ändert, wenn sie mit Unternehmen kooperieren. Die Frage der wissenschaftlichen Performanz soll dabei vor dem Hintergrund der drei in Abschnitt 2.3 eingeführten Organisationstypen analysiert werden. Vermutet wird, dass der Umfang der Anwendungsorientierung einer Forschungsorganisation positiv mit dem Umfang der Industriekontakte zusammenhängt und dass sich dieser Zusammenhang im Zeitverlauf verstärkt – analog zum Schema Variation – Selektion – Retention. Hypothese 11 besagt, dass insofern bereits früh Kontakte in die wirtschaftliche Organisationsumwelt bestehen, diese zu einer stärkeren Anwendungsorientierung bei Forschungseinrichtungen führen. Hypothesen 12 vermutet, dass der Umfang der Publikationsaktivitäten bei anwendungsorientierten Forschungseinrichtungen mit steigender Zahl von Wirtschaftskontakten sinkt.

Hypothese 11: Forschungseinrichtungen sind umso anwendungsorientierter, je mehr sie in der Vergangenheit mit Unternehmen gemeinsam Forschung durchgeführt haben.

Hypothese 12: Die wissenschaftliche Performanz anwendungsorientierter gegenüber grundlagenorientierten Forschungseinrichtungen ist geringer, vor allem wenn die erstgenannten Institute mit Unternehmen kooperieren.

Die in Tabelle 41 dokumentierten Logit-Regressionsanalysen bestätigen Hypothese 11, was Kopublikationsbeziehungen mit Unternehmen angeht. Wenn Institute mit Unternehmen in der ersten Hälfte der neunziger Jahre kopublizieren, dann sinkt die Wahrscheinlichkeit, dass sie in der zweiten Jahrzehnthälfte zur rGF zählen, während ihre Wahrscheinlichkeit für die Kategorie der aGF steigt. Zu berücksichtigen ist hierbei, dass ein Hystereseeffekt von erheblicher Stärke parallel zu diesen Einflüssen besteht (Variable 1). Wie bereits vor dem Hintergrund von Tabelle 13 diskutiert wurde, erscheinen Forschungsorientierungen auf organisationaler Ebene relativ stabil, die Reproduktionsquoten aller drei Kategorien liegen durchschnittlich bei über 70 Prozent. Interessant sind schließlich die Effekte der institutionellen Dummies: MPG-Institute finden sich signifikant häufiger in der Kategorie rGF und signifikant seltener in der Kategorie aF wieder. Die Wahrscheinlichkeit, dass Universitäten mit zunehmender Entwicklung des Forschungsfeldes im Pasteur'schen Quadranten lokalisiert sind, steigt. Für FhG-Institute lassen sich keine signifikanten Einflüsse nachweisen, weshalb sie aus den Modellen entfernt wurden.

Tabelle 41: Regressionsergebnisse (Logit) für Organisationstypen 1996–2000

Abhängige Variable	rGF96	aGF96	aF96
Konstante	-,597***	-2,099***	-1,239***
	(,317)	(,410)	(,341)
1–Gleiche Kategorie in 1991–1995	2,069***	3,438***	2,322**
(GF, aGF oder aF)	(,491)	(,716)	(,725)
2–Direkte Patentbeziehungen zu	-,067	-,349	,209
Unternehmen 1991–1995	(,153)	(,182)	(,152)
3–Direkte Publikationsbeziehungen	-1,031**	,875**	-,366
zu Unternehmen 1991–1995	(,323)	(,288)	(,323)
4–Universität	-,959	1,769**	-2,195**
(Dummy)	(,513)	(,559)	(,760)
5–MPG-Institut	1,057*	,165	-2,345*
(Dummy)	(,519)	(,645)	(1,112)
Anzahl der Beobachtungen (N)	154	154	154
Erklärte Varianz (Nagelkerke R2)	,414	,652	,329
Hosmer-Lemeshow-Test (Sign.)	,527	,528	,897
Richtig klassifizierte Fälle (Prozent)	77,9	85,1	86,4
Freiheitsgrade (df)	149	149	149

*Anmerkung: * $p < .05$, ** $p < .01$, *** $p < .001$; in Klammern Standardfehler*
Zu den Variablen: rGF96 = FE rGF in 1996–2000, aGF96 = FE aGF in 1996–2000, aF96 = FE aF in 1996–2000

(Quelle: eigene Erhebung)

Der Publikationsoutput von Universitäten und außeruniversitären Forschungsinstituten im Zeitraum 1996–2000 ist, im Gegensatz zu den Patentoutputs von Unternehmen, nicht negativ binomial- sondern normalverteilt, so dass OLS-Regressionsanalysen gerechnet werden können (vergleiche Tabelle 42).[108] Hypothese 16 wird weder bestätigt noch widerlegt, ein signi-

108 Ein entsprechender Kolmogorov-Smirnow-Test, dass die abhängige Variable eine Normalverteilung darstellt, kann nicht abgelehnt werden (Signifikanz beträgt ,185).

fikanter negativer Effekt lässt sich bei allen drei Kooperationsdimensionen nicht nachweisen. Kooperationsbeziehungen zu Unternehmen wirken im Zeitverlauf nicht performanzmindernd, jedenfalls nicht bei denjenigen Beziehungsformen, die in der vorliegenden Studie untersucht werden. Es ist zu berücksichtigen, dass die abhängige Variable den Output misst und nicht – wie bei Evans (2004) – die Qualität der Forschung.

Tabelle 42: Regressionsergebnisse (OLS) für SCI-Publikationen (logarithmiert) von Forschungseinrichtungen 1996–2000

	Modell 1	Modell 2	Modell 3	Modell 4
Konstante	2,260*** (,110)	2,227*** (,110)	2,063*** (,101)	1,884*** (,133)
1– Anzahl SCI-Publikationen 1991–1995	,032*** (,003)	,027*** (,004)	,018*** (,004)	,017*** (,003)
2– Anzahl Kopublikationen Ausland 1991–1995	1,323*** (,260)	1,269*** (,263)	,967*** (,245)	,909*** (,234)
3– Direkte Patentbeziehungen zu Unternehmen 1991–1995		,058 (,045)	,032 (,041)	,030 (,039)
4– Direkte Projektbeziehungen zu Unternehmen 1991–1995		-,060 (,058)	-,102 (,056)	-,066 (,053)
5– Direkte Publikationsbeziehungen zu Unternehmen 1991–1995		,142 (,083)	,165* (,076)	,119 (,073)
6– FE der aGF 1991–1995 (Dummy)			1,078*** (,204)	,822*** (,201)
7– FE der aF 1991–1995 (Dummy)			,984*** (,269)	,824** (,260)
8– Universität (Dummy)				,778*** (,181)
9– MPG-Institut (Dummy)				,347 (,193)
10– FhG-Institut (Dummy)				-,071 (,229)
Anzahl der Beobachtungen (N)	154	154	154	154
Erklärte Varianz (R2 adjusted)	,602	,609	,678	,714
Freiheitsgrade (df)	152	149	147	144

*Anmerkung: * $p < .05$, ** $p < .01$, *** $p < .001$; in Klammern Standardfehler*

(Quelle: eigene Erhebung)

Hypothese 12 wird – wie die empirischen Befunde in Tabelle 42 zeigen – widerlegt, weil Einrichtungen, die 1991–1995 der aGF oder aF zuzurechnen sind, im zweiten Zeitfenster deutlich mehr publizieren als die Basiskategorie (Institute der reinen Grundlagenforschung). Es existiert darüber hinaus ein durchgängig positiver und signifikanter Effekt für jene Institute, die sich bereits seit Anfang der neunziger Jahre mit der Beforschung nanoskaliger Phänomene beschäftigen und mit ausländischen Einrichtungen kopublizieren. Der Effekt der angewandten Forschungsorientierung ist aber deutlich stärker (Modelle 3 und 4) als der in Variable 1 verkörperte Zeitvorsprung. Zieht man noch die institutionellen Dummies in die Betrachtung mit ein, dann realisieren insbesondere Universitäten Vorsprünge vor allen anderen Forschungseinrichtungen. Dieser Effekt ist etwa gleich stark wie der der Variablen 6 und 7. Kooperationsaktivitäten zu Unternehmen beeinflussen die wissenschaftliche Performanz dagegen nicht. Zwar verbucht Variable 5 (Kopublikationen) in Modell 3 einen signifikanten, positiven Einfluss auf den Publikationsoutput. Dieser Effekt ist aber über die Modelle nicht durchgängig signifikant. Zusammenfassend bedeutet dies, dass Universitäten, die bereits früh wissenschaftlich aktiv gewesen sind und Anwendungsbezüge in ihre Forschung eingebaut haben, zu den wissenschaftlich produktivsten Forschungseinrichtungen in der zweiten Hälfte der neunziger Jahre gehören. Die funktionssystemische Orientierung spielt eine wichtige Rolle.

5.5 Die empirischen Ergebnisse zusammengefasst

Ein großer Teil der aufgestellten Arbeitshypothesen wird von den empirischen Analysen bestätigt, einige werden teilweise bestätigt und bedürfen einer Spezifikation beziehungsweise weiterer Analysen, andere werden nicht bestätigt beziehungsweise verworfen (Tabelle 43). Für eine Zusammenfassung der empirischen Ergebnisse erscheint es sinnvoll, die aus der quantitativen Datenanalyse und den qualitativen Interviews ableitbaren Aussagen zu vier zentralen Argumentationslinien zusammenzufassen.

Ein erster Argumentationsstrang bezieht sich auf die Behauptung, dass man mit Patenten jenes Terrain erfasst, auf welchem man funktionssystemübergreifende Interorganisationsbeziehungen gut beobachten kann, und zwar insbesondere dann, wenn es um wissensbasierte Technologien geht. Im Gegensatz hierzu sind wissenschaftliche Publikationen zu sehen, mit denen sich zum überwiegenden Teil Kooperationsstrukturen zwischen Universitäten und Forschungseinrichtungen darstellen und analysieren lassen. Am Beispiel von Patenten in der deutschen Nanotechnologie wird gezeigt, dass sich etwa zwei Drittel aller Interorganisationsbeziehungen als funktionssystemübergreifende Leistungsbeziehungen interpretieren lassen. Patente erfassen dabei nicht das gesamte Interaktionsgeschehen zwischen Unternehmen und Forschungseinrichtungen. Sie dienen vielmehr als Indikator zur Abbildung eines relevanten Ausschnitts aller realen Kopplungsbeziehungen. In diesen Zusammenhang gehört auch der Befund einer im Zeitverlauf enger werdenden Kopplung zwischen beiden Funktionssystemen, sowohl was die Interorganisationsbeziehungen angeht, als auch was jene Organisationen betrifft, bei denen eine sekundäre Funktionssystemorientierung institutionalisiert ist. Die Expansion des Netzwerks verläuft parallel zur Ausweitung wissenschaftlicher Tätigkeiten, die die zweite Hälfte der neunziger Jahre kennzeichnet.

In einem zweiten Argumentationsstrang wird herausgearbeitet, dass die für eine Kopplung relevanten Interorganisationsbeziehungen eine spezifische Struktur haben, die sich an funktionssystemischen Orientierung festmachen lässt. Die Technologieentwicklung findet vor allem zwischen Hochtechnologie-Unternehmen und jenen Forschungsorganisationen statt, die Anwendungsbezüge in ihren Routinen bereithalten. Damit wird die im Theorieteil der Arbeit herausgearbeitete Sonderstellung des zweiten Organisationstyps in der Kopplung Wissenschaft – Wirtschaft empirisch belegt. Bemerkenswert ist hierbei, dass weder rein grundlagenorientierte noch rein angewandte Forschungseinrichtungen eine bedeutsame Rolle im Kopplungsprozess spielen. Die jeweils höchste Dichte erreichen in beiden Zeitfenstern die Blöcke der Hochtechnologie-Unternehmen und die Forschungseinrichtungen der aGF. Wissenschaftliche Erkenntnisse und technologisches Kontrollwissen sind auf der nanoskaligen Ebene nur noch schwer zu trennen. Jenem hybriden Forschungstyp, der in Anlehnung an Stokes (1997) im zweiten Kapitel eingeführt wurde, kommt auch in cliquenförmigen Verbundenheitsstrukturen und im Netzwerkzentrum der Patentbeziehungen eine wichtige Rolle zu, während FhG-Institute, die man aus konzeptueller Perspektive viel eher in diesen Strukturformen als zentrale Akteure positioniert sehen würde, nur eine untergeordnete Rolle spielen. Als mögliche Gründe hierfür können erstens die frühe Entwicklungsphase der Nanotechnologie angeführt werden; zweitens unzureichende Mittel innerhalb der FhG zur Finanzierung von aGF, die zur Entwicklung wissensbasierter Technologien notwendig sind; und das Konkurrenzverhältnis von FhG-Instituten und Industrieunternehmen bei der Patentierung.

Die nicht durchweg zufrieden stellenden Resultate bei der Analyse von Zentrum und Peripherie machen aber eine Blockmodellanalyse erforderlich, mit welcher sich zwei Typen von Kopplungsstrukturen zwischen Unternehmen und Forschungseinrichtungen identifizieren lassen: einerseits cliquenförmige U-F-Blöcke, andererseits einzelne oder mehrere Forschungseinrichtungen in F-Blöcken mit Technologiebeziehungen zu mehr als einem U-Block. Der zentrale Unterschied zwischen beiden Formen scheint darin zu liegen, dass Forschungseinrichtungen bei der ersten Form vor allem – wenngleich nicht ausschließlich – Technologiebeziehungen zu Unternehmen ihres eigenen Blockes, diejenigen der zweiten Form dagegen zu mehreren U-Blöcken aufweisen. Dieses Muster deutet auf Schließungsprozesse, das heißt exklusive Unternehmens-Forschungseinrichtungs-Beziehungen, bei der ersten Form hin, die sich mit der zentralen Stellung zentraler Forschungseinrichtungen teilweise erklären lässt. Nicht in allen Fällen gelingt es Unternehmen, Forschungsinstitute exklusiv an sich zu binden. Zahlreiche der hochvernetzten Institute kooperieren mit mehr als einem Unternehmen.

Ein dritter Argumentationsstrang bezieht sich auf die technologische Performanz von Unternehmen, die als Indikator von funktionssystemübergreifenden und organisationsvermittelten Leistungsbezügen, hier: von der Wissenschaft in die Wirtschaft, aufgefasst wird. Forschungseinrichtungen produzieren für Unternehmen relevantes Wissen, insbesondere dann, wenn auf Industrieseite die Forschungskapazitäten für explorative Grundlagenforschung zurückgefahren werden, weil Investitionen in Forschung und Entwicklung in zunehmendem Maß einem betriebswirtschaftlichen Kalkül unterworfen werden. Die von zahlreichen Interviewpartnern berichtete Veränderung im Verhältnis von Industrie und Wissenschaft geht einher mit dem wachsenden Bedarf nach Kooperationsbeziehungen in die Wissenschaft. Vor diesem Hintergrund sind die durchweg positiven Netzwerkeffekte auf den Patentoutput von Unternehmen, sowohl was Kopatent- als auch Kopublikationsbeziehungen angeht, eine empirisch konsistente Konsequenz. Netzwerkbeziehungen ins Wissenschaftssystem sind als Ressource aufzufassen, über die Unternehmen verfügen müssen, sofern sie technologisch wettbewerbsfähig sein und damit auf den jeweiligen Märkten bestehen wollen. Es macht in diesem Zusammenhang nicht nur einen Unterschied, über wie viele Kooperationsbeziehungen Unternehmen verfügen. Zumindest in der zweiten Hälfte der neunziger Jahre sind Unternehmen dann technologisch produktiver, wenn sie mit wissenschaftlich zentralen Forschungsinstituten interagieren.

Ein vierter Argumentationsstrang betrachtet Interorganisationsbeziehungen an der Schnittstelle von Wissenschaft und Wirtschaft aus der Perspektive des Wissenschaftssystems und der wissenschaftlichen Performanz von Universitäten und außeruniversitären Instituten. Die erst in jüngerer Zeit stärker ins Bewusstsein gerückte Fragestellung, welchen Einfluss Interaktionen mit der Wirtschaft auf die Leistung und die Orientierung von Forschungsorganisationen haben, wird anhand der empirischen Befunde folgendermaßen beurteilt: Ein Zusammenhang zwischen einer Minderung des wissenschaftlichen Outputs und den drei Typen von Industriekontakten kann nicht festgestellt werden. Es zeigt sich in Übereinstimmung mit weiter oben erwähnten Befunden, dass Universitäten, die in der Erforschung nanoskaliger Phänomene bereits früh wissenschaftlich aktiv gewesen sind und einen Mix an grundlagen- und anwendungsorientierter Forschung aufweisen, zu den wissenschaftlich produktivsten Forschungseinrichtungen in der zweiten Hälfte der neunziger Jahre gehören. Die funktionssystemische Orientierung spielt somit eine wichtige Rolle, insbesondere bei Universitäten.

Kooperationsaktivitäten zu Unternehmen beeinflussen zwar nicht die wissenschaftliche Performanz, aber wenn Universitäten bereits Anfang der neunziger Jahre mit Unternehmen kopublizieren, sinkt die Wahrscheinlichkeit, dass sie zur rGF zurückkehren, während die Wahrscheinlichkeit steigt, dass sie bei der aGF bleiben. Kopublikationskontakte in die Wirtschaft führen also dazu, dass vor allem Universitäten gemeinsame Forschungsprojekte mit der Industrie durchführen, in deren Verlauf das eine oder andere Patent anfällt oder wiederum gemeinsam publiziert wird. Die von Evans (2004) identifizierten negativen Auswirkungen auf die Leistungsfähigkeit der Wissenschaft können somit nicht bestätigt werden. Allerdings misst Evans eine spezifische Dimension der Leistungsfähigkeit, die hier nicht im Zentrum der Analyse steht. Zudem sind die hier durchgeführten Analysen auch auf eine deutlich kürzeren Zeitraum bezogen und auf ein etwa 20 Jahre jüngeres Technologiefeld. Die Auswirkungen, die industrielle Kooperationen auf die Wissensproduktion von Forschungseinrichtungen haben, können hier für die Nanotechnologie nicht abschließend bewertet werden. Sie bedürfen weiterer Forschung, und zwar vor dem Hintergrund der Perspektive des Wissens- und Technologietransfers von der Wissenschaft in die Wirtschaft. Beide Phänomene gehören zusammen, weil sie Auskunft über die institutionelle Trennung von Funktions- und Organisationsebene geben; oder anders formuliert: weil sie Auskunft geben über die

Institutionalisierung funktionssystemischer Orientierungen (Stichwort: funktionale Binnenstrukturen) auf der Ebene konkreter Organisationen.

Tabelle 43: Übersicht zu den Hypothesen 0 bis 12

	Hypothesenprüfung	
Hypothese 0	bestätigt	
Hypothese 1a	bestätigt	
Hypothese 1b	teilweise bestätigt	
Hypothese 2a	bestätigt	
Hypothese 2b	bestätigt	
Hypothese 2c	bestätigt	
Hypothese 3	bestätigt	
Hypothese 4	bestätigt, aber nicht zufrieden stellende Resultate	
Hypothese 5	verworfen	
	1991–1995	*1996–2000*
Hypothese 6	teilweise bestätigt	teilweise bestätigt
Hypothese 7	bestätigt	bestätigt
Hypothese 8	bestätigt	bestätigt
Hypothese 9	verworfen	teilweise bestätigt
Hypothese 10	teilweise bestätigt	verworfen
Hypothese 11	bestätigt	
Hypothese 12	verworfen	

(Quelle: eigene Erstellung)

6. Schlussbetrachtung

Die vorliegende Arbeit ist mit dem Ziel angetreten, einen Forschungsbeitrag sowohl zur soziologischen Systemtheorie als auch zur netzwerkanalytischen Innovationsforschung zu leisten. In der Rückschau sollen Anschlussmöglichkeiten und Desiderata für zukünftige Forschung aufgezeigt werden und Stichworte zu den technologiepolitischen Implikationen der Arbeit gegeben werden.

Die Arbeit behandelt Technologieentwicklung aus gesellschaftstheoretischer Perspektive. Die Entwicklung wissensbasierter Technologien wird aus der Perspektive der beiden maßgeblichen Funktionssysteme analysiert. Im Gegensatz zum NIS-Ansatz wurde in dieser Arbeit herausgearbeitet, dass man die Entstehung und Entwicklung von neuen Technologien als komplexen Wechselwirkungs- und Interaktionsprozess zwischen Organisationen konzipieren kann, die sich in ihren Operationen auf System-Umwelt-Differenzen von Funktionssystemen beziehen. Um das Verhältnis von Funktionssystem- und Organisationsebene sachgerecht zu fassen, wurde auf die in der Innovationsforschung etablierten Unterscheidungen von Hochtechnologie und Niedrigtechnologie und Grundlagenforschung und Anwendungsforschung zurückgegriffen. Aus diesen Unterscheidungen wurden eine Organisationstypologie und Hypothesen zur Wahrscheinlichkeit von Interorganisationsbeziehungen abgeleitet.

Zur empirischen Validierung dieser Überlegung wurden für die Unterscheidung von Hochtechnologie und Niedrigtechnologie Märkte nach Forschungsintensität klassifiziert. Die Unterscheidung Grundlagenforschung – Anwendungsforschung wurde – im Gegensatz zu der in der Literatur verbreiteten Praxis mündlicher oder schriftlicher Befragungen – durch einen Indikator abgebildet, der sich als robust bewährt hat. Dieser erfasst das komplexe Verhältnis von Grundlagen- und Anwendungsforschung annäherungsweise und hat seine Stärke in der Klassifikation größerer Untersuchungssamples. Mit dem Verhältnis: Projektvolumen angewandter Forschung pro wissenschaftliche Publikation lassen sich Forschungsorganisationen entlang der drei Stokes'schen Forschungsquadranten gut charakterisieren. Es wäre zu wünschen, ihn für andere nationalstaatliche Kontexte zu validieren, um die Kopplung von Wissenschaft und Wirtschaft beispielsweise in der US-amerikanischen oder britischen Nanotechnologie zu untersuchen.

Die Überprüfung anhand der Kopatentnetzwerke ergibt, dass sich die differenzierungstheoretisch abgeleiteten Hypothesen im Großen und Ganzen bestätigen, wobei es an der einen oder anderen Stelle Abstriche zu machen gibt. Eine wichtige Hypothese, die nicht bestätigt wurde, bezieht sich auf die Brückenfunktion von Fraunhofer-Instituten im Prozess der Technologieentwicklung. Befunde in der Literatur und aus den Experteninterviews haben gezeigt, dass die Fraunhofer-Institute in der Nanotechnologie nur in sehr begrenztem Umfang anwendungsorientierte Grundlagenforschung durchführen und gegenwärtig hinter grundfinanzierte Institute zurückfallen, die verstärkt in die angewandte Forschung eingestiegen sind. Dazu kommt das Konkurrenzverhältnis zu Unternehmen, die mit zum Teil aggressiven Patentstrategien versuchen, Schutzrechte exklusiv zu verwerten. Zukünftige Forschung sollte sich stärker mit der Frage zur Rolle solcher funktionssystemischen Hybridorganisationen in unterschiedlichen Phasen der Entwicklung von wissensbasierten Technologiefeldern auseinandersetzen. Mit der zunehmenden marktlichen Relevanz von Nanotechnologie-Feldern ist zu vermuten, dass Fraunhofer-Institute eine deutlich herausgehobenere Rolle spielen.

Ein weiteres Desiderat bezieht sich auf die Performanzindikatoren auf Organisationsebene. In der vorliegenden Arbeit wurden relativ einfache Maßzahlen verwendet. Mit zunehmender Reife der Nanotechnologie können neben Patentanmeldungen auch erteilte Patente und die Qualität der Patente erhoben werden. Die Literatur zur technologischen und insbesondere patentbezogenen Performanz von Unternehmen hat zahlreiche interessante Beiträge hervorgebracht (vergleiche Griliches 1990; Harhoff u.a. 2003; Reitzig 2003), die auch für den in dieser Arbeit untersuchten Zusammenhang zwischen netzwerklicher Einbettung und Unternehmensperformanz herangezogen werden können. Gleiches gilt für Universitäten und Forschungsinstitute, für die weitergehende Performanzdimensionen erhoben werden müssen. Wichtig erscheint hierbei eine angemessene und feldspezifische Relation von Input- und Outputindikatoren.

Mögliche Anschlüsse an weitere Forschung ergeben sich für die Analyseebene. Vor allem auf Seiten der Wissenschaft ist eine disziplinäre Tiefengliederung zusätzlich zur Unterscheidung der Binnenstrukturen Grundlagen- und Anwendungsforschung wünschenswert. Dies bedeutet einen stärkeren Einbezug der Ebene von Instituten, Lehrstühlen, Abteilungen oder Forschergruppen. Gegenwärtig sind solche Analysen auf der Ebene eines ganzen Technologiefeldes außerordentlich schwierig, weil das hierzu notwendige Datencleaning und die Datenaufbereitung unverhältnismäßig hohen Aufwand verursachen. In einer Pilotstudie für die Europäische Kommission sind die diesbezüglichen Grenzen für die Nanotechnologie klar zutage getreten (vergleiche Noyons u.a. 2003). Hier bedarf es in Zukunft der Entwicklung leistungsfähiger, flexibel programmierbarer Unterstützungstools und eines integrierten Datenbankmanagements, mit dem große Datenmengen für unterschiedliche Analyseebenen aufbereitet und analysiert werden können.

Dass die disziplinäre Tiefengliederung eine sinnvolle Ergänzung zu den hier verwendeten Unterscheidungen darstellt, lässt sich an Jansen's (1998) Studie zur Hochtemperatursupraleitung sehen. Die Autorin argumentiert im Anschluss an Whitley, dass die Physik als »restringierte« Disziplin deutlich grundlagenorientierter ist als die Chemie oder die Materialwissenschaft, die als »nicht-restringierte« Segmente der Wissensproduktion stärkere Bezüge zur Anwendungsforschung aufweisen (ebd.: 220f.). Es gibt somit Bezüge zwischen der disziplinären Struktur der Wissenschaft und der Struktur von inner- und außerwissenschaftlicher Problemwahl, die auch für die Analyse von Interaktionsbeziehungen Wissenschaft – Industrie relevant sein können:

»Chemiker und Materialforscher verfügen […] über gute und langfristige Beziehungen zu industriellen Akteuren, die in den jeweiligen disziplinären Kontexten verankert sind. Sie betreiben anwendungsorientierte Grundlagenforschung für die Industrie, wobei die Patentierbarkeit der Wissensprodukte die engen Kooperationsbeziehungen erleichtert« (ebd.: 305).

Die soft- und hardwarebezogenen Unterstützungstools vorausgesetzt, sollten zukünftige Studien zur Kopplung von Wissenschaft und Wirtschaft die disziplinäre Mesoebene auf Seiten des Wissenschaftssystems stärker problematisieren. Die in der vorliegenden Arbeit verwendete Organisationstypologie könnte mithin auf unterschiedliche Disziplinenkontexte weiter präzisiert werden.

Schließlich wäre es wünschenswert, andere Funktionssysteme stärker in die Analyse der organisational und netzwerklich vermittelten Kopplung von Wissenschaft und Wirtschaft einzubeziehen. Zum politischen System liegen hierzu Arbeiten vor, die mehr oder weniger systemtheoretischen

Zuschnitts sind und an die konzeptuell angeschlossen werden kann. Das betrifft einerseits Fragen der »Steuerung« von Wissenschaft (vergleiche Schimank 1988b; Braun 1994; Campbell 2001), andererseits die »Moderation« verschiedener funktionssystemischer Logiken durch die Politik in Prozessen der Technologieentwicklung (vergleiche Kuhlmann 1998). Eine konkrete Frage ist in diesem Zusammenhang, welchen Einfluss die Forschungs- und Innovationspolitik mit der Förderung von Wissenschaft und Wirtschaft übergreifenden Netzwerken auf die Kopplung beider Systeme gehabt haben. Eine konzeptuelle und empirische Analyse dieses umfassenden politischen Programms der letzten zwanzig Jahre steht noch aus.

Zum Rechtssystem liegen bislang keine systematischen Arbeiten vor, auch wenn sich in den letzten Jahren die Hinweise – wiederum im Bereich wissensbasierter Technologien – darauf verdichten, dass dies notwendig wäre. Das betrifft beispielsweise die umstrittene Patentierbarkeit von Software, die die Verfügbarkeit und Interoperabilität von Wissensbeständen und damit die Technologie- und Produktentwicklung behindert (vergleiche Blind u.a. 2003b). Eine Analyse des Beitrags des Rechtssystems zur Kopplung von Wissenschaft und Wirtschaft könnte sich auch auf die historisch gewachsenen rechtlichen Strukturen von Forschung und Wissens- und Technologietransfer beziehen. Hierbei geht es vor allem darum, die Funktionsweisen und Dysfunktionen solcher (nationalstaatlich verfassten) Rechtsstrukturen zu verstehen, was gerade angesichts eines sich formierenden europäischen Forschungs- und Innovationsraums immer wichtiger wird. Forschungsbedarf besteht nicht nur bezüglich der Auswirkungen kürzlich geänderter rechtlicher Rahmenbedingungen auf die Leistungsfähigkeit der Forschung in Deutschland – und indirekt damit auch der technologischen Leistungsfähigkeit von Unternehmen (zum Beispiel Juniorprofessur, Abschaffung des Hochschullehrerprivilegs bei Erfindungen, Stärkung der Hochschulautonomie). Analysiert werden müsste auch in vergleichend-historischer Perspektive, welchen Einfluss Regelungsstrukturen des Rechts auf die Entstehung von Routinen und Entscheidungsstrukturen in Universitäten und außeruniversitären Forschungseinrichtungen hatten, außerwissenschaftliche Probleme aufzugreifen und die Interaktion mit Unternehmen zu suchen. Dies würde eine Brücke zu organisationssoziologischen Fragestellungen schlagen.[109]

109 Vergleiche die Projekte P4 und P5 der DFG-Forschergruppe »Governance der Forschung« an der Hochschule für Verwaltungswissenschaften Speyer (http://www.foev-speyer.de/governance/P4.htm; http://www.foev-speyer.de/governance/P5.htm). Diese

Aus technologiepolitischer Perspektive ist das Ergebnis der vorliegenden Arbeit, dass Interorganisationsbeziehungen zwischen Wissenschaft und Wirtschaft die technologische Performanz von Unternehmen erhöhen und daher prinzipiell wohlfahrtsstiftend sind, zunächst positiv zu bewerten. Auch haben sich bislang keine negativen Effekte auf die wissenschaftliche Produktivität von Forschungseinrichtungen nachweisen lassen. Die netzwerkförmige Kopplung beider Funktionssysteme ist somit nicht zu eng, auch wenn sie im Laufe von zehn Jahren enger geworden ist. In diesem Zusammenhang ist aber kritisch zu fragen, ob dieses Ergebnis tatsächlich auf Initiativen der Technologie- und Innovationspolitik zurückzuführen ist oder eine gleichsam »natürliche« Entwicklung der zwischensystemischen Kopplung im Innovationsprozess der Nanotechnologie beschreibt.

Luhmann hat sich, was den Steuerungserfolg des politischen Systems auf andere gesellschaftliche Systeme angeht, zurückhaltend bis ablehnend geäußert. Er wird in der Literatur daher zu den »Steuerungspessimisten« gerechnet. Die Technologie- und Innovationspolitik hat mit dem Instrument von Förderprogrammen (zum Beispiel Verbundprojekte) eine eng begrenzte Einwirkungsmöglichkeit, um Unternehmen und Forschungseinrichtungen zu organisationsübergreifender Zusammenarbeit zu stimulieren und damit Prozesse des Wissens- und Technologietransfers in Gang zu setzen. Projektförderung ist, in der systemtheoretischen Terminologie, eine Strukturkopplung des politischen Systems mit der Wissenschaft und der Wirtschaft.

Man sollte sich in der Rückschau zwei Dinge vergegenwärtigen. Erstens haben die Projektbeziehungen in den multivariaten Regressionsmodellen keinen signifikanten Effekt auf den Patentoutput von Unternehmen gehabt (wenngleich die bivariaten Korrelationen positiv sind). Als möglicher Grund wurde genannt, dass die untersuchten BMBF- und EU-Projekte nur einen Teil aller faktischen Projektkooperationen zwischen Unternehmen und Forschungseinrichtungen abbilden, so dass die Effektstärken zu gering und insignifikant erscheinen. Sofern man »Steuerungsoptimist« ist, müsste man also detaillierter als auf der Ebene des unternehmensbezogenen Patentoutputs untersuchen, welche Wirkungen Projektförderung in den Systemen Wirtschaft und Wissenschaft zeitigen. Angesichts der gerade nach dem Jahr 2000 noch einmal um mehrere Größenordnungen ange-

Projekte beschäftigen sich vor allem mit den rechtlichen Governancestrukturen in Deutschland.

stiegenen Fördersummen für die Nanotechnologie sind Analysen in dieser Richtung unbedingt notwendig.

Solche Studien sind zweitens auch deswegen wichtig, weil der gegenwärtige Trend einer abnehmenden institutionellen Grundfinanzierung bei den Universitäten zusammenfällt sowohl mit der Ausweitung projektförmiger und über aufwendige Antragsverfahren ausgeschriebener Forschungsgelder als auch mit einem abnehmenden Engagement der Industrie in explorativer Grundlagenforschung. Hierdurch wird mittelfristig möglicherweise nicht nur die Bewegungsfreiheit der wissenschaftlichen Forschung eingeengt, sondern gleichzeitig der Druck auf Forschungseinrichtungen erhöht, technologisch relevantes Wissen zu produzieren. Sofern diese Entwicklungen durch die nationalstaatliche und europäische Politik beschleunigt und legitimiert wird, könnten damit nicht-indentierte Steuerungswirkungen eintreten, die dann erneut politischen Handlungsbedarf notwendig machen. Die Funktionssysteme Wissenschaft und Wirtschaft entfalten ihre Leistungsfähigkeit nur dann optimal, wenn sie über genügend Autonomie verfügen. Dies erfordert Kopplungen, deren Einflusswege eng begrenzt bleiben. Ob der für die Biotechnologie berichtete Befund einer abnehmenden Qualität der Forschung in einigen Jahren auch für die Nanotechnologie gelten wird, bleibt abzuwarten. Ebenso abzuwarten bleibt, wann und in welchem Umfang die gegenwärtig von dieser Querschnittstechnologie erwarteten ökonomischen Wohlfahrtswirkungen eintreten. Die Technologie- und Innovationspolitik steht in diesen beiden Hinsichten vor wichtigen Herausforderungen.

Literatur

Abramson, N.H./Encarnação, J./Reid, P./Schmoch, U. (1997) (Hg.), *Technology Transfer Systems in the United States and Germany. Lessons and Perspectives*, Washington/DC: National Academy Press.

Ahuja, G. (2000), »Collaboration networks, structural holes, and innovation: a longitudinal study«, in: *Administrative Science Quarterly*, Nr. 45, S. 425–455.

Archibugi, D./Howells, J./Michie, J. (1999), »Innovation systems and policy in a global economy«, in: ebd. (Hg.), *Innovation Policy in a Global Economy*, Cambridge: Cambridge University Press, S. 1–16.

Arnall, A. H. (2003), *Future Technologies, Today's Choices. Nanotechnology, Artificial Intelligence and Robotics. A Technical, Political and Institutional Map of Emerging Technologies. A report for the Greenpeace Environmental Trust*, London, http://www.greenpeace.org.uk/MultimediaFiles/Live/FullReport/5886.pdf.

Arundel, A. (2001), »The relative effectiveness of patents and secrecy for appropriation«, in: *Research Policy*, Nr. 30 (4), S. 611–24.

Arundel, A./Paal, G./van den Soete, G. (1995), *Innovation Strategies of Europe's Largest Industrial Firms. Results from the PACE Survey on Information Sources, Public Research, Protection of Innovations and Government Programmes*, Bericht an die Europäische Kommission, Maastricht: MERIT.

Bachmann, G. (1998), *Innovationsschub aus dem Nanokosmos*, Düsseldorf: VDI-Technologiezentrum, Nachdruck der 1998er Ausgabe.

Baecker, D. (1988), *Information und Risiko in der Marktwirtschaft*, Frankfurt/M.: Suhrkamp.

Binnig, G./Gerber, C./Stoll E./Albrecht, T. R./Quate, C. (1987), »Atomic resolution with atomic force microscope«, in: *Europhysics Letters*, Nr. 3 (12), S. 1281–1286.

Binnig, G./Quate, C./Gerber, C./Weibel, E. (1986), »Atomic force microscope«, in: *Physical Review Letters*, Nr. 56 (9), S. 930–933.

Binnig, G/Rohrer, H. (1982a), »Scanning tunneling microscopy«, in: *Surface Science*, Nr. 126 (1–3), S. 336–344.

— (1982b), »Scanning tunneling microscopy«, in: *Helvetica Physica Acta*, Nr. 55 (6), S. 726–735.

Bleymüller, J./Gehlert, G./Gülicher, H. (1998), *Statistik für Wirtschaftswissenschaftler*, München: Vahlen.

Blind, K./Edler, J./Frietsch, R./Schmoch, U. (2003a), *Erfindungen kontra Patente. Schwerpunktstudie zur technologischen Leistungsfähigkeit Deutschlands*, Endbericht an das BMBF, Karlsruhe: Fraunhofer ISI.

Blind, K./Edler, J./Nack, R./Straus, J. (2003b), *Software-Patente. Eine empirische Analyse aus ökonomischer und juristischer Perspektive*, Heidelberg: Physica.

BMBF (Hg.) (2002a), *Faktenbericht Forschung 2002*, Bonn: Bundesministerium für Bildung und Forschung.

—(2002b), *Nanotechnologie in Deutschland. Standortbestimmung*, Bonn: Bundesministerium für Bildung und Forschung.

— (2002c), *Nanotechnologie in Deutschland. Strategische Neuausrichtung*, Bonn: Bundesministerium für Bildung und Forschung.

Böhme, G./van den Daele, W./Hohlfeld, R./Krohn, W./Schäfer, W./Spengler, T. (1978), *Die gesellschaftliche Orientierung des wissenschaftlichen Fortschritts*, Frankfurt/M.: Suhrkamp.

Bordons, M./Gómez, I. (2000), »Collaboration networks in science«, in: B. Cronin/H. B. Atkins (Hg.), *The Web of Knowledge*, New Jersey: ASIS, S. 197–213.

Borgatti, S./Everett, M./Freeman, L. (2002), *Ucinet 6 for Windows. Software for Social Network Analysis*, Natick: Analytic Technologies.

Bozeman, B./Crow, M. (1990), »The environments of U.S. R&D laboratories: political and market Influences«, in: *Policy Sciences*, Nr. 23, S. 25–56.

Brandi-Dohrn, M./Gruber, S./Muir, I. (2002), *Europäisches und internationales Patentrecht*, München: C. H. Beck.

Braun, D. (1994), *Political Disturbances of Biomedical Research in Great Britain and the United States: How Political Choise Is Translated into Scientific Behavior*, Frankfurt/M.: Campus.

Braun, D./Schimank, U. (1992), »Organisatorische Koexistenzen des Forschungssystems mit anderen gesellschaftlichen Teilsystemen. Die prekäre Autonomie wissenschaftlicher Forschung«, in: *Journal für Sozialforschung*, Nr. 32 (3/4), S. 319–336.

Brodocz, A. (1996), »Strukturelle Kopplung durch Verbände«, in: *Soziale Systeme*, Nr. 2, S. 361–387.

Bührer, S./Bierhals, R./Heinze, T./Hullmann, A./Studer, T./Erlinghagen, R./Lang, C. (2002), *Die Kompetenzzentren der Nanotechnologie in der Frühphase der Bundesförderung. Ein Bericht der begleitenden Evaluation*, Forschungsbericht für das BMBF, Karlsruhe.

Bullinger, H.-J. (2003), »Wir brauchen eine Innovationsoffensive, Frau Bulmahn«, in: *Technology Review*, September 2003, S. 46–49.

Burt, R. S. (1992), *Structural Holes. The Social Structure of Competition*, London: Harvard University Press.

Campbell, D. F. J. (2001), »Politische Steuerung über öffentliche Förderung universitärer Forschung? Systemtheoretische Überlegungen zu Forschungs- und Technologiepolitik«, in: *Österreichische Zeitschrift für Politikwissenschaft*, Nr. 30, 425–438.

Carlsson, B./Stankiewicz, R. (1995), »On the nature, function and composition of technological systems«, in: B. Carlsson (Hg.), *Technological Systems and Economic Performance*, Dordrecht: Kluwer, S. 21–56.

Carpenter, M. P./Cooper, M./Narin, F. (1983), »Validation study: Patent citations as indicators of science and foreign dependence«, in: *World Patent Information*, Nr. 5 (3), S. 180–185.

— (1980), »Linkage between basic research literature and patents«, in: *Research Management*, Nr. 23, S. 30–35.

Coenen, C. (2003) »Utopien und Visionen zur Nanotechnologie«, in: *TAB-Brief*, Nr. 24, Juni 2003, Forschungszentrum Karlsruhe, S. 5–8.

Cohen, S. A. (1998), »To innovate or not to innovate, that is the question: The functions, failures, and foibles of the reward function theory of patent law in relation to software platforms«, in: *Michigan Telecommunications and Technology Law Review*, Nr. 5 (1), S. 33.

Cohen, W./Levinthal, D. A. (1990), »Absorptive capacity: a new perspective on learning and innovation«, in: *Administrative Science Quarterly*, Nr. 35, S. 128–152.

Colyvas, J./Crow, M./Gelijns, A./Mazzoleni, R./Nelson, R./Rosenberg, N./ Sampat, B. N. (2002), »How do university inventions get into practice?«, in: *Management Science*, Nr. 48 (1), S. 61–72.

Crow, M./Bozeman, B. (1998), *Limited by Design. R&D Laboratories in the U.S. National Innovation System*, New York: Columbia University Press.

Czarnitzki, D./Rammer, C./Spielkamp, A. (2000), »Interaktion zwischen Wissenschaft und Wirtschaft in Deutschland: Ergebnisse einer Umfrage bei Hochschulen und öffentlichen Forschungseinrichtungen«, in: *ZEW Dokumentation 00-14*, Mannheim: ZEW.

Daele, W. van den/Krohn, W. (1998), »Experimental implementation as a linking mechanism in the process of innovation«, in: *Research Policy*, Nr. 27, S. 853–868.

Darby, M. R./Zucker, L. (2003), »Grilichesian breakthroughs: inventions of methods of inventing and firm entry in nanotechnology«, in: *NBER Working Paper 9825*, Cambridge/Massachusetts.

Debackere, K./Rappa, M. A. (1994), »Technological communities and the diffusion of knowledge: a replication and validation«, in: *R&D Management*, Nr. 24 (4), S. 355–371.

Deutsches Patent- und Markenamt (2003), *Jahresbericht 2002*, München: DPMA.

DFG (Hg.) (2001), *Jahresbericht 2001*, Bonn: Deutsche Forschungsgemeinschaft.

Dosi, G. (1988), »The nature of the innovative process«, in: G. Dosi/C. Freeman/ R. R. Nelson/G. Silverberg/L. Soete (Hg.), *Technical Change and Economic Theory*, London: Pinter, S. 221–238.

Dosi, G./Freeman, C./Nelson, R. R./Silverberg, G./Soete, L. (Hg.) (1988), *Technical Change and Economic Theory*, London: Pinter.

Drexler, E. K. (1992), *Nanosystems: Molecular Machinery, Manufacturing, and Computation*, New York: John Wiley & Sons.

— (1986), *Engines of Creation. The Coming Era of Nanotechnology*, New York: Anchor Press/Doubleday Book.

DTI (2001), *The International Technology Service Missions on Nanotechnology to Germany and the USA*, London: Department of Trade and Industry.

Dyer, J. H./Singh, H. (1998), »The relational view: cooperative strategy and sources of interorganizational competitive advantage«, in: *Academy of Management Review*, Nr. 23 (4), S. 660–679.

Edquist, C. (1997a), »Systems of innovation approaches – their emergence and characteristics«, in: C. Edquist, (Hg.), *Systems of Innovation. Technologies, Institutions and Organizations*, London: Pinter, S. 1–40.

— (Hg.) (1997b), *Systems of Innovation. Technologies, Institutions and Organizations*, London: Pinter.

Edquist, C./Lundvall, B.-Å. (1993), »Comparing the Danish and Swedish systems of innovation«, in: R. Nelson (Hg.), *National Innovations Systems. A Comparative Analysis*, New York: Oxford University Press, S. 265–298.

Eisenberg, R. S. (1987), »Proprietary rigths and the norms of science in biotechnology research«, in: *The Yale Law Journal*, Nr. 97 (2), S. 177–231.

Ernst & Young (2003), *Zeit der Bewährung – Deutscher Biotechnologie Report 2003*, Mannheim.

— (2000), *Gründerzeit – Deutscher Biotechnologie Report 2000*, Mannheim.

ETC-Group (2003), *The Big Down. From Genomes to Atoms. Atomtech: Technologies Converging at the Nanoscale*, http://www.etcgroup.org/documents/TheBigDown.pdf.

Etzkowitz, H. (1983), »Entrepreneurial scientists and entrepreneurial universities in American academic science«, in: *Minerva*, Nr. 21, S. 198–233.

Europäische Kommission (Hg.) (2002), *Nanoscience and Nanotechnology in the Research Programmes of the European Community*, http://www.cordis.lu/nanotechnology/src/era.htm.

Europäisches Patentamt (Hg.) (2003), *Jahresbericht 2002*, München.

Evans, J. A. (2004), *Sharing the Harvest: The Uncertain Fruits of Public/Private Collaboration in Plant Biotechnology*, unveröffentl. Dissertation, University of Stanford.

Feynman, R. (1960), »There's plenty of room at the bottom«, in: *Engineering & Science*, Nr. 23 (5), S. 22–36.

FhG-ISI; NIW; IWW (2003), *Zur technologischen Leistungsfähigkeit Deutschlands 2002*, Karlsruhe/Hannover: Fraunhofer ISI/NIW/IWW.

Fraunhofer-Gesellschaft (Hg.) (1999), *Jahresbericht 1999*, München: Fraunhofer Gesellschaft.

— (2002), *Jahresbericht 2002*, München: Fraunhofer Gesellschaft.

Freeman, C. (1991), »Networks of innovators: A synthesis of research issues«, in: *Research Policy*, Nr. 20, S. 499–514.

Freeman, C./Soete, L. (1997), *The Economics of Industrial Innovation*, 3. Aufl., London: Pinter.

Freeman, L. C. (1979), »Centrality in social networks. conceptual clarification«, in: *Social Networks*, Nr. 1, S. 215–239.

Gibbons, M./Limoges, C./Nowotny, H./Schwartzman, S./Scott, P./Trow, M. (1994), *The New Production of Knowledge. The Dynamics of Science and Research in Contemporary Societies*, London: SAGE Publications.

Gittelmann, M. (2000), *Mapping National Knowledge Networks: Scientists, Firms, and Institutions in Biotechnology in the United States and France*, unveröffentl. Dissertation, University of Pennsylvania.

Glover, F. (1990), »Tabu search – Part II«, in: *ORSA Journal on Computing*, Nr. 2 (1), S. 4–32.

— (1989), »Tabu search – Part I«, in: *ORSA Journal on Computing*, Nr. 1 (3), S. 190–206.

Godin, B. (1999), »Research and the practice of publication in industries«, in: *Research Policy*, Nr. 25, S. 587–606.

Granovetter, M. (1995), *Getting a Job. A Study of Contacts and Careers*, 2. Aufl., first published in 1974, Chicago/London: The University of Chicago Press.

— (1973), »The strength of weak ties«, in: *American Journal of Sociology*, Nr. 78, S. 1360–1380.

Granstrand, O. (1999), *The Economics of Management of Intellectual Property – Towards Intellectual Capitalism*, Cheltenham: Edward Elgar.

Griliches, Z. (1990), »Patent statistics as economic indicators: a survey«, in: *Journal of Economic Literature*, Nr. 28, S. 1661–1707.

Grupp, H. (1997), *Messung und Erklärungen des Technischen Wandels. Grundzüge einer empirischen Innovationsökonomik*, Berlin: Springer.

— (Hg.) (1993), *Technologie am Beginn des 21. Jahrhunderts*, Heidelberg: Physica.

Grupp, H./Schmoch, U. (1992), *Wissenschaftsbindung der Technik. Panorama der internationalen Entwicklung und sektorales Tableau für Deutschland*, Heidelberg: Springer.

Grupp, H./Jungmittag, A./Schmoch, U./Legler, H. (2000), *Hochtechnologie 2000. Neudefinition der Hochtechnolgie für die Berichterstattung zur technologischen Leistungsfähigkeit Deutschlands*, Manuskript, Karlsruhe.

Guellec, D./Pottelsberghe, van B. (2000), »Applications, grants and the value of patent«, *Economic Letters*, Nr. 69, S. 109–114.

Guston, D. H. (1999), »Stabilizing the boundary between US politics and science«, in: *Social Studies of Science*, Nr. 29 (1), S. 87–111.

Haas, K.-H./Hutter, M./Warnke, P./Wengel, J. (2003), *Produktion von Nanomaterialien. Untersuchung des Forschungs- und Handlungsbedarfs für die industrielle Produktion*, Würzburg/Karlsruhe: Fraunhofer ISC, Fraunhofer ISI.

Halfmann, J. (1996), *Die gesellschaftliche »Natur« der Technik. Eine Einführung in die soziologische Theorie der Technik*, Opladen: Leske + Budrich.

Hall, P. A./Soskice, D. (Hg.) (2001), *Varieties of Capitalism. The Institutional Foundations of Comparative Advantage*, New York: Oxford University Press.

Hamilton, K. (2003), *Subfield and Level Classification of Journals*, CHI No. 2012-R, Haddon Heights/New Jersey: CHI Research Inc.

Harhoff, D./Scherer, F./Vopel, K. (2003), »Citations, family size, opposition and the value of patent rights«, in: *Research Policy*, Nr. 32, S. 1343–1363.

Heinze, T. (2004), »Dynamics in the German system of corporate governance? Empirical findings regarding interlocking directorates«, in: *Economy and Society*, Nr. 33 (2), S. 218–238.

— (2003), *Zur empirischen Bedeutung heterogener Kooperation im deutschen Forschungs- und Innovationssystem. Der Fall Nanowissenschaft*, unveröffentl. Manuskript, Karlsruhe.

Heller, M./Eisenberg, R. S. (1998), »Can patents deter innovation? The anticommons in biomedical research«, in: *Science*, Nr. 280, S. 698–701.

Hicks, D. (1995), »Published papers, tacit competencies and corporate management of the public/private character of knowledge«, in: *Industrial and Corporate Change*, Nr. 4 (2), S. 401–424.

Hicks, D./Breitzman, T./Olivastro, D./Hamilton, K. (2001), »The changing composition of innovative activity in the US – a portrait based on patent analysis«, in: *Research Policy*, Nr. 30, S. 681–703.

Hohn, H.-W./Schimank, U. (1990), *Konflikte und Gleichgewichte im Forschungssystem: Akteurkonstellationen und Entwicklungspfade in der staatlich finanzierten außeruniversitären Forschung*, Frankfurt: Campus.

Hullmann, A. (2001), *Internationaler Wissenstransfer und technischer Wandel. Bedeutung, Einflussfaktoren und Ausblick auf technologiepolitische Implikationen am Beispiel der Nanotechnologie in Deutschland*, Heidelberg: Physica.

Jacob, R./Eirmbter, W./Hahn, A./Hennes, C./Lettke, F. (1997), *Aidsvorstellungen in Deutschland. Stabilität und Wandel*, Berlin: Sigma.

Jansen, D. (2002), »Netzwerkansätze in der Organisationsforschung«, in: *Kölner Zeitschrift für Soziologie und Sozialpsychologie*, Sonderheft 2003, S. 88–118.

— (2000), »Netzwerke und soziales Kapital. Methoden zur Analyse struktureller Einbettung«, in: J. Weyer (Hg.) *Soziale Netzwerke. Konzepte und Methoden der sozialwissenschaftlichen Netzwerkforschung*, München: Oldenbourg, S. 35–62.

— (1999), *Einführung in die Netzwerkanalyse. Grundlagen, Methoden, Anwendungen*, Opladen: Leske & Budrich.

— (1998), *Hochtemperatursupraleitung – Herausforderungen für Forschung, Wirtschaft und Politik*, Baden-Baden: Nomos.

— (1995a), »Convergence of basic and applied research? Research orientations in German high-temperature superconductor research«, in: *Science, Technology, and Human Values*, Nr. 20 (2), S. 197–233.

— (1995b), *Forschungspolitik nach einem wissenschaftlichen Durchbruch: Die Entstehung des »National Programme« zur Supraleitungsforschung in Großbritannien*, Marburg: Schüren.

Japp, K. (1998), »Die Technik der Gesellschaft? Ein systemtheoretischer Beitrag«, in: W. Rammert (Hg.): *Technik und Sozialtheorie*, Frankfurt/M.: Campus, S. 225–244.

Kämper, E./Schmidt, J. (2000), »Netzwerke als strukturelle Kopplung. Systemtheoretische Überlegungen zum Netzwerkbegriff«, in: J. Weyer (Hg.), *Soziale Netzwerke. Konzepte und Methoden der sozialwissenschaftlichen Netzwerkforschung*, München: Oldenbourg, S. 211–236.

Katz, S. J./Martin, B. R. (1997), »What is research collaboration?«, in: *Research Policy*, Nr. 26, S. 1–18.

Kaufmann, A./Tödtling, F. (2001), »Science-industry interaction in the process of innovation: the importance of boundary-crossing between systems«, in: *Research Policy*, Nr. 30, S. 791–804.

Kline, S. J./Rosenberg, N. (1986), »An overview of innovation«, in: R. Landau/N. Rosenberg (Hg.), *The Positive Sum Strategy. Harnessing Technology for Economic Growth*, Washington/DC: National Academy Press, S. 275–305.

Kneer, G. (2001), »Organisation und Gesellschaft. Zum ungeklärten Verhältnis von Organisations- und Funktionssystemen in Luhmanns Theorie sozialer Systeme«, in: *Zeitschrift für Soziologie*, Nr. 30 (6), S. 407–428.

Kowol, U./Krohn, W. (2000), »Innovation und Vernetzung. Die Konzeption der Innovationsnetzwerke«, in: J. Weyer (Hg.), *Soziale Netzwerke. Konzepte und Methoden der sozialwissenschaftlichen Netzwerkforschung*, München: Oldenbourg, S. 135–160.

— (1995), »Innovationsnetzwerke. Ein Modell der Technikgenese«, in: J. Halfmann/G. Bechmann/W. Rammert (Hg.), *Technik und Gesellschaft*, Frankfurt/M./New York: Campus, S. 77–105.

Krücken, G. (2003), »Mission impossible? Institutional barriers to the diffusion of the ›third academic mission‹ at German universities«, in: *International Journal of Technology Management*, Nr. 25 (1/2), S. 18–33.

— (2002), »Panta rei – re-thinking science, re-thinking society«, in: *Science as Culture*, Nr. 11 (1), S. 125–130.

Krücken, G./Hasse, R. (1999), *Neo-Institutionalismus*, Bielefeld: Transcript.

Kuhlmann, S. (1998), *Politikmoderation. Evaluationsverfahren in der Forschungs- und Technologiepolitik*, Baden-Baden: Nomos.

Larédo, P./Mustar, P. (2000), »Laboratory activity profiles: an exploratory approach«, in: *Scientometrics*, Nr. 47 (3), S. 515–539.

Larédo, P./Mustar, P./Callon, M. (1993), »Caractériser le profil stratégique des laboratoires de recherche, la méthode de la rose des vents«, in: J.-P. Courtial (Hg.), *Les Cahiers de l'ADEST*, Paris: ADEST, S. 141–149.

Laudel, G. (2002), »What do we measure by co-authorships?«, in: *Research Evaluation*, Nr. 11 (1), S. 3–15.

Laumann, E./Marsden, P. V./Prensky, D. (1989), »The boundary specification problem in network analysis«, in: L. C. Freeman/D. R. White/K. A. Romney (Hg.), *Research Methods in Social Network Analysis*, Virginia: Fairfax, S. 61–87.

Leydesdorff, L./Etzkowitz, H. (1997), »A triple helix of university-industry-government relations«, in: H. Etzkowitz/L. Leydesdorff (Hg.), *Science, Technology and the International Political Economy Series*, London/Washington: Pinter, S. 154–174.

Liebeskind, J. P./Oliver, A./Zucker, L./Brewer, M. (1996), »Social networks, learning, and flexibility: sourcing scientific knowledge in new biotechnology firms«, in: *Organization Science*, Nr. 7 (4), S. 428–443.

Lieckweg, T. (2003), *Das Recht der Weltgesellschaft. Systemtheoretische Perspektiven auf die Globalisierung des Rechts am Beispiel der lex mercatoria*, Stuttgart: Lucius & Lucius.

Lieckweg, T./Wehrsig, C. (2001), Zur komplementären Ausdifferenzierung von Organisationen und Funktionssystemen. Perspektiven einer Gesellschaftstheorie der Organisation, in: V. Tacke (Hg.), *Organisation und gesellschaftliche Differenzierung*, Opladen: Westdeutscher Verlag, S. 39–60.

Long, J. S. (1997), *Regression Models for Categorical and Limited Dependent Variables*, Thousand Oaks: Sage.

Luhmann, N. (2000), *Organisation und Entscheidung*, Opladen: Westdeutscher Verlag.

— (1999), *Funktionen und Folgen formaler Organisation*, Berlin: Duncker & Humblot.

— (1997), *Die Gesellschaft der Gesellschaft*, 2 Bde., Frankfurt/M.: Suhrkamp.

— (1990a), *Die Wissenschaft der Gesellschaft*, Frankfurt/M.: Suhrkamp.

— (1990b), »Verfassung als evolutionäre Errungenschaft«, in: *Rechtshistorisches Archiv*, Nr. 9, S. 176–220.

— (1988), *Die Wirtschaft der Gesellschaft*, Frankfurt/M.: Suhrkamp.

— (1984), *Soziale Systeme. Grundriß einer allgemeinen Theorie*, Frankfurt/M.: Suhrkamp.

— (1975), »Interaktion, Organisation, Gesellschaft«, in: ebd., *Soziologische Aufklärung 2. Aufsätze zur Theorie der Gesellschaft*, Opladen: Westdeutscher Verlag, S. 9–20.

— (1971a), »Sinn als Grundbegriff der Soziologie«, in: J. Habermas/N. Luhmann, *Theorie der Gesellschaft oder Sozialtechnologie – Was leistet die Systemforschung?*, Frankfurt/M.: Suhrkamp, S. 25–101.

— (1971b), »Universalität und Begründbarkeit der Systemtheorie«, in: J. Habermas/N. Luhmann, *Theorie der Gesellschaft oder Sozialtechnologie – Was leistet die Systemforschung?*, Frankfurt/M.: Suhrkamp, S. 378–398.

Lundvall, B.-Å. (1992), *National Systems of Innovation. Towards a Theory of Innovation and Interactive Learning*, London: Pinter.

— (1988), »Innovation as an interactive process: from user-producer interaction to the national system of innovation«, in: G. Dosi/C. Freeman/R. Nelson/G. Silverberg/L. Soete (Hg.), *Technical Change and Economic Theory*, London/New York: Pinter, S. 349–369.

Luther, W./Malanowski, N. (2004), »Das wirtschaftliche Potenzial der Nanotechnologie«, in: *Technikfolgenabschätzung*, Nr. 13 (2), S. 26–33.

Lütz, S. (1993), *Die Steuerung industrieller Forschungskooperation. Funktionsweise und Erfolgsbedingungen des staatlichen Förderinstrumentes Verbundforschung*, Frankfurt/M.: Campus.

Mayntz, R. (1988), »Funktionelle Teilsysteme in der Theorie sozialer Differenzierung«, in: R. Mayntz/B. Rosewitz/U. Schimank/R. Stichweh (Hg.), *Differenzierung und Verselbständigung. Zur Entwicklung gesellschaftlicher Teilsysteme*, Frankfurt/M.: Campus, S. 97–108.

McMillan, G. S./Narin, F./Deeds, D. L. (2000), »An analysis of the ciritical role of public science in innovation: the case of biotechnology«, in: *Research Policy*, Nr. 29, S. 1–8.

Melin, G./Persson, O. (1996), »Studying research collaboration using co-authorships«, in: *Scientometrics*, Nr. 36, S. 363–377.

Meyer, M. (2001a), *Between Technology and Science. Exploring an Emerging Field. Knowledge Flows and Networking on the Nano-scale*, unveröffentl. D.Phil. Thesis, Science and Technology Policy Research (SPRU)/University of Sussex, Brighton.

— (2001b), »Patent citation analysis in a novel field of technology: an exploration of nano-science and nano-technology«, in: *Scientometrics*, Nr. 51 (1), S. 163–183.

Meyer, M./Persson, O. (1998), Nanotechnology – interdisciplinary, patterns of collaboration and differences in application, in: *Scientometrics*, Nr. 42 (2), S. 195–205.

Meyer-Krahmer, F. (2001), »The German innovation system«, in: P. Larédo/P. Mustar (Hg.), *Research and Innovation Policies in the New Global Economy. An International Comparative Analysis*, S. 205–252.

Meyer-Krahmer, F./Schmoch, U. (2004), »Zur Bedeutung der angewandten Grundlagenforschung – Ergebnisse einer schriftlichen Befragung bei Fraunhofer-Instituten«, in: *Fraunhofer ISI Discussion Papers »Innovation System and Policy Analysis«*, Nr. 4/2004, Karlsruhe.

— (1998), »Science-based technologies: university-industry interaction in four fields«, in: *Research Policy*, Nr. 27, S. 835–851.

Miettinen, R. (2002), *National Innovation System. Scientific Concept or Political Rhetoric*, Helsinki: Edita.

Mittelstraß, J. (2002), *Transdisciplinarity – New Structures in Science*, http://www.mpiwg-berlin.mpg.de/ringberg/Talks/mittels%20-%20CHECKOUT/Mittelstrass.html.

Mossoff, A. (2000), »Rethinking the development of patents: an intellectual history 1550–1800«, in: *Hastings Law Journal*, Nr. 52, S. 1255–1322.

Narin, F./Noma, E. (1987), »Patents as indicators of corporate technological strength«, in: *Research Policy*, Nr. 16, S. 143–155.

— (1985), »Is technology becoming science?« *Scientometrics*, Nr. 7, S. 369–381.

Narin, F./Pinski, G./Gee, H. (1976), »Structure of the biomedical literature«, in: *Journal of the American Society for Information Science*, Nr. 27, S. 25–45.

Nelson, R. (1995), »Recent evolutionary theorizing about economic change«, in: *Journal of Economic Literature*, Nr. 33, S. 48–90.

— (1993), *National Innovation Systems. A Comparative Analysis*, New York: Oxford University Press.

— (1992): »National innovation systems: a retrospective on a study«, in: *Industrial and Corporate Change*, Nr. 1 (2), S. 347–374.

Nelson, R./Winter, S. G. (1982), *An Evolutionary Theory of Economic Change*, Cambridge: Harvard University Press.

Newman, M. E. J. (2001), »The structure of scientific collaboration networks«, in: *PNAS*, Nr. 98 (2), S. 404–409.

Niosi, J./Saviotti, P./Bellon, B./Crow, M. (1993), »National systems of innovation: in search of a workable concept«, in: *Technology in Society*, Nr. 15, S. 207–227.

Nowotny, H./Scott, P./Gibbons, M. (2001), *Re-thinking Science. Knowledge and the Public in an Age of Uncertainty*, Cambridge: Polity Press.

Noyons, E. C. M./Buter, R./van Raan, A. F. J./Schmoch, U./Heinze, T./Hinze, S./Rangnow, R. (2003): *Mapping Excellence in Science and Technology Across Europe. Nanoscience and Nanotechnology*, Bericht an die Europäische Kommission, University of Leiden.

OECD (Hg.) (2001): *Science, Technology and Industry Scoreboard 2001: Towards a Knowledge-based Economy*, Paris: OECD.

Owen-Smith, J./Powell, W. W. (2003), »The expanding role of university patenting in the life sciences: assessing the importance of experience and connectivity«, in: *Research Policy*, Nr. 33, S. 1695–1711.

Owen-Smith, J./Riccaboni, M./Pammolli, F./Powell, W. W. (2002), »A comparison of U.S. and European university-industry relations in the life sciences«, *Management Science*, Nr. 48 (1), S. 24–43.

Panning, W. H. (1982), »Fitting blockmodels to data«, in: *Social Networks*, Nr. 4, S. 81–101.

Parsons, T. (1977), *The Evolution of Societies*, hg. und mit einer Einf. von J. Toby, Rutgers University, New Jersey: Prentice Hall.

Paschen, H./Coenen, C./Fleischer, T./Grünwald, R./Oertel, D./Revermann, Ch. (2003), »Nanotechnologie – Endbericht«, in: *TAB-Arbeitsbericht*, Nr. 92, Berlin: Büro für Technikfolgen-Abschätzung beim Deutschen Bundestag.

Pavitt, K. (1984), »Sectoral patterns of technical change: towards a taxonomy and a theory«, in: *Research Policy*, Nr. 13, S. 343–373.

Peters, L./Groenewegen, P./Fiebelkorn, N. (1998), »A comparison of networks between industry and public sector research in materials technology and biotechnology«, in: *Research Policy*, Nr. 27, S. 255–271.

Pinski, G./Narin, F. (1976), »Citation influence for journal aggregates of scientific publications: theory, with application to the literature of physics«, in: *Information Processing and Management*, Nr. 12, S. 297–312.

Podolny, J. M./Page, K. L. (1998), »Network forms of organization«, in: *Annual Review of Sociology*, Nr. 24, S. 57–76.

Powell, W. W. (1990), »Neither market nor hierarchy: network forms of organization«, in: *Research in Organizational Behavior*, Nr. 12, S. 295–336.

— (1998a), »Inter-organizational collaboration in the biotechnology industry«, in: *Journal of Institutional and Theoretical Economics*, Nr. 152, S. 197–215.

— (1998b), »Learning from collaboration: knowledge and networks in the biotechnology and pharmaceutical industries«, in: *California Management Review*, Nr. 40 (3), S. 228–240.

Powell, W. W./Brantley, P. (1992), »Competitive cooperation in biotechnology: learning through networks?«, in: N. Nohria/R. G. Eccles (Hg.): *Networks and Organizations. Structure, Form, and Action*, Boston/Massachusetts: Harvard Business School Press, S. 366–394.

Powell, W. W./Grodal, S. (2003), »Network of Innovators«, in: *TEARI Working Paper*, Nr..3, Oktober 2003, Oslo.

Powell, W. W./Koput, K. W./Smith-Doerr, L. (1996), »Interorganizational collaboration and the locus of innovation: Networks of learning in biotechnology«, in: *Administrative Science Quarterly*, Nr. 41, S. 116–145.

Powell, W. W./Koput, K. W./Smith-Doerr, L./Owen-Smith, J. (1999), »Network position and firm performance: Organizational returns to collaboration in the biotechnology industry«, in: *Research in the Sociology of Organizations*, Nr. 16, S. 129–159.

Powell, W. W./White, D. R./Koput, K. W./Owen-Smith, J. (2005), »Network dynamics and field evolution: the growth of interorganizational collaboration in the life sciences«, in: *American Journal of Sociology*, Nr. 110 (4).

Price, D. J. d. S. (1984), »The science/technology relationship, the craft of experimental science, and policy for the improvement of high technology innovation«, in: *Research Policy*, Nr. 13, S. 3–20.

Rammert, W. (2000), »Was heißt Technik heute? Bestimmung Wandel des Begriffs ›Technik‹«, in: ebd., *Technik aus soziologischer Perspektive 2. Kultur – Innovation – Virtualität*, Opladen: Westdeutscher Verlag, S. 41–58.

— (1998), »Die Form der Technik und die Differenz der Medien. Auf dem Weg zu einer pragmatistischen Techniktheorie«, in: ebd., *Technik und Sozialtheorie*, Frankfurt/M.: Campus, S. 293–326.

— (1997), »Innovation im Netz. Neue Zeiten für technische Innovationen: heterogen verteilt und interaktiv vernetzt«, in: *Soziale Welt*, Nr. 48, S. 397–416.

— (1993), *Technik aus soziologischer Perspektive. Forschungsstand, Theorieansätze, Fallbeispiele. Ein Überblick*, Opladen: Westdeutscher Verlag.

Rappa, M. A./Debackere, K. (1992), »Technological communities and the diffusion of knowledge«, in: *R&D Management*, Nr. 22 (3), S. 209–220.

Ratner, M./Ratner, D. (2003), *Nanotechnology. A Gentle Introduction to the Next Big Idea*, New Jersey: Pearson Education.

Rehfeld, D./Legler, H./Schmoch, U./Krawczyk, O./Nordhause-Janz, J./Öz, F. (2004), *Chemische Industrie. Neuorientierung, Innovationskraft und Wettbewerbsfähigkeit*, München: Rainer Hampp.

Reinhard, M. (2000), »Absorptionsfähigkeit der Unternehmen. Theorie und Empirie in der Literatur«, in: U. Schmoch/G. Licht/M. Reinhard (Hg.), *Wissens- und Technologietransfer in Deutschland*, Stuttgart: Fraunhofer IRB, S. 243–258.

Reitzig, M. (2003), »What determines patent value ? Insights from the semiconductor industry«, in: *Research Policy*, Nr. 32, S. 13–26.

Roco, M. C. (2003), *National Nanotechnology Investment in the FY 2003. Budget Request by the President*, http://www.nano.gov/2003budget.html.

— (2002a), *National Nanotechnology Initiative and a Global Perspective*, Vortrag auf dem NSF Symposium »Small Wonders. Exploring the Vast Potential of Nanoscience«, Washington/DC, 19. März 2002.

— (2002b), *National Nanotechnology Investment in the FY 2002. Budget Request by the President*, http://www.nano.gov/2002budget.html.

— (2001a), »From vision to the implementation of the U.S. national nanotechnology initiative«, in: *Journal of Nanoparticle Research*, Nr. 3 (1), S. 5–11.

— (2001b), *International Strategy for Nanotechnology Research and Development*, Washington: National Science Foundation.

Ropohl, G. (1999), *Allgemeine Technologie. Eine Systemtheorie der Technik*, München: Hanser.

Rosenberg, N. (1992), »Scientific instrumentation and university research«, in: *Research Policy*, Nr. 21, S. 381–390.

Schartinger, D./Schibany, A./Gassler, H. (2001), »Interactive relations between universities and firms: empirical evidence for Austria«, in: *Journal of Technology Transfer*, Nr. 26, S. 255–268.

Schatz, U. (1997), »Zur Patentierbarkeit gentechnischer Erfindungen in der Praxis des Europäischen Patentamts«, in: *Gewerblicher Rechtsschutz und Urheberrecht, Internationaler Teil 1*, S. 588ff.

Scherer, F. (1965), »Corporate inventive output, profits, and growth«, in: *Journal of Political Economy*, Nr. 73 (3), S. 290–297.

Schimank, U. (2001), »Funktionale Differenzierung, Durchorganisierung und Integration der modernen Gesellschaft«, in: V. Tacke (Hg.), *Organisation und Gesellschaftliche Differenzierung*, Opladen: Westdeutscher Verlag, S. 19–38.

— (2000), *Theorien gesellschaftlicher Differenzierung*, Opladen: Leske + Budrich.

— (1988a), »Gesellschaftliche Teilsysteme als Akteurfiktionen«, in: *Kölner Zeitschrift für Soziologie und Sozialpsychologie*, Nr. 40, S. 619–639.

— (1988b), »The contribution of university research to the technological innovation of the German economy: Societal auto-dynamic and political guidance«, in: *Research Policy*, Nr. 17, S. 329–340.

Schmidt-Maag, E./Niggemann, J. (2001), *Nanotechnologie III. Nanowerkstofftechnik*, Krefeld: Performaxx AG.

Schmoch, U. (2003a), *Der Beitrag öffentlicher Forschungseinrichtungen zur Technikgenenese. Analyse im Rahmen der jährlichen Berichterstattung zur technologischen Leistungsfähigkeit Deutschlands*, http://www.technologische-leistungsfaehigkeit.de/_downloads/sdi_13_2004_leistungsfaehigkeit _d_wissenschaft.pdf

— (2003b), *Hochschulforschung und Industrieforschung. Perspektiven der Interaktion*, Frankfurt/M.: Campus.

— (2000a), »Konzepte des Technologietransfers«, in: U. Schmoch/G. Licht/M. Reinhard (Hg.), *Wissens- und Technologietransfer in Deutschland*, Stuttgart: Fraunhofer IRB, S. 3–13.

— (2000b), »Wissens- und Technologietransfer aus öffentlichen Einrichtungen«, in: U. Schmoch/G. Licht/M. Reinhard (Hg.), *Wissens- und Technologietransfer in Deutschland*, Stuttgart: Fraunhofer IRB, S. 15–37.

— (1999a): »Eignen sich Patente als Innovationsindikatoren?«, in: R. Boch (Hg.), *Patentschutz und Innovation in Geschichte und Gegenwart*, Frankfurt/M.: Peter Lang, S. 113–26.

— (1999b), »Impact of international patent applications on patent indicators«, in: *Research Evaluation*, Nr. 8 (2), S. 119–131.

— (1999c), »Interaction of universities and industrial enterprises in Germany and the United States. A comparison«, in: *Industry and Innovation*, Nr. 6 (1), S. 51–68.

— (1997), *Die Interaktion von akademischer Forschung und industrieller Forschung: Ergebnisse einer Umfrage an deutschen Hochschulen*, Diskussionspapier, Karlsruhe: Fraunhofer ISI.

— (1996), »Die Rolle der akademischen Forschung in der Technikgenese«, in: *Soziale Welt*, Nr. 47 (2), S. 250–265.

— (1990), *Wettbewerbsvorsprung durch Patentinformation. Handbuch für die Recherchepraxis*, Köln: TÜV Rheinland.

Schmoch, U./Hinze, S./Jäckel, G./Kirsch, N./Meyer-Krahmer, F./Münt, G. (1996a), »The role of science within models and theories of the innovation process«, in: G. Reger/U. Schmoch (Hg.), *Organisation of Science and Technology at the Watershed. The Academic and Industrial Perspective*, Heidelberg: Physica, S. 87–120.

— (1996b), »The role of the scientific community in the generation of technology«, in: G. Reger/U. Schmoch (Hg.), *Organisation of Science and Technology at the Watershed. The Academic and Industrial Perspective*, Heidelberg: Physica, S. 1–138.

Schmoch, U./Licht, G./Reinhard, M. (Hg.) (2000), *Wissens- und Technologietransfer in Deutschland*, Stuttgart: Fraunhofer IRB.

Schmookler, J. (1966), »On the ›inevitability‹ of individual invertions«, in: J. Schmookler (Hg.), *Invention and Economic Growth*, Cambridge: Harvard University Press, S. 189–95.

Schulz-Schaeffer, I./Jonas, M./Malsch, T. (1997), »Innovation reziprok. Intermediäre Kooperation zwischen akademischer Forschung und Industrie«, in: W. Rammert/G. Bechmann (Hg.), *Technik und Gesellschaft. Jahrbuch 9: Innovation/ Prozesse, Produkte, Politik*, Frankfurt/M.: Campus, S. 91–124.

Scott, J. (2000), *Social Network Analysis. A Handbook*, London: SAGE Publications.

Scott, R. W./Ruef, M./Mendel, P. J./Caronna, C. A. (2000), *Institutional Change and Healthcare Organizations. From Professional Dominance to Managed Care*, Chicago/ London: Chicago University Press.

Senker, J. (1995), »Tacit knowledge and models of innovation«, *Industrial and Corporate Change*, Nr. 4 (2), S. 425–447.

Shinn, T. (2002), »The triple helix and new production of knowledge: prepackaged thinking on science and technology«, in: *Social Studies of Science*, Nr. 32 (4), S. 599–614.

Siemens AG (2002), »Globale Patentstrategien. Interview mit Wolf von Lieres«, in: *Pictures of the Future*, Nr. 2/2002.

Simsa, R. (2001), *Gesellschaftliche Funktionen und Einflussformen von Nonprofit-Organisationen. Eine systemtheoretische Analyse*, Frankfurt/M. u.a.: Peter Lang.

Spinner, H. F. (2002), »Das modulare Wissenskonzept des Karlsruher Ansatzes der integrierten Wissensforschung – Zur Grundlegung der allgemeinen Wissenstheorie für Wissen aller Arten, in jeder Menge und Güte«, in: K. Weber/M.

Nagenborg/H. F. Spinner (Hg.), *Wissensarten, Wissensordnungen, Wissensregime. Beiträge zum Karlsruher Ansatz der integrierten Wissensforschung*, Opladen: Leske & Budrich, S. 13–46.

— (1994), *Die Wissensordnung. Ein Leitkonzept für die dritte Grundordnung des Informationszeitalters*, Opladen: Leske & Budrich.

Stankiewicz, R. (1992), »Technology as an autonomous socio-cognitive system«, in: H. Grupp (Hg.), *Dynamics of Science-based Innovation*, Heidelberg: Springer, S. 19–44.

Star, S. L./Griesemer, J. R. (1989), »Institutional ecology, ›translations‹, and boundary objects: amateurs and professionals in Berkeley's Museum of Vertebrate Zoology«, in: *Social Studies of Science*, Nr. 19, S. 387–420.

Stichweh, R. (2000), *Die Weltgesellschaft. Soziologische Analysen*, Frankfurt/M.: Suhrkamp.

— (1999), »Globalisierung von Wirtschaft und Wissenschaft: Produktion und Transfer wissenschaftlichen Wissens in zwei Funktionssystemen der modernen Gesellschaft«, in: *Soziale Systeme*, Nr. 5 (1), S. 27–39.

— (1994a), »Technik, Naturwissenschaft und die Struktur wissenschaftlicher Gemeinschaften: Wissenschaftliche Instrumente und die Entwicklung der Elektrizitätslehre«, in: ebd. (Hg.), *Wissenschaft, Universität, Professionen. Soziologische Analysen*, Frankfurt: Suhrkamp, S. 99–131.

— (1994b), *Wissenschaft, Universität, Professionen. Soziologische Analysen*, Frankfurt/M.: Suhrkamp.

Stock, G. N./Greis Noel, P./Fischer, W. A. (2001), »Absorptive capacity and new product development«, in: *Journal of High Technology Management Research*, Nr. 12, S. 77–91.

Stokes, D. E. (1997), *Pasteur's Quadrant. Basic Science and Technological Innovation*, Washington/DC: Brookings Institution Press.

Straus, J. (2003), »Aktuelles zum Schutz von Biotechnologischen Erfindungen und dem Schutzumfang von Genpatenten – ein akademischer Standpunkt«, in: *AB EPA*, Sonderausg. 2, S. 178ff.

Stuart, T. E./Podolny, J. M. (1999), »Positional consequences of strategic alliances in the semiconductor industry«, in: *Research in the Sociology of Organizations*, Nr. 16, S. 161–182.

Tacke, V. (1999), »Wirtschaftsorganisationen als Reflexionsproblem. Zum Verhältnis von neuem Institutionalismus und Systemtheorie«, in: *Soziale Systeme*, Nr. 5 (1), S. 55–81.

Taniguchi, N. (1992), »Future Trends of Nanotechnology«, in: *International Journal of the Japan Society for Precision Engineering*, Nr. 26 (1), S. 1–7.

— (1974), »On the basic concept of ›nano-technology‹«, in: *Proceedings of the ICPE International Conference on Production Engineering*, Tokyo, S. 18–23.

Taylor, J. M. (2002), *New Dimensions for Manufacturing. A UK Strategy for Nanotechnology*. Bericht der »UK Advisory Group on Nanotechnology Applications« an Lord Sainsbury, Minister for Science and Innovation, London: DTI/ OST.

Teece, D. (1986), »Profiting from technological innovation: implications for integration, collaboration, licensing and public policy«, in: *Research Policy*, Nr. 15, S. 785–805.

Teubner, G. (2003), »Globale Zivilverfassungen: Alternativen zur staatszentrierten Verfassungstheorie«, in: *Zeitschrift für ausländisches öffentliches Recht und Völkerrecht*, Nr. 63, S. 1–28.

— (1999), »Eigensinnige Produktionsregimes: Zur Ko-evolution von Wirtschaft und Recht in den ›varieties of capitalism‹«, in: *Soziale Systeme*, Nr. 5, S. 7–26.

Thornton, P. (2004), *Markets from Culture. Institutional Logics and Organizational Decisions in Higher Education Publishing*, Stanford: Stanford University Press.

Tijssen, R. J. W. (1998), »Quantitative assessment of large heterogeneous R&D networks: the case of process engineering in the Netherlands«, in: *Research Policy*, Nr. 26, S. 791–809.

Valentín, E. M. M. (2002), »Co-operative relationships. A theoretical review of co-operative relationships between firms and universities«, in: *Science and Public Policy*, Nr. 29, S. 37–46.

Wasserman, S./Faust, K. (1999), *Social Network Analysis: Methods and Applications*, Cambridge/UK: Cambridge University Press.

Weingart, P. (2001), *Die Stunde der Wahrheit? Zum Verhältnis der Wissenschaft zu Politik, Wirtschaft und Medien in der Wissensgesellschaft*, Weilerswist: Velbrück Wissenschaft.

— (1997), »From ›finalization‹ to ›Mode 2‹: Old wine in new bottles?«, in: *Social Science Information*, Nr 36 (4), S. 591–613.

Weyer, J. (2000), »Einleitung. Zum Stand der Netzwerkforschung in den Sozialwissenschaften«, in: ebd. (Hg.), *Soziale Netzwerke. Konzepte und Methoden der sozialwissenschaftlichen Netzwerkforschung*, München: Oldenbourg, S. 1–34.

White, H. W. (1981), »Where do markets come from?«, in: *American Journal of Sociology*, Nr. 87, S. 517–547.

Whitley, R. (2000a), »Science transformed? The changing nature of knowledge production at the end of the twentieth century«, in: ebd., *The Intellectual and Social Organization of the Sciences*, Oxford: Oxford University Press, S. ix–xliv.

— (2000b), *The Intellectual and Social Organization of the Sciences*, 2. Aufl., Oxford: Oxford University Press.

Windolf, P./Nollert, M. (2001), »Institutionen, Interessen, Netzwerke. Unternehmensverpflechtung im internationalen Vergleich«, in: *Politische Vierteljahreschrift*, Nr. 42 (1), S. 79–100.

Wolff, B./Neuburger, R. (1995), »Zur theoretischen Begründung von Netzwerken aus der Sicht der Neuen Institutionenökonomik«, in: D. Jansen/K. Schubert (Hg.), *Netzwerke und Politikproduktion*, Marburg: Schüren, S. 74–94.

World Intellectual Property Organization (Hg.) (1999), *International Patent Classification*, London: Butler & Tanner.

Abbildungen

Tabellen

Abkürzungen

aF	angewandte Forschung
AFM	Atomic Force Microscope
Ag	Argentum, chemische Bezeichnung für Silber
aGF	anwendungsorientierte Grundlagenforschung
AiF	Arbeitsgemeinschaft industrieller Forschungsvereinigungen
BMBF	Bundesministerium für Bildung und Forschung
BMVg	Bundesministerium der Verteidigung
BMWi	Bundesministeriums für Wirtschaft und Technologie
CEO	Chief Executive Officer
CMOS	Complementary Metal Oxide Semiconductor
CNT-FED	Carbon Nanotube Field Emission Display
CWTS	Zentrum für Wissenschafts- und Technologiestudien der Universität Leiden, Niederlande
C60	Buckminster-Fulleren
df	Degree of Freedom
DFG	Deutsche Forschungsgemeinschaft
DPMA	Deutsches Patent- und Markenamt
DTI	Department of Trade and Industry, UK
DVM	Deutscher Verband für Materialforschung und -prüfung
DWPI	Derwent World Patent Index
ECLA	Europäische Patentklassifikation
EPA	Europäisches Patentamt
EPO	European Patent Office
EPODOC	Datenbank des Europäischen Patentamts
ETC	European Training and Research Centre for Human Rights and Democracy
EU	Europäische Union
EUREG	Datenbank des Europäischen Patentamts

FAZ	Frankfurter Allgemeine Zeitung
F-Block	Forschungseinrichtungs-Block
FE	Forschungseinrichtungen
FhG	Fraunhofer-Gesellschaft
FhG-ISI	Fraunhofer-Institut für System- und Innovationsforschung
FhI	Fraunhofer-Institute
FuE	Forschung und Entwicklung
FZ	Forschungszentrum
GMR-HDD	Giant Magneto-resistive Hard Disc Drive
HGF	Helmholtz-Gemeinschaft deutscher Forschungszentren
HochTech	Hochtechnologie-Unternehmen
HTS	Hochtemperatursupraleitung
IFAM	Fraunhofer-Institut für Fertigungstechnik und Angewandte Materialforschung
INM	Leibniz-Institut für Neue Materialien
IPC	Internationale Patentklassifikation
ISI	Institute for Scientific Information, Philadelphia, USA
IZFP	Fraunhofer-Institut für Zerstörungsfreie Prüfverfahren
KMU	kleine und mittelständische Unternehmen
LED	Light-Emitting Diodes
LMU	Ludwig-Maximilians-Universität München
MPG	Max-Planck-Gesellschaft
MPI	Max-Planck-Institut(e)
MRAM	Magneto-resistive Random Access Memory
N	Anzahl der Beobachtungen
NACE	Nomenclature Générale des Activités Economiques dans les Communautées Européenes
Nanochem	Kompetenzzentrum Nanotechnologie »Funktionalität durch Chemie«
Nanoclub	Kompetenzzentrum Nanotechnologie »Analyse lateraler Strukturen«
NanoMat	Kompetenzzentrum Nanomaterialien
NanOp	Kompetenzzentrum Nanooptoelektronik
NBReg	Negative Binomial Regression model
NiedrigTech	Niedrigtechnologie-Unternehmen
NIS	National Innovation Systems
nm	Nanometer

NNI	National Nanotechnology Initiative
NNIN	US National Nanotechnology Infrastructure Network
NPL	Nicht-Patentliteratur
OECD	Organisation for Economic Co-operation and Development
Oled-Displays	Organic Light-Emitting Diode Display
OLS	Ordinary Least Squares
PCT	Patent Cooperation Treaty
PIs	Principal Investigators
QAP	Quadratic Assignment Regression Analysis
R&D	Research and Development
rGF	reine Grundlagenforschung
SCANCOR	Scandinavian Consortium for Organizational Research
SCI	Science Citation Index
SFB	Sonderforschungsbereiche
SITC	Standard International Trade Classification
SPSS	Statistiksoftware
STATA	Statistiksoftware
STM	Scanning Tunnel Microscope
STN	Scientific & Technical Information Network
SXM	Rastersondentechnologie
TU	Technische Universität
U-Block	Unternehmens-Block
Ucinet	Software zum visuellen »data mining« komplexer Strukturen
UCLA	University of California, Los Angeles
U-F-Block	Unternehmens-Forschungseinrichtungs-Block
UFS	Kompetenzzentrum Nanotechnologie »Ultradünne Funktionale Schichten«
Univ.	Universitäten
Unt.	Unternehmen
UPOP	Kompetenzzentrum Nanotechnologie »Ultrapräzise Oberflächenbearbeitung«
USPOC	US-Patentklassifikation
VDI	Verein Deutscher Ingenieure
VDI-TZ	Technologiezentrum des Vereins Deutscher Ingenieure

WGL	Wissenschaftsgemeinschaft Wilhelm Leibniz
WIPO	World Intellectual Property Organization
WPINDEX	Derwent World Patents Index
WTT	Wissens- und Technologietransfer

Anhänge

Anhang 1: Datengewinnung und Datenaufbereitung der Nanopatente (detaillierte Darstellung)

Die statistische Auswertung von Patentdokumenten ist ein integraler Bestandteil der empirischen Innovationsforschung (vergleiche Schmookler 1966; Griliches 1990; Grupp 1997: 143ff.). Die Identifikation geeigneter Patentschriften ist kein einfaches Unterfangen, weil es nicht nur unterschiedliche Arten von Patenten gibt, sondern auch eine Vielzahl von Datenbanken, in denen diese Patente recherchiert werden können. Zudem bedarf es in aller Regel einer eigenen Recherchestrategie, die sich aus Stichworten und Klassifikationscodes von Technikfeldern zusammensetzt. Dieser Untersuchung liegen direkte EPO- und Euro-PCT-Anmeldungen zugrunde. Diese Schriften wurden in der Datenbank Derwent World Patent Index (DWPI) der Firma Thomson Derwent recherchiert. Die Recherchestrategie wurde am Fraunhofer-Institut für Systemtechnik und Innovationsforschung in Karlsruhe im Rahmen eines Forschungsprojektes für die Europäische Kommission entwickelt (vergleiche Noyons u.a. 2003). Das Vorgehen soll kurz erläutert werden.

Patentschriften werden entweder bei nationalen oder internationalen Patentämtern zur Anmeldung eingereicht. Werden Erfindungen bei nationalen Patentämtern angemeldet, so verfolgt der Anmelder zumeist das Ziel, seine Erfindung in beispielsweise Deutschland oder Frankreich zu schützen. Demgegenüber suchen Anmelder bei internationalen Patentämtern einen weiter gehenden Schutz. Nach erfolgreichem Durchlaufen des Prüfprozesses beim Europäischen Patentamt in München (European Patent Office, EPO) erstrecken sich die gewerblichen Schutzrechte beispielsweise auf jene 27 europäischen Staaten, welche dem Europäischen Patentübereinkommen beigetreten sind.[110] Den weitest gehenden Schutz finden Anmel-

110 Hierzu zählen u.a. (es werden nur 20 genannt): Österreich, Belgien, Schweiz, Zypern, Deutschland, Dänemark, Spanien, Finnland, Frankreich, Großbritannien, Griechenland, Irland, Italien, Liechtenstein, Luxemburg, Monaco, Niederlande, Portugal, Schweden, Türkei (vergleiche http://www. european-patent-office.org).

der für ihre Erfindungen bei der World Intellectual Property Organization in Genf (WIPO). Diese Einrichtung ist vergleichbar mit dem EPO, der Rechtsschutz lässt sich hier aber auf deutlich mehr Länder ausdehnen, derzeit 179 an der Zahl.[111]

Die in dieser Untersuchung verwendeten Patentdaten stammen aus einem Forschungsprojekt, und wurden primär für einen europäischen Vergleich der Patentierungsaktivitäten in der Nanotechnologie erhoben. Für derartige komparative Analysen ist es vorteilhaft, länderübergreifend unverzerrte Daten zu generieren. Wie Schmoch (1999b) zeigt, eignen sich hierfür insbesondere Statistiken zu direkten Patenten am EPO. Gegenüber Anmeldungen nationaler Ämter, bei denen das Inland gegenüber dem Ausland zumeist höhere Anmeldezahlen realisiert, durchlaufen Anmeldungen hier ein zentrales Prüfungsverfahren, das für alle Mitgliedsländer der Europäischen Patentkonvention gleiche Bedingungen beinhaltet und so eine hohe Vergleichbarkeit der Patente aus den verschiedenen Ländern ermöglicht. Statistische Verzerrungen aufgrund spezifischer nationaler Besonderheiten im Patentrecht werden durch Nutzung der Europäischen Patentdaten ausgeschlossen. Ein weiterer Vorteil von EPO-Anmeldungen besteht darin, dass die Prüfverfahren deutlich teurer als bei nationalen Ämtern sind, wodurch sich ein Anmeldeverfahren nur für Erfindungen mit hohem technologischem und kommerziellem Wert lohnt. Direkte EPO-Anmeldungen können allerdings auch zur Analyse nationaler Patentierungsaktivitäten herangezogen werden. Insbesondere die erwähnte Selektivität von direkten EPO-Anmeldungen erscheint geeignet, die Daten für die vorliegende Fragestellung auszuwerten.

Neben direkten EPO-Anmeldungen mit Herkunftsland Deutschland befinden sich auch so genannte Euro-PCT-Anmeldungen im Pool der hier untersuchten Patentschriften. Bei diesen Patenten handelt es sich um Erfindungen, die im internationalen PCT-Verfahren angemeldet werden (PCT = Patent Cooperation Treaty). Dieses Verfahren wird in den letzten Jahren zunehmend genutzt, weil es spezifische Vorteile bietet, insbesondere eine längere Prüfungsphase, welche es dem Anmelder ermöglicht, den kommerziellen Wert der Erfindung vor der (kostenintensiven) Patenterteilung abzuschätzen (vergleiche Schmoch 1999b). Euro-PCT-Patente sind jene Erfindungen, bei denen das Europäische Patentamt die zweite, rechtlich bindende Prüfung zum Stand der Technik durchführt. Schmoch (ebd.) argumentiert, dass die Berücksichtigung von Euro-PCT-Anmeldungen aufgrund

111 Vergleiche http://www.wipo.org/.

ihrer steigenden Bedeutung notwendig ist, um verlässliche Daten zum Patentierungsgeschehen in Europa zu generieren.

Für Patentrecherchen stehen verschiedene Patentdatenbanken zur Verfügung. Diese unterscheiden sich zumeist hinsichtlich ihrer geographischen Abdeckung, der recherchierbaren Dokumente unterschiedlicher Patentämter und der verfügbaren bibliographischen Inhalte. Es hat sich in dem erwähnten Forschungsprojekt für die Europäische Kommission gezeigt, dass hinsichtlich der Verschlagwortung und Kurzbeschreibung der DWPI die am besten geeignete Datenbank zur Recherche von Patentdokumenten darstellt (vergleiche Noyons u.a. 2003: 28ff.). Die Patentschriften enthalten inhaltlich hochwertige Abstracts, die von der Firma Thomson Derwent erstellt werden. Allerdings fehlen in dieser Datenbank Informationen zur Nationalität der Erfinder und Anmelder. Diese Information ist jedoch notwendig, um deutsche Patente identifizieren zu können. Es bedurfte also einer Kopplung mit einer weiteren Datenbank, die die gleichen Patentschriften mit dieser Information enthält. Nach der Identifikation der relevanten Dokumentmenge in DWPI wurden alle Patentschriften durch ihre einheitliche Nummerierung in der EPO-internen Datenbanken EPODOC und EUREG identifiziert. Dieser am EPO erstellte Datenfile bildet die Grundlage für alle nachfolgenden Patentanalysen. Beispiele für je ein Patentdokument aus der Datenbank der Nanotechnologie aus DWPI und EUREG/EPODOC finden sich in Abb. 22 und Abb. 24.[112]

Gegen das Vorgehen, die Anzahl der angemeldeten und noch nicht erteilten Patente als Datengrundlage zu verwenden, kann eingewendet werden, dass nicht alle angemeldeten Patentdokumente letztlich auch erteilt werden und sich die Analyse damit auf Erfindungen bezieht, die nicht zum kodifizierten Archiv der Technologie zu zählen sind. Allerdings haben sich Patente als Indikator zur Beschreibung des Innovationsgeschehens in der Innovationsforschung durchgesetzt. Dies hat mindestens zwei Gründe. Erstens erlaubt die teilweise erhebliche Dauer von Patentverfahren bei ausschließlicher Berücksichtigung erteilter Patente keine zeitnahen Analysen. Beim EPO dauert das Zulassungsverfahren bis zu sieben Jahre nach Priorität (Europäisches Patentamt 2003: 19). Vollständig auswertbar gewesen wären für die vorliegende Studie somit Patente bis 1996, was angesichts des gerade in der zweiten Hälfte der neunziger Jahre expandierenden Patentaufkommens in der Nanotechnologie erhebliche interpre-

112 Bei der Datenerhebung am EPO wurde das Projektteam von den EPO-Mitarbeitern Dr. Bernd Bettels beziehungsweise Dr. Manfred Scheu unterstützt.

tative Einschränkungen bedeutet hätte. Zweitens sollen möglichst viele der realen Kooperationsbeziehungen zwischen Wissenschaft und Wirtschaft erfasst werden. Erteilte Patente bilden nicht das Gesamte des Interaktionsgeschehens ab, sondern vor allem Erfindungen mit hohem kommerziellem Wert. Das Europäische Patentamt schreibt zu den Erteilungsquoten in 2002:

»Von den in der Berichtsperiode bearbeiteten Anmeldungen wurden 12 Prozent vom Anmelder nach der Recherche nicht mehr weiterverfolgt, 24 Prozent wurden im Prüfungsverfahren zurückgewiesen oder vom Anmelder zurückgenommen. In 63 Prozent der Fälle endete das Verfahren mit der Erteilung eines europäischen Patents« (ebd.: 18).

Es ist mit datenbankgestützten Patentrecherchen nicht möglich, alle Patentdokumente eines Technologiefeldes zu finden. Ziel von Patentrecherchen ist vielmehr, ein Untersuchungssample von Patentdokumenten zu bestimmen, das ein gegebenes Technologiefeld gut repräsentiert. Um das Patentsample so groß wie möglich zu machen und so viele fehlerhafte Dokumente wie möglich auszuschließen, greift man in der Recherchepraxis zum einen auf Codes der Internationalen Patentklassifikation (IPC) zurück, welche alle Technologiegebiete in eine hierarchische Klassifikation mit 8 Sektionen, 22 Subsektionen, 120 Klassen und 630 Unterklassen bringt. Einschließlich der Gruppen und Untergruppen erreicht man somit eine Feingliederung von 67.000 Einträgen (vergleiche World Intellectual Property Organization 1999). Ein zentraler Vorteil dieser Klassifikation besteht in ihrer weiten Verbreitung, die jene alternativer Klassifikationen, etwa der europäischen (ECLA) oder der US-amerikanischen (USPOC) übersteigt. Jedes Dokument erhält mindestens einen Primärcode und teilweise auch noch Sekundärcodes.

Ein zentraler Nachteil der IPC ist ihre nur alle fünf Jahre stattfindende Aktualisierung, was einen erheblichen Zeitverzug im Hinblick auf den mitunter schnellen technologischen Wandel bedeutet. Auch findet bei dieser Aktualisierung keine Reklassifikation älterer Patentdokumente statt, wie dies bei der ECLA und USPOC üblich ist und dort für ältere Jahrgänge eine bessere Suchgenauigkeit und einen erhöhten Suchkomfort ermöglicht (vergleiche Schmoch 1990). So wurde das hier untersuchte Feld Nanotechnologie erst in der siebten Edition der IPC im Jahr 2000 unter dem Code B82B (mit Ergänzungen in A61K, G01N, G12B, C08 und C12) aufgenommen. Aus diesem Grund wird in der Recherchepraxis zum anderen auf Stichwortsuche in den Titeln und Abstracts der Patentdokumente zurückgegriffen. Hierbei ist wichtig, dass diese Stichworte eindeutig zum Technologiefeld gehören, so dass auch nur tatsächlich relevante Dokumente identifiziert werden. In diesem Zusammenhang erschweren uneindeutige Stichworte, welche sich zu mehr als einem Technologiefeld rechnen lassen, die Recherche (vergleiche Abb. 20). Um dem Problem einer inadäquaten Feldabgrenzung zu begegnen, kamen bei der Recherche neben Stichwortkombinationen auch Kombinationen von Stichworten und IPC-Codes mit logischen Operatoren sowie Stellungsoperatoren zum Einsatz (vergleiche Schmoch 1990: 88ff.).

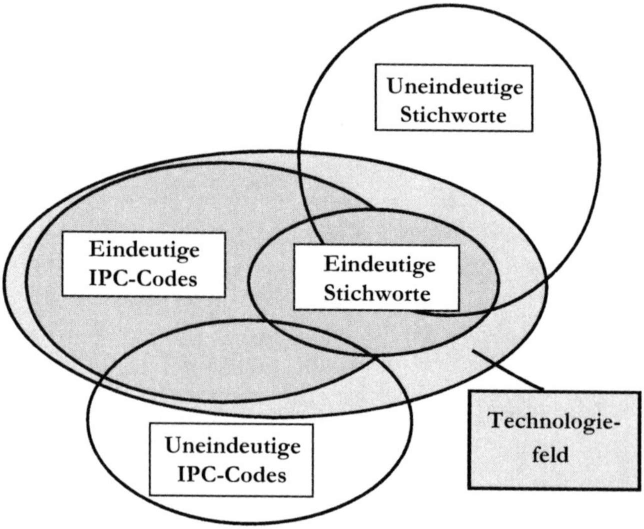

Abb. 20: Abgrenzungsprobleme bei Identifikation eines Technologiefeldes

(Quelle: Noyons u.a. 2003: 22)

Die der vorliegenden Untersuchung zugrunde liegende Recherchestrategie wurde am Fraunhofer-Institut für Systemtechnik und Innovationsforschung entwickelt. Sie enthält einerseits IPC-Klassifikationscodes der Nanotechnologie. Wegen ihrer relativ späten Einführung sind aber nur etwa 10 Prozent der Gesamttreffermenge über diese Klassifikation recherchierbar. Aus diesem Grund wurden im Rahmen des erwähnten Forschungsprojektes Schlagworte identifiziert, mit denen relevante Nanopatente recherchiert werden können. Das grundlegende Problem der schlagwortbasierten Nanotechnologie-Recherche besteht darin, dass eine einfache Suche mit »nano« zu fehlerhaften Ergebnissen führen kann, weil sich hinter diesem Stichwort vielfältige Phänomene verbergen, die nicht unbedingt etwas mit Nanotechnologie zu tun haben. So finden sich beispielsweise Mengen- (nanomol, nanoliter) oder Zeitangaben (nanoseconds), welche ausgeschlossen werden müssen. Ebenso taucht in vielen Nanotechnologie-Patenten »nano« gar nicht auf, so dass eine ausschließliche Berücksichtigung dieses Suchwortes zu fehlerhaften Ergebnissen führt. Deshalb wurden im Rahmen des genannten Forschungsprojekts Schlagworte bestimmt, mit denen relevante Dokumente gefunden werden können. Hierbei wurden insbesondere Kombinationen von Stichwörtern und Stellungsoperatoren eingesetzt, wobei die jeweiligen Suchstrings stichprobenmäßig und iterativ auf Treffergenauigkeit überprüft wurden.

Die in Abb. 21 dokumentierte Suchstrategie ist als Approximation zu verstehen, mit der versucht wird, die Nanotechnologie annähernd zu erfassen. Dies gelingt nicht 100-prozentig. In Interviews mit Experten wurde immer wieder darauf verwiesen, wie schwierig es sei, die Nanotechnologie überhaupt zu definieren und zutreffende Suchworte zu identifizieren. Ein Unternehmensvertreter berichtete von hausinternen Technologieanalysen, bei denen versucht wurde, mit eigenen Suchstrategien unternehmenseigene Patente in Patentdatenbanken zu finden, was nicht durchgängig gelang (INT2004.10). Auch der Experte vom VDI-TZ wies auf die datenbankinhärenten Schwierigkeiten einer sachgerechten Abgrenzung hin (INT 2004.9).

Der Identifikation der Patentschriften in der Nanotechnologie schließt sich als weiterer Schritt die Auswertung des Anmelder- und Erfinderfelds an. Das Anmelderfeld gibt Aufschluss über die juristische Person, welche das Patent einreicht. Der oder die Anmelder sind zugleich die Besitzer der gewerblichen Schutzrechte. Nahezu alle gegenwärtigen Patentanalysen stützen sich auf die Auswertung des Anmelderfeldes (vergleiche Schmoch 2003b: 222ff.). Das Erfinderfeld gibt die geistige Herkunft an, zumeist natürliche Personen mit ihrer privaten Adresse. Diese Personen können – sie müssen aber nicht – in dem organisationalen Kontext arbeiten, der durch das Anmelderfeld spezifiziert ist. Da die Mehrzahl der Patente von Unternehmen angemeldet wird, bedeutet dies somit nicht, dass es sich bei den Erfindernamen immer um Unternehmensmitarbeiter handelt. Vielmehr kann vermutet werden, dass es sich in beträchtlichem Umfang um Mitarbeiter aus Forschungseinrichtungen handelt, die ihre Erfindungen nicht eigenständig verwerten. Insbesondere bei wissenschaftsbasierten Technologien ist von einem substanziellen Beitrag von Universitäten und außeruniversitären Forschungseinrichtungen bei der Produktion technologierelevanten Wissens auszugehen.

Im Erfinderfeld ist in aller Regel keine Information zur organisationalen Herkunft eines Erfinders dokumentiert. Aus diesem Grund werden die Namensangaben systematisch mit Daten des Science Citation Index (SCI) verknüpft (im Folgenden als »SCI-Matching« bezeichnet), um die fehlenden organisationalen Anbindungen der Erfinder zu ermitteln. Die hinter diesem Matching stehende Überlegung ist, dass die an der Produktion neuer Technologien beteiligten Wissenschaftler in aller Regel publizieren und daher im SCI zu finden sind. Es wurden dabei nur solche Publikationen verwendet, die mit der Suchstrategie Nanowissenschaft identifiziert wurden. Für das Matching wurden die beiden Fünfjahreszeitfenster ausgewählt, welche auch für die Kopublikationen verwendet werden.

Tabelle 44: Ergebnisse des Matching von Namen (Erfinderfeld Patente) und organisationaler Zuordnung (SCI) 1991–2000

	Aus Erfinderfeld extrahiert	Matching in SCI	Unschärfebereich des Matching
Erfindernamen 1991–1995	530	211 (40 %)	15 (7 %)
Erfindernamen 1996–2000	1.612	507 (31 %)	33 (7 %)

(Quelle: eigene Erhebung)

Wie Tabelle 44 zeigt, konnten für etwa ein Drittel aller im Erfinderfeld der Patente vorfindlichen Namen und Namenseinträge (einige Namen tauchen mehrmals auf) organisationale Adressen ermittelt werden. Der Anteil unsicherer Treffer beträgt etwa 7 Prozent und kommt durch partielle Nichtübereinstimmung von Vornamen bei mehreren Einträgen zustande. Etwa zwei Drittel aller extrahierten Namen konnte dagegen nicht im SCI gefunden werden. Hier ist für die Mehrzahl der Fälle davon auszugehen, dass es sich um Unternehmensmitarbeiter handelt, die aufgrund des geringen Publikationsaufkommens von Unternehmen nur schwer im SCI ermittelt werden können. Weiterhin ist denkbar, dass ein gewisser Anteil durch fehlerhafte Schreibweisen, insbesondere bei der Übertragung deutscher Umlaute in den englischsprachigen SCI, verloren gegangen ist.

Als Ergebnis wurden insgesamt 290 Organisationen identifiziert, die entweder Anmelder von Patenten sind oder denen die Erfindung des Patents zugerechnet werden kann. Nicht gezählt wurden vier Dachorganisationen, deren Einzelinstitute nicht ermittelt werden konnten. Sie wurden aus dem Sample entfernt (Hahn-Schickard-Gesellschaft, Ludwig-Bölkow-Stiftung, Forschungsverbund Berlin, Studiengesellschaft Kohle). Eine Liste aller Organisationen findet sich in Tabelle 45. Im ersten Zeitfenster handelt es sich um 120 Organisationen, davon 62 Unternehmen (52 Prozent) und 58 Forschungseinrichtungen (48 Prozent). Im zweiten Zeitfenster sind es insgesamt 251 Organisationen, davon 156 Unternehmen (62 Prozent) und 95 Forschungseinrichtungen (38 Prozent). 81 der 120 Organisationen (68 Prozent) aus der ersten Hälfte der neunziger Jahre patentieren auch in 1996–2000.

Die beiden Organisationssamples einschließlich der Patentdokumente wurden anschließend in eine Inzidenzmatrix überführt, so dass in der Horizontalen die Patentnummern stehen und in der Vertikalen die Organisationen. Wenn ein Unternehmen ein Patent anmeldet und eine Universität unter anderem als Erfinder dieses Patents identifiziert wurde, enthält die Patentnummer somit zwei organisationale Referenzen. Diese Inzidenzmatrix wird mithilfe von Ucinet 6.0 (vergleiche Borgatti u.a. 2002) in eine Affiliationsmatrix überführt. Zwischen dem erwähnten Unternehmen und der Universität besteht dann eine symmetrische Relation. Für die vorliegende Untersuchung wurden Wertbeziehungen netzwerkanalytisch ausgewertet, was eine Auswertung der Vernetzungsstärke ermöglicht.

Das Matching von Erfindernamen beinhaltet ein methodisches Problem: die berufliche Mobilität von Erfindern. Auch wenn für Deutschland die berufliche Mobilität von Hochqualifizierten geringer ausfällt als in den USA, ist nicht auszuschließen, dass ein Erfinder zum Zeitpunkt der Erfindung (Prioritätsjahr des Patents) an der Universität X arbeitet, die identifizierte SCI-Publikation ihn oder sie jedoch mit einer Forschungseinrichtung Y oder einem Unternehmen Z verknüpft. Um die Anzahl solcher Fehler gering zu halten, wurden drei Vorkehrungen getroffen. Der Zeitraum des Matching betrifft die beiden Zeitfenster 1991–1995 und 1996–2000. Patent- und Publikationsschriften beziehen sich auf dasselbe, relativ enge Zeitfenster, was Fehltreffer zwar nicht vollständig ausschließt, ihr Vorkommen jedoch begrenzt. Weiterhin ist es einige Male vorgekommen, dass für eine Person mehrere Organisationen identifiziert wurden. In diesen Fällen wurde manuell überprüft, welche der Zuordnungen zutrifft. Die nicht entscheidbaren Verknüpfungen finden sich im Unschärfebereich des SCI-Matching (vergleiche Tabelle 44). Weiterhin wurde stichprobenweise die Genauigkeit des Matching durch Angaben im Internet überprüft.

s (((nanometer# or nanometre# or nm or submicro?) and (chip# or electron? or engineering or diameter or size# or layer# or scale or order or range or dimensional))/ti not (wavelength# or roughness or absorb?)/ti)

s (((nanometer# or nanometre# or nm or submicro?)(a)(chip# or electron? or engineering or diameter or size# or layer# or small? or scale or order or range or dimensional)) not (wavelength# or roughness or absorb?))

s (((nanometer# or nanometre# or nm or submicro?)(2w)(chip# or electron? or engineering or diameter or size# or layer# or small? or scale or order or range or dimensional)) not (wavelength# or roughness or absorb?))

s (nanoparticl? or nano(w)particl?) not (absorb? or ink or polish?)

s (nanoanaly? or nanobar? or nanobot# or nanocage# or nanochannel? or nanoceramic or nanochannel# or nanochip# or nanocircuitry or nanocluster# or nanocoating# or nanocoll? or nanocomput? or nanocompos? or nanoconduct? or nanocry or nanocrystal? or nanodevice# or nanodes)

s (nanodimensional or nanodispers? or nanodomain# or nanodrop? or nanoengin? or nanoelectr? or nanofabric? or nanofeature# or nanoarray? or nanobio? or nanoreact? or nanocatal? or nanophoto? or nanohol? or nanopit# or nanopillar#)

s (nanogap# or nanogel or nanoglass? or nanograin? or nanogranular or nanogrid? or nanoimprint? or nanoindentation or nanoinstructions or nanoillumination)

s (nanolayer? or nanolitho? or nanomachin? or nanomanipulator# or nanomagnet? or nanomaterial?)

s (nanomechanical or nanomembrane or nanometric? or nanomicr? or nanomotor# or nanopeptid? or nanophase# or nanophotolithography or nanopipel? or nanoplotter# or nanopowder# or nanosensor# or nanoscale? or nanoarchitecture or nanopattern or nanocavitiy)

s (nanopor? or nanoprinting or nanoprobes or nanoprocess? or nanoprogram? or nanoribbons or nanorod# or nanorope# or nanoscien? or nanoscop? or nanoscratching or nanosemiconductor# or nanosens? or nanosequencer or nanosilic? or nanosilver or nanosiz?)

s (nanospher? or nanospreading or nanostats or nanostep? or nanostruct? or nanosubstrate or nanosuspension or nanoswitch? or nanosyst? or nanotechnolog? or nanotextur? or nanotips or nanotribology or nanotropes or nanotub? or nanowire? or nanowhisk?)

s (nanotopography or nanochemistry or nanoregognition or nanodot or nanopump# or nanocaps?)

s scanning probe microscop? or scanning tunnel? microscop? or scanning force microscop? or atomic force microscop? or near field microscop?

s functionally coated surface# and nano?

s (biochip or biosensor) and (a61# or g01n or c12q)/ic

s dna(w)cmos

s (bacteriorhodopsin or biopolymer# or biomolecule#)and (g11# or g02# or g03# or g06#)/ic

s biomolecular templat? or virus(2a)encapsulation or modified virus

s nano? and implant?

s (pattern? or organized) and (biocompatability or bloodcompatability or blood compatability or cell seeding or cellseeding or cell therapy or tissue repair or extracellular matrix or tissue engineering or biosensor# or immunosensor# or biochip or cell adhesion)

s micro?(2a)nano?

s nano(w)(architect? or ceramic or cluster# or coating# or composit## or crystal?)

s nano(w)(device# or disperse# or dimensional or dispersion# or drop# or droplet or engineering or engineered or electrodes or electronic#)

s nano(w)(fabricated or fabrication or filler# or gel or grain? or imprint or imprinted or layer#)

s nano(w)(machine# or manipulator# or material# or mechanical or membrane or metric?)

s nano(w)(phase# or powder# or pore# or poro? or printing or rod# or scalar)

s nano(w)(size? Or spher# or structure# or structuring or suspension or system# or technolog?)

s nano(w)(textur? or tips or tropes or tub? or wire? or whisk?)

s atomic(w)layer# or molecular templates or supramolecular chemistry or molecular manipulation

s quantum device# or quantum dot# or langmuir blodgett or quantum wire?

s single electron? tunneling or molecul? engineer? or molecul? manufactur?

s molecul? self assembl? or ultraviolet lithography or pdms stamp or soft lithography

s fulleren? or molecular motor or molecular beacon or nano electrospray or ion channels or molecule channels

s lab(3w)chip

s (nanofilt? or nanofib? or nanofluid?) and (c0## or a61# or b0##)/ic

s (electron beam writing) and (h01l or h01j)/ic

s monolayer and (g03g or h01j)/ic

s thiol and h01l/ic

s (b82b or a61k009-51 or g01n013-10 or g12b021)/ic

s 11-139

Anmerkung: # = einstellige Trunkierung; ! = exakt einstellige Trunkierung; ? = offene Trunkierung; W = Stellungsoperator: direkt angrenzend; 2A = Trennungsoperator: bis zu zwei Wortstellen getrennt.

Abb. 21: Suchstrategie für Patente in der Nanotechnologie

(Quelle: Noyons u.a. 2003)

AN 2001-125544 [14] WPINDEX
DNN N2001-092480 DNC C2001-036628
TI Vehicle vacuum toilet system, especially for aircraft, has a nanolayer
coating on the contaminant contacting surfaces.
DC A32 A95 P28 Q17 Q21 Q25 Q42
IN ERDMANN, W; GIENKE, T; HEINRICH, H
PA (EADS-N) EADS AIRBUS GMBH; (AIRB-N) AIRBUS DEUT GMBH; (ERDM-I) ERDMANN W;
(GIEN-I) GIENKE T; (HEIN-I) HEINRICH H
CYC 26
PI EP 1063167 A2 20001227 (200114)* GE 9 B64D011-02 <--
R: AL AT BE CH CY DE DK ES FI FR GB GR IE IT LI LT LU LV MC MK NL PT
RO SE SI
DE 19928894 A1 20010104 (200114) A47K011-00
US 2002112281 A1 20020822 (200258) E03D001-00
DE 19928894 C2 20030717 (200348) A47K011-00
EP 1063167 B1 20030910 (200360) GE B64D011-02 <--
R: AT BE CH CY DE DK ES FI FR GB GR IE IT LI LU MC NL PT SE
DE 50003610 G 20031016 (200369) B64D011-02
US 2004010843 A1 20040122 (200407) E03D001-00
ES 2204405 T3 20040501 (200431) B64D011-02
ADT EP 1063167 A2 EP 2000-112925 20000620; DE 19928894 A1 DE 1999-1028894
19990624; US 2002112281 A1 CIP of US 2000-603854 20000626, US 2001-17491
20011022; DE 19928894 C2 DE 1999-1028894 19990624; EP 1063167 B1 EP
2000-112925 20000620; DE 50003610 G DE 2000-00003610 20000620, EP
2000-112925 20000620; US 2004010843 A1 CIP of US 2000-603854 20000626, CIP
of US 2001-17491 20011022, US 2003-620480 20030715; ES 2204405 T3 EP
2000-112925 20000620
FDT DE 50003610 G Based on EP 1063167; ES 2204405 T3 Based on EP 1063167
PRAI DE 1999-19928894 19990624
IC ICM A47K011-00; B64D011-02; E03D001-00
ICS B60R015-04; B61D035-00; E03D011-02; E03F001-00
AB EP 1063167 A UPAB: 20010312
NOVELTY – A toilet basin(2) is connected to a collecting tank via a
suction valve and areas(2A, 2B) of the system components in contact with
pollutants are coated in a nanolayer(15).
DETAILED DESCRIPTION – An INDEPENDENT CLAIM is made for a process for
manufacturing the toilet system in which a thin layer(15) is applied to
the contaminant-contacting areas(2A, 2B) using nanotechnology.
USE – In mass transport vehicles, in particular large aircraft.
ADVANTAGE – The system eliminates water flushing and hence lowers the
weight making it ideal for aerospace uses.
DESCRIPTION OF DRAWING(S) – The drawing shows a toilet bowl and
detail of the nano and base layers.
toilet basin 2
polllutant containg areas 2A, 2B
nanolayer 15
base layer 16
Dwg.5, 5/5
FS CPI GMPI
FA AB; GI
MC CPI: A11-B05; A11-C02C; A12-T

Abb. 22: Patent EP1063167 in DWPI

(Quelle: WPINDEX, Host STN Karlsruhe)

(19) Europäisches Patentamt
European Patent Office
Office européen des brevets

(11) **EP 1 063 167 A2**

(12) **EUROPÄISCHE PATENTANMELDUNG**

(43) Veröffentlichungstag:
27.12.2000 Patentblatt 2000/52

(51) Int. Cl.[7]: **B64D 11/02**, E03F 1/00

(21) Anmeldenummer: **00112925.3**

(22) Anmeldetag: **20.06.2000**

(84) Benannte Vertragsstaaten:
AT BE CH CY DE DK ES FI FR GB GR IE IT LI LU MC NL PT SE
Benannte Erstreckungsstaaten:
AL LT LV MK RO SI

(30) Priorität: **24.06.1999 DE 19928894**

(71) Anmelder: **EADS Airbus GmbH**
21129 Hamburg (DE)

(72) Erfinder:
- **Erdmann, Wolfgang**
21614 Buxtehude (DE)
- **Gienke, Torsten**
25421 Pinneberg (DE)
- **Heinrich, Hans-Jürgen**
22609 Hamburg (DE)

(74) Vertreter:
Hansmann, Dierk, Dipl.-Ing.
Patentanwälte
Hansmann-Klickow-Hansmann
Jessenstrasse 4
22767 Hamburg (DE)

(54) **Toilettensystem, insbesondere für Verkehrsmittel**

(57) Bei einem Toilettensystem, insbesondere für Verkehrsmittel,
wobei mindestens ein Toilettenbecken vorgesehen ist, welches über ein Absaugventil mit einem Sammelbehälter verbunden ist, besteht die Erfindung darin, dass die mit den abzuführenden Verunreinigungen in Kontakt kommenden Systemkomponenten mit einer „Dünnen Schicht", die mittels Nanotechnologie herstellbar ist, versehen sind.

Dabei ist insbesondere von Vorteil, dass eine erhebliche Gewichtsreduzierung gegenüber den bisherigen Lösungen erreicht wird, was insbesondere für den Einsatz im Flugzeugbau ein wesentliches Erfordernis darstellt. Der gesamte Spülwasserbedarf kann erheblich verringert werden oder in der bevorzugten Ausgestaltung völlig entfallen, wobei eine hohe Reinigungs- und Hygienequalität erzielt wird. Das eingesparte Gewicht aufgrund des Wegfalls bzw. der Minimierung vom Spülwasser kann für die Erhöhung der Sitzkapazität im Transportmittel genutzt werden.

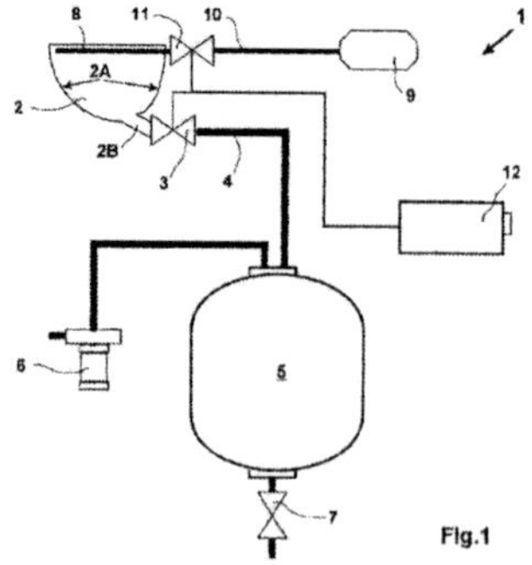

Fig.1

EP 1 063 167 A2

Printed by Xerox (UK) Business Services
2.16.7 (HRS)/3.6

Abb. 23: Original-Deckblatt des Patents EP1063167

(Quelle: http://v3.espacenet.com: Rechercheseite des Europäischen Patentsamts)

```
3638/7894 - (C) EUREG / EPO
 PN  - ---EP1063167--- A2 20001227 [2000/52]
 AP  - EP20000112925 20000620
 PR  - ---DE19991028894--- 19990624 [2000/52]
 PAA - FOR ALL DESIGNATED STATES
       Airbus Deutschland GmbH
       Kreetslag 10
       21129 Hamburg/DE [2002/06]
     - FOR ALL DESIGNATED STATES
       EADS Airbus GmbH
       Kreetslag 10
       21129 Hamburg/DE [2000/52]
 INA - 01 / Erdmann, Wolfgang / Wismarer Strasse 28 / 21614 Buxtehude / DE
       02 / Gienke, Torsten / M□ hlenstrasse 69 E / 25421 Pinneberg / DE
       03 / Heinrich, Hans-J□ rgen / Jenischstrasse 55 / 22609 Hamburg / DE
       [2000/52]
 ET  - Toilet system, particularly for vehicles [2000/52]
 XIC - B64D-011/02 ; E03F-001/00 ; E03D-011/02 [2002/12]
     - B64D-011/02 ; E03F-001/00 [2000/52]
```

Abb. 24: Patent EP1063167 in der Datenbank EUREG/EPODOC

(Quelle: EUREG/EPODOC des Europäischen Patentsamts)

Anhang 2: Datengewinnung und Datenaufbereitung der Nanopublikationen (detaillierte Darstellung)

Zur Erhebung nanowissenschaftlicher Publikationen wird der Science Citation Index (SCI) herangezogen, welcher die umfassendste Datenbank naturwissenschaftlicher Veröffentlichungen darstellt. Die Nanowissenschaft ist in mehreren wissenschaftlichen Disziplinen beheimatet (vergleiche Abschnitt 3.1). Entsprechend kann dieses Forschungsfeld nicht über Disziplinencodes abgegrenzt, sondern muss – vergleichbar zur Nanotechnologie – über kombinierte Suchbegriffe bestimmt werden. Im Gegensatz zur Patentrecherche liegt bei den Publikationen eine vom Zentrum für Wissenschafts- und Technologiestudien (CWTS) der Universität Leiden (Niederlande) entwickelte Suchstrategie zugrunde, die im Rahmen eines Forschungsprojektes für die Europäische Kommission erstellt wurde (vergleiche Noyons u.a. 2003). Diese Suchstrategie ist in Abb. 26 dokumentiert. Eine Beispielpublikation ist in Abb. 27 dokumentiert.

Die Datenerhebung erfolgte in der Online-Version des SCI beim Host STN in Karlsruhe. Erfasst wurden zwei Fünfjahreszeiträume, 1991–1995 und 1996–2000. In einem ersten Schritt wurde die Gesamtmenge deutscher Nanopublikationen identifiziert. Die Online-Recherche im SCI gibt für 1991–1995 3.039 und für 1996–2000 8.330 Dokumente aus. Im Anschluss hieran wurden mit einem Online-Statistikbefehl alle Organisationsnamen aus diesen Dokumenten extrahiert. Leider werden trotz hoher Lizenzgebühren seitens des Institute for Scientific Information in Philadelphia (ISI), das den SCI produziert, keine umfassenden Vergleiche unterschiedlicher Schreibweisen ein und derselben Organisation durchgeführt, so dass der gesamte Datensatz einem manuellen Cleaning unterzogen werden musste. Ein programmiergestütztes Cleaning hat sich aufgrund der zahlreichen Fehlerquellen als nicht gangbar erwiesen. Unterschiedliche Schreibweisen entstehen durch Tippfehler in den Publikationsmanuskripten, durch abweichende Beschreibungen ein und derselben Einrichtung insbesondere im Adressenbereich und durch die Verwendung sowohl von deutschen wie auch englischen Institutsnamen. Abb. 25 zeigt beispielhaft unterschiedliche Schreibweisen für das MPI Kolloide und Grenzflächenforschung in Golm bei Potsdam.

MPI KOLLOIDE & GRENZFLACHEN, D-14424 POTSDAM, GERMANY
MPI COLLOIDS & INTERFACES, D-14476 GOLM, GERMANY
MPI COLLOIDS & INTERFACES, D-14424 POTSDAM, GERMANY
MPI COLLOID & INTERFACE SCI, BERLIN, GERMANY
MAX PLANCK INST KOLLOIDE & GRENZFLACHEN, D-14513 TELTOW, GERMANY
MAX PLANCK INST KOLLOID & GRENZFLACHENFORSCH, TUDOWER CHAUSSEE 5, GEB 9-9, BERLIN, GERMANY (REPRINT)
MAX PLANCK INST KOLLOID & GRENZFLACHENFORSCH, RUDOWER CHAUSSE 5, D-12489 BERLIN, GERMANY (REPRINT)
MAX PLANCK INST KOLLOID & GRENZFLACHENFORSCH, NEUHLENBERG 2, D-14476 GOLM POTSDAM, GERMANY (REPRINT)
MAX PLANCK INST KOLLOID & GRENZFLACHENFORSCH, MUHLENBERG, D-14476 GOLM, GERMANY (REPRINT)
MAX PLANCK INST KOLLOID & GRENZFLACHENFORSCH, KANTSTR 55, D-14513 TELTOW, GERMANY (REPRINT)
MAX PLANCK INST KOLLOID & GRENZFLACHENFORSCH, HAUS 9-9, RUDOWER CHAUSSEE 5, D-12489 BERLIN, GERMANY (REPRINT)
MAX PLANCK INST KOLLOID & GRENZFLACHENFORSCH, FORSCH CAMPUS GOLM, MUHLENBERG, D-14476 GOLM, GERMANY (REPRINT)
MAX PLANCK INST KOLLOID & GRENZFLACHENFORSCH, D-14513 TELTOW, SEEHOF, GERMANY
MAX PLANCK INST KOLLOID & GRENZFLACHENFORSCH, D-14513 TELTOW, GERMANY
MAX PLANCK INST KOLLOID & GRENZFLACHENFORSCH, D-14476 POTSDAM, GERMANY
MAX PLANCK INST KOLLOID & GRENZFLACHENFORSCH, D-14476 GOLM, GERMANY
MAX PLANCK INST KOLLOID & GRENZFLACHENFORSCH, D-14476 GOLM POTSDAM, GERMANY
MAX PLANCK INST KOLLOID & GRENZFLACHENFORSCH, D-14424 POTSDAM, GERMANY
MAX PLANCK INST KOLLOID & GRENZFLACHENFORSCH, D-14153 TELTOW, GERMANY
MAX PLANCK INST KOLLOID & GRENZFLACHENFORSCH, D-12489 BERLIN, GERMANY
MAX PLANCK INST KOLLOID & GRENZFLACHENFORSCH, D-12489 BERLIN, BERLIN, GERMANY
MAX PLANCK INST KOLLOID & GRENZFLACHENFORSCH, D-12484 BERLIN, GERMANY
MAX PLANCK INST KOLLOID & GRENZFLACHENFORSCH, D-12469 BERLIN, GERMANY
MAX PLANCK INST KOLLOID & GRENZFLACHENFORSCH, D-12169 BERLIN, GERMANY
MAX PLANCK INST KOLLOID & GRENZFLACHENFORSCH, BERLIN, GERMANY (REPRINT)
MAX PLANCK INST KOLLOID & GRENZFLACHENFORSCH, BERLIN, GERMANY
MAX PLANCK INST KOLLOID & GRENZFLACHENFORSCH, AM MUHLENBERG, D-14476 GOLM, GERMANY (REPRINT)
MAX PLANCK INST KOLLOID & GRENZFLACHEN FORSCH, RUDOWER CHAUSSEE 5, D-12489 BERLIN, GERMANY (REPRINT)
MAX PLANCK INST KOLLOID & GRENZFLACHEN FORSCH, D-12489 BERLIN, GERMANY
MAX PLANCK INST COLLOIDS & SURFACES, RUDOWER CHAUSSEE 5, D-12489 BERLIN, GERMANY (REPRINT)
MAX PLANCK INST COLLOIDS & SURFACES, MUHLENBERG, D-14476 GOLM, GERMANY (REPRINT)
MAX PLANCK INST COLLOIDS & INTERFACES, RUDOWER CHAUSSEE 5, D-12489 BERLIN, GERMANY (REPRINT)
MAX PLANCK INST COLLOIDS & INTERFACES, RES CAMPUS POTSDAM GOLM, D-14424 POTSDAM, GERMANY (REPRINT)
MAX PLANCK INST COLLOIDS & INTERFACES, RES CAMPUS GOLM, D-14424 POTSDAM, GERMANY (REPRINT)
MAX PLANCK INST COLLOIDS & INTERFACES, MUHLENBERG, HAUS 2, D-14476 POTSDAM, GERMANY (REPRINT)
MAX PLANCK INST COLLOIDS & INTERFACES, MUHLENBERG, HAUS 2, D-14424 POTSDAM, GERMANY (REPRINT)
MAX PLANCK INST COLLOIDS & INTERFACES, MUHLENBERG, D-14476 GOLM, GERMANY (REPRINT)
MAX PLANCK INST COLLOIDS & INTERFACES, MUHLENBERG 5, D-14424 POTSDAM, GERMANY (REPRINT)
MAX PLANCK INST COLLOIDS & INTERFACES, MUEHLENBERG, D-14476 GOLM, GERMANY (REPRINT)
MAX PLANCK INST COLLOIDS & INTERFACES, KANTSTR 55, D-14513 TELTOW, GERMANY (REPRINT)
MAX PLANCK INST COLLOIDS & INTERFACES, FORSCHUNGSCAMPUS GOLM, D-14476 GOLM, GERMANY (REPRINT)
MAX PLANCK INST COLLOIDS & INTERFACES, D-14513 TELTOW, GERMANY
MAX PLANCK INST COLLOIDS & INTERFACES, D-14476 POTSDAM, GOLM, GERMANY (REPRINT)
MAX PLANCK INST COLLOIDS & INTERFACES, D-14476 GOLM, GERMANY (REPRINT)
MAX PLANCK INST COLLOIDS & INTERFACES, D-14476 GOLM, GERMANY
MAX PLANCK INST COLLOIDS & INTERFACES, D-14424 POTSDAM, GERMANY (REPRINT)
MAX PLANCK INST COLLOIDS & INTERFACES, D-14424 POTSDAM, GERMANY
MAX PLANCK INST COLLOIDS & INTERFACES, D-14424 GOLM POTSDAM, GERMANY (REPRINT)
MAX PLANCK INST COLLOIDS & INTERFACES, D-14424 GOLM POTSDAM, GERMANY
MAX PLANCK INST COLLOIDS & INTERFACES, D-12489 BERLIN, GERMANY
MAX PLANCK INST COLLOIDS & INTERFACES, AM MUHLENBERG, D-14476 GOLM, GERMANY (REPRINT)
MAX PLANCK INST COLLOIDS & INTERFACES GOLM, D-14424 POTSDAM, GERMANY (REPRINT)
MAX PLANCK INST COLLOIDS & INTERFACES COLLOID CHE, D-14424 POTSDAM, GERMANY (REPRINT)
MAX PLANCK INST COLLOIDS & INTERFACES COLLOID CHE, D-14424 POTSDAM, GERMANY
MAX PLANCK INST COLLOIDS & INTERFACE SCI, RUDOWER CHAUSSEE 5, D-12489 BERLIN, GERMANY (REPRINT)
MAX PLANCK INST COLLOIDALS & INTERFACES, POTSDAM, GERMANY
MAX PLANCK INST COLLOID & INTERFACE, D-14424 POTSDAM, GERMANY
MAX PLANCK INST COLLOID & INTERFACE SCI, D-14513 TELTOW, GERMANY
MAX PLANCK INST COLLOID & INTERFACE SCI, D-14424 POTSDAM, GERMANY (REPRINT)
MAX PLANCK INST COLLOID & INTERFACE SCI, D-14424 POTSDAM, GERMANY
MAX PLANCK INST COLLOID & INTERFACE RES, D-14513 TELTOW, GERMANY
MAX PLANCK INST COLLIODS & INTERFACES, D-14424 POTSDAM, GERMANY
MAX PLANCK COLLOIDS & INTERFACES, KANTSTR 55, D-14513 TELTOW, GERMANY (REPRINT)
MAX PLANCK COLLOIDS & INTERFACES, D-14513 TELTOW, GERMANY
MAX PLANCK COLLOIDS & INTERFACES, D-14424 POTSDAM, GERMANY (REPRINT)
MAX PLANCK COLLOIDS & INTERFACES, D-12489 BERLIN, GERMANY

Abb. 25: Unterschiedliche Schreibweisen des Max-Planck-Instituts für Kolloid- und Grenzflächenforschung in Golm 1991–2000

(Quelle: SCI, Auswahl)

s nano? NOT (nanomet? OR nano2 OR nano3 OR nano4 OR nano5 OR nanosecon? OR (nano secon?))
s (nanomet? scale?) OR nanometerscale? OR (nanometer length) OR (nano meter length) or nanot? OR nanou? OR nanov? OR nanow? OR nanox? OR nanoy? OR nanoz?
s nanoa? OR nanob? OR nanoc? OR nanod? OR nanoe? OR nanof? OR nanog? OR nanoh? OR nanoi OR nanoj? OR nanok? OR nanol? OR nanon? OR nanoo? OR nanop? OR nanoq? OR nanor?
s (atom? Force microscop?) or (tunnel? microscop?) or (scanning probe microscop?) or (scanning force microscop?) or (semiconductor quantum dot)
s (silicon quantum dot) or (quantum dot array) or (coulomb blockade) or (self-organized growth) or (drug carriers) or (positional assembly) or (modified virus) or (molecular templates) or (supramolecular chemistry)
s (drug delivery OR drug targeting OR gene therapy OR gene delivery) AND (po-lymer OR particles OR encapsulation OR conjugate)
s immobilized AND (DNA OR template OR primer OR oligonucleotide OR poly-nucleotide)
s polymer AND (protein OR antibody OR enzyme OR DNA OR RNA OR poly-nucleotide OR virus)
s (surface modification) AND ((self assembling) OR (molecular layers) OR multi-layer OR (layer-by-layer))
s (self assembling) AND (biocompatibility OR bloodcompatibility OR (blood compatibility) OR cellseeding OR (cell seeding) OR (cell therapy) OR (tissue repair) OR (extracellular matrix) OR (tissue engineering))
s (self assembling) AND (biosensors OR immunosensor OR biochip OR nano-particles OR (cell adhesion))
s site-specific AND ((gene therapy) OR (drug delivery) OR (gene delivery))
s encapsulation AND virus
s (Patterns OR patterning) AND ((organized assemblies) OR biocompatibility OR bloodcompatibility OR (blood compatibility) OR cellseeding OR (cell seeding) OR (cell therapy) OR (tissue repair))
s (Patterns or patterning) AND ((extra-cellular matrix) OR (tissue engineering) OR biosensors OR immunosensor OR biochip OR (cell adhesion))
s (single molecule) or (molecular motor) or (molecular beacon) or (biosensor)
s l1-l16 and (ARTICLE or LETTER or NOTE or GENERAL REVIEW)/DT
s l17 and (1991-1995)/PY and Germany/CYA
s l17 and (1996-2000)/PY and Germany/CYA

Anmerkung: ? = offene Trunkierung

Abb. 26: Suchstrategie für SCI-Publikationen in der Nanowissenschaft

(Quelle: Noyons u.a. 2003)

Nach dem Cleaning wurde eine Masterliste aller Organisationen erstellt. Hierbei zeigte sich, dass von den identifizierten 290 Organisationen mit Patenten 139 auch Publikationen im SCI aufweisen. Danach wurden alle Organisationen bestimmt, die mehr als eine Publikation entweder im Zeitraum 1991–1995 oder 1996–2000 aufweisen. Insgesamt konnten auf die Weise noch einmal 58 Akteure identifiziert werden, was einem Gesamtsample für das Kopublikationsnetzwerk von 197 Organisationen entspricht. Eine Liste dieser Organisationen findet sich in Tabelle 45. Für diese Organisationen wurden Suchstrings erstellt, mithilfe derer alle Schreibweisen der Organisationen approximativ erfasst wurden. Zu beachten ist, dass die Einrichtungen auf dem obersten Organisationslevel erfasst werden, das heißt Universitäten, Einzelinstitute der MPG, FhG, WGL und HGF sowie Unternehmen. Die Suchstrings bildeten die Basis für die eigentliche Online-Recherche der Kooperationsbeziehungen, die nachfolgend durchgeführt wurde. Aufgebaut wurden zwei Gesamtnetzwerke, für jedes Zeitfenster jeweils ein Totalnetzwerk, das alle interorganisationalen Beziehungen der 131 (1991–1995) beziehungsweise 195 (1996–2000) Organisationen zueinander erfasst.

Author(s): BINNIG, G; QUATE, CF; GERBER, C
Title: ATOMIC FORCE MICROSCOPE
Abstract: The scanning tunneling microscope is proposed as a method to measure forces as small as 10^{-18} N. As one application for this concept, we introduce a new type of microscope capable of investigating surfaces of insulators on an atomic scale. The atomic force microscope is a combination of the principles of the scanning tunneling microscope and the stylus profilometer. It incorporates a probe that does not damage the surface. Our preliminary results *in air* demonstrate a lateral resolution of 30 ÅA and a vertical resolution less than 1 ÅA.
Source: PHYSICAL REVIEW LETTERS, 56 (9): 930-933 MAR 3 1986
Language: English
Document Type: Article
Addresses: IBM CORP,SAN JOSE RES LAB,SAN JOSE,CA 95193
Reprint Address: BINNIG, G, STANFORD UNIV,EDWARD L GINZTON LAB,STANFORD,CA 94305.
Cited References:
BINNIG G, UNPUB.
BINNIG G, 1982, PHYS REV LETT, V49, P57.
BINNIG G, 1983, PHYS REV LETT, V50, P120.
BINNIG G, 1985, SCI AM, V253, P50.
CLARKE J, 1984, PHYSICA B & C, V126, P441.
COOMBS JH, UNPUB IBM J RES DEV.
DAVIS EJ, 1982, WEAR, V83, P49.
DESLATTES RD, 1968, APPL PHYS LETT, V15, P386.
ENGEL PA, 1982, WEAR, V75, P423.
FLOWERS BH, 1970, PROPERTIES MATTER, P22.
GUENTHER KH, 1984, APPL OPTICS, V23, P3820.
ISRAELACHVILI JN, 1973, PROGR SURFACE MEMBRA, V7.
JONES RV, 1970, P IEEE, V17, P1185.
KRUPP H, 1972, J COLLOID INTERF SCI, V39, P421.
MAPOLES ER, 1981, DEV SUPERCONDUCTING, P4.
MATEY JR, 1985, J APPL PHYS, V57, P1437.
PETERSEN KE, 1982, P IEEE, V70, P420.
TABOR D, 1969, P ROY SOC LOND A MAT, V312, P435.
TEAGUE EC, 1978, ROOM TEMPERATURE GOL, P141.
TEAGUE EC, 1982, WEAR, V83, P1.
VORBURGER T, COMMUNICATION.
WILLIAMSON JBP, 1967, P I MECH ENG, V182, P21.
Cited Reference Count: 22
Times Cited: 4076
Publisher: AMERICAN PHYSICAL SOC
Publisher Address: ONE PHYSICS ELLIPSE, COLLEGE PK, MD 20740-3844 USA
ISSN: 0031-9007
29-char Source Abbrev.: PHYS REV LETT
ISO Source Abbrev.: Phys. Rev. Lett.
Source Item Page Count: 4
Subject Category: PHYSICS, MULTIDISCIPLINARY
ISI Document Delivery No.: A5436

Anmerkung: Der dargestellte Aufsatz gehört zu den meistzitierten Nanoaufsätzen. Wie in der Abbildung ersichtlich, wurde er seit 1986 in SCI-Fachzeitschriften mehr als 4.000-mal zitiert.

Abb. 27: Beispiel für nanowissenschaftliche Publikation im SCI

(Quelle: eigene Erstellung)

Zum Aufbau des Netzwerkes wurden, im Gegensatz zum Patentnetzwerk, die relevanten Publikationsdokumente aus Kostengründen nicht aus der Online-Datenbank heruntergeladen und nachträglich analysiert. Es wurde vielmehr ein Statistikbefehl benutzt, der alle Organisationen auslistet, die im Adressfeld der Publikation zusammen mit der gesuchten Organisation

L136	161	L19 (PLANCK AND (MICROSTRUCT OR MIKROSTRUKTURPHYS))/CS
E1	57	MAX PLANCK INST MIKROSTRUKTURPHYS, WEINBERG 2, D-06120 HALLE, GERMANY (REPRINT)/CS
E2	36	MAX PLANCK INST MIKROSTRUKTURPHYS, D-06120 HALLE, GERMANY/CS
E3	30	MAX PLANCK INST MICROSTRUCT PHYS, D-06120 HALLE, GERMANY/CS
E4	14	MAX PLANCK INST MICROSTRUCT PHYS, WEINBERG 2, D-06120 HALLE, GERMANY (REPRINT)/CS
E5	5	KFA JULICH GMBH, FORSCHUNGSZENTRUM, INST FESTKORPERFORSCH, D-52425 JULICH, GERMANY/CS
E6	5	TECH UNIV BERLIN, INST FESTKORPERPHYS, HARDENBERGSTR 36, D-10623 BERLIN, GERMANY …
E8	4	MAX PLANCK INST STROMUNGSFORSCH, D-37073 GOTTINGEN, GERMANY/CS
E9	4	UNIV HAMBURG, MICROSTRUCT RES CTR, D-20355 HAMBURG, GERMANY/CS
E10	3	MAX PLANCK INST MICROSTRUCT PHYS, D-06120 HALLE, GERMANY (REPRINT)/CS
E11	3	MAX PLANCK INST MIKROSTRUKTURPHYS, D-06120 HALLE, GERMANY (REPRINT)/CS
E14	3	UNIV HALLE WITTENBERG, FACHBEREICH PHYS, D-06099 HALLE, GERMANY/CS
E15	3	UNIV REGENSBURG, INST EXPT & ANGEW PHYS, D-93040 REGENSBURG, GERMANY/CS
E17	2	FRAUNHOFER INST APPL SOLID STATE PHYS, D-79108 FREIBURG, GERMANY/CS
E19	2	MARTIN LUTHER UNIV HALLE WITTENBERG, FACHBEREICH CHEM, D-06217 MERSEBURG, GERMANY/CS
E20	2	MAX PLANCK INST EISENFORSCH GMBH, D-40237 DUSSELDORF, GERMANY/CS
E21	2	MAX PLANCK INST MET RES, INST WERKSTOFFWISSENSCH, D-70174 STUTTGART, GERMANY/CS
E22	2	MAX PLANCK INST MICROSTRUCT PHYS, WEINBERG 2, D-06120 HALLE, SAALE, GERMANY …
E23	2	MAX PLANCK INST MIKROSTRUKTURPHYS, WEINBERG 2, D-06120 HALLE, SAALE, GERMANY (REPRINT)/CS
E24	2	MAX PLANCK INST QUANTUM OPT, D-85748 GARCHING, GERMANY/CS
E30	2	TECH UNIV BERLIN, INST FESTKORPERPHYS, D-10623 BERLIN, GERMANY (REPRINT)/CS
E31	2	TECH UNIV MUNICH, WALTER SCHOTTKY INST, D-85748 GARCHING, GERMANY/CS
E32	2	UNIV HALLE WITTENBERG, DEPT PHYS, D-06108 HALLE, GERMANY/CS
E33	2	UNIV HALLE WITTENBERG, DEPT PHYS, FRIEDEMANN BACH PLATZ 6, D-06108 HALLE, GERMANY (REPRINT)/CS
E34	2	UNIV HALLE WITTENBERG, FACHBEREICH PHYS, D-06099 HALLE, GERMANY (REPRINT)/CS
E35	2	UNIV HALLE WITTENBERG, FACHBEREICH PHYS, FRIEDEMANN BACH PL 6, D-06099 HALLE, GERMANY REPRINT)/CS
E36	2	UNIV HAMBURG, INST PHYS APPL, JUNGIUSSTR 11, D-20355 HAMBURG, GERMANY (REPRINT)/CS
E37	2	UNIV MUNICH, INST KRISTALLOG & ANGEW MINERAL, D-80333 MUNICH, GERMANY/CS
E38	2	UNIV TUBINGEN, INST THEORET & PHYS CHEM, D-72076 TUBINGEN, GERMANY/CS
E55	1	FARBIGE OPTOELEKT BAUELEMENTE GMBH, D-06120 HALLE, GERMANY/CS
E57	1	FRAUNHOFER INST WERKSTOFFPHYS & SCHICHTTECHNOL, D-01069 DRESDEN, GERMANY/CS
E59	1	GKSS FORSCHUNGSZENTRUM GEESTHACHT GMBH, MAX PLANCK STR, D-21502 GEESTHACHT, GERMANY (REPRINT)/CS
E63	1	INST APPL CHEM, DEPT CATALYSIS, D-12489 BERLIN, GERMANY/CS
E64	1	INST APPL CHEM, DEPT CATALYSIS, RUDOWER CHAUSSEE 5, D-12484 BERLIN, GERMANY (REPRINT)/CS
E72	1	MARTIN LUTHER UNIV HALLE WITTENBERG, FACHBEREICH CHEM, GEUSAER STR, D-06217 MERSEBURG, GERMANY/CS
E73	1	MAX PLANCK ARBEITSGRP MECH HETEROGENER FESKORPER, HALLWACHSTR 3, D-01069 DRESDEN, GERMANY /CS
E74	1	MAX PLANCK GESELL, FRITZ HABER INST, D-14195 BERLIN, GERMANY/CS
E75	1	MAX PLANCK GESELL, FRITZ HABER INST, FARADAYWEG 4-6, D-14195 BERLIN, GERMANY (REPRINT)/CS
E76	1	MAX PLANCK INST FESTKORPERFORSCH, D-70506 STUTTGART, GERMANY/CS
E77	1	MAX PLANCK INST FESTKORPERFORSCH, HEISENBERGSTR 1, D-70559 STUTTGART, GERMANY (REPRINT)/CS
E78	1	MAX PLANCK INST FESTKORPERFORSCH, HEISENBERGSTR 1, D-70569 STUTTGART, GERMANY (REPRINT)/CS
E79	1	MAX PLANCK INST MET RES, INST WERKSTOFFWISSENSCH, D-71074 STUTTGART, GERMANY/CS
E80	1	MAX PLANCK INST MICROSTRUCT PHYS, D-01620 HALLE, SAALE, GERMANY (REPRINT)/CS
E81	1	MAX PLANCK INST MICROSTRUCT PHYS, HALLE, GERMANY/CS
E82	1	MAX PLANCK INST MIKROSTRUKTURPHYS, D-06120 HALLE, SAALE, GERMANY/CS
E83	1	MAX PLANCK INST MIKROSTRUKTURPHYS, WEIBERG 2, D-06120 HALLE, GERMANY (REPRINT)/CS
E84	1	MAX PLANCK INST MIKROSTRUKTURPHYS, WEINBERGWEG 2, D-06120 HALLE, GERMANY (REPRINT)/CS
E85	1	MAX PLANCK INST MIKROSTRUKTURPHYS, WEINBERGWEG 2, DE-06120 HALLE, GERMANY (REPRINT)/CS
E86	1	MAX PLANCK INST PLASMAPHYS, D-85748 GARCHING, GERMANY/CS
E87	1	MAX PLANCK INST SOLID STATE RES, STUTTGART, GERMANY/CS
E88	1	MAX PLANCK INST STROMUNGSFORSCH, BUNSENSTR 10, D-37073 GOTTINGEN, GERMANY (REPRINT)/CS
E89	1	MAX PLANCK MIKROSTRUKTURPHYS, WEINBERG 2, D-06120 HALLE, GERMANY (REPRINT)/CS
E101	1	OMICRON VAKUUMPHYS GMBH, D-65232 TAUNUSSTEIN, GERMANY/CS
E105	1	OTTO VON GUERICKE UNIV, D-39016 MAGDEBURG, GERMANY/CS
E106	1	OTTO VON GUERICKE UNIV, DEPT PHYS MAT, INST EXPT PHYS, MAGDEBURG, GERMANY/CS
E107	1	OTTO VON GUERICKE UNIV, DEPT SOLID STATE PHYS, INST EXPT PHYS, MAGDEBURG, GERMANY/CS
E114	1	ROSSENDORF INC, FORSCHUNGSZENTRUM ROSSENDORF EV, INST IONENSTRAHLPHYS & MAT FORSCH, D-01314 DRESDEN, GERMANY/CS
E122	1	SCHOTT GLASWERKE, RES & DEV, D-55127 MAINZ, GERMANY/CS
E128	1	TECH UNIV BERLIN, INST FESTKORPERPHYS, D-10623 BERLIN, GERMANY/CS
E129	1	TECH UNIV CHEMNITZ, D-09107 CHEMNITZ, GERMANY/CS
E130	1	TECH UNIV CLAUSTHAL, INST PHYS, D-38678 CLAUSTHAL ZELLERF, GERMANY/CS
E131	1	TECH UNIV DARMSTADT, MAT ENGN FAC, PETERSENSTR 30, D-64287 DARMSTADT, GERMANY (REPRINT)/CS
E132	1	TECH UNIV DRESDEN, INST FESTKORPERPHYS, D-10623 BERLIN, GERMANY/CS
E133	1	TECH UNIV DRESDEN, INST OBERFLACHEN & MIKROSTRUKTURPHYS, MOMMSENSTR 13, D-01062 DRESDEN, GERMANY (REPRINT)/CS
E134	1	TECH UNIV DRESDEN, MAX PLANCK ARBEITSGRP ELEKRONENSYST, D-01062 DRESDEN, GERMANY/CS
E135	1	TECH UNIV MUNICH, PHYS DEPT E20, D-85747 GARCHING, GERMANY/CS
E136	1	TECH UNIV MUNICH, WALTER SCHOTTKY INST, D-85748 GARCHING, GERMANY (REPRINT)/CS
E142	1	TH DARMSTADT, INST CHEM TECHNOL 2, DEPT CHEM, PETERSENSTR 20, D-64287 DARMSTADT, GERMANY/CS
E146	1	UNIV ESSEN GESAMTHSCH, INST ANORGAN CHEM, UNIV STR 5-7, D-45117 ESSEN, GERMANY (REPRINT)/CS
E147	1	UNIV FRANKFURT KLINIKUM, GUSTAV EMBDEN ZENTRUM BIOL CHEM, LAB MIKOBIOL CHEM, D-60596 FRANKFURT, GERMANY/CS
E148	1	UNIV GOTTINGEN, INST MAT PHYS, D-37073 GOTTINGEN, GERMANY/CS
E149	1	UNIV GOTTINGEN, INST MET PHYS, SONDERFORSCH BEREICH 345, HOSP STR 3-7, D-37073 GOTTINGEN, GERMANY (REPRINT)/CS
E150	1	UNIV GOTTINGEN, INST PHYS 4, D-37073 GOTTINGEN, GERMANY/CS
E152	1	UNIV HALLE WITTENBERG, DEPT BIOCHEM, D-06120 HALLE, GERMANY/CS
E153	1	UNIV HALLE WITTENBERG, DEPT BIOCHEM, KURT MOTHES STR 3, D-06120 HALLE, GERMANY (REPRINT)/CS
E154	1	UNIV HALLE WITTENBERG, DEPT PHARM, D-06120 HALLE, GERMANY/CS
E155	1	UNIV HALLE WITTENBERG, DEPT PHYS, FRIEDEMANN BACH PL 6, D-06108 HALLE, GERMANY (REPRINT)/CS
E156	1	UNIV HALLE WITTENBERG, FACHBEREICH PHYS, D-06108 HALLE, GERMANY/CS
E157	1	UNIV HALLE WITTENBERG, FAK MED, INST PHYSIOL CHEM, HOLLYSTR 1, D-06097 HALLE, GERMANY (REPRINT)/S
E158	1	UNIV HALLE WITTENBERG, FB PHYS, D-06099 HALLE, GERMANY (REPRINT)/CS
E159	1	UNIV HALLE WITTENBERG, FB PHYS, D-06099 HALLE, GERMANY/CS
E160	1	UNIV HALLE WITTENBERG, INST BIOCHEM, D-06120 HALLE, GERMANY (REPRINT)/CS
E161	1	UNIV HALLE WITTENBERG, INST BIOCHEM, D-06120 HALLE, GERMANY/CS
E162	1	UNIV HAMBURG, CTR MICROSTRUCT RES, D-20355 HAMBURG, GERMANY/CS
E163	1	UNIV HAMBURG, INST APPL PHYS, D-20355 HAMBURG, GERMANY/CS
E164	1	UNIV HAMBURG, INST APPL PHYS, JUNGIUSSTR 11, D-20355 HAMBURG, GERMANY (REPRINT)/CS
E165	1	UNIV HAMBURG, INST PHYS APPL, D-20355 HAMBURG, GERMANY/CS
E167	1	UNIV JENA, INST SOLID STATE PHYS, D-07743 JENA, GERMANY/CS
E168	1	UNIV JENA, INST VIROL, D-0745 JENA, GERMANY/CS
E169	1	UNIV KARLSRUHE, D-76128 KARLSRUHE, GERMANY/CS
E173	1	UNIV MAINZ, INST PHYS, D-55099 MAINZ, GERMANY/CS
E175	1	UNIV MIN & TECHNOL, INST CERAM MAT, D-09506 FREIBERG, GERMANY/CS
E176	1	UNIV MIN & TECHNOL, INST CERAM MAT, GUSTAV ZEUNER STR 3, D-09506 FREIBERG, GERMANY (REPRINT)/CS
E177	1	UNIV MUNICH, SEKT PHYS, D-80539 MUNICH, GERMANY/CS
E182	1	UNIV POTSDAM, INST PHYS, D-14115 POTSDAM, GERMANY/CS
E183	1	UNIV REGENSBURG, INST EXPT & APPL PHYS, D-8400 REGENSBURG, GERMANY/CS
E187	1	UNIV TUBINGEN, INST PHYS & THEORET CHEM, D-72076 TUBINGEN, GERMANY/CS
E188	1	UNIV TUBINGEN, INST PHYS APPL, D-72076 TUBINGEN, GERMANY/CS

Anmerkung: L = Suchstring, E = Kopublikationspartner (fortlaufend nummeriert)

Abb. 28: Ergebnis Statistikbefehl: alle Kopublikationspartner des MPI Mikrostrukturphysik Halle 1996–2000

(Quelle: eigene Erstellung)

stehen. In Abb. 28 sind beispielhaft alle für das MPI Mikrostrukturphysik in Halle auffindbaren Treffer dokumentiert. Ersichtlich ist hier, dass neben dem gesuchten MPI zahlreiche andere Forschungsorganisationen ausgelistet werden, wobei die Häufigkeit der Koautorschaft variiert. Das Forschungszentrum Jülich ist mit fünf Kopublikationen aufgeführt, die Bergakademie in Freiberg insgesamt mit zwei Kopulikationen.

Bei der Auslistung von Kopublikationspartnern ergibt sich ein methodisches Problem, das dazu führt, dass nur dichotomisierte Matrizen in der Netzwerkanalyse verwendet werden können. Abb. 29 zeigt eine SCI-Publikation von sechs Autoren aus vier Universitäten im Journal of Physical Chemistry A. Ersichtlich ist, dass drei der Autoren zwei Departments der University of Arizona (Tuscon) zuzurechnen sind. Sucht man mit einem Suchstring nach dieser Publikation in der Online-Version des SCI, wird eine Publikation für die University of Arizona ausgegeben (Suchstring L1 in Abb. 29), eine Auslistung aller Kopublikationspartner zeigt entsprechend die beiden Departments aus Arizona (E2 und E3). Gleichermaßen erhält man für die University of Florida einen Treffer (Suchstring L2) und die Auslistung der Kopublikationseinrichtungen ist identisch.

Das methodische Problem entsteht bei der Online-Analyse von mehr als einem Dokument. Denn dann werden alle Einträge aufsummiert, ohne dass man die jeweiligen Organisationen auf Dokumentebene herunterbrechen kann. Das MPI Mikrostrukturphysik in Halle kooperiert beispielsweise mit dem Fachbereich Physik der TU München und dem Walter Schottky Institut, das auch der TU zugehört. Das Max-Planck-Institut publiziert jedoch 161 Aufsätze im beobachteten Zeitraum, so dass nicht mit Sicherheit gesagt werden kann, ob beide Kopublikationspartner in einem Dokument oder in getrennten Dokumenten auftreten und mithin als »1« oder als »2« gerechnet werden müssen. Dies könnte man nur nachprüfen, wenn man jedes einzelne Dokument dieser Organisation manuell sichten würde.

Das methodische Problem entsteht dabei nicht ausschließlich aufgrund der gewählten Analyseebene. Wie das Beispiel in Abb. 28 ausweist, existieren auch auf der Mesoebene zahlreiche Mehrfacheinträge: Das Schottky Institut und der Fachbereich Physik sind jeweils zweimal vorhanden. Auch auf dieser Analyseebene kann man die korrekten Kopublikationswerte nicht ermitteln. Aus diesem Grund wurden die Kopublikationsdaten dichotomisiert, so dass Informationen zur Häufigkeit interorganisationaler Kopublikationen verloren gehen. Was jedoch nicht verloren geht, ist die Information, ob zwei betrachtete Organisationen zusammen publizieren oder nicht.

PT Journal
AU Atkinson, GH
Zhou, Y
Ujj, L
Aharoni, A
Sheves, M
Ottolenghi, M
TI Dynamics and retinal structural changes in the photocycle of
the artificial bacteriorhodopsin pigment BR6.9
SO JOURNAL OF PHYSICAL CHEMISTRY A
CS Univ Arizona, Dept Chem, Tucson, AZ 85721 USA
Univ Arizona, Dept Chem, Tucson, AZ 85721 USA
Univ Arizona, Ctr Opt Sci, Tucson, AZ 85721 USA
Weizmann Inst Sci, Dept Organ Chem, IL-76100 Rehovot, Israel
Hebrew Univ Jerusalem, Dept Phys Chem, IL-91904 Jerusalem, Israel
Univ W Florida, Dept Phys, Pensacola, FL 32503 USA
BP 3325
EP 3336
PG 12
JI J. Phys. Chem. A
PY 2002
PD APR 11
VL 106
IS 14
GA 542AU
RP Atkinson GH
Univ Arizona, Dept Chem, Tucson, AZ 85721 USA
J9 J PHYS CHEM A
UT ISI:000175021900010

L1 1 (UNIV ARIZONA)/CS AND 2002/PY AND (DYNAMICS AND RETINAL AND STRUCTURAL AND CHANGES)/TI
E1 1 HEBREW UNIV JERUSALEM, DEPT PHYS CHEM, IL-91904 JERUSALEM, ISRAEL/CS
E2 1 UNIV ARIZONA, CTR OPT SCI, TUCSON, AZ 85721 USA/CS
E3 1 UNIV ARIZONA, DEPT CHEM, TUCSON, AZ 85721 USA (REPRINT)/CS
E4 1 UNIV W FLORIDA, DEPT PHYS, PENSACOLA, FL 32503 USA/CS
E5 1 WEIZMANN INST SCI, DEPT ORGAN CHEM, IL-76100 REHOVOT, ISRAEL/CS

L2 1 (UNIV FLORIDA)/CS AND 2002/PY AND (DYNAMICS AND RETINAL AND STRUCTURAL AND CHANGES)/TI
E1 1 HEBREW UNIV JERUSALEM, DEPT PHYS CHEM, IL-91904 JERUSALEM, ISRAEL/CS
E2 1 UNIV ARIZONA, CTR OPT SCI, TUCSON, AZ 85721 USA/CS
E3 1 UNIV ARIZONA, DEPT CHEM, TUCSON, AZ 85721 USA (REPRINT)/CS
E4 1 UNIV W FLORIDA, DEPT PHYS, PENSACOLA, FL 32503 USA/CS
E5 1 WEIZMANN INST SCI, DEPT ORGAN CHEM, IL-76100 REHOVOT, ISRAEL/CS

Anmerkung: L = Suchstring, E = Kopublikationspartner (fortlaufend nummeriert)

Abb. 29: Methodisches Problem bei SCI-Recherchen

(Quelle: eigene Erstellung)

Anhang 3: Datengewinnung und Datenaufbereitung der Nanoprojekte (detaillierte Darstellung)

Informationen über die vom BMBF und der EU geförderten Projekte sind in beiden Fällen über im Internet zugängliche Datenbanken abfragbar. Die Projektdaten der BMBF-Projekte können als Excel-Dateien heruntergeladen werden, was ihre nachträgliche Aufbereitung und Auswertung erheblich vereinfacht.[113] Für ihre Identifikation wurde einer Liste relevanter Schlagworte vom Technologiezentrum des Vereins Deutscher Ingenieure (VDI-TZ) herangezogen. Der VDI-TZ ist Projektträger für das BMBF und war an der Entwicklung der internen Verschlagwortung von Forschungsprojekten maßgeblich beteiligt (vergleiche Bachmann 1998).[114] Die Liste der verwendeten Schlagworte ist in Abb. 30 wiedergegeben. Die Projektdaten der Europäischen Kommission sind vollständig auf einer gesonderten Website aufgelistet, was eine Suche über Stichworte erübrigt.[115] Die Förderdaten können allerdings nur in HTML-Format heruntergeladen werden, so dass ein Parser-Tool programmiert werden musste, um die Informationen nach Excel zu importieren.

Beide Datenbestände wurden in zwei Fünfjahresfenster (1991–1995 und 1996–2000) zusammengefasst. In einem nächsten Schritt wurde überprüft, welche der etwa 350 Organisationen an mindestens einem Projekt in einem der beiden Zeitfenster, also entweder 1991–1995 oder 1996–2000, beteiligt sind. Auf diese Weise wurden 155 Organisationen identifiziert, 102 für 1991–1995 und 144 für 1996–2000. 94 der 155 Organisationen (61 Prozent) engagieren sich sowohl 1991–1995 als auch 1996–2000 in Forschungsprojekten des BMBF beziehungsweise der Europäischen Kommis-

113 Vergleiche http://oas2.ip.kp.dlr.de/foekat/foekat/foekat, Stand: 5. September 2003.

114 Ich danke Dr. Gerd Bachmann für seine Hilfe bei der Zusammenstellung der Schlagworte.

115 Vergleiche http://www.cordis.lu/nanotechnology/src/projects.htm, Stand: 5. September 2003.

sion. Die Projekte durchführenden Organisationen sind zusammen mit allen anderen Organisationen in Tabelle 45 dokumentiert.

%abform%mikro%	%euv%
%afm%	%funktion%supramol%
%asphär%	%halbleiter%
%bauelement%elektronik%	%ionen%ultra%
%biophotonik%	%katalys%mikro%
%detektion%mikro%	%katalys%oxidat%
%diode%laser%	%katalysator%mikro%reaktion%
%elektron%strukturierung%	%keramik%sensor%
%elektronik%bauelement%	%keramisch%sensor%
%euv%lithographie%	%kompos%nano%
%germanium%silizium%	%mikro%abform%
%ion%lithografie%	%mikro%katalys%
%ion%litographie%	%mikro%reaktion%katalys%
%kosmetik%	%mram%
%kristall%photon%	%nano%komp%
%laser%diode%	%nano%kontakt%
%lithografie%ion%	%nanokomposit%
%lithographie%ion%	%oxidat%katalys%
%magnetoelektronik%	%oxidation%katalys%
%mikro%detektion%	%präzis%schicht%
%mikro%sonde%	%replikation%
%nano%	%schicht%präzis%
%nanoanalytik%	%schicht%ultradünn%
%nanometer%	%sensor%keramik%
%photon%kristall%	%sensor%keramisch%
%schicht%solar%	%strukturier%technik%
%silizium%germanium%	%strukturierung%elektron%
%solar%schicht%	%supramolekular%
%sonde%mikro%	%technik%strukturier%
	%ultradünn%schicht%

Anmerkung: % = offene Trunkierung

Abb. 30: Stichwortliste zur Identifikation relevanter Forschungsprojekte des BMBF im Bereich Nanotechnologie

(Quelle: VDI-TZ Düsseldorf)

Im Fall der BMBF-Datenbank bleiben jene Organisationen unberücksichtigt, die weder publizieren noch patentieren. Eine Durchsicht der Datenbank zeigt, dass es insbesondere kleine GmbHs sind (circa 100 Organisationen), einige AGs (circa 20 Organisationen) und eine Reihe intermediärer Einrichtungen, beispielsweise Verbände, technische Gesellschaften, private Labore und Institute sowie Fachhochschulen (circa 40 Organisationen). Bei der Cordis-Datenbank bleiben ebenfalls einige Organisationen unberücksichtigt, vor allem Verbände und GmbHs (circa 40 Organisationen), wobei es erhebliche Überschneidungen zur BMBF-Datenbank gibt. Die nicht berücksichtigten Einrichtungen weisen deutlich weniger Projekte auf. Die Mehrzahl der Verbundprojekte wurde durch die vorgenommene Abgrenzung erfasst.

Wie beim Patentnetzwerk liegen einzelne Projekte als Analyseeinheit vor, so dass in einem weiteren Schritt Inzidenzmatrizen erstellt werden, die in der Horizontalen die Projektnummern und in der Vertikalen die erwähnten Organisationen enthalten. Diese Matrizen wurden mithilfe von Ucinet 6.0 (vergleiche Borgatti u.a. 2002) in Affiliationsmatrizen überführt, bei welcher sowohl in der Horizontalen wie auch in der Vertikalen Organisationen verzeichnet sind. Für die vorliegende Untersuchung wurden, wie auch bei den Patenten, Wertbeziehungen netzwerkanalytisch ausgewertet.

Anhang 4: Vollständige Organisationenliste der Untersuchung

Tabelle 45: Vollständige Liste der identifizierten Organisationen in der Nanotechnologie Deutschlands

	PAT	PUB	PROJ
Aaflowsystems GmbH & Co. KG	x		
Abbott GmbH & Co. KG	x		
ABT Advanced Bioanalytical Technology GmbH & Co KG	x		
Across Barriers Gesellschaft	x		x
Advalytix AG	x		
Agfa-Gevaert AG	x		
Airbus Deutschland GmbH	x		x
Alfatec-Pharma GmbH	x		
Aluminium Feron GmbH & Co.	x		
Amino GmbH		x	
Angiomed GmbH & Co. Medizintechnik KG	x		
Arithmed GmbH	x		
Artemis Pharmaceuticals GmbH	x		
Atotech GmbH	x	x	
Aventis Deutschland GmbH (Hoechst AG)	x	x	x
Axxima Pharmaceuticals AG	x		
BASF AG	x	x	x
Bayer AG	x	x	x
Behr GmbH & Co.	x		
Beiersdorf AG	x	x	
Bernina Biosystems GmbH	x		
Bessy GmbH, HGF		x	
Bio Sensor Technology GmbH	x	x	x
BioChip Technologies GmbH	x		
Biomedical Apherese Systeme GmbH	x		
Bioref GmbH	x		
Biotools GmbH	x		
Biotul AG	x		x
Bodenseewerk Perkin-Elmer Gmbh	x		x
Boehringer Ingelheim International GmbH	x	x	
Braun Institut Höchstfrequenztechnik Berlin		x	x
Bruno Lange GmbH		x	
Bundesanstalt für Materialforschung und -prüfung Berlin		x	x
Bundesforschungsanstalt für Viruskrankheiten der Tiere Tübingen	x	x	
Altana Pharma AG (Byk Gulden Lomberg Chemische Fabrik GmbH)	x	x	
CallistoGen AG	x		
Carl Zeiss AG	x	x	x
Carl Zeiss Jena GmbH	x	x	x

	PAT	PUB	PROJ
Celanese Chemicals Europe GmbH	x		
CeramOptec GmbH	x		x
Clariant GmbH	x	x	
Clondiag Chip Technologies GmbH	x		
Codixx AG	x		
Cognis Deutschland GmbH & Co. KG	x		
ConiTech Holding GmbH	x		
Consortium fuer elektrochemische Industrie GmbH	x		
Coripharm Medizinprodukte GmbH & Co. KG.	x		
Creavis Gesellschaft für Technologie und Innovation mbH	x	x	x
CWW Vermoegensverwaltungs GmbH	x		
Dade Behring Marburg GmbH	x		
DaimlerChrysler AG	x	x	x
Degussa AG	x	x	x
Dentsply Detrey GmbH	x		
Deutsche Amphibolinwerke GmbH	x		
Deutsche Telekom AG	x	x	
Deutsches Elektronen Synchroton (Desy, Hasylab), HGF		x	
Deutsches Kunststoff-Institut Darmstadt	x	x	
Dianorm G. Maierhofer GmbH	x		
Deutsches Zentrum Luft- und Raumfahrt		x	x
Dornier GmbH	x		x
Dünnschicht- und Oberflächentechnologie GmbH	x		
Drug Delivery Gesellschaft	x		
Dyneon GmbH	x		
Eisenmann Maschinenbau KG	x		
EMBL Heidelberg	x	x	
EPPENDORF AG	x		
Evotec OAI AG	x	x	x
Febit AG	x		
Ferro GmbH	x		
FEW Chemicals GmbH	x		
FhI Elektronenstrahl- und Plasmatechnik Dresden	x	x	
FhI Festkörpertechnologie München	x	x	
FhI Angewandte Festkörperphysik Freiburg		x	x
FhI Angewandte Polymerforschung Golm		x	x
FhI Biomedizinische Technik St.Ingbert		x	x
FhI Fertigungstechnik und Angewandte Materialforschung Bremen	x	x	x
FhI Integrierte Schaltungen Erlangen		x	x
FhI Keramische Technologie und Sinterwerkstoffe Dresden	x	x	x
FhI Lasertechnik Aachen		x	x
FhI Mikrostrukturtechnik Berlin		x	
FhI Angewandte Optik und Feinmechanik Jena		x	x
FhI Physikalische Messtechnik Freiburg		x	
FhI Silicatforschung Würzburg	x	x	x
FhI Solare Energiesysteme Freiburg	x	x	
FhI Siliziumtechnologie Berlin/Itzehoe		x	x
FhI Schicht- und Oberflächentechnik Braunschweig	x	x	x
FhI Toxikologie und Aerosolforschung Hannover		x	
FhI Verfahrenstechnik und Verpackung Freising	x	x	
FhI Werkstoff- und Strahltechnik Dresden	x	x	x
FhI Zerstörungsfreie Prüfverfahren Saarbrücken	x	x	
FiberMark Gessner GmbH & Co.	x		
Firma Holger Mueller GmbH	x		

	PAT	PUB	PROJ
Fischerwerke Artur Fischer GmbH & Co. KG	x		
Forschungsinstitut für Molekulare Pharmakologie Berlin	x	x	
Forschungsstelle Enzymologie Proteinentfaltung Halle, MPG		x	
Franz Kaldewei GmbH & Co.KG	x		
Fresenius Medical Care Deutschland GmbH	x		
Fritz Haber Institut, MPG	x	x	x
FZ Jülich, HGF	x	x	x
FZ Karlsruhe, HGF	x	x	
FZ Rossendorf, WGL	x	x	x
Gen GmbH	x	x	
Genopia Biomedical GmbH	x		
Geoforschungszentrum Potsdam		x	
Gesellschaft für Biotechnologische Forschung, HGF	x	x	x
Gesellschaft fuer Schwerionenforschung mbH	x	x	
Gesim Gesellschaft fuer Silizium-Mikrosysteme mbH	x		
GfE Metalle und Materialien GmbH	x		
GKSS Forschungszentrum, HGF	x	x	x
GPC Biotech AG	x		
Grace GmbH & Co. KG	x		
greenovation Biotech GmbH	x		
Gruenbeck Wasseraufbereitung GmbH	x		
GSF-Forschungszentrum fuer Umwelt und Gesundheit GmbH	x	x	
H.C. Starck GmbH & Co. KG	x	x	x
Hahn Meitner Institut Berlin, HGF	x	x	x
Helso-Werke Helmut Sandler GmbH & CO. KG	x		
Henkel KgaA	x		
Hertz-Institut Berlin, HGF		x	x
Honeywell Specialty Chemicals Seelze GmbH	x		
Hydac Process Technology GmbH	x		
I.F.T. Institut fuer Troposphaerenforschung	x		
IBM Deutschland GmbH	x	x	x
ICTechnology AG	x		
Igenwert GmbH	x		
Institut für Mikrostrukturphysik Mainz	x	x	x
Infineon Technologies AG	x	x	x
Institut für Neue Materialien Saarbrücken, WGL	x	x	x
Innovent GmbH Jena	x	x	
Institut für molekulare Biotechnologie Jena, WGL	x	x	x
Institut für Oberflächenmodifizierung Leipzig, WGL	x	x	x
Institut für Polymerforschung Dresden, WGL	x	x	x
Institut für Halbleiterphysik Frankfurt (Oder) GmbH	x	x	
Institut für angewandte Chemie Berlin	x	x	x
Institut für angewandte Photovoltaik, Gelsenkirchen		x	
Institut für Dünnschichttechnologie und Mikrosensorik Teltow		x	x
Institut für Festkörper- und Werkstoffforschung Dresden, WGL	x	x	x
Institut für Kristallzüchtung Berlin		x	x
Institut für Neurobiologie Magdeburg, WGL		x	
Institut für Pflanzengenetik und Kulturpflanzenforschung, Gatersleben		x	
Institut für Physikalische Hochtechnologie Jena	x	x	x
Institut für Polarökologie Kiel		x	
Institut Werkstofftechnik Bremen		x	
Inventa-Fischer GmbH & Co.KG	x		
Inventus Biotech Gesellschaft fur Innovative Bioanalytik, Biosensoren	x		
IUT Privates Institut fuer Umwelttoxikologie GmbH	x		

	PAT	PUB	PROJ
J. Dittrich Elektronic GmbH & Co.KG	x		
Jandratek GmbH	x		
Jenoptik AG	x		x
Kerr-McGee Pigments GmbH & Co. KG	x		
Knoll AG	x		
Knoll Institut Nationale Stoffforschung Jena		x	
Krebsforschungszentrum Heidelberg, HGF	x	x	x
Lambda Physik AG	x		x
Laser-und Medizin-Technologie GmbH Berlin	x		x
Laser Laboratorium Göttingen		x	x
Laser Zentrum Hannover		x	x
Leica Microsystems Wetzlar GmbH	x	x	x
Leybold AG	x	x	x
LION Bioscience AG	x		
LTS Lohmann Therapie-Systeme AG	x		
Magforce Applications GmbH	x		
Mann + Hummel GmbH	x		x
Mannesmann AG	x		
Martinswerk GmbH	x		
Max Born Institut Berlin, WGL	x	x	x
Max Delbrück Centrum Berlin, HGF	x	x	
Medac Gesellschaft für klinische Spezialapparate GmbH	x		
Mediport Kardiotechnik GmbH	x	x	x
Membrana GmbH	x		
Merck AG	x	x	x
Merz GmbH	x		
MIB-Munich Innovative Biomaterials GmbH	x		
Micro Resist Technology GmbH	x	x	x
Micronas GmbH	x		
Mikropul GmbH	x		
Mnemoscience GmbH	x		
Moeller Feinmechanik GmbH & Co. KG	x		
Molecular Machines & Industries GmbH	x		x
MPI Aeronomie Katlenburg		x	
MPI Biochemie Martinsried	x	x	x
MPI Biophysik Frankfurt		x	
MPI Chemische Ökologie Jena		x	
MPI Eisenforschung Düsseldorf		x	x
MPI Experimentelle Medizin Göttingen		x	
MPI Festkörperforschung Stuttgart	x	x	x
MPI Biophysikalische Chemie Göttingen	x	x	x
MPI Kolloide und Grenzflächen Golm	x	x	x
MPI Limnologie Plön	x	x	
MPI Immunbiologie Freiburg		x	
MPI Polymerforschung Mainz	x	x	x
MPI Physik Komplexer Systeme Dresden	x	x	
MPI Kernphysik Heidelberg		x	
MPI Kohlenforschung Mühlheim	x	x	x
MPI Medizinische Forschung Heidelberg		x	
MPI Metallforschung Stuttgart	x	x	x
MPI Mikrostrukturphysik Halle		x	x
MPI Molekulare Genetik Berlin		x	x
MPI Molekulare Physiologie		x	
MPI MZBGenetik Dresden		x	

	PAT	PUB	PROJ
MPI Neurobiologie		x	
MPI Physikalisch-Klinische Forschung Nauheim		x	
MPI Plasmaphysik Garching	x	x	
MPI Quantenoptik Garching		x	x
MPI Strahlenchemie Mülheim		x	
MPI Strömungsforschung Göttingen		x	
MTU Aero Engines GmbH	x		
Mundipharma GmbH	x		
Nanogen Recognomics GmbH	x		
Nanomont Gesellschaft Fuer Nanotechnologie mbH	x		
Nanopharm AG	x		
Nanosensors GmbH		x	x
Nanosolutions GmbH	x		
NascaCell GmbH	x		
NaWoTec GmbH	x		
november AG Gesellschaft fuer Molekulare Medizin	x		x
Novosom GmbH	x		
OM Engineering GmbH	x		
OMG AG & Co. KG	x		
Omicron Vakuumphysik GmbH	x	x	x
Osram GmbH		x	x
Patent-Treuhand-Gesellschaft fuer elektrische Gluehlampen mbH	x		
Paul Drude Institut für Festkörperelektronik	x	x	x
Paul Ehrlich Institut	x		
PAZ Arzneimittel- Entwicklungsgesellschaft mbH	x		
Pfleiderer Daemmstofftechnik International GmbH	x		
Pharmasol GmbH	x		
Pharmatech GmbH	x		
Philipp Mueller Hager + Elsaesser GmbH	x		
Philipp Walter Industrievertretungen	x		
Philips Deutschland GmbH	x	x	x
Phiscience GmbH, Entwicklung von Sensoren	x		
Plasco Dr. Ehrich Plasma-Coating GmbH	x		
Presens Precision Sensing GmbH	x		
Privates Institut Bioserv GmbH	x		
Progen Biotechnik GmbH	x		
Physikalisch-Technische Bundesanstalt Braunschweig	x	x	x
Robert Bosch GmbH	x	x	x
Robert Koch Institut Berlin	x	x	
Roche Diagnostics GmbH	x	x	x
Rochem Ultrafiltrations Systeme Gesellschaft fuer Abwasserreinigung mbH	x		
Roehm GmbH & Co. KG	x		
rotring international GmbH & Co KG	x		
RWE-DEA AG	x		
Sachtleben Chemie GmbH	x		
Sartorius AG	x		
Sasol Germany GmbH	x		
Schering AG	x	x	x
Schott Glas GmbH	x	x	
Sension Biologische Detektions- und Schnelltestsysteme GmbH	x		
Senslab GmbH		x	
Sentech Instruments GmbH		x	x
SGL Technik GmbH	x		
SIEGERT electronic GmbH	x		

	PAT	PUB	PROJ
Siemens AG	x	x	x
SKW Trostberg AG	x		
Sofotec GmbH & Co. KG	x		
Sony International (Europe) GmbH	x		x
Steag HamaTech AG	x	x	x
Steuler-Industriewerke GmbH	x		
Stiftung Caesar Center of Advanced European Studies and Research	x		
Süd-Chemie AG	x		x
Suedzucker AG	x		x
Surface Imagine Systems Rastersonden- und Sensortechnik GmbH	x	x	x
SymBiosis GmbH	x		
Th. Goldschmidt AG	x		
T. J. Heimbach GmbH & Co.	x		
Trace Biotech AG	x		x
Treibacher Schleifmittel GmbH	x		
Trespaphan GmbH	x		
Triple-O Microscopy GmbH	x		x
Universität Aachen (TU)	x	x	x
Universität Augsburg	x	x	x
Universität Bayreuth		x	
Universität Berlin (FU)	x	x	x
Universität Berlin (HU)	x	x	x
Universität Berlin (TU)	x	x	x
Universität Bielefeld	x	x	x
Universität Bochum	x	x	x
Universität Bonn	x	x	x
Universität Braunschweig	x	x	x
Universität Bremen	x	x	x
Universität Chemnitz (TU)	x	x	x
Universität Clausthal (TU)	x	x	x
Universität Darmstadt (TU)	x	x	x
Universität Dortmund	x	x	x
Universität Dresden (TU)	x	x	x
Universität Duisburg	x	x	x
Universität Düsseldorf	x	x	x
Universität Essen	x	x	x
Universität Frankfurt	x	x	x
Universität Freiberg (Bergakademie)	x	x	x
Universität Freiburg	x	x	x
Universität Giessen	x	x	x
Universität Göttingen		x	x
Universität Greifswald		x	x
Universität Halle Wittenberg	x	x	x
Universität Hamburg	x	x	x
Universität Hamburg (TU)	x	x	
Universität Hannover	x	x	x
Universität Heidelberg	x	x	x
Universität Ilmenau (TU)		x	x
Universität Jena	x	x	x
Universität Kaiserslautern	x	x	x
Universität Karlsruhe (TU)	x	x	x
Universität Kassel	x	x	x
Universität Kiel	x	x	x
Universität Köln	x	x	

	PAT	PUB	PROJ
Universität Konstanz	x	x	x
Universität Leipzig	x	x	x
Universität Magdeburg	x	x	x
Universität Mainz	x	x	x
Universität Marburg	x	x	x
Universität München	x	x	x
Universität München (TU)	x	x	x
Universität Münster	x	x	x
Universität Nürnberg	x	x	x
Universität Osnabrück	x	x	
Universität Paderborn		x	x
Universität Potsdam	x	x	x
Universität Regensburg	x	x	x
Universität Rostock	x	x	x
Universität Saarland	x	x	x
Universität Siegen		x	
Universität Stuttgart	x	x	x
Universität Stuttgart Hohenheim	x	x	
Universität Tübingen	x	x	x
Universität Ulm	x	x	x
Universität Wuppertal	x	x	x
Universität Würzburg	x	x	x
Umweltanalytisches Zentrum Gröeditz GmbH	x		
Uwatech Umwelt- und Wassertechnik GmbH	x		
Vacuumschmelze GmbH	x	x	x
VEGA Grieshaber GmbH & Co.	x		
Vita Zahnfabrik H. Rauter GmbH & Co. KG	x		
Voith Fabrics Heidenheim GmbH & Co.KG	x		
W. C. Heraeus GmbH & Co. KG	x	x	x
W.L. Gore & Associates GmbH	x		
Siltronic AG (Wacker Siltronic AG)	x	x	x
WAP Reinigungssysteme GmbH & Co.	x		
Wehrle-Werk AG	x		
Widia GmbH	x		
Wieland Dental + Technik GmbH & Co. KG	x		
Wipak Walsrode GmbH & Co. KG	x		
Wittenstein Motion Control GmbH	x		
WKP Wuerttembergische Kunststoffplatten-Werke GmbH & Co. KG	x		
Wolff Walsrode AG	x		
Zentrum für Mikroelektronik Dresden		x	x

Anmerkungen: x = (PAT, PUB oder, PROJ) vorhanden > 0; PAT = Anmelder oder Erfinder von EPO/PCT-Anmeldungen; PUB = Publikation im SCI; PROJ = Forschungsprojekte BMBF oder Europäische Kommission

(Quelle: eigene Erstellung)

Anhang 5: Top-15 Organisationen Nanotechnologie Deutschland 1991–2000

Tabelle 46: Top-15 Patentanmelder und -erfinder Nanotechnologie 1991–1995

Patente	*Unternehmen*
39	Aventis Deutschland GmbH (Hoechst AG)
18	Bayer AG
17	BASF AG
10	Siemens AG
9	Alfatec-Pharma GmbH
7	Robert Bosch GmbH
5	IBM Deutschland GmbH
4	Knoll AG
4	Leybold AG
3	DaimlerChrysler AG
3	Infineon Technologies AG
3	PAZ Arzneimittel- Entwicklungsgesellschaft mbH
3	Philips Deutschland GmbH
3	Vacuumschmelze GmbH
3	W.L. Gore & Associates GmbH
Patente	*Forschungseinrichtungen**
12	Universität Münster
10	FZ Jülich, HGF
10	Institut für Neue Materialien Saarbrücken, WGL
9	Universität Heidelberg
8	Universität Tübingen
7	Universität München
6	Universität Stuttgart
6	Institut für Festkörper- und Werkstoffforschung Dresden, WGL
5	Universität Mainz
5	Universität Berlin (FU)
5	Universität Frankfurt
4	MPI Festkörperforschung Stuttgart
4	Universität Berlin (TU)
4	MPI Polymerforschung Mainz
4	Universität Hannover
4	Universität Berlin (HU)
4	Universität Aachen (TU)
4	GSF-Forschungszentrum fuer Umwelt und Gesundheit GmbH

*Anmerkung: * Gesamtzahl N = 18, weil gleich verteilte Anzahl von Patenten*

(Quelle: eigene Erhebung)

Tabelle 47: Top-15 Patentanmelder und -erfinder Nanotechnologie 1996–2000

Patente	*Unternehmen**
35	Bayer AG
31	Henkel KgaA
29	Infineon Technologies AG
28	BASF AG
16	Vacuumschmelze GmbH
15	Siemens AG
13	Creavis Gesellschaft für Technologie und Innovation mbH
11	Cognis Deutschland GmbH & Co. KG
10	Aventis Deutschland GmbH (Hoechst AG)
10	Roche Diagnostics GmbH
9	Celanese Chemicals Europe GmbH
9	Deutsche Telekom AG
9	Sony International (Europe) GmbH
8	Merck AG
7	Robert Bosch GmbH
7	Degussa AG
7	Wipak Walsrode GmbH & Co. KG
Patente	*Forschungseinrichtungen***
31	Institut für Neue Materialien Saarbrücken, WGL
26	Universität Saarland
15	MPI Kolloide und Grenzflächen Golm
15	Universität Freiburg
14	Universität München
14	Universität Berlin (FU)
14	Universität Mainz
12	Universität Berlin (HU)
11	Universität München (TU)
10	FZ Jülich, HGF
10	Universität Tübingen
9	Universität Darmstadt (TU)
9	Universität Dresden (TU)
8	Universität Münster
8	Universität Nürnberg
8	Universität Bochum
8	Universität Hamburg

*Anmerkung: * Gesamtzahl N = 17, weil gleich verteilte Anzahl von Patenten; ** Gesamtzahl N = 17, weil gleich verteilte Anzahl von Patenten*

(Quelle: eigene Erhebung)

Tabelle 48: Top-15 Publikationen Nanotechnologie 1991–1995

Publikationen	*Unternehmen*
66	IBM Deutschland GmbH
33	Siemens AG
31	BASF AG
16	Vacuumschmelze GmbH
11	Bayer AG
11	Aventis Deutschland GmbH (Hoechst AG)
11	Deutsche Telekom AG
7	Merck AG
7	Atotech GmbH
7	Schering AG
7	Atotech GmbH
4	DaimlerChrysler AG
4	Schott Glas GmbH
4	Bruno Lange GmbH
4	Philips Deutschland GmbH
Publikationen	*Forschungseinrichtungen*
160	FZ Jülich, HGF
135	Universität München
133	Universität München (TU)
103	Universität Saarland
96	Universität Freiburg
94	Universität Berlin (FU)
94	Universität Mainz
92	Universität Stuttgart
86	Fritz Haber Institut, MPG
80	Universität Konstanz
78	Universität Ulm
77	MPI Metallforschung Stuttgart
77	MPI Festkörperforschung Stuttgart
72	Universität Heidelberg
71	Universität Hamburg

(Quelle: eigene Erhebung)

Tabelle 49: Top-15 Publikationen Nanotechnologie 1996–2000

Publikationen	*Unternehmen**
38	IBM Deutschland GmbH
32	Bayer AG
29	BASF AG
29	Siemens AG
20	Merck AG
15	Vacuumschmelze GmbH
15	DaimlerChrysler AG
13	Aventis Deutschland GmbH (Hoechst AG)
11	Robert Bosch GmbH
11	Omicron Vakuumphysik GmbH
11	Schering AG
10	Schott Glas GmbH
10	Roche Diagnostics GmbH
8	Deutsche Telekom AG
8	Siltronic AG (Wacker Siltronic AG)
8	Bruno Lange GmbH
8	Evotec OAI AG
Publikationen	*Forschungseinrichtungen*
349	FZ Jülich, HGF
310	Universität München (TU)
310	Universität Stuttgart
277	Universität Hamburg
257	Universität Saarland
257	Universität Ulm
255	Universität Mainz
251	Universität Berlin (TU)
250	Universität Karlsruhe (TU)
249	Universität Berlin (FU)
240	Universität München
226	Universität Münster
216	MPI Metallforschung Stuttgart
212	Universität Freiburg
206	Fritz Haber Institut, MPG

*Anmerkung: * Gesamtzahl N = 17, weil gleich verteilte Anzahl von Publikationen*

(Quelle: eigene Erhebung)

Tabelle 50: Top-15 BMBF/Cordis-Forschungsprojekte Nanotechnologie 1991–1995

Projekte	*Unternehmen**
15	Siemens AG
12	DaimlerChrysler AG
7	Jenoptik AG
3	BASF AG
3	Vacuumschmelze GmbH
3	Carl Zeiss AG
3	H.C. Starck GmbH & Co. KG
2	Aventis Deutschland GmbH (Hoechst AG)
2	Robert Bosch GmbH
2	Leica Microsystems Wetzlar GmbH
2	Laser Zentrum Hannover
2	Omicron Vakuumphysik GmbH
2	IBM Deutschland GmbH
Projekte	*Forschungseinrichtungen***
10	Universität München (TU)
10	Universität Stuttgart
10	MPI Festkörperforschung Stuttgart
9	Universität Berlin (TU)
8	Universität Bonn
7	Universität Nürnberg
7	Universität Heidelberg
7	Universität Aachen (TU)
7	Universität Ulm
7	Universität Würzburg
7	Universität Kaiserslautern
7	FhI Lasertechnik Aachen
6	Universität Hamburg
6	FhI Angewandte Festkörperphysik Freiburg
5	Universität München
5	Universität Darmstadt (TU)
5	Braun Institut Höchstfrequenztechnik Berlin

*Anmerkungen: * Gesamtzahl N = 13, weil Anzahl der Organisationen mit PROJ < 2 zu groß; ** Gesamtzahl N = 17, weil gleich verteilte Anzahl von Projekten*

(Quelle: eigene Erhebung)

Tabelle 51: Top-15 BMBF/Cordis-Forschungsprojekte Nanotechnologie 1996–2000

Projekte	*Unternehmen*
22	Siemens AG
14	Infineon Technologies AG
13	Jenoptik AG
12	DaimlerChrysler AG
12	Robert Bosch GmbH
9	Omicron Vakuumphysik GmbH
7	BASF AG
7	Carl Zeiss AG
6	Nanosensors GmbH
5	Leica Microsystems Wetzlar GmbH
5	Osram GmbH
4	H.C. Starck GmbH & Co. KG
4	Laser Zentrum Hannover
4	IBM Deutschland GmbH
4	CeramOptec GmbH
Projekte	*Forschungseinrichtungen**
17	Universität München (TU)
14	FhI Lasertechnik Aachen
13	MPI Festkörperforschung Stuttgart
13	Universität Berlin (TU)
12	Institut für Neue Materialien Saarbrücken, WGL
11	Universität Stuttgart
11	Universität Nürnberg
11	Universität Heidelberg
11	Universität Ulm
11	Universität Münster
10	Universität Aachen (TU)
10	Universität Würzburg
10	Universität Kaiserslautern
10	FhI Angewandte Festkörperphysik Freiburg
9	Universität München
9	FZ Jülich, HGF
9	Universität Jena

*Anmerkung: * Gesamtzahl N = 17, weil gleich verteilte Anzahl von Projekten*

(Quelle: eigene Erhebung)

Anhang 6: Korrelationstabellen für Hypothesen 6–12

Tabelle 52: Korrelationstabelle 1991–1995, Hypothesen 6–10

		1	2	3	4	5	6	7	8	9	10	11	12	13
1 Anzahl Patentanmeld.	Korr.													
1991–1995 (ln)	Sign.													
	N													
2 Unternehmensalter	Korr.	,222												
	Sign.	,137												
	N	46												
3 Hochtechnologie-	Korr.	,278	-,068											
Unternehmen (Dummy)	Sign.	,029	,654											
	N	62	46											
4 Großunternehmen	Korr.	,339	,419	,314										
(Dummy)	Sign.	,007	,004	,013										
	N	62	46	62										
5 Dir. Patentbez.	Korr.	,627	-,070	,279	,022									
zu Forsch.einr.	Sign.	,000	,645	,028	,864									
	N	62	46	62	62									
6 Dir. Projektbez.	Korr.	,390	,197	,260	,227	,409								
zu Forsch.einr.	Sign.	,002	,189	,041	,076	,001								
	N	62	46	62	62	62								
7 Dir. Publikationsbez.	Korr.	,498	-,040	,318	,080	,317	,288							
zu Forsch.einr.	Sign.	,000	,791	,012	,537	,012	,023							
	N	62	46	62	62	62	62							
8 Indir. Patentbez.	Korr.	,214	,200	,234	,299	,223	,219	,217						
zu Forsch.einr.	Sign.	,095	,182	,067	,018	,082	,088	,090						
	N	62	46	62	62	62	62	62						
9 Indir. Projektbez.	Korr.	,017	-,049	-,044	-,049	,083	,325	,060	,275					
zu Forsch.einr.	Sign.	,897	,747	,732	,706	,521	,010	,645	,031					
	N	62	46	62	62	62	62	62	62					
10 Indir. Publikationsbez.	Korr.	,063	-,003	,190	,237	,050	,232	,102	,425	,311				
zu Forsch.einr.	Sign.	,624	,986	,138	,064	,698	,070	,429	,001	,014				
	N	62	46	62	62	62	62	62	62	62				
11 Bandbreite der	Korr.	,662	,174	,476	,259	,472	,464	,547	,324	,107	,140			
Beziehungen	Sign.	,000	,248	,000	,042	,000	,000	,000	,010	,408	,279			
	N	62	46	62	62	62	62	62	62	62	62			
12 Patentbez. zu Forsch.einr.	Korr.	,548	,046	,312	,157	,366	,104	,164	,128	,070	-,014	,555		
m. hoher Zentralität im	Sign.	,000	,759	,014	,224	,003	,421	,202	,323	,588	,912	,000		
Publikationsnetzw.	N	62	46	62	62	62	62	62	62	62	62	62		
13 Patentbez. zu Forsch.einr.	Korr.	,714	,190	,260	,364	,274	,124	,264	,131	-,084	-,027	,552	,715	
m. hohem Anteil an	Sign.	,000	,206	,042	,004	,031	,335	,038	,308	,518	,833	,000	,000	
ausländ. Kopubl.	N	62	46	62	62	62	62	62	62	62	62	62	62	

Anmerkungen zu den Variablen: 1 = logarithmierte Anzahl Patente in 1991–1995; 2 = 1996: Gründungsdatum des Unternehmens; 8 bis 10: Anzahl der Beziehungen mit Lauflänge 2 im jeweiligen Netzwerk; 11 = keine Beziehung (0), eine Beziehungsart (1), zwei Beziehungsarten (2), drei Beziehungsarten (3); 12 = Zentralität von Forschungseinrichtungen im Publikationsnetzwerk, zu denen Patentbeziehungen bestehen, aufsummiert und geteilt durch dichtomisierte Anzahl von Beziehungen zu Forschungseinrichtungen im Publikationsnetzwerk; 13 = auslandsbezogene Kopatentquote von Forschungseinrichtungen im Publikationsnetzwerk, zu denen Patentbeziehungen bestehen, aufsummiert.

(Quelle: eigene Erhebung)

Tabelle 53: Korrelationstabelle 1996–2000, Hypothesen 6–10

		1	2	3	4	5	6	7	8	9	10	11	12	13
1 Anzahl Patentanmeld. 1996–2000 (ln)	Korr.													
	Sign.													
	N													
2 Unternehmensalter	Korr.	,167												
	Sign.	,098												
	N	99												
3 Hochtechnologie-Unternehmen (Dummy)	Korr.	,298	,110											
	Sign.	,000	,278											
	N	155	99											
4 Großunternehmen (Dummy)	Korr.	,322	,483	,370										
	Sign.	,000	,000	,000										
	N	155	99	155										
5 Anzahl Patentanmeld. 1991–1995	Korr.	,472	,247	,219	,275									
	Sign.	,000	,014	,006	,001									
	N	155	99	155	155									
6 Anzahl Publikationen 1991–1995	Korr.	,524	,234	,162	,308	,594								
	Sign.	,000	,020	,045	,000	,000								
	N	155	99	155	155	155								
7 Anzahl Projekte 1991–1995	Korr.	,357	,198	,238	,210	,312	,604							
	Sign.	,000	,050	,003	,009	,000	,000							
	N	155	99	155	155	155	155							
8 Dir. Patentbez. zu Forsch.einr. 1996–2000K	Korr.	,590	,008	,139	,123	,010	,154	-,005						
	Sign.	,000	,936	,085	,127	,900	,056	,952						
	N	155	99	155	155	155	155	155						
9 Dir. Projektbez. zu Forsch.einr. 1996–2000K	Korr.	,205	-,030	,122	,031	,097	,114	,137	,227					
	Sign.	,011	,770	,131	,697	,231	,159	,088	,004					
	N	155	99	155	155	155	155	155	155					
10 Dir. Publikationsbez. zu Forsch.einr. 1996–2000K	Korr.	,468	,197	,345	,329	,311	,306	,337	,170	,266				
	Sign.	,000	,051	,000	,000	,000	,000	,000	,034	,001				
	N	155	99	155	155	155	155	155	155	155	155			
11 Bandbreite der Beziehungen	Korr.	,536	,087	,261	,253	,378	,441	,392	,277	,358	,587			
	Sign.	,000	,392	,001	,002	,000	,000	,000	,000	,000	,000			
	N	155	99	155	155	155	155	155	155	155	155			
12 Patentbez. zu Forsch.einr. m. hoher Zentralität im Publikationsnetzw.	Korr.	,391	,061	,175	,143	,108	,183	,151	,256	,089	,177	,366		
	Sign.	,000	,551	,029	,077	,181	,023	,061	,001	,273	,027	,000		
	N	155	99	155	155	155	155	155	155	155	155	155		
13 Patentbez. zu Forsch.einr. m. hohem Anteil an ausländ. Kopubl.	Korr.	,748	,100	,250	,245	,382	,496	,277	,800	,283	,421	,539	,392	
	Sign.	,000	,324	,002	,002	,000	,000	,000	,000	,000	,000	,000	,000	
	N	155	99	155	155	155	155	155	155	155	155	155	155	

Anmerkungen zu den Variablen: 1 = logarithmierte Anzahl Patente in 1996–2000; 2 = 2001: Gründungsdatum des Unternehmens; 8 bis 10 = K: kontrolliert für Einflüsse aus 1991–1995; 11 = keine Beziehung (0), eine Beziehungsart (1), zwei Beziehungsarten (2), drei Beziehungsarten (3); 12 = Zentralität von Forschungseinrichtungen im Publikationsnetzwerk, zu denen Patentbeziehungen bestehen, aufsummiert und geteilt durch dichtomisierte Anzahl von Beziehungen zu Forschungseinrichtungen im Publikationsnetzwerk; 13 = auslandsbezogene Kopatentquote von Forschungseinrichtungen im Publikationsnetzwerk, zu denen Patentbeziehungen bestehen, aufsummiert.

(Quelle: eigene Erhebung)

Tabelle 54: Korrelationstabelle 1996–2000, Hypothesen 11 und 12

		1	2	3	4	5	6	7	8	9	10	11
1 Anzahl SCI-Publikat.	Korr.											
1996–2000 (logarithm.)	Sign.											
	N											
2 Anzahl SCI-Publikat.	Korr.	,735										
1991–1995	Sign.	,000										
	N	154										
3 Anzahl Kopublikat.	Korr.	,483	,322									
Ausland 1991–1995	Sign.	,000	,000									
	N	154	154									
4 Dir. Patentbez. zu	Korr.	,360	,400	,129								
Unternehmen 1991–1995	Sign.	,000	,000	,110								
	N	154	154	154								
5 Dir. Projektbez. zu	Korr.	,178	,254	,179	,212							
Unternehmen 1991–1995	Sign.	,027	,002	,027	,008							
	N	154	154	154	154							
6 Dir. Publikationsbez. zu	Korr.	,600	,679	,345	,365	,250						
Unternehmen 1991–1995	Sign.	,000	,000	,000	,000	,002						
	N	154	154	154	154	154						
7 Forsch.einr. der rGF	Korr.	-,130	-,235	,147	-,074	-,236	-,037					
1991–1995 (Dummy)	Sign.	,109	,003	,069	,360	,003	,649					
	N	154	154	154	154	154	154					
8 Forsch.einr. der aGF	Korr.	,675	,664	,299	,337	,125	,494	-,472				
1991–1995 (Dummy)	Sign.	,000	,000	,000	,000	,123	,000	,000				
	N	154	154	154	154	154	154	154				
9 Universität (Dummy)	Korr.	,591	,449	,222	,221	,035	,417	-,103	,473			
	Sign.	,000	,000	,006	,006	,668	,000	,202	,000			
	N	154	154	154	154	154	154	154	154			
10 MPG-Institut (Dummy)	Korr.	-,087	-,095	-,003	-,059	-,008	-,142	,019	-,075	-,385		
	Sign.	,281	,243	,968	,470	,919	,079	,813	,352	,000		
	N	154	154	154	154	154	154	154	154	154		
11 FHG-Institut (Dummy)	Korr.	-,290	-,218	-,218	-,107	,042	-,206	,077	-,225	-,291	-,175	
	Sign.	,000	,007	,007	,187	,603	,010	,340	,005	,000	,030	
	N	154	154	154	154	154	154	154	154	154	154	

(Quelle: eigene Erhebung)

Tabelle 55: Korrelationstabelle 1996–2000, Hypothesen 11 und 12

		1	2	3	4	5	6	7	8	9	10
1 Forsch.einr. der rGF 1996–2000 (Dummy)	Korr.										
	Sign.										
	N										
2 Forsch.einr. der aGF 1996–2000 (Dummy)	Korr.	-,698									
	Sign.	,000									
	N	154									
3 Forsch.einr. der AF 1996–2000 (Dummy)	Korr.	-,300	-,388								
	Sign.	,000	,000								
	N	154	154								
4 Forsch.einr. der rGF 1991–1995 (Dummy)	Korr.	,336	-,210	-,099							
	Sign.	,000	,009	,221							
	N	154	154	154							
5 Forsch.einr. der aGF 1991–1995 (Dummy)	Korr.	-,483	,665	-,222	-,472						
	Sign.	,000	,000	,006	,000						
	N	154	154	154	154						
6 Forsch.einr. der AF 1991–1995 (Dummy)	Korr.	-,138	-,074	,323	-,203	-,232					
	Sign.	,089	,362	,000	,011	,004					
	N	154	154	154	154	154					
7 Dir. Patentbez. zu Unternehmen 1991–1995	Korr.	-,150	,170	,006	-,074	,337	-,004				
	Sign.	,063	,035	,944	,360	,000	,957				
	N	154	154	154	154	154	154				
8 Dir. Publikationsbez. zu Unternehmen 1991–1995	Korr.	-,332	,482	-,169	-,037	,494	-,115	,365			
	Sign.	,000	,000	,036	,649	,000	,155	,000			
	N	154	154	154	154	154	154	154			
9 Universität (Dummy)	Korr.	-,336	,522	-,212	-,103	,473	,025	,221	,417		
	Sign.	,000	,000	,008	,202	,000	,756	,006	,000		
	N	154	154	154	154	154	154	154	154		
10 MPG-Institut (Dummy)	Korr.	,273	-,125	-,149	,019	-,075	-,095	-,059	-,142	-,385	
	Sign.	,001	,124	,065	,813	,352	,244	,470	,079	,000	
	N	154	154	154	154	154	154	154	154	154	

(Quelle: eigene Erhebung)

Anhang 7: Liste der durchgeführten persönlichen Interviews und Telefoninterviews

INT2004.1: Professor an der Fakultät für Elektrotechnik einer Universität (USA), 1. April 2004

INT2004.2: Vizepräsident eines Nanotechnologie-Investment-Unternehmens (USA), 7. April 2004

INT2004.3: Mitarbeiter einer Corporate Venture-Einheit eines Unternehmens der Elektronik- und Kommunikationsindustrie (USA), 7. April 2004

INT2004.4: Leitender wissenschaftlicher Angestellter einer Universität (USA), 13. April 2004

INT2004.5: Professor an der Fakultät für Materialforschung einer Universität (USA), 19. April 2004

INT2004.6: Leitender Angestellter eines Unternehmens der Flug- und Raumfahrtindustrie (USA), 19. April 2004

INT2004.7: Leitende wissenschaftliche Angestellte eines Helmholtz-Zentrums, 30. August 2004

INT2004.8: Stellvertretender Leiter eines Fraunhofer-Instituts, 3. September 2004

INT2004.9: Referent beim Technologiezentrum des Vereins Deutscher Ingenieure, 7. September 2004

INT2004.10: Forschungsdirektor eines Unternehmens der Chemischen Industrie, 10. September 2004

INT2004.11: Venture Capital-Consultant, 15. September 2004

INT2004.12: Stellvertretender Leiter eines Fraunhofer-Instituts, 16. September 2004

INT2004.13: Abteilungsleiter eines Fraunhofer-Instituts, 17. September 2004

INT2004.14: Forschungsdirektor eines Unternehmens der Chemischen Industrie, 29. September 2004

INT2004.15: Stellvertretender Leiter eines Fraunhofer-Instituts, 06. Oktober 2004

INT2004.16: Professor an der Fakultät für Chemie einer Universität, 18. Oktober 2004

Tabelle 56: Interview-Leitfaden

- Verhältnis von Grundlagen- und Anwendungsforschung in der Nanowissenschaft
- Anteil inter- oder multidisziplinärer Forschung in der Nanowissenschaft
- Kooperationsformen zwischen Forschungseinrichtungen und Unternehmen
- Intellektuelle Eigentumsrechte und Kooperationsverträge
- Entwicklung der Unternehmenslandschaft Nanotechnologie frühe neunziger Jahre bis 2004
- Arbeitsteilung zwischen FhG, MPG, HGF, WGL und Universitäten
- Rolle der US-amerikanischen NNIN-Zentren im Innovationsprozess der Nanotechnologie
- Forschungsförderer und Forschungsfinanzierung zwischen 1990 und 2004
- Rolle der Politik im Innovationsprozess der Nanotechnologie
- Ausgründungen (spin-offs) aus Universitäten
- Kommerzialisierungsaktivitäten von Unternehmen in der Nanotechnologie
- Patentierungsverhalten von Unternehmen und Universitäten
- Venture-Capital-Aktivitäten in den USA und Deutschland
- Zentrale Hürden bei der Kommerzialisierung von Nanotechnologie
- Gesundheitliche Risiken der Nanotechnologie
- Zukünftige Trends der Nanotechnologie

(Quelle: eigene Erstellung)